Wセミナー WASEDA

司法書士

STANDARDSYSTEM

スタンダード合格テキスト 5

5

不動産登記法Ⅱ

Wセミナー／司法書士講座編

早稲田経営出版
TAC PUBLISHING Group

本書は，2023年（令和５年）７月１日時点での情報に基づき，2024年（令和６年）４月１日までに施行が確定している法改正に対応しています。本書刊行後に明らかになった法改正につきましては，毎年４月１日時点での法改正情報としてまとめ，TAC出版書籍販売サイト「サイバーブックストア」（https://bookstore.tac-school.co.jp/）の早稲田経営出版・司法書士「法改正情報」コーナーにて公開いたしますので，適宜ご参照ください。

【本書の主な改正ポイント】

・　令和３年法律第24号(所有者不明土地等の問題に対応をするための改正)

はしがき

司法書士試験は，合格率５％程度と，数ある国家試験の中でも最難関の資格のひとつに位置づけられています。また出題科目も多く，学習すべき範囲が膨大であることも司法書士試験の特徴のひとつです。このため，学習がうまく進まなかったり，途中で挫折してしまう方がいらっしゃることも事実です。

では，合格を勝ち取るために必要な勉強法とはどのようなものでしょうか。

Wセミナーでは，長年にわたり司法書士受験生の受験指導を行い，多くの合格者を輩出してきました。その経験から，合格へ向けた効率的なカリキュラムを開発し，さまざまなノウハウを蓄積してまいりました。そしてこの度，その経験とノウハウのすべてを注ぎ込み，合格のためのテキストの新たな基準をうちたてました。それが，本シリーズ「司法書士　スタンダード合格テキスト」です。

本シリーズは，司法書士試験の膨大な試験範囲を，科目ごとに11冊にまとめました。また，法律を初めて学習する方には使い勝手のよい安心感を，中・上級者にとってはより理解を深めるための満足感を感じていただけるような工夫を随所に施しており，受験生の皆さまの強い味方になることでしょう。

「不動産登記法」は，手続法という性質上，無数の細かな規定を覚えなくてはならないという厄介な科目ではありますが，本書では，試験に必要な情報量を確保したうえで，できる限り分かりやすく解説しています。また，構成も，どちらかといえば理解しにくい「総論」を後に回し，具体的な権利に関する登記を先に解説しています。さらに，申請書の様式を数多く掲載していますので，択一式試験だけでなく，記述式試験にも対応できるものとなっています。

司法書士を志した皆さまが，本シリーズを存分に活用して学習を深めていただき，司法書士試験合格を勝ち取られることを願ってやみません。

2023年８月

Wセミナー／司法書士講座

講師・教材開発スタッフ一同

本シリーズの特長と使い方

・特長１　**法律論点を視覚的に理解できる！**

ケーススタディが豊富に設けられ，具体例が示されているので，法律論点を具体的・視覚的に理解でき，知識の定着を促します。

・特長２　**学習に必要な情報が満載！**

重要条文はもれなく掲載されており，その都度，六法にあたる手間を省くことができます。また，本試験の出題履歴も表示されており，重要箇所の把握に大いに役立ちます。

・特長３　**学習しやすいレイアウト！**

行間や余白が広いため書き込みがしやすく，情報をこのテキスト一冊に集約できます。また，細かな項目分けがなされているため飽きずにスラスラ読み進むことができます。

Topics　←方向感！

何を学習するのか，どこが重要かを明らかにすることで，学習の目的や方向性を明確にすることができます。

ケーススタディ　←臨場感！

具体的な事例や図を用いることによって，複雑な権利関係や法律論点を分かりやすく解説しています。質問形式で始まるため，まるで講義を受けているかのような臨場感を味わいながら読み進めることができます。

登記書式　←実物感！

「不動産登記法」では，登記書式を豊富に掲載されているため，どのような登記がどのようになされているのか，書式とともにイメージしながら学習することができます。

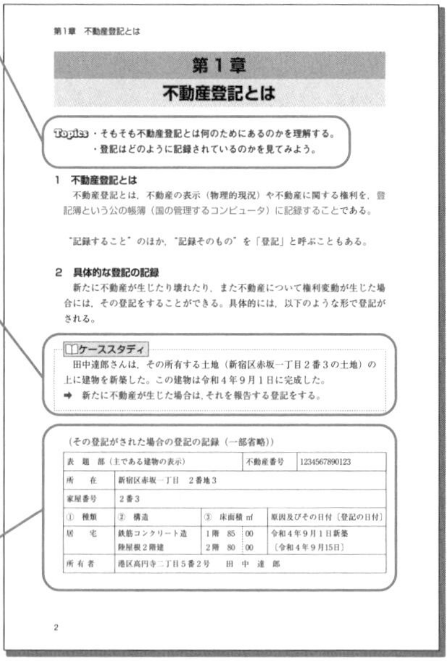
第1章　不動産登記とは

第１章
不動産登記とは

Topics ・そもそも不動産登記とは何のためにあるのかを理解する。
・登記はどのように記録されているのかを見てみよう。

1　不動産登記とは
不動産登記とは，不動産の表示（物理的現況）や不動産に関する権利を，登記簿という公の帳簿（国の管理するコンピュータ）に記録することである。

"記録すること" のほか，"記録そのもの" を「登記」と呼ぶこともある。

2　具体的な登記の記録
新たに不動産が生じたり壊れたり，また不動産について権利変動が生じた場合には，その登記をすることができる。具体的には，以下のような形で登記がされる。

ケーススタディ
田中達郎さんは，その所有する土地（新宿区赤坂一丁目２番３の土地）の上に建物を新築した。この建物は令和４年９月１日に完成した。
➡　新たに不動産が生じた場合は，それを報告する登記をする。

（その登記がされた場合の登記の記録（一部省略））

表　題　部（主である建物の表示）			不動産番号	1234567890123
所　　在	新宿区赤坂一丁目　２番地３			
家屋番号	２番３			
①　種類	②　構造	③　床面積 ㎡		原因及びその日付〔登記の日付〕
居　　宅	鉄筋コンクリート造 陸屋根２階建	１階　85 ２階　80	00 00	令和４年９月１日新築 〔令和４年９月15日〕
所 有 者	港区高円寺二丁目５番２号　　田　中　達　郎			

2

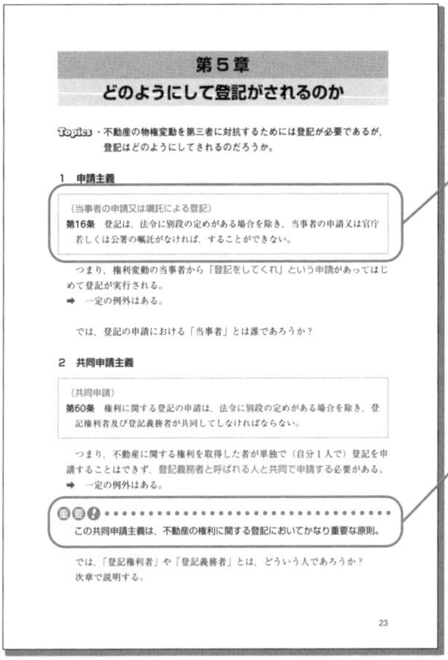

第５章
どのようにして登記がされるのか

Topics ・不動産の物権変動を第三者に対抗するためには登記が必要であるが，登記はどのようにしてされるのだろうか。

1　申請主義

（当事者の申請又は嘱託による登記）
第16条　登記は，法令に別段の定めがある場合を除き，当事者の申請又は官庁若しくは公署の嘱託がなければ，することができない。

つまり，権利変動の当事者から「登記をしてくれ」という申請があってはじめて登記が実行される。
➡　一定の例外はある。

では，登記の申請における「当事者」とは誰であろうか？

2　共同申請主義

（共同申請）
第60条　権利に関する登記の申請は，法令に別段の定めがある場合を除き，登記権利者及び登記義務者が共同してしなければならない。

つまり，不動産に関する権利を取得した者が単独で（自分１人で）登記を申請することはできず，登記義務者と呼ばれる人と共同で申請する必要がある。
➡　一定の例外はある。

重要！
この共同申請主義は，不動産の権利に関する登記においてかなり重要な原則。

では，「登記権利者」や「登記義務者」とは，どういう人であろうか？
次章で説明する。

23

重要条文　←効率化！
法律を学習する上で条文をチェックすることは欠かせませんが，本書では重要条文が引用されているので，六法を引く手間を省くことができます。

重要　←明確化！
学習するうえで必ずマスターしておきたい箇所を，「重要」として表示しているため，学習のメリハリをつけることができます。また，復習の際に重要ポイントを確実に確認するのにも効果的です。

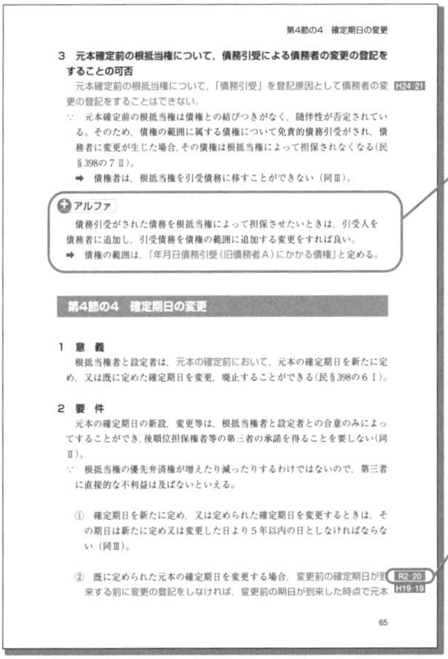

第4節の4　確定期日の変更

3　元本確定前の根抵当権について，債務引受による債務者の変更の登記をすることの可否
元本確定前の根抵当権について，「債務引受」を登記原因として債務者の変更の登記をすることはできない。 H24-21
∵　元本確定前の根抵当権は債権との結びつきがなく，随伴性が否定されている。そのため，債権の範囲に属する債権について免責的債務引受がされ，債務者に変更が生じた場合，その債権は根抵当権によって担保されなくなる（民§398の７Ⅱ）。
➡　債権者は，根抵当権を引受債務に移すことができない（同Ⅲ）。

アルファ
債務引受がされた債務を根抵当権によって担保させたいときは，引受人を債務者に追加し，引受債務を債権の範囲に追加する変更をすれば良い。
➡　債権の範囲は，「年月日債務引受（旧債務者Ａ）にかかる債権」と定める。

第4節の4　確定期日の変更

1　意　義
根抵当権者と設定者は，元本の確定前において，元本の確定期日を新たに定め，又は既に定めた確定期日を変更，廃止することができる（民§398の６Ⅰ）。

2　要　件
元本の確定期日の新設，変更等は，根抵当権者と設定者との合意のみによってすることができ，後順位担保権者等の第三者の承諾を得ることを要しない（同Ⅱ）。
∵　根抵当権の優先弁済権が増えたり減ったりするわけではないので，第三者に直接的な不利益は及ばないといえる。

①　確定期日を新たに定め，又は定められた確定期日を変更するときは，その期日は新たに定め又は変更した日より５年以内の日としなければならない（同Ⅲ）。

②　既に定められた元本の確定期日を変更する場合，変更前の確定期日が到来する前に変更の登記をしなければ，変更前の期日が到来した時点で元本 R2-20 H19-19

65

プラスアルファ　←満足感！
適宜，プラスアルファとして，補足的な知識や応用的な内容が盛り込まれているため，中・上級者の方が読んでも満足する構成となっています。

過去問表記　←リアル感！
過去に本試験で出題された論点には，出題履歴を表示しました。試験対策が必要な箇所を把握することができ，過去問にあたる際にも威力を発揮します。「R4-16」は，令和4年度本試験択一式試験（午後の部）の第16問で出題されたことを示しています。

目次

はしがき …… (iii)
本シリーズの特長と使い方 …… (iv)
凡　例 …… (x)

第2編　各種の権利の登記　～3．担保権に関する登記

第16章　根抵当権に関する登記 …… 2
第1節　根抵当権の設定の登記 …… 2
第2節　共同根抵当権 …… 17
第3節　元本確定前の根抵当権の移転（譲渡）の登記 …… 32
第3節の1　全部譲渡 …… 33
第3節の2　分割譲渡 …… 37
第3節の3　一部譲渡 …… 42
第3節の4　共有者の権利の譲渡 …… 46
第3節の5　共有者の権利の放棄 …… 49
第3節の6　共同根抵当権についての移転の登記 …… 51
第4節　根抵当権の変更の登記 …… 54
第4節の1　極度額の変更 …… 54
第4節の2　債権の範囲の変更 …… 59
第4節の3　債務者の変更 …… 63
第4節の4　元本の確定期日の変更 …… 67
第4節の5　共同根抵当権の変更の登記 …… 69
第5節　共有者間の優先の定めの登記 …… 71
第6節　民法376条1項の根抵当権の処分の登記 …… 76
第7節　元本確定前に債権の質入れ，差押えがされた場合の登記 …… 77
第8節　元本確定前に根抵当権者又は債務者に相続が開始した場合の登記 …… 78
第8節の1　根抵当権者に相続が開始した場合 …… 78
第8節の2　根抵当権の債務者に相続が開始した場合 …… 85
第8節の3　根抵当権者又は債務者に相続が開始した後，6か月を経過する前に新たな登記を申請することの可否 …… 90
第8節の4　指定根抵当権者（指定債務者）の合意の登記がされた根抵当権についての追加設定の登記 …… 91
第9節　元本確定前に根抵当権者又は債務者に合併が生じた場合の登記 …… 93

第９節の１　根抵当権者に合併が生じた場合 …… 93
第９節の２　根抵当権の債務者に合併が生じた場合 …… 97
第10節　元本確定前に根抵当権者又は債務者に会社分割が生じた場合の登記 …… 102
第10節の１　根抵当権者を分割会社とする会社分割があった場合 …… 102
第10節の２　債務者を分割会社とする会社分割があった場合 …… 106
第11節　根抵当権の元本の確定 …… 110
第11節の１　元本の確定事由に関して …… 110
第11節の２　元本確定の登記に関して …… 122
第12節　元本確定後の移転，変更の登記 …… 131
第12節の１　総　説 …… 131
第12節の２　元本確定後の根抵当権の移転の登記 …… 131
第12節の３　元本確定後の根抵当権の変更の登記 …… 135
第13節　根抵当権の登記の抹消 …… 140
第17章　先取特権に関する登記 …… 146
第18章　不動産質権に関する登記 …… 155

第３編　不動産登記法総論

第１章　不動産登記の意義 …… 160
第２章　登記できる権利，登記できる権利変動 …… 162
第３章　登記の効力 …… 164
第４章　登記の有効要件 …… 168
第５章　登記記録に関して …… 171
第６章　登記の順位 …… 178
第７章　不動産登記の諸原則 …… 181
第８章　登記の申請人に関連して …… 185
第１節　単独で登記を申請できる場合 …… 186
第２節　登記権利者が単独で申請する権利の登記の抹消 …… 188
第３節　本来の申請人以外の者が登記を申請する場合 …… 193
第４節　代理人からする登記 …… 195
第５節　登記申請能力 …… 197
第９章　嘱託による登記 …… 198
第10章　登記官の職権による登記 …… 202
第11章　登記を申請する …… 205

第12章　申請情報の作成 …… 209
第13章　１つの申請情報による申請 …… 225
第14章　添付情報 …… 229
第１節　総　説 …… 229
第２節　登記義務者の登記識別情報 …… 230
第３節　登記識別情報を提供できない場合 …… 240
第４節　登記原因証明情報 …… 251
第５節　会社法人等番号 …… 255
第６節　代理人の権限を証する情報 …… 256
第７節　印鑑証明書 …… 261
第８節　申請人が一般承継人（相続人）であることを証する情報 …… 269
第９節　登記原因についての第三者の許可，同意又は承諾を証する情報 …… 270
第９節の１　農地法所定の許可を証する情報 …… 271
第９節の２　株主総会又は取締役会の承認を証する情報 …… 277
第９節の３　その他の登記原因についての第三者の許可等を証する情報 …… 281
第９節の４　記名押印・印鑑証明書 …… 283
第10節　住所を証する情報 …… 284
第11節　登記上の利害関係を有する第三者の承諾又はその者に対抗することができる裁判があったことを証する情報 …… 286
第12節　添付情報その他 …… 288
第13節　添付情報の省略（援用） …… 289
第14節　原本還付 …… 291
第15節　オンライン申請の特例方式について …… 295
第15章　登録免許税 …… 299
第16章　登記の申請がされた後の処理 …… 310
第17章　登記申請の却下 …… 314
第18章　登記申請の取下げ …… 319
第19章　登記官の不当処分に対する審査請求 …… 321
第20章　判決による登記 …… 326
第21章　債権者代位による登記 …… 352
第22章　仮登記 …… 362
第１節　仮登記 …… 362

第2節　仮登記された権利の処分の登記 …… 380
第3節　仮登記の変更，更正 …… 388
第4節　仮登記に基づく本登記 …… 389
第5節　仮登記の抹消 …… 401
第6節　担保仮登記 …… 406
第23章　登記名義人の氏名，名称又は住所の変更の登記 …… 410
第24章　抹消された登記の回復 …… 421
第25章　処分の制限の登記 …… 424
第1節　競売に関する登記 …… 425
第2節　処分禁止の仮処分の登記 …… 427
第3節　仮処分の登記に後れる登記の抹消 …… 433
第4節　仮処分の登記の抹消 …… 443
第26章　区分建物に関する登記 …… 445
第1節　区分建物，敷地権 …… 445
第2節　登記の一体性 …… 460
第2節の1　区分建物の登記記録の表題部に敷地権の表示が登記されている場合の登記の効果 …… 460
第2節の2　敷地権の表示が登記された区分建物又は敷地権である旨の登記がされた土地についての登記の制限 …… 463
第3節　登記の申請手続 …… 469
第4節　その他（過去の本試験で問われた論点） …… 471
第5節　区分建物についての所有権の保存の登記 …… 472
第27章　信託に関する登記 …… 481
第1節　信託の設定に関して …… 481
第2節　信託財産の処分，原状回復 …… 489
第3節　受託者の任務が終了した場合 …… 491
第4節　信託の変更 …… 494
第5節　信託の併合，分割 …… 495
第6節　信託の登記の抹消 …… 498
第28章　工場抵当に関する登記 …… 502
付録　今後，改正される規定 …… 509
用語索引 …… 514
先例判例索引 …… 518

凡　例

1．法令の表記・略称

不登→　不動産登記法（不登§95Ⅰ②→　不動産登記法第95条第１項第２号）
不登附→　不動産登記法附則
不登令→　不動産登記令
不登令附→　不動産登記令附則
不登令別表→　不動産登記令別表
不登規→　不動産登記規則
不登規附→　不動産登記規則附則
不登準→　不動産登記事務取扱手続準則
民→　民法
会→　会社法
会社整備→　会社法の施行に伴う関係法律の整備等に関する法律
農地→　農地法
借地借家→　借地借家法
信託→　信託法
区分→　建物の区分所有等に関する法律
仮担→　仮登記担保契約に関する法律
工抵→　工場抵当法
破産→　破産法
抵証→　抵当証券法
戸籍→　戸籍法
後見→　後見登記等に関する法律
民訴→　民事訴訟法
民執→　民事執行法
民保→　民事保全法
非訟→　非訟事件手続法
仲裁→　仲裁法
民調→　民事調停法
家事→　家事事件手続法
登税→　登録免許税法
登税別表→　登録免許税法別表
登税施行令→　登録免許税法施行令
国通→　国税通則法
行服→　行政不服審査法
採石→　採石法
収用→　土地収用法
電提→　電気通信回線による登記情報の提供に関する法律

2．先例等の表記

先例昭46.10.4－3230→　昭和46年10月４日第3230号先例
記録例241→　平成21年２月20日第500号先例（不動産登記記録例）241番
質疑登研234P51→　「登記研究」誌234号質疑応答51頁
登研432P21→　「登記研究」誌432号21頁

第 2 編

各種の権利の登記

3. 担保権に関する登記

「スタンダード合格テキスト4　不動産登記法Ｉ」からの続き

第16章
根抵当権に関する登記

第1節　根抵当権の設定の登記

Topics ・根抵当権は抵当権の一種であるが，抵当権とはまったく性質が異なる。まずはその性質の違いを理解すること。そして，登記の手続もしっかり押さえること。
・択一，記述の試験で頻出。

1　根抵当権とは

(1)　根抵当権とは

一定の範囲に属する不特定の債権を，極度額を限度として担保する抵当権（民§398の2Ⅰ）。

【例】　XはAに対して頻繁にお金を貸し付けているが，その貸金債権の全部を（これから貸し付ける分も含めて）金1,000万円を限度として担保するため，根抵当権を設定することができる。

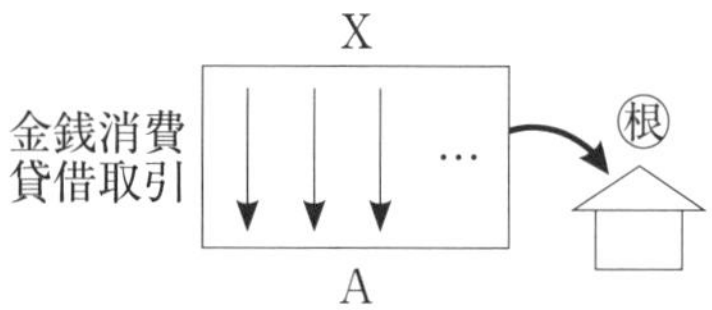

アルファ

普通の抵当権は，既に存在する特定の債権を担保するもの。

【例】　XのAに対する令和5年7月1日に発生した貸金債権を担保する。

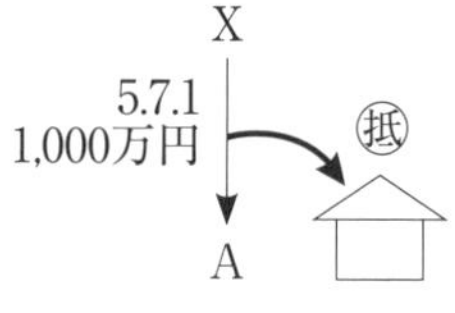

アルファ

根抵当権は，「一定の範囲に属する不特定の債権を極度額の限度において担保する」抵当権と定義されるが（民§398の２Ｉ），“不特定の債権”という表現が分かりづらい。

➡ “不特定の債権”というのは，担保される債権が曖昧だという意味ではない。

たとえば，Ｘ銀行のＡ商店に対する金銭消費貸借による債権をまとめて担保する根抵当権が設定された場合は，文字どおり，Ｘ銀行のＡ商店に対する金銭消費貸借による債権（貸金債権）が根抵当権によって担保される。

そして，根抵当権が設定された後にＸ銀行がＡ商店に対してお金を貸した場合にはその新たに発生した貸金債権が根抵当権によって担保されるし，反対に，Ｘ銀行のＡ商店に対する金銭消費貸借による債権が弁済等によって消滅した場合にはその債権は根抵当権によって担保されなくなる。

➡ このように，根抵当権が設定された時点では，具体的にどの債権が根抵当権によって担保されるかが確定していないので，“不特定の債権を担保する”という表現になっている。

(2)　極度額とは

根抵当権は，一定の範囲に属する不特定の債権を“極度額の限度において”担保する抵当権とされている（民§398の２Ｉ）。

極度額→　担保の限度額

根抵当権を設定するに当たっては，“現実にＸ銀行はＡ商店に対していくら貸し付けるか分からないけれど，この根抵当権では金1,000万円を限度に担保する”といった感じで，極度額を定める必要がある。

➡ 根抵当権が実行されたときに，Ｘ銀行は金1,000万円を限度に優先弁済を受けることができる。

2　根抵当権の法的性質

(1)　付従性の否定

確認　担保物権は，特定の債権を担保するために設定されるものであるから，原則として被担保債権に付従する（被担保債権とくっついている）。被担保債権が存在しなければ担保物権は成立せず，また，被担保債権が消滅すれば担保物権も当然に消滅する。

元本確定前の根抵当権においては，「一定の範囲に属する不特定の債権を極度額の限度において担保する」という性質を有していることから，付従性が否定されている。

➡　特定の債権を担保するものではないから，債権と根抵当権はくっついていない。

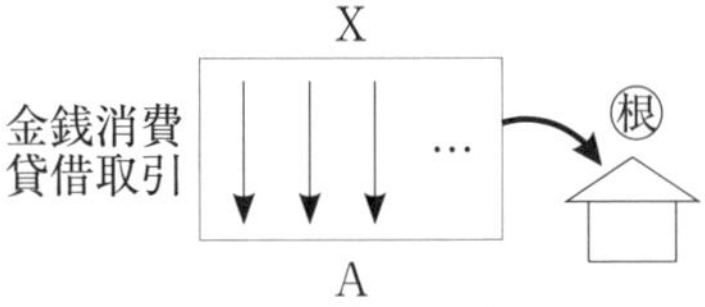

ちょっと乱暴に言えば，根抵当権は「ＸＡ間の金銭消費貸借取引により発生した債権」という“枠”を担保している。

➡　その“枠”の中にある具体的な債権（実際の貸金債権）と根抵当権はくっついていない。

つまり，根抵当権を設定するに当たっては，「ＸＡ間の金銭消費貸借という取引により発生する債権」という“担保されるべき債権の枠”（債権の範囲）を定めれば足りるのであり，現実に債権が発生している必要はない。

➡　債権がまったくない状態で根抵当権を設定することができる。そして，根抵当権を設定した後に債権の範囲に属する債権が新たに発生した場合は，その債権が根抵当権によって担保される。

また，元本の確定前に，債権の範囲に属する債権が弁済等によってすべて消滅しても，根抵当権が消滅することはない。

∵　元本が確定する前の根抵当権は，債権とはくっついていないので，債権がなくなっても根抵当権は影響を受けない。

➡　この後に，新たに債権の範囲に属する債権が発生した場合には，その債権が根抵当権によって担保される。

➡　債権がなくなっても根抵当権は消滅しない。

重要！・・・・・・・・・・・・・・・・・・・・・・・・・・・・・・・・・

　根抵当権が設定された後，一定の事由（元本の確定事由）が発生したときは根抵当権の元本が確定する。元本が確定すると，その時点で存在する債権が根抵当権によって担保されることが確定する。

➡　その時点で存在する特定の債権を担保するものとなるので，根抵当権と債権がくっつくこととなる。したがって，根抵当権の元本が確定したときは，根抵当権は付従性が発生する。

(2)　随伴性の否定

確認　　担保物権は，特定の債権を担保するものである。つまり，被担保債権にくっついている。そのため，普通抵当権の被担保債権が第三者に譲渡されたときは，その債権に伴って抵当権も第三者に移転する（随伴性）。

　元本確定前の根抵当権においては，債権との結びつきが否定されているので，債権の範囲に属する債権が第三者に譲渡された場合でも，根抵当権は債権に伴って移転しない。

➡　債権の譲渡を受けた者は，根抵当権を取得できない（民§398の7Ⅰ）。譲渡された債権は根抵当権の被担保債権の枠から離脱し，無担保の債権となる。

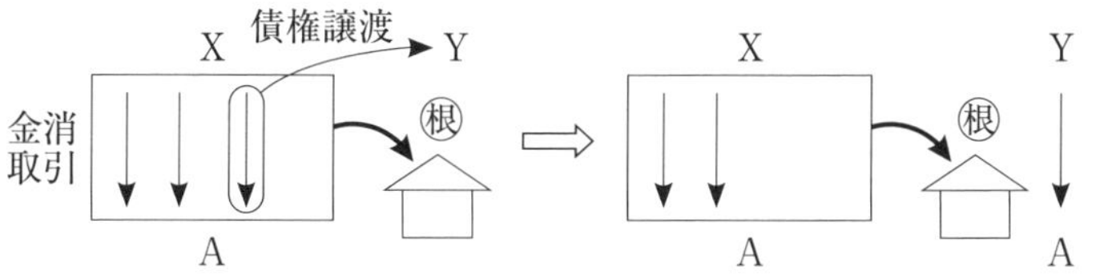

➡　根抵当権は，あくまでXのAに対する金銭消費貸借取引により発生した債権を担保している。

重要！・・・・・・・・・・・・・・・・・・・・・・・・・・・・・・・・・

　元本が確定した後は，根抵当権は特定の債権を担保するものとなるので（債権と根抵当権がくっつくので），被担保債権に随伴し，被担保債権が第三者に譲渡等されたときはその債権とともに根抵当権も移転する。

3　根抵当権の設定

　根抵当権は，根抵当権者と設定者との根抵当権設定契約により成立する。

根抵当権は，一定の範囲に属する不特定の債権を極度額の限度において担保するものであるので，根抵当権の設定契約においては，

①	誰に対する	（債務者）
②	どういった債権を	（債権の範囲）
③	いくらを限度に担保するか	（極度額）

を定める必要がある。

➡　極度額，債権の範囲，債務者は必ず定めることを要する。

・　また，元本の確定期日や民法370条ただし書の別段の定めをすることもできる。

4　極度額

根抵当権は，一定の範囲に属する不特定の債権を担保するものであるから，元本が確定し，債権が特定されるまでは，具体的にどの債権が担保されるかが明らかではない。

➡　元本が確定するまでは，根抵当権によって担保される債権の額も分からない。

そのため，根抵当権の設定の段階では，抵当権のように「債権額」は定まらず，「極度額」という担保の限度額を定める必要がある（民§398の３Ⅰ）。

5　債権の範囲

根抵当権は，一定の範囲に属する不特定の債権を担保するもの。そのため，根抵当権を設定するにあたっては，その債権の範囲を定める必要がある。

➡　どういった債権を担保させるのかを予め定めておく必要がある。

債権の範囲として認められているものは，以下のとおり。

・　債務者との特定の継続的取引契約によって生ずる債権（民§398の２Ⅱ）
・　債務者との一定の種類の取引によって生ずる債権（同Ⅱ）
・　取引以外で，特定の原因に基づき債務者との間で継続的に生ずる債権（同Ⅲ）
・　手形上，小切手上の請求権又は電子記録債権（同Ⅲ）

・　上記の債権とともに担保する場合の特定債権（先例昭46.10.4－3230）

(1)　債務者との特定の継続的取引契約によって生ずる債権（民§398の2Ⅱ）

債権者と債務者との間で締結された，特定の継続的取引契約によって生ずる債権を担保させることができる。

➡　特定の基本契約に基づく継続的な取引関係から発生する債権を根抵当権によって担保させるもの。

【例】　令和5年3月1日，XとAは，今後5年間XがAに継続的に自動車を売り渡す契約をした。そして，同月7日，Xと物上保証人Bは，上記のXのAに対する継続的な自動車売買契約に基づく代金債権を担保するため，Bの所有する不動産に極度額金3,000万円の根抵当権の設定契約をした。

➡　X・A間の「継続的自動車売買契約」によって発生した代金債権がまとめて根抵当権によって担保される。Xはその代金債権のうち，3,000万円を限度に優先弁済を受けることができる。

・　その他，「年月日当座貸越契約」，「年月日手形割引契約」，「年月日リース取引等契約」等がある。 H31-21

(2)　債務者との一定の種類の取引によって生ずる債権（民§398の2Ⅱ）

根抵当権によって担保させたい取引の種類を定め，その取引によって発生した債権を根抵当権によって担保させるもの。

【例】　X，A間で上記(1)のような「継続的取引契約（継続的自動車売買契約）」は特にされていないが，XはAに対して頻繁に車を売り渡しており，これからも売り渡す予定なので，その売買代金債権をまとめて担保するため，根抵当権を設定することができる。

この場合は，債権の範囲として「自動車売買取引」と定める。

➡　XのAに対するいくつもの売買代金債権が，極度額の限度ですべて担保される。

重要！

「一定の種類の取引」をもって債権の範囲を定める場合，それは一定の範囲に属し（限定性の原則），かつ第三者がその内容を認識できるものである（客観的明確性の原則）ことを要する。

・　認められるもの

「売買取引」,「電気製品売買取引」,「銀行取引」,「金銭消費貸借取引」,「賃貸借取引」,「保証委託取引」,「保証取引」

➡ 「売買取引」だったら売買代金債権を担保する，「金銭消費貸借取引」だったら貸金債権を担保するといった感じで，一定の範囲に限定され，また担保される債権の内容も明確なので，認められる。

H3-24　・　認められないもの

「商取引」,「商社取引」,「問屋取引」,「準消費貸借取引」

➡ 限定性や客観的明確性に欠ける。あらゆる債権が被担保債権に含まれてしまうおそれがあるので，認められない。

H8-15　プラスアルファ

一定の種類の取引をもって債権の範囲を定めたときは，根抵当権が設定される以前に発生した債権も担保される。

(3)　取引以外で，特定の原因に基づき債務者との間で継続的に生ずる債権（民§398の２Ⅲ）

取引以外の特定の原因で，継続的に発生する債権を根抵当権によって担保させることができる。

①　「Ａ工場の排液による損害賠償債権」（先例昭46.10.4－3230）

➡ 工場からの排液は，１回だけでなく，頻繁に流れ出るものである。つまり，排液が出ることによる損害賠償債権は，頻繁に発生する。その継続的に発生する損害賠償債権をまとめて根抵当権によって担保させることができる。

②　「清酒移出による酒税債権」（先例昭46.10.4－3230）

➡ 清酒を工場から出すたびに酒税債権が発生する。

・「債務者の不法行為による損害賠償債権」は認められない（先例昭48.1.11－272）。 H27記述
∵　特定の原因に基づき継続して発生する債権とはいえないから。

(4)　手形上，小切手上の請求権，電子記録債権（民§398の２Ⅲ）

債務者との直接の取引によらずに根抵当権者が取得した，債務者に対する手形上もしくは小切手上の請求権を根抵当権によって担保させることができる。

また，電子記録債権法に規定された電子記録債権も根抵当権によって担保させることができる。 H27記述

(5)　他の一定の範囲に属する不特定の債権とともに担保する場合の特定債権（先例昭46.10.4－3230）

特定債権のみを担保するために根抵当権を設定することはできず，この場合は普通抵当権を設定すべき。

しかし，他の一定の範囲に属する不特定の債権とともに担保する場合には，その根抵当権は全体としては不特定の債権を担保するものといえるため，このような場合には特定債権を被担保債権の範囲に含めることができる。

【例】「債権の範囲　売買取引
　　　　　　　　　令和５年６月１日貸付金」

・　第三者から譲渡を受けた債権を担保させる場合は，「年月日債権譲渡（譲渡人何某）にかかる債権」と定める。 H27記述

6　債務者

根抵当権の設定契約においては，債務者を必ず定めなければならない。

重要!

普通抵当権においては既存の特定の債権を担保するものであるので，被担保債権さえ定められれば当然に債務者が誰かということも特定されるが，根抵当権は特定債権を担保するものではなく，債権の範囲と債務者を定めることによって具体的に担保される債権が決まっていくということになるので，根抵当権の債務者は被担保債権を特定するための重要な要素。

➡　だから，追加設定の登記や変更の登記について，普通抵当権とは違った扱いがされている（後述）。

・　債務者は１人である必要はなく，複数定めることもできる。

7　元本の確定期日

根抵当権が設定された後，一定の事由（元本の確定事由）が生じたときは，根抵当権の元本が確定する（担保される債権が確定する）。

どのような事由が生じたら元本が確定するのかは民法398条の20等で定められているが，予め元本が確定する日（確定期日）を定めることもできる（民§398の６Ⅰ）。

・　元本の確定期日は，それを定めた日から５年以内の日でなければならない（同Ⅲ）。

8　根抵当権の設定の登記の手続

原則どおり，登記権利者と登記義務者の共同申請（不登§60）。

登記権利者→	根抵当権者
登記義務者→	設定者（所有権等の登記名義人）

・　債務者と設定者が異なる場合，債務者は申請人とならない。

9　申請情報の内容

(1)　登記の目的→　**「根抵当権設定」**

➡　“根抵当権”という物権が“設定”された旨の登記である。

(2)　登記原因及びその日付→　根抵当権の設定契約がされた日をもって，**「年月日設定」**

プラスアルファ

普通抵当権の場合は特定の債権を担保するものであるので，登記原因の一部として債権の発生原因を提供する必要があったが，根抵当権は特定の債権を担保するものではないので，債権については提供する必要はない。

(3)　登記事項

根抵当権の登記においては，特殊的な登記事項が存在する（不登§83Ⅰ，88Ⅱ）。

➡ その根抵当権の具体的な内容。

理由 その不動産について新たに取引関係に入ろうとする第三者に対し，“誰に対するどういった債権を，いくらを限度に担保しているのか”を公示する必要がある。

そのため，根抵当権の設定の登記を申請するときは，申請情報の内容としてこういった特殊的な登記事項を提供する必要がある（不登令別表56申請情報欄イロ，不登§83Ⅰ，88Ⅱ）。

- **絶対的登記事項**（不登令別表56申請情報欄イロ，不登§83Ⅰ，88Ⅱ）
  ①　極度額
  ②　債権の範囲
  ③　債務者

- **任意的登記事項**（不登令別表56申請情報欄イロ，不登§83Ⅰ，88Ⅱ）
  ①　元本の確定期日
  ②　民法370条ただし書の別段の定め
  （共有者間の優先の定め）

＊　共有者間の優先の定めについては，条文上は根抵当権の設定の登記の申請情報の内容として提供することができるように読めるが（不登令別表56申請情報欄ロ，不登§88Ⅱ④），実際には提供できないとされている（先例昭46.12.24－3630，質疑登研757P165）。

(4) 極度額

「極度額　金○円」のように提供する。

➡ 極度額は必ず邦貨で定めることを要し，外国の通貨で表示することはできない（先例昭37.1.26－73）。

プラスアルファ

根抵当権の設定の登記の申請情報の内容として，利息や損害金の定めを提供することはできない。

∵　根抵当権は，極度額を限度として元本，利息，損害金のすべてが担保されるので，担保限度額である極度額さえ登記されれば足り，利息や損害金の定めを登記する実益がない。

(5) 債権の範囲

「債権の範囲　銀行取引，手形債権，小切手債権」のように提供する。

➡ 債権の範囲は，１つだけでなくてもよい。

① 「手形上，小切手上の請求権」については，「手形，小切手債権」と提供することはできず，「手形債権，小切手債権」と提供する（先例昭46.10.4－3230）。

② 根抵当権の債務者を数人と定め，債務者ごとに債権の範囲が異なる場合には，債務者ごとに特定して提供する（先例昭46.12.24－3630）。

【例】「債権の範囲　債務者Ａにつき　金銭消費貸借取引
債務者Ｂにつき　売買取引」

(6) 債務者

「債務者　（住所）　Ａ」のように提供する。

① 債務者が数人いる場合でも，「連帯債務者」と提供することはできない（先例昭46.12.24－3630）。

H5-15 ② 権利能力のない社団を債務者とすることもできる（先例昭31.6.13－1317）。

∵ 「債務者」として登記されることは，登記名義人となることではないから。

(7) 元本の確定期日

任意的登記事項なので，定めがある場合にのみ提供する。

R5-24 「確定期日　令和９年５月25日」のように特定の日付を提供する。

(8) 民法370条ただし書の別段の定め

任意的登記事項。

「特約　立木には根抵当権の効力は及ばない」のように提供する。

(9) その他

① 根抵当権者が銀行等の複数の支店を有する金融機関であるときは，根抵当権者の表示の一部として，その取扱店を登記することができる。

②　根抵当権の設定契約において，根抵当権者が死亡したときは根抵当権が消滅する旨の定め（権利消滅の定め，不登§59⑤）がされたときは，根抵当権の設定の登記の申請情報の内容として，その定めを提供することができる（記録例365参照）。 H31-21

10　添付情報

抵当権の設定の登記と同様。

①　登記義務者の登記識別情報（不登§22）
登記義務者である根抵当権設定者の登記識別情報を提供する。

②　登記原因証明情報（不登令別表56添付情報欄イ）
根抵当権が設定された旨やその内容が明らかにされた情報を提供する。

③　代理権限証明情報（不登令§７Ⅰ②）
申請人から司法書士への委任状を提供する。

④　印鑑証明書（不登令§16Ⅱ，18Ⅱ）
書面によって申請するときは，登記義務者（所有権の登記名義人）は申請書又は委任状に記名押印し，その押印した印鑑についての作成後３か月以内の印鑑証明書を提供する。

11　登録免許税

定率課税である。

課税標準→　極度額
税　　率→　1000分の４（登税別表第1.1(5)）

・　申請情報の作成

権利部（甲区）（所有権に関する事項）			
順位番号	登記の目的	受付年月日・受付番号	権利者その他の事項
1	所有権移転	平成22年７月10日 第7000号	原因　平成22年７月10日売買 所有者　A

令和５年７月８日，株式会社X（代表取締役はx）とAは，Aの所有する

甲土地を目的として以下のとおりの根抵当権を設定する契約をした。

1	極度額	金1億円
2	債権の範囲	令和5年5月25日付の電気製品供給契約により生ずる債権 金銭消費貸借取引により生ずる債権 問屋取引により生ずる債権 債務者の不法行為に基づく損害賠償債権 手形上，小切手上の請求権
3	確定期日	令和9年4月30日
4	債務者	A

【申請書】

登記の目的	根抵当権設定	
原　　因	令和5年7月8日設定	
極 度 額	金1億円	
債権の範囲	令和5年5月25日電気製品供給契約 金銭消費貸借取引 手形債権，小切手債権	＊1
確定期日	令和9年4月30日	
債 務 者	A	
根抵当権者	株式会社X 　代表取締役　x 　(会社法人等番号　省略)	 ＊2 ＊3
設 定 者	A	
添付情報	登記識別情報（Aの甲区1番の登記識別情報） 登記原因証明情報 会社法人等番号（株式会社Xの会社法人等番号） 代理権限証明情報（株式会社Xの代表者x及びAから司法書士への委任状） 印鑑証明情報（Aの印鑑証明書）	
課税価額	金1億円	
登録免許税	金40万円	

＊1　債権の範囲のうち，「問屋取引により生ずる債権」と「債務者の不法行為に基づく損害賠償債権」は提供することができない(不適法な定め)。

＊2　会社が登記の申請人となるので，その代表者の氏名を提供する（不登

令§３②)。

＊３　この会社法人等番号は添付情報の１つであるが，実際には申請書において当該法人の会社法人等番号を記載する。

（完了後の登記記録）

権　利　部（乙　区）　（所 有 権 以 外 の 権 利 に 関 す る 事 項）			
順位番号	登記の目的	受付年月日・受付番号	権 利 者 そ の 他 の 事 項
1	根抵当権設定	令和５年７月８日 第7000号	原因　令和５年７月８日設定 極度額　金１億円 債権の範囲　令和５年５月25日電気製品供給取引 金銭消費貸借取引 手形債権 小切手債権 確定期日　令和９年４月30日 債務者　　A 根抵当権者　　株式会社X

12　共有根抵当権を設定することの可否

(1)　可　否

１個の根抵当権を数人が準共有する根抵当権を設定することができる（先例昭46.10.4－3230）。

【例】　XのAに対する金銭消費貸借取引による債権とYのAに対する売買取引による債権を併せて担保する根抵当権を設定することができる。

プラスアルファ

普通抵当権においては，数人の債権者がそれぞれ有する数個の債権を併せて担保するため，１個の抵当権を設定することは認められていない（先例昭35.12.27－3280）。

(2)　共有根抵当権の優先弁済権

根抵当権においては，元本が確定するまでは具体的にどの債権が担保されるかが明らかではないため，各共有者の債権額も明らかではない。したがって，元本確定前の根抵当権においては，共有者の持分の割合は定まらない。

➡　仮に，Xの債権額が金1,000万円，Yの債権額が金3,000万円ということが確定していれば，Ｘの持分は４分の１，Ｙの持分は４分の３ということになる。

しかし，元本確定前の根抵当権は付従性がなく，各根抵当権者の債権額が確定しないので，すなわち持分の割合が定まらない。

共有根抵当権における各共有者の優先弁済権の割合は，元本が確定した時，つまり根抵当権によって担保される債権が確定し債権額が明らかとなった時の**各共有者の有する債権額の割合による**（民§398の14Ⅰ本文）。

・　ただし，元本が確定する前において，根抵当権の共有者間の合意により，優先弁済の割合についての別段の定めをすることができる（**優先の定め**，同Ⅰただし書，後記第５節参照）。

(3)　共有根抵当権の設定の登記

基本的には通常の根抵当権の設定の登記と同様であるが，いくつか特徴的な点がある。

①　根抵当権者ごとに債権の範囲や債務者が異なるときは，根抵当権者ごとに特定して提供する（先例昭46.12.24－3630）。

債権の範囲	根抵当権者Ｘにつき	金銭消費貸借取引
	根抵当権者Ｙにつき	売買取引
債　務　者	根抵当権者Ｘにつき	Ａ
	根抵当権者Ｙにつき	Ｂ

R4-13
H6-13
②　**各共有者についての持分を提供しない**（不登令§３⑨かっこ書）。

∵　根抵当権の元本が確定するまでは，各共有者の持分割合は定まらないから。

第2節　共同根抵当権

1　数個の不動産を目的とした根抵当権の効果

同一の債権を担保するため，数個の不動産を目的として根抵当権を設定しても，それらの根抵当権は当然には共同根抵当（共同担保の関係）とはならず，各根抵当権はそれぞれ独立した根抵当権として，各不動産につき極度額を限度として優先弁済を受けることができる（民§398の18）。

➡　いわゆる「累積根抵当」。

【例】　甲土地と乙土地を目的として，「根抵当権者　X，極度額　金1,000万円，債権の範囲　売買取引，債務者　A」として根抵当権が設定された場合，甲土地の根抵当権と乙土地の根抵当権はまったくの別物。相互にぜんぜん関係がない。

➡　この後に根抵当権を実行し，甲土地と乙土地を競売した場合，Xは甲土地から金1,000万円，乙土地から金1,000万円の計2,000万円を限度として配当を受けることができる。

➡　また，Xが甲土地の根抵当権のみを実行し，甲土地の売却の代金から金1,000万円の配当を受けた場合，甲土地に後順位抵当権者Yがいても，Yは，乙土地のXの根抵当権について代位（民§392Ⅱ）することはできない。

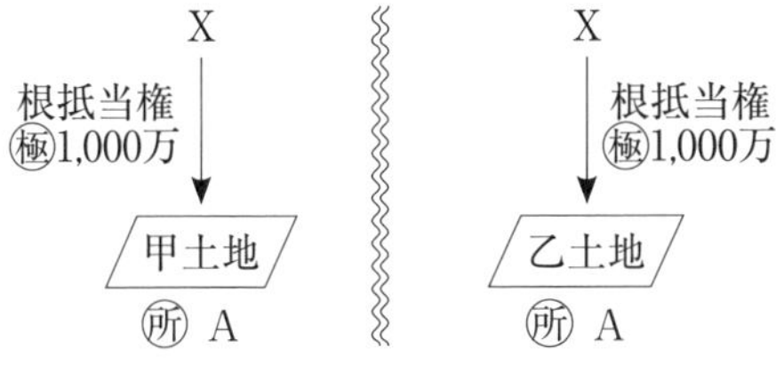

➡　甲土地の根抵当権と乙土地の根抵当権はまったく関係ない。

考え方　普通抵当権の場合は，同一の債権を担保するために数個の不動産を目的として抵当権を設定すれば，当然に共同抵当（共同担保の関係）となる。

【例】　XのAに対する金1,000万円の貸金債権を担保するため，甲土地と乙土地を目的として抵当権が設定された。この場合，甲土地と乙土地は当然に共同担保の関係となる。

そして，Xが甲土地と乙土地の抵当権を実行し，その売却の代金から配当を受ける場合，Xは合計して金1,000万円（＋利息等）の配当を受けることができる。

∵　そもそもXは金1,000万円の債権しか持っていないのだから，合計して金1,000万円の配当を受ける，というのは当然。

一方，根抵当権の場合は，実際の債権の額とは関係ない極度額（担保の限度額）を定めている。つまり，**“極度額は金1,000万円だが，実際にXはAに対して金2,000万円の債権を持っている”ということも十分にあり得る。**

➡　だから，根抵当権の場合は，数個の不動産を目的としていても“別個独立のものとして各不動産について極度額を限度として優先弁済を受ける”という扱いをすることも不自然ではない。

ただし，同一の債権を担保するために数個の不動産を目的として根抵当権を設定した場合で，**一定の要件を満たしたときは，それらの根抵当権は共同根抵当（共同担保の関係）となる**（民§398の16）。

➡　いわゆる「純粋共同根抵当」。以下**「共同根抵当権」**という。

➡　共同担保の関係となるわけだから，民法392条，393条の規定（後順位担保権者の代位等）が適用される。

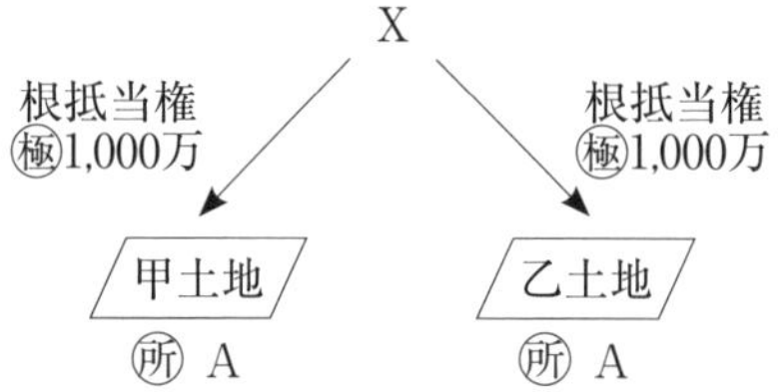

➡　甲土地と乙土地は共同担保の関係なので，根抵当権が実行されたら，Xは甲土地と乙土地から合計して金1,000万円の配当を受ける。

2　共同根抵当権が成立するための要件

数個の不動産を目的として設定された根抵当権が共同根抵当権となるためには，以下の２つの要件を満たす必要がある。

(1)　同一の債権を担保する根抵当権であること (2)　設定と同時に共同担保である旨の登記をすること

⑴　同一の債権を担保する根抵当権であること

すべての根抵当権について極度額，債権の範囲，債務者が同一である必要がある。

➡　これらのうち１つでも異なる場合は，同一の債権を担保する根抵当権とはいえないので，共同根抵当権は成立しない。

・　優先の定め（民§398の14Ⅰただし書）や元本の確定期日については，各不動産で異なっていても差し支えない。 H15-26

∵　優先の定めや元本の確定期日は，根抵当権の被担保債権を決定する要素ではない。つまり，これらの定めが各不動産で異なっていても，同一の債権を担保する根抵当権であることに変わりはない。

⑵　設定と同時に共同担保である旨の登記をすること（民§398の16）

設定の登記において，"この根抵当権は共同根抵当権である" 旨が登記される必要がある。

➡　具体的には，根抵当権の設定の登記の末尾に，共同担保目録の記号，目録番号が記録されること（共同担保目録については，後記５参照）。

ケーススタディ

ＸとＡは，Ａの所有する甲土地と乙土地を目的として，「極度額　金1,000万円，債権の範囲　金銭消費貸借取引，債務者　Ａ」とする根抵当権の設定契約をした。ＸとＡは，甲土地と乙土地を目的とした根抵当権について，共同根抵当権（共同担保の関係）とすることとした。

➡　この根抵当権の設定の登記を申請するときは，登記の目的として**「共同根抵当権設定」**と提供する。

➡　"共同根抵当権の設定の登記ですよ！　累積根抵当ではないですよ！" と登記官にアピールする。

すると，申請を受け付けた登記官は，"これは共同根抵当権の設定の登記だな（甲土地と乙土地を共同担保の関係としたいのだな）" と判断し，甲土地と乙土地の表示を記録した共同担保目録を作成し，根抵当権の設定の登記の末尾にその共同担保目録の記号，目録番号を記録する。

➡　**この登記（共同担保の旨の登記）がされて，はじめて甲土地と乙土地は共同担保の関係となる。**

重要!

そういった意味で，“共同根抵当権は登記が効力要件である”と言われる。

➡「共同根抵当権を設定しましょう」という契約だけでは共同担保の関係とはならず，共同担保の旨の登記がされてはじめて共同担保の関係となる。

3　累積根抵当を共同根抵当権にすることの可否

H13-27　同一の債権を担保するために数個の不動産を目的として根抵当権の設定の登記がされているが，共同担保である旨の登記がされていない場合，利害関係人がいなくても，それを共同根抵当権とする変更（更正）の登記を申請することはできない（先例昭46.10.4－3230）。

∵　共同根抵当権とするためには，“設定と同時に”共同担保である旨の登記をする必要がある（民§398の16）。

H15-26　・　反対に，共同根抵当権として登記されていたものを，後になって累積根抵当とすることもできない（質疑登研315 P 75）。

4　数個の不動産を目的とした根抵当権の設定の登記

(1)　累積根抵当の設定の登記

H元-30　同一の登記所の管轄区域内に存在する数個の不動産を目的として累積根抵当が設定されても，それら数個の根抵当権につき，**1つの申請情報で設定の登記を申請することはできない**（先例昭46.10.4－3230）。

考え方　累積根抵当は，同一の債権を担保するために数個の不動産を目的として設定された根抵当権であるが，それぞれの根抵当権は別個独立の根抵当権として存在する（相互にまったく関係ない）。

そのため，数個の不動産について同時に設定契約がされても，各不動産において登記原因が異なるものと解される。したがって，形式的には登記の目的，登記原因及びその日付が同一であっても，実質的な登記原因が異なるので，1つの申請情報で申請することはできない。

(2)　共同根抵当権（純粋共同根抵当）の設定の登記

同一の債権を担保するため，同一の登記所の管轄区域内に存在する数個の不動産を目的として，共同根抵当権の設定契約がされたときは，それら数個の不動産を目的とした共同根抵当権の設定の登記は，**1つの申請情報で申請することができる**（不登令§4ただし書，不登規§35⑩）。

・　数個の不動産に関する登記を１つの申請情報で申請するためには，

①　数個の不動産の管轄登記所が同一であること
②　登記の目的が同一であること
③　登記原因及びその日付が同一であること

の３つの要件を満たしている必要がある（不登令§４ただし書）。

しかし，共同根抵当権に関する登記については，この３つの要件を満たしていなくても，１つの申請情報で申請することができる場合がある。

➡　不動産登記規則35条10号

（一の申請情報によって申請することができる場合）

不動産登記規則第35条

十　同一の登記所の管轄区域内にある２以上の不動産について申請する登記が，同一の債権を担保する先取特権，質権又は抵当権（以下「担保権」と総称する。）に関する登記であって，登記の目的が同一であるとき。

➡　共同根抵当権に関する登記については，数個の不動産について管轄登記所が同一であり，また登記の目的が同一であるときは，**登記原因及びその日付が同一でなくても**，数個の不動産について１つの申請情報でまとめて申請することができる。

具体的に（不動産は，すべて同一の登記所の管轄区域内に存在するものとする）。

①　同一の債権を担保するため，**所有者を異にする**数個の不動産を目的として同時に共同根抵当権の設定契約がされた。

➡　１つの申請情報で設定の登記を申請することができる。

➡　各不動産で所有者（設定者）が異なるので，根抵当権の設定契約（登記原因）も各不動産で異なるといえる。しかし，共同根抵当権に関する登記であり，登記の目的が各不動産で同一なので（「共同根抵当権設定」），１つの申請情報で申請できる。

②　同一の債権を担保するため，数個の不動産を目的として**日を異にして**共同根抵当権の設定契約がされた。

➡　１つの申請情報で設定の登記を申請することができる。

➡　各不動産で根抵当権が設定された日付が異なるので，明らかに登記原因及びその日付が異なる。しかし，共同根抵当権に関する登記であり，登記の目的が各不動産で同一なので（「共同根抵当権設定」），1つの申請情報で申請できる。

【例】　令和5年7月1日，XとAは，Aの所有する甲土地を目的として「極度額金1,000万円，債権の範囲　金銭消費貸借取引，債務者　A」とする根抵当権の設定契約をした。そして，この根抵当権の設定の登記がされる前の令和5年7月4日，XとBは，甲土地に設定された根抵当権と同一の債権を担保するため，Bの所有する乙土地を目的として共同根抵当権の追加設定の契約をした。

➡　甲土地と乙土地の共同根抵当権の設定の登記は，1つの申請情報で申請することができる。

5　共同担保目録

共同根抵当権の登記をする場合には，根抵当権の目的となる各物件を公示して各物件の負担割合（民§392Ⅰ参照）を第三者が容易に知り得る状態とするため，さらには，共同根抵当権の実行に伴う後順位担保権者の代位の可能性（同Ⅱ）を公示するために，他の目的物と共同で根抵当権の目的となっていることを示す必要がある。

➡　“どの不動産とどの不動産を目的として共同根抵当権が設定されているのか”を分かりやすく公示する必要がある。

そのため，共同根抵当権の設定の登記がされたときは，**登記官が職権で，共同担保の目的である不動産を明らかにした共同担保目録を作成することができる**（不登§83Ⅱ）。

共　同　担　保　目　録			
記号及び番号	(ま)第870号	調製	令和5年7月1日
番　号	担保の目的である権利の表示	順位番号	予　備
1	中野区野方七丁目　1番2の土地	1	余　白
2	中野区新井九丁目　4番5の土地	1	余　白

➡　共同根抵当権の設定の登記の申請がされたときは，登記官は上記のような共同担保目録を作成し，根抵当権の設定の登記の登記記録の末尾にこの共同担保目録の記号と目録番号を記録する（不登規§166Ⅰ）。

表　題　部（土地の表示）			不動産番号	【略】
所　在	中野区野方七丁目		余　白	
①地　番	②　地　目	③地　積　㎡	原因及びその日付〔登記の日付〕	
1番2	宅地	100　00	【略】	

権　利　部（甲　区）　（所　有　権　に　関　す　る　事　項）			
順位番号	登記の目的	受付年月日・受付番号	権利者その他の事項
1	所有権移転	平成22年7月10日 第7000号	原因　平成22年7月10日売買 所有者　　A

権　利　部（乙　区）　（所有権以外の権利に関する事項）			
順位番号	登記の目的	受付年月日・受付番号	権利者その他の事項
1	根抵当権設定	令和5年7月1日 第7000号	原因　令和5年7月1日設定 極度額　金1,000万円 債権の範囲　金銭消費貸借取引 債務者　　A 根抵当権者　　X 共同担保　目録（ま）第870号

➡ 中野区野方七丁目1番2の土地について新たに取引関係に入ろうとする第三者は，この土地の登記記録を見て，“おっ，乙区1番でXの根抵当権の設定の登記がされているな。これには共同担保目録の記号と番号が登記されているから，この根抵当権は共同根抵当権なんだな。では，他にどの不動産に根抵当権が設定されているのかを見てみよう。”ということになって，「共同担保目録（ま）第870号」を見ると，“この土地のほかに「中野区新井九丁目4番5」の土地に根抵当権が設定されているんだな”ということが分かる。

・　申請情報の作成（甲土地と乙土地の管轄登記所は同一である）
（甲土地の登記記録）

権利部（甲区）（所有権に関する事項）			
順位番号	登記の目的	受付年月日・受付番号	権利者その他の事項
1	所有権移転	平成22年７月10日 第7000号	原因　平成22年７月10日売買 所有者　A

（乙土地の登記記録）

権利部（甲区）（所有権に関する事項）			
順位番号	登記の目的	受付年月日・受付番号	権利者その他の事項
1	所有権移転	平成28年４月23日 第4000号	原因　平成28年４月23日売買 所有者　B

令和５年７月10日，X，A及びBは，甲土地と乙土地を目的として，Xのために以下の内容の共同根抵当権を設定する契約をした。

・　極　度　額　金１億円
・　債権の範囲　売買取引
・　債　務　者　A

【申請書】

登記の目的　共同根抵当権設定　＊１
原　　　因　令和５年７月10日設定
極　度　額　金１億円
債権の範囲　売買取引
債　務　者　A
根抵当権者　X
設　定　者　A
　　　　　　B
添 付 情 報　登記識別情報（Aの甲土地甲区１番の登記識別情報，Bの乙土地甲区１番の登記識別情報）
　　　　　　登記原因証明情報
　　　　　　代理権限証明情報（X，A及びBから司法書士への委任状）
　　　　　　印鑑証明情報（A及びBの印鑑証明書）
課 税 価 額　金１億円

登録免許税　金40万円
不動産の表示　甲土地の表示　（所有者　A）　＊2
　　　　　　　乙土地の表示　（所有者　B）

＊1　「共同」と書くのを忘れないこと。
＊2　各不動産で設定者が異なるので，不動産の表示において各不動産の設定者を特定する。

プラスアルファ

仮に，甲土地と乙土地で根抵当権が設定された日付が異なる場合は，登記原因及びその日付として「後記のとおり」と提供する。
そして，申請情報の内容として提供する不動産の表示（不登令§３⑦⑧）において，不動産ごとの登記原因を特定する。

6　共同根抵当権の追加設定

(1)　共同根抵当権の追加設定

共同根抵当権の設定は，数個の不動産について必ずしも同時に契約をする必要はない。ある不動産に根抵当権の設定の登記がされた後に，それと同一の債権を担保するために他の不動産に根抵当権を追加的に設定し，共同担保の関係とすることもできる。

(2)　追加設定の可否

①　甲，乙不動産を目的として共同根抵当権の設定の登記がされている場合において，それと同一の債権を担保するために，甲不動産のみについての追加担保として（片面的共同担保），丙不動産を目的として共同根抵当権の追加設定をすることはできない（先例昭46.10.4－3230）。
∵　このような片面的共同担保を認めると，甲，乙不動産と甲，丙不動産は共同担保の関係にあるが，乙不動産と丙不動産は共同担保の関係にないということになり，配当計算が複雑になったり，根抵当権をめぐる法律関係が錯綜するから。

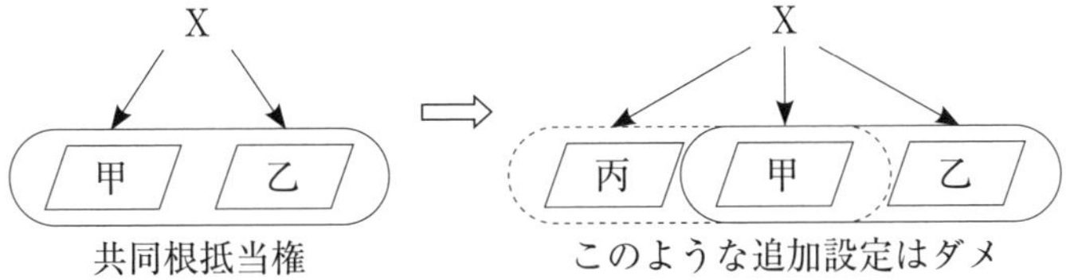

・　共同根抵当権の追加設定をするためには，すべての不動産を共同担保として追加設定しなければならない。

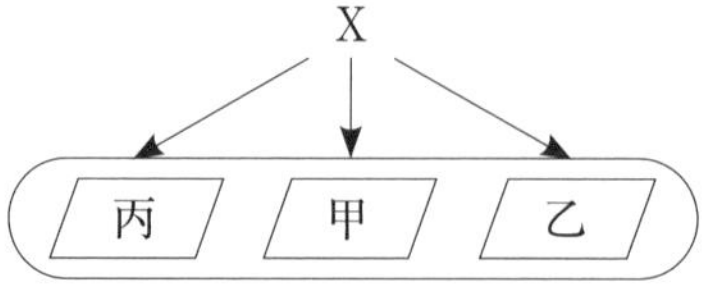

②　同一の債権を担保するため，甲，乙不動産を目的として根抵当権の設定の登記がされているが，共同担保の旨の登記がされていない場合（累積根抵当）に，それと同一の債権を担保するため，甲，乙，丙不動産を共同担保とする丙不動産についての共同根抵当権の追加設定をすることはできない（先例昭46.10.4－3230）。

∵　甲，乙不動産を目的とした根抵当権は累積の根抵当として設定されているので，それを後になって純粋共同根抵当（共同根抵当権）とすることはできないから。

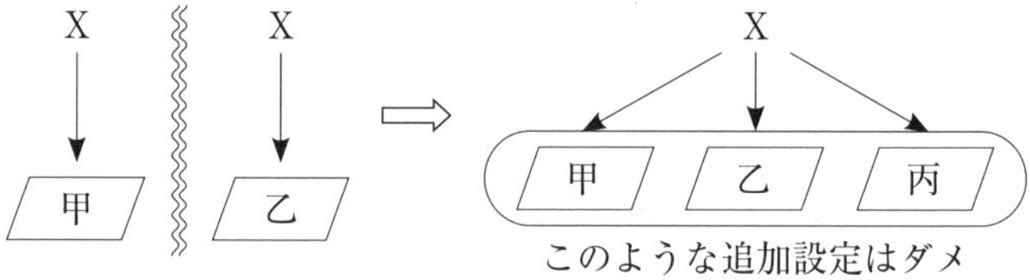

このような追加設定はダメ

・　甲不動産又は乙不動産のどちらかを共同担保とする形で，丙不動産について共同根抵当権の追加設定をすべき。

H10記述　③　既に登記された根抵当権について**元本が確定した後に**，それと同一の債権を担保するために，他の不動産に共同根抵当権の**追加設定をすることはできない**（先例平元.9.5－3486）。

∵　元本が確定すると，根抵当権は特定の債権を担保するものとなる。そのため，同一の債権の担保として新たに追加設定する根抵当権は，特定債権を担保するものとしなければならない。しかし，根抵当権は，不特定の債権を担保することを第1の特徴とするので，特定債権のみを担保する根抵当権を設定することはできない。したがって，元本確定後に他の不動産に共同根抵当権の追加設定をすることはできない。

7　共同根抵当権の追加設定の登記の可否

共同根抵当権は，同一の債権を担保するために数個の不動産を目的として設定された根抵当権。そのため，共同根抵当権の追加設定の登記を申請する場合，**申請情報の内容として提供された登記事項（極度額，債権の範囲，債務者）と，既に登記された根抵当権の登記事項は完璧に一致していることを要する。**

ほんの少しでも違っていたら，共同根抵当権の追加設定の登記の申請は却下される。

プラスアルファ

普通抵当権の場合の追加設定の登記においては，若干の相違があっても差し支えないとされていたが，共同根抵当権の追加設定の場合はダメ。

① 既に登記された根抵当権の債権の範囲と異なる債権の範囲を申請情報の内容として提供して，共同根抵当権の追加設定の登記を申請することはできない。

ケーススタディ

権　利　部（乙　区）　（所 有 権 以 外 の 権 利 に 関 す る 事 項）			
順位番号	登記の目的	受付年月日・受付番号	権 利 者 そ の 他 の 事 項
1	根抵当権設定	令和４年７月１日 第7000号	原因　令和４年７月１日設定 極度額　金1,000万円 債権の範囲　金銭消費貸借取引 債務者　　A 根抵当権者　　X

甲土地にこのような登記がされた後，甲土地乙区１番の根抵当権の追加担保として，乙土地を目的として「極度額　金1,000万円，債権の範囲　売買取引，債務者　A」とする共同根抵当権の追加設定の登記を申請することはできない。

∵　当たり前である。甲土地の根抵当権は（XのAに対する）貸金債権を担保する根抵当権であり，乙土地の根抵当権は（XのAに対する）売買代金債権を担保する根抵当権である。同一の債権を担保する根抵当権とはいえないので，共同根抵当権とはなり得ない。こんな追加設定の登記を申請することはできない。

考え方　普通抵当権の場合は，既に存在する特定の債権を担保するものなので，その表示が若干違っていても大して問題とはならないが，根抵当権の場合は，仮に債権の範囲が違っていたら，担保される債権がまったく異なることになるので，これはマズい。

H11-22　②　既に登記された根抵当権の極度額と異なる極度額を申請情報の内容として提供して，共同根抵当権の追加設定の登記を申請することはできない。

③　既に登記された根抵当権の債務者の氏名，住所と，追加設定された根抵当権の債務者の氏名，住所は，完璧に一致している必要がある。**少しでも違っていたら，共同根抵当権の追加設定の登記の申請は却下される**（質疑登研325 P 72）。

ケーススタディ

甲土地を目的として，Xの根抵当権の設定の登記がされた。債務者は，「東京都千代田区銀座一丁目１番１号　A」である。

↓

その後，Aは，「東京都中央区後楽二丁目２番２号」に引っ越した。

↓

さらにその後，XとAは，甲土地に登記された根抵当権と同一の債権を担保するため，Aの所有する乙土地を目的として，共同根抵当権の追加設定の契約をした。

R２記述
H18-23
この場合は，まず，①甲土地の根抵当権について債務者の住所の変更の登記を申請し，その後に②乙土地について共同根抵当権の追加設定の登記を申請する。

➡　甲土地の根抵当権について債務者の住所の変更の登記をすることなく，いきなり乙土地に共同根抵当権の追加設定の登記を申請したら，（債務者の住所が異なっているので）却下。

H30-24
H26-23
・　なお，既に登記された根抵当権の債務者について，区制施行などの地番変更を伴わない行政区画の変更が行われた場合は，債務者の住所の変更の登記をすることなく，追加設定の登記を申請することができる（先例平22.11.1－2759）。

重要！

とにかく，共同根抵当権の追加設定の登記を申請する場合は，既に登記された根抵当権の登記事項（極度額，債権の範囲，債務者）と追加設定された根抵当権の登記事項が一致していることを要する。

8　共同根抵当権の追加設定の登記の手続

(1)　申請情報の内容

①　登記の目的→「共同根抵当権設定（追加）」

➡　共同根抵当権の設定の登記であること，さらに追加設定の登記であることを示す必要がある。

②　登記原因及びその日付→「年月日設定」

③　登記事項

基本的に通常の根抵当権の設定の登記と同じ。

➡　極度額，債権の範囲，債務者を必ず提供することを要し，その他元本の確定期日の定めや民法370条ただし書の別段の定めを提供することができる。

また，申請情報の内容として，前に受けた登記の表示を提供することを要する。詳しくは④で説明する。

④　前に受けた登記の表示

共同根抵当権の追加設定の登記を申請するときは，申請情報の内容として，既に設定の登記のされている根抵当権の表示を提供することを要する(不登令別表56申請情報欄ニ)。

具体的には，以下の事項を提供する。

㋐　既に根抵当権の登記がされている不動産の表示　H31-24

➡　土地だったら所在と地番，建物だったら所在と家屋番号

㋑　その根抵当権の順位事項

㋒　追加設定の登記を申請する登記所に共同担保目録がある場合には，その共同担保目録の記号及び目録番号（不登規§168Ⅰ）

【例】「前に受けた登記の表示
　新宿区高田馬場五丁目３番４の土地　順位番号１番
　新宿区百人町七丁目７番６の土地　順位番号２番
　共同担保　目録(ま)第10号」

プラス アルファ

普通抵当権の場合の追加設定の登記においては，追加設定の登記を申請する登記所に当該抵当権に関する共同担保目録がある場合には，その共同担保目録の記号及び目録番号を提供すれば足り，不動産の表示等を提供する必要はなかった（不登令別表55申請情報欄ハ）。

一方，共同根抵当権の追加設定の登記の場合は，当該登記所に既に共同担保目録がある場合でも，不動産の表示や順位事項の提供を省略することはできない。

(2) 添付情報

共同根抵当権の追加設定の登記の添付情報は，基本的に通常の根抵当権の設定の登記の添付情報と同様。

① 登記義務者（設定者）の登記識別情報（不登§22）
② 登記原因証明情報（不登§61，不登令別表56添付情報欄イ）
③ 代理権限証明情報（委任状，不登令§７Ⅰ②）
④ （書面申請の場合は）登記義務者である所有権の登記名義人の印鑑証明書（不登令§16Ⅱ，18Ⅱ）

＋

⑤ 前登記の登記事項証明書（不登令別表56添付情報欄ロ）

H23記述
H16-18

共同根抵当権の追加設定の登記を申請する場合に，**既に登記された根抵当権について他の登記所の管轄区域内にある不動産に関するものがあるとき**は，追加設定の登記の申請情報と併せて，既に登記された根抵当権に関する**登記事項証明書**を提供することを要する（前登記証明書，不登令別表56添付情報欄ロ）。

理由　共同根抵当権が成立するためには，各根抵当権で極度額，債権の範囲，債務者がすべて同一でなければならないので，既に登記された根抵当権の極度額等と，追加設定する根抵当権の極度額等が同一であることを証するために提供する。

【例】 新宿登記所の管轄に属する甲土地に根抵当権の設定の登記がされた後，中野登記所の管轄に属する乙土地に共同根抵当権の追加設定の登記を申請するときは，申請情報と併せて甲土地の登記事項証明書を提供することを要する。

➡ 申請を受け付けた中野登記所の登記官は，登記事項証明書に記載された甲土地の根抵当権の内容と，乙土地の追加設定の登記の申請情報として提供された根抵当権の内容を見比べる。そして，極度額等が完璧に一致していることを確認して，追加設定の登記の申請を受理する。

プラスアルファ

既に登記された根抵当権と同一の登記所に共同根抵当権の追加設定の登記を申請する場合は，登記官が容易に根抵当権の同一性を確認することができるので，前登記証明書を提供することを要しない。

プラスアルファ　H3-28

前登記証明書として提供する登記事項証明書は，登録免許税法13条２項にいう「財務省令で定める書面」を兼ねるものとされ，共同根抵当権の追加設定の登記の登録免許税は，不動産１個につき金1,500円となる。

・ 申請情報の作成

甲土地の乙区１番で根抵当権の設定の登記がされた後，乙土地に共同根抵当権の追加設定の登記を申請する場合

＊ 甲土地と乙土地は管轄登記所が異なるものとする。

【申請書】

登記の目的	共同根抵当権設定（追加）	＊１
原　　　因	年月日設定	
極　度　額	金1,000万円	
債権の範囲	金銭消費貸借取引	
債　務　者	A	
根抵当権者	X	
設　定　者	A	
添 付 情 報	登記識別情報（Aの乙土地の登記識別情報）	
	登記原因証明情報	

代理権限証明情報（X及びAから司法書士への委任状）
印鑑証明情報（Aの印鑑証明書）
前登記の登記事項証明書（甲土地の登記事項証明書）＊2
登録免許税　金1,500円（登録免許税法第13条第２項）
不動産の表示　乙土地の表示（省略）
前に受けた登記の表示
甲土地の所在と地番　順位番号１番

＊１　登記の目的は，**「共同」と「(追加)」の文字を書き忘れないこと。**

＊２　既に根抵当権の登記がされた甲土地と，今回追加設定をした乙土地は管轄登記所が異なるので，甲土地の登記事項証明書が必要。

＋アルファ

今回の追加設定によってはじめて共同根抵当権となるので，乙土地を管轄する登記所（中野登記所とする）の登記官は乙土地と甲土地の表示を記録した共同担保目録を作成する。そして，根抵当権の設定の登記の末尾に当該共同担保目録の記号，目録番号を記録する（不登規§168Ⅱ）。

そして，中野登記所の登記官は甲土地を管轄する登記所（新宿登記所とする）に対し，“甲土地の乙区１番で登記された根抵当権の追加担保として乙土地に共同根抵当権の追加設定の登記がされました”と通知をする（不登規§168Ⅴ）。そして，新宿登記所の登記官は甲土地と乙土地の表示を記録した共同担保目録を作成し，乙区１番の根抵当権の設定の登記に付記する(同Ⅵ，Ⅳ)。

第3節　元本確定前の根抵当権の移転（譲渡）の登記

元本確定前の根抵当権は，債権との結びつきがない。

➡　付従性，随伴性がない。

そのため，債権とは関係なく，根抵当権を第三者に譲渡することができる。

➡　これにより根抵当権が第三者に移転し，譲受人が債務者に対して取得した債権が根抵当権によって担保されることになる。

＋アルファ

この「譲渡」とは，民法376条1項にいう譲渡とは異なり，根抵当権そのものが移転すること。つまり，譲受人が根抵当権者となる。

元本確定前の根抵当権の譲渡は，大きく分けて3種類ある。

① 全部譲渡
② 分割譲渡
③ 一部譲渡

また，根抵当権が数人の準共有である場合，準共有者は，自己の有する権利を第三者に全部譲渡することができる。

第3節の1　全部譲渡

1　意義，効果

根抵当権の全部譲渡とは，元本の確定前に，根抵当権設定者の承諾を得て，根抵当権の全部を第三者に譲渡すること（民§398の12Ⅰ）。

全部譲渡がされると根抵当権は譲受人に移転するので，根抵当権の譲受人は，根抵当権の債権の範囲に属する債務者との取引により取得した債権を，譲渡を受けた根抵当権によって担保させることができる。

➡ 一方，根抵当権の譲渡人は根抵当権者ではなくなるので，譲渡前に取得した債務者に対する債権であっても，その債権は根抵当権によって担保されなくなる。

ケーススタディ

権利部（甲区）（所有権に関する事項）			
順位番号	登記の目的	受付年月日・受付番号	権利者その他の事項
1	所有権移転	平成22年7月10日 第7000号	原因　平成22年7月10日売買 所有者　A

権　利　部（乙　区）　（所有権以外の権利に関する事項）			
順位番号	登記の目的	受付年月日・受付番号	権利者その他の事項
1	根抵当権設定	令和4年7月1日 第7000号	原因　令和4年7月1日設定 極度額　金1,000万円 債権の範囲　売買取引 債務者　　B 根抵当権者　　X

このような登記がされた後，XとYの間で，甲土地乙区1番の根抵当権について全部譲渡の契約がされ，1番根抵当権がYに移転した。そして，以下のような登記がされた。

権　利　部（乙　区）　（所有権以外の権利に関する事項）			
順位番号	登記の目的	受付年月日・受付番号	権利者その他の事項
1	根抵当権設定	令和4年7月1日 第7000号	原因　令和4年7月1日設定 極度額　金1,000万円 債権の範囲　売買取引 債務者　　B 根抵当権者　　X
付記1号	1番根抵当権 移転	令和5年8月10日 第8000号	原因　令和5年8月10日譲渡 根抵当権者　　Y

Yが根抵当権者となったので，YとBとの間の売買取引によって発生した債権が，根抵当権によって担保される。

➡　XのBに対する債権は，根抵当権によって一切担保されない。

2　要　件

H26-23
H20-21

①　根抵当権の全部譲渡は，元本の確定前にのみすることができる（民§398の12 I）。そして，全部譲渡に基づく登記も，元本の確定前にすることを要する（先例昭46.12.24－3630）。

➡　たとえ元本確定前に全部譲渡の契約をしていても，その登記をする前に元本が確定してしまったら，その後に全部譲渡に基づく登記を申請することはできない。

②　根抵当権の全部譲渡をするためには，**根抵当権設定者の承諾を得ることを要する**（民§398の12 I）。

∵　根抵当権者が変わると，設定者にとって重大な影響があるので（根抵当権によって担保される債権がまるっきり入れ替わる），その承諾が必要とされた。

【例】　上記のケーススタディの事例だと，設定者Aは，もともと，XのBに対する売買取引による債権を担保するため，自分が所有する甲土地に根抵当権を設定した。しかし，“いつの間にか，YのBに対する売買取引による債権を担保する根抵当権になっていた”となるのは，困る。そのため，根抵当権の全部譲渡をするためには，設定者（A）の承諾を得ることを要する。

・　設定者の承諾は**実体法上の効力要件**であり（民法上要求された承諾であり），設定者の承諾がなければ全部譲渡の効力は生じない。

➡　全部譲渡の契約より後に設定者の承諾が得られた場合は，設定者の承諾の日が全部譲渡の効力発生日となる。

3　全部譲渡がされた場合の登記

全部譲渡がされると，根抵当権の全部が移転するので，**根抵当権の移転の登記を申請する**。

(1)　申請人

原則どおり，登記権利者と登記義務者の共同申請（不登§60）。

登記権利者→	譲受人
登記義務者→	譲渡人（根抵当権の登記名義人）

(2)　申請情報の内容

①　登記の目的→　**「○番根抵当権移転」**

➡　“根抵当権”という物権について“移転”という変動が生じた旨の登記である。

➡　移転する根抵当権を順位番号をもって特定する。

プラスアルファ

「○番根抵当権譲渡」と記載してはいけない。

➡　公開模試等の答案を採点していると，登記の目的を「譲渡」としている人がけっこういる。

② 登記原因及びその日付→ 「年月日譲渡」

原因日付

・ 当事者間の全部譲渡の契約より前に設定者の承諾が得られている場合は，全部譲渡の契約の日

H24-21 ・ 当事者間の全部譲渡の契約の後に設定者の承諾が得られた場合は，**設定者の承諾の日**

∵ 設定者の承諾は全部譲渡の効力要件（民§398の12Ⅰ）。

③ 登記事項→ 特殊的な登記事項はない。

∵ 根抵当権はそのままの内容で移転するので，改めて極度額等を提供する必要はない。

(3) 添付情報

① 登記義務者の登記識別情報（不登§22）

登記義務者である根抵当権登記名義人の登記識別情報を提供する。

② 登記原因証明情報（不登令§７Ⅰ⑤ロ）

根抵当権の全部譲渡の契約がされ，設定者の承諾も得られて有効に根抵当権が移転した旨が明らかにされた情報を提供する。

③ 代理権限証明情報（不登令§７Ⅰ②）

司法書士への委任状を提供する。

H7-22 ④ **根抵当権設定者の承諾を証する情報**（不登令§７Ⅰ⑤ハ）

登記原因（全部譲渡）について第三者（設定者）の承諾が必要な場合であるので，申請情報と併せてその承諾を証する情報を提供する。

(4) 登録免許税

定率課税である。

∵ 新たに権利を取得する登記といえる。

課税標準→ **極度額**

税　　率→ **1000分の２**（登税別表§1.1(6)ロ）

(5) 登記の実行

全部譲渡による根抵当権の移転の登記は，付記登記で実行される。

➡ “所有権以外の権利の移転の登記”は付記登記（不登規§3⑤）。

【申請書】

登記の目的	○番根抵当権移転
原　　因	年月日譲渡
権 利 者	Y
義 務 者	X
添付情報	登記識別情報（Xの登記識別情報） 登記原因証明情報 代理権限証明情報（Y及びXから司法書士への委任状） 承諾証明情報（設定者の承諾書）
課税価額	金2,000万円
登録免許税	金4万円

4　元本確定前に債権譲渡を原因として移転の登記をすることの可否

元本確定前の根抵当権について，「債権譲渡」を登記原因として移転の登記を申請することはできない。 H8-15

∵　元本確定前の根抵当権は債権との結びつきがなく，随伴性が否定されているので（民§398の7 Ⅰ），債権の範囲に属する債権が第三者に移転した場合でも，根抵当権はそれに伴って移転しない。

→　第1節2(2)参照。

第3節の2　分割譲渡

1　意義，効果

根抵当権の分割譲渡とは，**元本の確定前に，根抵当権設定者及び当該根抵当権を目的として権利を有する第三者の承諾を得て，根抵当権を2個に分割して，その一方を第三者に譲渡すること**（民§398の12 Ⅱ Ⅲ）。

【例】 甲土地を目的として，極度額金1,000万円のXの根抵当権の設定の登記がされている。そして，この根抵当権を極度額金300万円の根抵当権と極度額金700万円の根抵当権に分割して，そのうちの１個（極度額金700万円の根抵当権）をYに譲渡することができる。

➡ Xは極度額金300万円の根抵当権の根抵当権者，Yは極度額金700万円の根抵当権の根抵当権者となる。

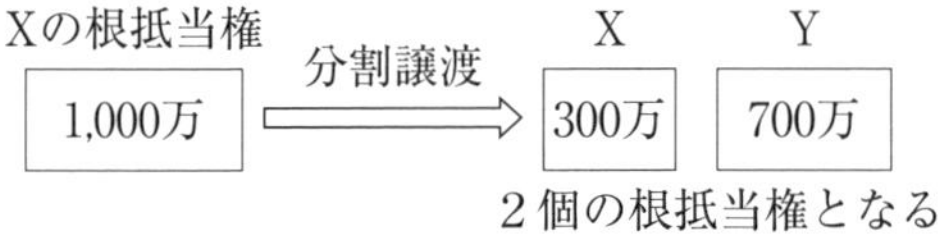

・　分割され第三者に譲渡された根抵当権は，**原根抵当権とは別個独立の根抵当権**となり，原根抵当権と同順位の根抵当権となる。

➡ 上記のような分割譲渡がされた場合，Xの根抵当権とYの根抵当権は別個独立の２個の根抵当権である。１個の根抵当権を２人が準共有するわけではない。

2　要　件

H7-22 分割譲渡をするためには，

> ①　設定者の承諾
> ②　**当該根抵当権を目的として権利を有する第三者がいるときは，その者の承諾**

を得ることを要する（民§398の12Ⅲ）。

∵　②が要件とされているのは，分割譲渡がされると，当該根抵当権を目的とした第三者の権利は，分割され譲渡された根抵当権を目的とした部分については消滅するから（同Ⅱ）。

当該根抵当権を目的として権利を有する第三者

➡ 当該根抵当権を目的とした**転抵当権者等**

・　設定者の承諾や当該根抵当権を目的として権利を有する第三者の承諾は，分割譲渡の効力要件（民法上要求される承諾。民§398の12ⅠⅢ）。

➡ 承諾が得られなければ，分割譲渡の効力は生じない。

➡ 当事者間の分割譲渡の契約より後に設定者もしくは当該根抵当権を目的

として権利を有する第三者の承諾が得られた場合は，その承諾の時に分割譲渡の効力が生ずる。

3　可　否

①　根抵当権がX，Yの準共有である場合，XとYが共同してZに対して分割譲渡をすることはできるが，共有者の１人であるXが，自己の権利をZに分割譲渡することは認められていない（先例昭46.10.4－3230）。 H6-13

∵　根抵当権の共有者の１人の権利についての分割譲渡を認めると，根抵当権についての法律関係が複雑になるおそれがあるから。

②　X，Yが準共有する根抵当権につき，分割譲渡により直ちにXとYの各単有とする２つの根抵当権とすることはできない（先例昭46.12.27－960）。 H21-26

∵　これは，認められないという意味ではなく，登記技術的に無理。

➡　XとYの各単有の２個の根抵当権とするためには，X，Yの準共有の根抵当権につきYに分割譲渡し，原根抵当権につきYが権利を放棄するといった方法がある。

③　根抵当権を３つに分割し，そのうちの２つを譲渡する，ということはできない。 H10-21

➡　分割譲渡は「２個の根抵当権に分割して」と条文に規定されている（民§398の12Ⅱ）。３つはダメ。

4　登記の手続

(1)　申請人

登記権利者→　分割譲渡を受けた者 登記義務者→　分割譲渡をした者（根抵当権の登記名義人）

(2)　申請情報の内容

①　登記の目的→　**「○番根抵当権分割譲渡」**

➡　分割譲渡の場合は，登記の目的は「･･･移転」ではなく「･･･分割譲渡」とされている。

②　登記原因及びその日付→　「年月日分割譲渡」 H27-15

原因日付

・　分割譲渡の契約より前に設定者や当該根抵当権を目的として権利を有する第三者の承諾が得られている場合は，分割譲渡の契約の日。

・　分割譲渡の契約より後に設定者若しくは当該根抵当権を目的として権利を有する第三者の承諾が得られた場合は，その承諾の日。

③　登記事項→　特殊的な登記事項として，根抵当権の内容を提供する（不登令別表60申請情報欄）。

∵　分割譲渡がされると，原根抵当権とは別個独立の根抵当権が登記記録上に生ずることになるので，その根抵当権の内容を提供する必要がある。

具体的には，以下のとおり（不登令別表60申請情報欄）。

㋐　根抵当権の設定の登記の申請の受付年月日，受付番号 ㋑　根抵当権の設定の登記の登記原因及びその日付 ㋒　分割後の各根抵当権の極度額 ㋓　分割前の根抵当権の債権の範囲，債務者，その他特約事項 H16記述　㋔　分割前の根抵当権に関する共同担保目録があるときは，その共同担保目録の記号，目録番号（不登規§169Ⅰ）

プラス アルファ

H30-24　極度額については，第三者に譲渡される極度額の他，分割後の原根抵当権の極度額も提供する（先例昭46.12.24－3630）。

(3)　添付情報

①　登記義務者（譲渡人）の登記識別情報（不登§22）

②　登記原因証明情報（不登令別表60添付情報欄）

③　代理権限証明情報（委任状，不登令§７Ⅰ②）

④　設定者の承諾を証する情報（不登令§７Ⅰ⑤ハ）

H7-22　⑤　当該根抵当権を目的として権利を有する第三者の承諾を証する情報（不登令§７Ⅰ⑤ハ）

➡　設定者の承諾や当該根抵当権を目的として権利を有する第三者の承諾は，登記原因（分割譲渡）について必要な承諾といえるので，その承諾を証する情報を提供することを要する。

⑷ 登録免許税

課税標準→　譲渡された極度額 H28-27

税　　率→　1000分の２を乗じた額（登税別表第1.1⑹ロ）。

5　登記の実行

所有権を目的とした根抵当権の分割譲渡の登記は，原根抵当権と同一の順位番号を用いた主登記でされる（不登規§165Ⅰ Ⅱ）。 H27-19 H21-23

∵　原根抵当権とは別個独立の新たな根抵当権が登記記録上に現れる形になるから。

プラス アルファ

原根抵当権と譲渡された根抵当権を区別するため，各根抵当権の順位番号に（あ），（い）といった符号が付される（不登規§165Ⅲ，147Ⅱ）。

・　分割譲渡がされると，原根抵当権の極度額は譲渡した分について減額するので，登記官の職権により極度額減額の登記がされる（不登規§165Ⅳ）。 H10-25

➡　当事者が極度額の減額変更の登記を申請することを要しない。

【申請書】

登記の目的	１番根抵当権分割譲渡
原　　　因	令和５年７月10日分割譲渡
（根抵当権の表示）	
平成20年９月８日受付第9000号	
原　　　因	平成20年９月８日設定
極　度　額	金600万円（分割後の原根抵当権の極度額　金400万円）
債権の範囲	売買取引
債　務　者	A
権　利　者	Z
義　務　者	X
添 付 情 報	登記識別情報（Xの登記識別情報） 登記原因証明情報 代理権限証明情報（Z及びXから司法書士への委任状） 承諾証明情報（設定者及び当該根抵当権を目的として権利を有する者の承諾書）
課 税 価 額	金600万円
登録免許税	金１万2,000円

（完了後の登記記録）

権　利　部（乙　区）　（所有権以外の権利に関する事項）			
順位番号	登記の目的	受付年月日・受付番号	権利者その他の事項
1（あ）	根抵当権設定	平成20年9月8日 第9000号	原因　平成20年9月8日設定 極度額　金1,000万円 債権の範囲　売買取引 債務者　　A 根抵当権者　　X
付記1号	1番（あ）根抵当権変更	余　白	極度額　金400万円 分割譲渡により令和5年7月10日付記
1（い）	1番根抵当権分割譲渡	令和5年7月10日 第7000号	原因　令和5年7月10日分割譲渡 （根抵当権の表示） 平成20年9月8日受付第9000号 原因　平成20年9月8日設定 極度額　金600万円 債権の範囲　売買取引 債務者　　A 根抵当権者　　Z

第3節の3　一部譲渡

1　意義，効果

根抵当権の一部譲渡とは，元本の確定前において，設定者の承諾を得て根抵当権の一部を譲渡して，譲受人と譲渡人が根抵当権を準共有すること（民§398の13）。

【例】 甲土地を目的として，極度額金1,000万円のXの根抵当権の設定の登記がされている。そして，XとYは，設定者の承諾を得て，このXの根抵当権の一部をYに譲渡する契約をした。

➡ 根抵当権の一部がYに移転し，当該根抵当権はXとYが準共有することとなる。

プラス アルファ

根抵当権の一部譲渡がされると，譲渡人と譲受人が１個の根抵当権を準共有することになる。１個の根抵当権を２個の根抵当権に分割し，その片方を第三者に譲渡する分割譲渡とはまったく異なる。

2　譲受人と譲渡人の優先弁済の割合

根抵当権の一部譲渡がされると，譲受人と譲渡人が根抵当権を準共有することになるので，以後，当該根抵当権は，譲受人の債権と譲渡人の債権を担保することになる。

譲受人と譲渡人の優先弁済の割合は，**元本確定時における各債権額の割合**による（民§398の14Ⅰ本文）。

・　ただし，根抵当権の共有者は，元本の確定前においてこれと異なる定め(優先の定め）をすることができる（民§398の14Ⅰただし書，本章第５節)。

3　要　件

根抵当権の一部譲渡をするためには，**根抵当権設定者の承諾を得ることを要する**（民§398の13)。

∵　根抵当権者が追加されると，設定者にとって重大な影響があるので（譲渡人の債権のみならず，根抵当権の譲受人の債権も担保することとなるので)，その承諾が必要とされた。

設定者の承諾は，実体法上の効力要件（民§398の13)。

➡　設定者の承諾がなければ，一部譲渡の効力は生じない。

➡　一部譲渡の契約より後に設定者の承諾が得られた場合は，設定者の承諾の時に一部譲渡の効力が発生する。

4　可　否

①　X，Yの準共有する根抵当権について，**共有者の１人であるXが，自己の権利をZに一部譲渡することはできない**（先例昭46.10.4－3230)。 H23-20

∵　共有者の１人の権利の一部譲渡を認めると，根抵当権を巡る法律関係が複雑になってしまうから。

②　X，Yの準共有する根抵当権について，X，Yが共同してZに対して一部譲渡をすることはできる。

∵　共有者の全員が共同して一部譲渡をするということは，普通に１個の根抵当権を一部譲渡することと同じなので，法律関係がヘンに複雑になるようなこともない。

5　登記の手続

根抵当権の一部譲渡がされると，根抵当権の一部が移転するので，根抵当権の一部の移転の登記を申請する。

(1)　申請人

登記権利者→　一部譲渡を受けた者 登記義務者→　一部譲渡をした者（根抵当権の登記名義人）

(2)　申請情報の内容

①　登記の目的→　**「○番根抵当権一部移転」**

②　登記原因及びその日付→　「年月日一部譲渡」

原因日付
- 一部譲渡の契約より前に設定者の承諾が得られている場合は，一部譲渡の契約の日
- 一部譲渡の契約より後に設定者の承諾が得られた場合は，**その承諾の日**

③　登記事項→　特殊的な登記事項はない。

∵　根抵当権はそのままの内容で一部が移転するので，改めて極度額等を提供する必要はない。

④　申請人の氏名，住所

H24-13　登記権利者として一部譲渡を受けた者，登記義務者として一部譲渡をした根抵当権の登記名義人の氏名，住所を提供するが，**登記権利者について，取得した持分の表示を提供することを要しない**（先例昭46.10.4.－3230）。

∵　元本確定前の根抵当権においては，持分の割合は明らかとならないから。

(3) 添付情報

① 登記義務者（譲渡人）の登記識別情報（不登§22）
② 登記原因証明情報（不登令§７Ⅰ⑤ロ）
③ 代理権限証明情報（委任状，不登令§７Ⅰ②）
④ 根抵当権設定者の承諾を証する情報（不登令§７Ⅰ⑤ハ）

(4) 登録免許税

課税標準→　極度額を一部譲渡後の根抵当権の共有者の数で割った額　R5-27
税　　率→　1000分の２（登税別表第1.1(7)）　H3記述

【例】 極度額金1,000万円のＸの根抵当権をＹに一部譲渡したときは，極度額金1,000万円を一部譲渡後の共有者の数（ＸＹの２人）で割った金500万円が課税標準となる。登録免許税は，それに1000分の２を乗じた金１万円。

【申請書】

登記の目的	○番根抵当権一部移転
原　　因	年月日一部譲渡
権 利 者	Ｙ
義 務 者	Ｘ
添付情報	登記識別情報（Ｘの登記識別情報） 登記原因証明情報 代理権限証明情報（Ｙ及びＸから司法書士への委任状） 承諾証明情報（設定者の承諾書）
課税価額	金500万円
登録免許税	金１万円

第3節の4　共有者の権利の譲渡

1　意義，効果

根抵当権の共有者の権利の譲渡とは，根抵当権の共有者の１人が，**元本の確定前に根抵当権設定者の承諾及び他の共有者の同意を得て，自己の権利を第三者に全部譲渡すること**（民§398の14Ⅱ）。

【例】　X，Yの準共有する根抵当権について，共有者の１人Xは，元本が確定する前に，自分の権利をZに全部譲渡することができる。

➡　Xの権利がそのままZに移転し，YとZが根抵当権を準共有することになる。

重要❗

H6-13　**共有者の権利の譲渡は，全部譲渡のみが認められ，分割譲渡，一部譲渡をすることはできない（先例昭46.10.4－3230）。**

∵　共有者の１人の権利の分割譲渡や一部譲渡がされると，根抵当権を巡る法律関係が複雑になる。

2　要　件

共有者の権利の譲渡をするためには，

H24-20

①　設定者の承諾
②　**他の共有者の同意**

を得ることを要する（民§398の14Ⅱ）。

∵　設定者の承諾のみならず他の共有者の同意までも必要としたのは，根抵当権の各共有者は互いの債権額の割合に応じて優先弁済を受けることになるため（民§398の14Ⅰ本文），誰が共有者であるかは他の共有者にとって重大な関心があるから。

設定者の承諾や他の共有者の同意は，実体法上の効力要件（民§398の14Ⅱ）。

➡　承諾や同意がなければ，共有者の権利の譲渡の効力は生じない。

➡　譲渡の契約より後に設定者の承諾や他の共有者の同意が得られた場合は，その承諾又は同意の時に譲渡の効力が発生する。

3　登記の手続

根抵当権の共有者の権利の譲渡がされたときは，その共有者の権利が譲受人に移転するので，根抵当権の共有者の権利の移転の登記を申請する。

(1)　申請人

登記権利者→　権利の譲渡を受けた者 登記義務者→　権利の譲渡をした者（根抵当権の共有登記名義人）

(2)　申請情報の内容

①　登記の目的→　「○番根抵当権共有者何某の権利移転」

重要！

元本確定前の根抵当権においては，「持分移転」とは提供せず，「権利移転」と提供する。

②　登記原因及びその日付→　「年月日譲渡」

原因日付

・　権利の譲渡の契約より前に設定者の承諾と他の共有者の同意が得られている場合は，権利の譲渡の契約の日。

・　権利の譲渡の契約より後に設定者の承諾若しくは他の共有者の同意が得られた場合は，その承諾又は同意の日。

③　登記事項→　特殊的な登記事項はない。

④　申請人の氏名，住所

登記権利者として権利の譲渡を受けた者，登記義務者として権利を譲渡した根抵当権の共有登記名義人の氏名，住所を提供するが，登記権利者について，取得した持分の表示を提供することを要しない（先例昭46.10.4.－3230）。

∵　元本確定前の根抵当権においては，持分の割合は明らかとならないから。

(3)　添付情報

① 登記義務者の登記識別情報（不登§22）
② 登記原因証明情報（不登令§７Ⅰ⑤ロ）
③ 代理権限証明情報（委任状，不登令§７Ⅰ②）
④ 設定者の承諾を証する情報（不登令§７Ⅰ⑤ハ）
⑤ **他の共有者の同意を証する情報**（不登令§７Ⅰ⑤ハ）

(4)　登録免許税

課税標準→　**極度額を譲渡前の共有者の数で割った額**（先例昭46.10.4－3230）
税　　率→　1000分の２（登税別表第1.1(6)ロ）

【例】 極度額が金1,000万円であるＸＹの準共有する根抵当権につき，ＸがＺに対して権利を全部譲渡したときは，極度額金1,000万円を譲渡前の共有者の数（ＸＹの２人）で割った金500万円が課税標準となる。登録免許税は，それに1000分の２を乗じた金１万円。

プラスアルファ

一部譲渡と共有者の権利の譲渡では，課税標準の計算方法が異なる。
一部譲渡の場合→　極度額を一部譲渡後の共有者の数で割った額
共有者の権利の譲渡の場合→　極度額を譲渡前の共有者の数で割った額

【申請書】

登記の目的	○番根抵当権共有者Ｘの権利移転
原　　　因	年月日譲渡
権　利　者	Ｚ
義　務　者	Ｘ
添付情報	登記識別情報（Ｘの登記識別情報） 登記原因証明情報 代理権限証明情報（Ｚ及びＸから司法書士への委任状） 承諾及び同意証明情報（設定者の承諾書及び他の共有者の同意書）
課税価額	金500万円
登録免許税	金１万円

第3節の５　共有者の権利の放棄

１　意義，効果

根抵当権を数人が準共有する場合，共有者の１人がその権利を放棄したときは，放棄された権利は他の共有者に帰属する（民§255）。

【例】　１番根抵当権をＸＹが準共有している場合に，Ｘが根抵当権の共有者としての権利を放棄したときは，**Ｘの有していた権利は他の共有者であるＹに帰属する。**

➡　Ｙの単有の根抵当権となる。

この場合は，放棄された権利が他の共有者に移転したと解することができるので，根抵当権の共有者の権利の移転の登記を申請する（登研315Ｐ55）。

２　要　件

根抵当権の共有者としての権利を放棄するにあたり，**設定者の承諾や他の共有者の同意を得ることを要しない。**

∵　放棄された権利は他の共有者に帰属するのであり，第三者に移転するわけではないので，設定者や他の共有者にとっても実質的に不利益は及ばない。

３　登記の手続

(1)　申請人

登記権利者→　権利が帰属した他の共有者 登記義務者→　権利を放棄した共有者（根抵当権の共有登記名義人）

(2)　申請情報の内容

①　登記の目的→　「○番根抵当権共有者Ｘの権利移転」

②　登記原因及びその日付→　放棄の意思表示がされた日をもって，「年月日放棄」

③　登記事項→　特殊的な登記事項はない。

④　申請人の氏名，住所

登記権利者について，取得した持分の表示を提供することを要しない(先例昭46.10.4.－3230)。

(3)　添付情報

①　登記義務者の登記識別情報（不登§22）

②　登記原因証明情報（不登令§７Ⅰ⑤ロ）

③　代理権限証明情報（委任状，不登令§７Ⅰ②）

重要！

H26-23 H20-14 申請情報と併せて，設定者の承諾や他の共有者の同意を証する情報を提供することを要しない。

∵　承諾や同意は要求されていない。

(4)　登録免許税

H28-27 課税標準→　極度額を放棄前の共有者の数で割った額

税　　率→　1000分の２（登税別表第1.1(6)ロ）

【申請書】

登記の目的	○番根抵当権共有者Ｘの権利移転
原　　　因	年月日放棄
権　利　者	Ｙ
義　務　者	Ｘ
添 付 情 報	登記識別情報（Ｘの登記識別情報） 登記原因証明情報 代理権限証明情報（Ｙ及びＸから司法書士への委任状）
課 税 価 額	金500万円
登録免許税	金１万円

第3節の6　共同根抵当権についての移転の登記

1　効　果

> （共同根抵当の変更等）
> **民法第398条の17（一部省略）** 前条の登記（共同担保である旨の登記）がされている根抵当権の譲渡若しくは一部譲渡は，その根抵当権が設定されているすべての不動産について登記をしなければ，その効力を生じない。

H8-12

➡　分割譲渡や共有者の権利の譲渡も含まれる。

共同根抵当権についての譲渡（全部譲渡，一部譲渡，分割譲渡，共有者の権利の譲渡）は，その契約だけでは効力を生ぜず，共同担保の目的であるすべての不動産について移転の登記がされて，初めて効力を生ずる。

理由　共同根抵当権は，同一の債権を担保する数個の不動産を目的とした根抵当権であるので，すべての根抵当権について根抵当権者が同一である必要がある。だから，それを徹底するために，すべての根抵当権について移転の登記がされてはじめて譲渡（移転）の効果が発生するとされた。

【例】　甲土地と乙土地を目的としたXの共同根抵当権につき，X，Y間で全部譲渡の契約がされた場合，甲土地と乙土地の双方について根抵当権の移転の登記がされて，はじめて譲渡の効力が生ずる。

2　登記の手続

(1)　１つの申請情報で申請することの可否

共同根抵当権の譲渡に基づく移転の登記を申請する場合，登記原因の日付が不動産ごとに異なる場合でも，１つの申請情報で移転の登記を申請することができる（不登令§４ただし書，不登規§35⑩）。 R5-15 H11-22

確認　本来，数個の不動産に関する登記を１つの申請情報で申請するためには，登記の目的のほか，登記原因及びその日付も各不動産で同一である必要がある（不登令§４ただし書）。しかし，共同根抵当権に関する登記については，便宜的に登記原因及びその日付が同一でなくても１つの申請情報で申請することが認められている。

ケーススタディ

Ａの所有する甲土地，Ｂの所有する乙土地を目的として，Ｘの共同根抵当権の設定の登記がされている。そして，令和５年７月１日，ＸとＹは，これらの共同根抵当権をＹに全部譲渡する契約を締結した。

なお，Ａは同日中に全部譲渡についての承諾をし，Ｂは翌日に全部譲渡についての承諾をした。

H20-21 ➡　甲土地と乙土地では根抵当権の移転の登記の原因日付が異なるが，甲土地と乙土地について１つの申請情報で移転の登記を申請することができる。

⑵　**申請情報の内容**

H27記述 ①　登記の目的→　「○番共同根抵当権移転」

➡　登記の目的に「共同」の文字を入れるものとされている。

プラスアルファ

数個の根抵当権について１つの申請情報で移転の登記を申請する場合で，各根抵当権の順位番号が異なるときは，登記の目的として「共同根抵当権移転（順位番号後記のとおり）」のように提供する。

➡　不動産の表示において，各根抵当権の順位番号を特定する。

②　登記原因及びその日付→　「年月日譲渡」

プラスアルファ

数個の根抵当権について１つの申請情報で移転の登記を申請する場合で，各根抵当権について登記原因の日付が異なるときは，登記原因及びその日付として「後記のとおり」と提供する。

➡　不動産の表示において，各根抵当権の登記原因及びその日付を特定する。

⑶　**登録免許税→**　通常の移転の登記と同様。

プラスアルファ

共同根抵当権について移転の登記を申請する場合に，その申請が最初の申請以外のものであるときは，そのことを証する財務省令で定める書面（登記事項証明書）を提供すれば，登録免許税法13条２項の規定に準じて，根抵当権の移転の登記の登録免許税は不動産１個につき金1,500円となる（先例昭43.10.14－3152）。

第4節　根抵当権の変更の登記

根抵当権の設定の登記がされた後，その登記事項に変更が生じたときは，根抵当権の変更の登記を申請することができる。

第4節の1　極度額の変更

1　契約による極度額の変更

根抵当権者と設定者は，元本確定の前後を問わず，利害関係人の承諾を得て極度額を変更することができる（民§398の5）。

① 極度額の変更は，元本確定の前後を問わずすることができる。

➡ 後述する債権の範囲や債務者の変更は，元本の確定前に限ってすることができる。

② 極度額の変更について利害関係人がいるときは，その承諾を得ることを要する。

➡ 利害関係人の承諾は，極度額の変更における効力要件（民法上要求される承諾。民§398の5）。承諾を得られないと極度額の変更の効力が生じない。

プラスアルファ

抵当権の債権額の変更の場合は，変更について利害関係を有する者の承諾を得ることは民法上要求されていない。つまり，変更契約や一部弁済等によって当然に債権額の変更の効力が生ずる。ただし，変更の登記を付記登記でしたければ，登記上の利害関係を有する第三者の承諾を得る必要がある，という話であった（登記手続法上の承諾）。

一方，極度額の変更については，利害関係人の承諾が民法上要求されている。つまり，承諾がなければ変更の効力が生じない。

2　利害関係人に該当する者

H28-15
H27記述
H10-25

(1)　極度額の増額変更の場合

・　同順位，後順位の担保権の登記名義人
・　後順位の所有権の差押え，仮差押え等の登記名義人

- 後順位の所有権の移転に関する仮登記の名義人
- 当該根抵当権のために順位譲渡等をしている先順位担保権者

【例】 1番根抵当権の極度額を増額する変更がされた場合，1番根抵当権者が優先弁済を受けられる額が増える。ということは，後順位の担保権者が配当を受けられる額が減ることになるので，後順位の担保権者にとって不利益が及ぶおそれ（当初予定していた額の優先弁済が受けられないおそれ）がある。

➡ だから，根抵当権の極度額を増額する変更をする場合，その根抵当権より後順位の担保権者等の承諾を得ることを要する。

プラスアルファ

後順位の利用権者は，利害関係人に該当しない（質疑登研460 P 105）。

∵ 利用権は，不動産の使用収益を目的とするものであるので，交換価値（優先弁済権）の変更とは直接の利害関係を有していないから。

(2) 極度額の減額変更の場合

- 当該根抵当権から民法376条1項の処分を受けた者
- 当該根抵当権を目的とした差押え，仮差押えの登記名義人
- 当該根抵当権の移転に関する仮登記の名義人

3 登記の手続

(1) 申請人

原則どおり，登記権利者と登記義務者の共同申請（不登§60）。

① 極度額の増額変更の場合

登記権利者→ 根抵当権者
登記義務者→ 設定者

∵ 極度額を増額すると，根抵当権者が優先弁済を受けられる額が増えるので，根抵当権者が登記上直接に利益を受けるといえる。

一方，不動産の負担額が増加するので，設定者が登記上直接に不利益を受けるといえる。

②　極度額の減額変更の場合

登記権利者→	設定者
登記義務者→	根抵当権者

(2)　申請情報の内容

①　登記の目的→　**「○番根抵当権変更」**

➡　“根抵当権”という物権について“変更”が生じた旨の登記である。

②　登記原因及びその日付→　「年月日変更」

原因日付

・　極度額の変更についての利害関係人がいない場合，また利害関係人がいる場合でも当事者間の変更契約より前にその承諾が得られているときは，当事者間の極度額の変更契約の日。

・　当事者間の変更契約より後に利害関係人の承諾が得られたときは，**その承諾の日。**

∵　利害関係人の承諾は極度額の変更の効力要件なので，原因日付に影響を及ぼす。

③　登記事項→　変更後の極度額を提供する。

➡　変更の登記を申請するときは，申請情報の内容として「変更後の登記事項」を提供する（不登令別表25申請情報欄）。

(3)　添付情報

①　極度額の増額変更の登記の場合

・　登記義務者（設定者）の登記識別情報（不登§22）

・　登記原因証明情報（不登令別表25添付情報欄イ）

・　代理権限証明情報（委任状，不登令§７Ⅰ②）

・　（書面申請の場合は）登記義務者である所有権の登記名義人の印鑑証明書（不登令§16Ⅱ，18Ⅱ）

H16-27

・　**利害関係人の承諾を証する情報**（不登令§７Ⅰ⑤ハ）

➡　利害関係人がいる場合には，必ず提供することを要する。
➡　承諾を証する情報を提供しなければ，その申請は却下される。抵当権の債権額の変更の登記とは区別すること。

プラスアルファ

根抵当権の極度額の変更の登記を申請する際に提供する「利害関係人の承諾を証する情報」は，**不動産登記令７条１項５号ハの規定**に基づいて提供するもの。

➡　登記原因（極度額の変更）について第三者（利害関係人）の承諾が必要な場合であるので，その承諾を証する情報として提供する。

一方，抵当権の債権額の変更の登記を申請する際に提供する「登記上の利害関係を有する第三者の承諾を証するその者の作成に係る情報」は，**不動産登記令別表25添付情報欄ロの規定**に基づいて提供するもの。

➡　（登記原因については第三者の承諾は特に要求されていないが）変更の登記を付記登記で実行したい場合に提供するもの。

②　極度額の減額変更の登記の場合
- 登記義務者（根抵当権者）の登記識別情報（不登§22）
- 登記原因証明情報（不登令別表25添付情報欄イ）
- 代理権限証明情報（委任状，不登令§７Ⅰ②）
- **利害関係人の承諾を証する情報**（不登令§７Ⅰ⑤ハ）

(4)　登録免許税

定額課税。不動産１個につき金1,000円（登税別表第1.1⒁）。

・　ただし，極度額の**増額変更の登記**の場合は，増額分について新たな根抵当権の設定の登記とみなされるので（登税§12Ⅰ），増加額を課税標準とし，それに根抵当権の設定の登記の税率1000分の４を乗じた額を納付する必要がある（登税別表第1.1⑸）。 H27記述 H5記述

(5)　登記の実行

極度額の変更の登記は，**付記登記でされる**（先例昭46.10.4－3230）。 H25-12

∵　必ず利害関係人の承諾を証する情報を提供するから。抵当権の債権額の変更の登記とは区別すること。 H21-23

【Xの根抵当権の極度額を金3,000万円から金5,000万円に増額する登記の申請書】

登記の目的　○番根抵当権変更　＊1
原　　　因　年月日変更
変更後の事項　極度額　金5,000万円
権　利　者　X
義　務　者　A
添 付 情 報　登記識別情報（Aの登記識別情報）
　　　　　　登記原因証明情報
　　　　　　代理権限証明情報（X及びAから司法書士への委任状）
　　　　　　印鑑証明情報（Aの印鑑証明書）
　　　　　　承諾証明情報（利害関係人の承諾書）
課 税 価 額　金2,000万円
登録免許税　金８万円　＊2

＊1　根抵当権の極度額の変更の登記は常に付記登記でされるので（主登記でされる可能性は0.1％もないので），抵当権の債権額の変更の登記のように，登記の目的に「(付記)」と書いて登記官にアピールする必要はない。

＊2　極度額の増額変更の登記であるので，増加額に1000分の４を乗じた額の登録免許税を納付する必要がある。

4　極度額の減額請求

(1)　意　義

根抵当権の元本が確定した後において，根抵当権設定者（第三取得者を含む）は，その根抵当権の極度額を，現に存する債務の額と以後２年間に生ずる利息その他の定期金及び債務の不履行による損害賠償の額とを加えた額に減額することを請求することができる（民§398の21Ⅰ）。

理由　根抵当権においては，元本が確定しても利息や損害金は極度額まで優先弁済を受けることができるため，元本確定時の被担保債権の合計額が極度額を下回っていても，当該不動産につき取引関係に入る第三者はその登記されている極度額までの負担を前提とせざるを得ない。しかし，それでは根抵当権設定者が後順位で担保権を設定したり，不動産の処分をする場合の障害となるので，設定者の一方的な意思表示により極度額を減額することを認めた。

・　極度額の減額請求権は形成権であり，根抵当権設定者の一方的意思表示によって当然に効力を生ずる。

・　共同根抵当権（民§398の16）においては，1つの不動産について極度額の減額請求がされたときは，他のすべての不動産についても極度額の減額の効力を生ずる（民§398の21Ⅱ）。 H31-21

(2)　**登記の手続**

極度額の減額請求がされたときは，「減額請求」を登記原因として極度額の変更の登記を申請する。

➡　極度額の減額の登記なので，設定者が登記権利者，根抵当権者が登記義務者となる。

第4節の2　債権の範囲の変更

1　意義，要件

根抵当権者と設定者は，元本の確定前において，根抵当権の被担保債権の範囲を変更することができる（民§398の4Ⅰ）。

重要！

債権の範囲の変更は，元本の確定前にのみすることができる（極度額の変更と区別すること）。

∵　元本が確定したら，その確定の時に存在する債権のみを担保する（根抵当権によって担保される債権が確定する）。だから，その後になって被担保債権を変えることは無理。

・　債権の範囲の変更は，根抵当権者と設定者の合意のみによってすることができ，後順位担保権者等の第三者の承諾を得ることを要しない（同Ⅱ）。

∵　根抵当権は，極度額を限度として不動産の交換価値を把握する権利であるので，その限度内においては当事者が自由に内容を定めることができる（他人は口を挟めない）。

・　債権の範囲の変更は，登記が事実上の効力要件とされ，元本の確定前にその登記をしなければ変更をしなかったものとみなされる（同Ⅲ）。 H16-20

➡　つまり，元本確定後に債権の範囲の変更の登記を申請することはできない。

2　根抵当権の共有者の１人についての債権の範囲の変更の可否

(1)　意　義

数人が準共有する根抵当権においては，共有者ごとに異なる債権の範囲を定めることができる（先例昭46.10.4－3230）。

そして，共有根抵当権が設定された後，共有者の１人の債権の範囲を変更することができる。

(2)　要　件

根抵当権の共有者の１人の債権の範囲を変更する場合でも，根抵当権の共有者全員と設定者が変更契約をする必要がある。

➡　変更の生ずる共有者だけが契約の当事者になるのではない。

H16-20　そして，変更の登記も，根抵当権の共有者全員と設定者が共同で申請することを要する（質疑登研524Ｐ167）。

∵　共有者の１人の変更といえども，根抵当権そのものの変更であることに変わりはない。

3　登記の手続

(1)　申請人

根抵当権者と設定者の共同申請（不登§60）。

①　通常の場合

登記権利者→	**根抵当権者**
登記義務者→	**設定者**

H23-20　②　変更によって**債権の範囲が縮減する**ことが形式的に明らかな場合（先例昭46.10.4－3230）

登記権利者→	**設定者**
登記義務者→	**根抵当権者**

∵　債権の範囲が縮減すれば，被担保債権が発生する可能性が減少するから。つまり，不動産の現実の負担額が減少するといえる。

【例】　債権の範囲を「金銭消費貸借取引，売買取引」から「金銭消費貸借取引」のみに変更する登記を申請するときは，設定者が登記権利者，根抵当権者が登記義務者となる。

➡　この変更がされると，売買代金債権は根抵当権によって担保されなくなる。つまり，根抵当権の現実の被担保債権の額が減ることになるので，設定者にとって利益といえる。

プラスアルファ

債権の範囲が縮減することが形式的に明らかな場合

①　債権の範囲を「金銭消費貸借取引，手形債権，小切手債権」から「金銭消費貸借取引」とするように，従前の債権の範囲からある債権の範囲を除外する場合　H22-21

②「売買取引」から「電気製品売買取引」とするように，従前の債権の範囲に限定を付すような場合

∵　電気製品以外の売買取引による債権は根抵当権によって担保されなくなるから。

(2)　申請情報の内容

①　登記の目的→「○番根抵当権変更」

②　登記原因及びその日付→　債権の範囲の変更の契約がされた日をもって，「年月日変更」

③　登記事項→　変更後の債権の範囲を提供する(不登令別表25申請情報欄)。

・　**変更後の債権の範囲のすべてを提供することを要する。**

(3)　添付情報

①　根抵当権者が登記権利者となる場合

・　登記義務者（設定者）の登記識別情報（不登§22）

・　登記原因証明情報（不登令別表25添付情報欄イ）

・　代理権限証明情報（委任状，不登令§７Ⅰ②）

・　（書面申請の場合は）登記義務者である所有権の登記名義人の印鑑証明書（不登令§16Ⅱ，18Ⅱ）

② 　根抵当権者が登記義務者となる場合
・　登記義務者（根抵当権者）の登記識別情報（不登§22）
・　登記原因証明情報（不登令別表25添付情報欄イ）
・　代理権限証明情報（委任状，不登令§7Ⅰ②）

重要❗ ･････････････････････････････････

H10-25　債権の範囲の変更については，利害関係を有する者は存在せず，申請情報と併せて第三者の承諾を証する情報を提供することを要しない。

(4)　**登録免許税**
　定額課税。不動産１個につき金1,000円（登税別表第1.1⑭）。
∵ 　新たに権利を取得する登記というわけではない。

(5)　**登記の実行**
　債権の範囲の変更の登記は，常に付記登記で実行される。
∵ 　登記上の利害関係を有する第三者は存在しないから。

【申請書】

```
登記の目的　○番根抵当権変更
原　　　因　年月日変更
変更後の事項　債権の範囲
　　　　　　　　　売買取引
　　　　　　　　　保証委託取引
権　利　者　X
義　務　者　A
添付情報　登記識別情報（Aの登記識別情報）
　　　　　登記原因証明情報
　　　　　代理権限証明情報（X及びAから司法書士への委任状）
　　　　　印鑑証明情報（Aの印鑑証明書）
登録免許税　金1,000円
```

第4節の3　債務者の変更

1　意義，要件

根抵当権者と設定者は，元本の確定前において，根抵当権の債務者を変更することができる（民§398の4Ⅰ）。

➡　債務者の変更は，元本の確定前にのみすることができる。債権の範囲の変更と考え方は同じ。

重要❗

債務者の変更も，債権の範囲の変更と同様，根抵当権者と設定者の合意のみによってすることができ，後順位担保権者等の第三者の承諾を得ることを要しない（同Ⅱ）。

・　債務者の変更も登記が事実上の効力要件とされ，元本の確定前にその登記をしなければ変更をしなかったものとみなされる（同Ⅲ）。

➡　元本確定後に債務者の変更契約ができないことは勿論，元本確定前に変更契約をしても，その変更の登記をする前に元本が確定してしまった場合には，変更をしなかったものとみなされる。

つまり，元本確定後に債務者の変更の登記を申請することはできない。

2　登記の手続

(1)　申請人

①　通常の場合

登記権利者→	根抵当権者
登記義務者→	設定者

②　変更によって債務者が縮減することが形式的に明らかな場合（質疑登研405Ｐ91）

R3記述

登記権利者→	設定者
登記義務者→	根抵当権者

∵　債務者が縮減すれば，被担保債権が発生する可能性が減少するから。

つまり，不動産の現実の負担額が減少するといえる。

【例】　債務者を「A，B」から「A」のみに変更する登記を申請するときは，設定者が登記権利者，根抵当権者が登記義務者となる。

➡　この変更がされると，Bに対する債権は根抵当権によって担保されなくなる。つまり，根抵当権の現実の被担保債権の額が減ることになるので，設定者にとって利益といえる。

(2)　申請情報の内容

①　登記の目的→　「○番根抵当権変更」

②　登記原因及びその日付→　債務者の変更の契約がされた日をもって,「年月日変更」

③　登記事項→　変更後の債務者を提供する（不登令別表25申請情報欄）。

(3)　添付情報

①　根抵当権者が登記権利者となる場合

・　登記義務者（設定者）の登記識別情報（不登§22）
・　登記原因証明情報（不登令別表25添付情報欄イ）
・　代理権限証明情報（委任状，不登令§７Ⅰ②）
・　（書面申請の場合は）登記義務者である所有権の登記名義人の**印鑑証明書**（不登令§16Ⅱ，18Ⅱ）

プラス アルファ

普通抵当権の債務者の変更の登記を申請するときは，登記義務者が所有権の登記名義人であってもその印鑑証明書の提供は不要であったが，根抵当権の債務者の変更の登記においては必要。

∵　簡単にいえば，抵当権の債務者の変更の登記は大して重要でない登記。一方，根抵当権における債務者の定めは，根抵当権の被担保債権を決定する重要な要素（根抵当権の債務者が変わると，根抵当権によって担保される債権ががらっと変わる）。

だから，その変更の登記を申請するときは，原則どおり印鑑証明書の提供が必要とされている。

② 根抵当権者が登記義務者となる場合
- 登記義務者（根抵当権者）の登記識別情報（不登§22）
- 登記原因証明情報（不登令別表25添付情報欄イ）
- 代理権限証明情報（委任状，不登令§７Ⅰ②）

重要！

債務者の変更については，利害関係を有する者は存在せず，申請情報と併せて第三者の承諾を証する情報を提供することを要しない。

(4) 登録免許税

定額課税。不動産１個につき金1,000円（登税別表第1.1⑭）。

(5) 登記の実行

債務者の変更の登記は，常に付記登記で実行される。

∵ 登記上の利害関係を有する第三者は存在しないから。

(6) その他

債務者の氏名や住所に変更が生じた場合も，根抵当権者を登記権利者，設定者を登記義務者として変更の登記を申請する。 R2記述

➡ 書面によって申請する場合は，登記義務者である所有権の登記名義人の印鑑証明書を提供する（不登令§16Ⅱ，18Ⅱ）。

【申請書】

登記の目的	○番根抵当権変更
原　　因	年月日変更
変更後の事項	債務者　何某
権 利 者	X
義 務 者	A
添 付 情 報	登記識別情報（Aの登記識別情報） 登記原因証明情報 代理権限証明情報（X及びAから司法書士への委任状） 印鑑証明情報（Aの印鑑証明書）
登録免許税	金1,000円

3　元本確定前の根抵当権について，債務引受による債務者の変更の登記をすることの可否

H24-21 元本確定前の根抵当権について，「債務引受」を登記原因として債務者の変更の登記をすることはできない。

∵　元本確定前の根抵当権は債権との結びつきがなく，随伴性が否定されている。そのため，債権の範囲に属する債権について免責的債務引受がされ，債務者に変更が生じた場合，その債権は根抵当権によって担保されなくなる（民§398の7 Ⅱ）。

➡　債権者は，根抵当権を引受債務に移すことができない（同Ⅲ）。

プラス アルファ

債務引受がされた債務を根抵当権によって担保させたいときは，引受人を債務者に追加し，引受債務を債権の範囲に追加する変更をすれば良い。

➡　債権の範囲は，「年月日債務引受（旧債務者A）にかかる債権」と定める。

ケーススタディ

権　利　部（乙　区）　（所有権以外の権利に関する事項）			
順位番号	登記の目的	受付年月日・受付番号	権利者その他の事項
1	根抵当権設定	令和2年8月1日 第8000号	原因　令和2年8月1日設定 極度額　金1,000万円 債権の範囲　金銭消費貸借取引 債務者　　A 根抵当権者　　X

現在，AはXに対し，令和3年5月1日付け金銭消費貸借による債務と，令和4年10月8日付け金銭消費貸借による債務を負担している。

そして，令和5年9月2日，X，A及びBは，AがXに対して負担している令和3年5月1日付けの借入金債務を，Bが免責的に引き受ける契約を締結した。

➡　Bが引き受けた債務（令和3年5月1日に発生した債務）は，根抵当権の被担保債権の枠から離脱し，無担保の債権となる。

➡　根抵当権者Xの意思表示により，根抵当権を引受債務に移すことはできない。

Bが引き受けた債務を，当該根抵当権によって担保させたいときは，根抵当権の債務者に「B」を追加し，債務者Bの債権の範囲について「令和5年

9月2日債務引受（旧債務者A）にかかる債権」とする根抵当権の変更契約（債権の範囲と債務者の変更契約）をする必要がある。

第4節の4　元本の確定期日の変更

1　意　義

根抵当権者と設定者は，元本の確定前において，元本の確定期日を新たに定め，又は既に定めた元本の確定期日を変更，廃止することができる（民§398の6Ⅰ）。

2　要　件

元本の確定期日の新設，変更等は，根抵当権者と設定者との合意のみによってすることができ，後順位担保権者等の第三者の承諾を得ることを要しない（同Ⅱ）。

∵　根抵当権の優先弁済権が増えたり減ったりするわけではないので，第三者に直接的な不利益は及ばないといえる。

①　確定期日を新たに定め，又は定められた確定期日を変更するときは，その期日は新たに定め又は変更した日より5年以内の日としなければならない（同Ⅲ）。

②　既に定められた元本の確定期日を変更する場合，変更前の確定期日が到来する前に変更の登記をしなければ，変更前の期日が到来した時点で元本が確定する（同Ⅳ）。 R2-20 H19-19

➡　つまり，変更前の確定期日が到来する前に，確定期日の変更の登記をする必要がある。

➡　その意味で，確定期日の変更も登記が事実上の効力要件といえる。

ケーススタディ

権　利　部（甲　区）	（所　有　権　に　関　す　る　事　項）		
順位番号	登記の目的	受付年月日・受付番号	権利者その他の事項
1	所有権移転	平成22年7月10日 第7000号	原因　平成22年7月10日売買 所有者　　A

権　利　部（乙　区）	（所有権以外の権利に関する事項）		
順位番号	登記の目的	受付年月日・受付番号	権利者その他の事項
1	根抵当権設定	令和2年8月1日 第8000号	原因　令和2年8月1日設定 極度額　金1,000万円 債権の範囲　金銭消費貸借取引 確定期日　令和5年5月31日 債務者　　A 根抵当権者　　X

令和5年5月25日，XとAは，乙区1番の根抵当権について，確定期日を令和9年5月31日に変更する契約をした。しかし，その変更の登記をすることなく，令和5年5月31日が到来してしまった。

➡　令和5年5月31日に1番根抵当権の元本は確定した。

➡　もう確定しちゃったので，確定期日の変更の登記を申請することはできない。

3　登記の手続

(1)　申請人

①　元本の確定期日を新たに定めた場合，既に定められている元本の確定期日を繰り下げた（延長した）場合，既に定められている元本の確定期日を廃止した場合の登記

登記権利者→　根抵当権者
登記義務者→　設定者

②　既に定められている元本の確定期日を繰り上げた（短縮した）場合の登記

登記権利者→　設定者 登記義務者→　根抵当権者

∵　早く元本が確定するということは，現実に発生する被担保債権が少なくて済むということだから，設定者にとって利益。

第4節の5　共同根抵当権の変更の登記

1　共同根抵当権の登記事項の変更

共同根抵当権（民§398の16）について極度額，債権の範囲又は債務者の変更契約がされた場合は，**共同担保の目的であるすべての不動産について変更の登記をしなければ，変更の効力は生じない**（民§398の17 I）。

理由　共同根抵当権は同一の債権を担保する根抵当権であるので，すべての根抵当権について極度額，債権の範囲，債務者が同一である必要がある。

だから，それを徹底するために，すべての根抵当権について変更の登記がされてはじめて変更の効果が発生するとされた。

2　登記の手続

(1)　1つの申請情報で申請することの可否

同一の登記所の管轄区域内に存在する数個の不動産を目的とした共同根抵当権につき，極度額等の変更が生じたときは，共同根抵当権の変更の登記は1つの申請情報で申請することができる（不登令§4ただし書，不登規§35⑩）。

プラス アルファ

共同根抵当権に関する登記については，登記の目的が同一ならば，登記原因及びその日付が異なっていても1つの申請情報でまとめて申請することができる（不登規§35⑩参照）。 H30-24

∵　各不動産で登記原因が異なるので，本来であれば1つの申請情報で申請するための要件（不登令§4ただし書）を満たしていないが，共同担保の関係にある根抵当権に関する登記ということで，便宜的に認められている。

H27記述

① 根抵当権の目的である各不動産の所有者が異なる場合でも，共同根抵当権の変更の登記は１つの申請情報で申請することができる。

② 各不動産で登記原因の日付（変更契約がされた日）が異なる場合でも，共同根抵当権の変更の登記は１つの申請情報で申請することができる。

(2) 登記の目的

民法398条の17第１項の規定が適用される共同根抵当権の変更の登記を申請するときは，登記の目的は「○番共同根抵当権変更」と提供する（先例昭46.12.24－3630，質疑登研528 P183）。

➡ 「共同」の文字が必要。

プラスアルファ

「民法398条の17第１項の規定が適用される共同根抵当権の変更の登記」というのは，“すべての不動産について変更の登記がされなければ変更の効力が生じない”場合の変更の登記。

【例】 変更契約による極度額，債権の範囲，債務者の変更の登記

➡ 元本の確定期日の変更，優先の定めや転抵当は，民法398条の17第１項は適用されないので，登記の目的に「共同」と入れる必要はない。

➡ 相続による債務者の変更も，登記によって効力を生ずるという性質のものではないので，登記の目的に「共同」と入れる必要はない。

(3) 登録免許税

変更の登記の登録免許税は，原則として不動産１個につき金1,000円なので（登税別表第1.1⒁），不動産が２個だったら金2,000円，３個だったら金3,000円となる。

・ 共同根抵当権について極度額の増額変更の登記を申請する場合に，その申請が最初の申請以外のものであるときは，申請情報と併せてそのことを証する財務省令で定める書面（登記事項証明書）を提供すれば，登録免許税法13条２項の規定に準じて，登録免許税は不動産１個につき金1,500円となる（先例昭43.10.14－3152）。

第5節　共有者間の優先の定めの登記

1　意　義

数人が根抵当権を準共有する場合，各共有者はその有する債権額の割合に応じて優先弁済を受けることができる（民§398の14Ⅰ本文）。

【例】　X，Yが根抵当権（極度額は金3,000万円）を準共有している場合において，元本が確定した時のXの有する債権額が金2,000万円，Yの有する債権額が金4,000万円であるときは，1：2の割合で優先弁済を受ける。

➡　根抵当権が実行されたときは，Xは金1,000万円，Yは金2,000万円の配当を受ける。

ただし，元本の確定前において，各共有者間の合意によりこれと異なる定めをすることができる（同Ⅰただし書）。これを優先の定めという。

【例】　根抵当権の共有者であるXとYが，元本の確定前に「元本確定時の債権額の割合にかかわらず，XとYがそれぞれ同じ額の配当を受けよう」という合意をすることができる。

優先の定めには，以下のような態様が考えられる（先例昭46.10.4－3230）。

①　異なる割合の定め

【例】「共有者Xが70%，共有者Yが30%の割合で弁済を受ける」

②　優先劣後の定め

【例】「共有者Xが共有者Yに優先して弁済を受ける」

③　①と②の混合

・　共同根抵当権（民§398の16）においては，不動産ごとに異なる内容の優先の定めをすることができる。また，ある不動産については優先の定めをして，ある不動産については優先の定めをしないということもできる。

考え方　共同根抵当権は同一の債権を担保するものであるため，各不動産で極度額，債権の範囲，債務者はすべて同一であることを要する。一方，優先の定めは，優先弁済の割合についての共有者内部における定めであり，根抵当権の内容を変更するものではない。そのため，不動産ごとに異なっていても，同一の債権を担保する根抵当権であることに変わりはないから。

2　合　意

優先の定めは，**根抵当権の共有者全員の合意**によってすることを要する（先例昭46.12.24－3630）。

➡　一部の共有者を除外して合意をすることはできない。

・　合意をするにあたり，根抵当権設定者や当該根抵当権を目的として権利を有する第三者（転抵当権者等）の承諾を得ることを要しない。

∵　特に第三者が不利益を受けることもない。

3　登記の手続

共有根抵当権について優先の定めがされたときは，**「優先の定め」の登記**を申請する。

➡　根抵当権の登記事項に変更が生じたわけではないので，根抵当権の変更の登記というわけではない。

(1)　申請人

H26-23
H9-14

優先の定めの登記は，**根抵当権の共有者全員が共同して申請する**（不登§89Ⅱ，先例昭46.12.24－3630）。

R5-24
H22-22

＋アルファ

「共同して」申請するとはいっても，いわゆる登記権利者と登記義務者の共同申請（不登§60）とは違う。

➡　“みんなで”申請する，というニュアンス。

∵　優先の定めは，権利者と義務者の関係が簡単に決まる場合もあれば，その関係が複雑になる場合もある。そのため，権利者・義務者の区別をつけず，全員が申請するという形になった。

(2)　申請情報の内容

①　登記の目的→　**「○番根抵当権優先の定」**

② 登記原因及びその日付→　優先の定めの合意がされた日をもって，「年月日合意」

③ 登記事項→　優先の定めの内容を提供する。

・「優先の定　X 6，Y 4の割合」 ・「優先の定　XはYに優先する」

(3) 添付情報

① 登記識別情報（不登§22，不登令§8 I⑦）

申請人である**共有者全員の根抵当権の取得の登記を受けた際の登記識別情報**を提供する。 H24-20

➡ 優先の定めの登記は，登記権利者と登記義務者の共同申請による登記ではないが，“その他……政令で定める登記”（不登§22）として，登記識別情報の提供が要求されている。

② 登記原因証明情報（不登令§7 I⑤ロ）

優先の定めの合意がされた旨やその内容が明らかにされた情報を提供する。

③ 代理権限証明情報（委任状，不登令§7 I②）

重要!

根抵当権設定者等の第三者の承諾を証する情報を提供することを要しない。 H24-20

∵ 第三者の承諾は要求されていない。

(4) 登録免許税

定額課税。不動産1個につき金1,000円（登税別表第1.1⒁）。

(5) 登記の実行

優先の定めの登記は，常に付記登記でされる（不登規§3②ニ）。 R2-12 H24-24

(6) 1つの申請情報で申請することの可否

① 数人の準共有とする根抵当権の設定契約と同時に，共有者間で優先の定めの合意がされた場合でも，根抵当権の設定の登記と優先の定めの登記を， H31-21

1つの申請情報で申請することはできない（先例昭46.10.4－3230，質疑登研757P165）。

∵　根抵当権の設定の登記と優先の定めの登記では，登記の目的，登記原因及びその日付ともに異なるので，1つの申請情報で申請するための要件（不登令§4ただし書，不登規§35⑨）を満たさない。

プラス アルファ

条文上は，根抵当権の設定の登記の申請情報の内容として，優先の定めを提供できるようにも見えるが（不登令別表56申請情報欄ロ，不登§88Ⅱ④），実際は提供することができないとされている。

H3記述　②　根抵当権の一部譲渡の契約と同時に，譲渡人と譲受人の間で優先の定めの合意をした場合でも，根抵当権の一部移転の登記と優先の定めの登記を1つの申請情報で申請することはできない（先例昭46.12.24－3630）。

∵　一部移転の登記と優先の定めの登記では，登記の目的，登記原因及びその日付ともに異なるので，1つの申請情報で申請するための要件（不登令§4ただし書，不登規§35⑨）を満たさない。

【申請書】

登記の目的	○番根抵当権優先の定	
原　　　因	年月日合意	
優 先 の 定	XがYに優先	
申　請　人	X	*
	Y	
添 付 情 報	登記識別情報（XとYの登記識別情報）	
	登記原因証明情報	
	代理権限証明情報（X及びYから司法書士への委任状）	
登録免許税	金1,000円	

*　「権利者」，「義務者」とは提供しない。

4　優先の定めの変更の登記

(1)　意　義

優先の定めの登記がされた後，その定めを変更したときは，優先の定めの変更の登記をすることができる。

また，いったんされた優先の定めを廃止した場合も，優先の定めの変更の登記として登記をすることができる（質疑登研660 P 207）。

(2) 合　意

優先の定めの変更も，根抵当権の共有者全員が合意をすることを要する。

(3) 登記の手続

① 申請人

優先の定めの変更の登記は，根抵当権の共有者全員が共同して申請する（先例昭46.12.24－3630）。

➡ 登記権利者と登記義務者の共同申請とは違う。全員が同じ資格で申請する。

② 申請情報の内容

・ 登記の目的→「○番根抵当権優先の定変更」

・ 登記原因及びその日付→「年月日合意」（先例昭46.12.24－3630）。

➡ 登記原因は「変更」ではない。

③ 添付情報

申請情報と併せて，共有者全員が根抵当権の取得の登記を受けた際の登記識別情報を提供する（先例昭46.12.24－3630）。

➡ そもそも，優先の定めの登記がされても，申請人に対して登記識別情報は通知されないので，“優先の定めの登記がされた際の登記識別情報”というものはあり得ない。

∵ 申請人が登記名義人となる登記（不登§21参照）ではないから。

第6節　民法376条１項の根抵当権の処分の登記

H元-17

根抵当権の元本が確定する前においては，転抵当を除き民法376条１項の処分をすることはできない（民§398の11Ⅰ）。

➡　元本確定前の根抵当権について，後順位の担保権者のために順位を譲渡したりすることはできない。

プラスアルファ

元本が確定する前は，根抵当権者は全部譲渡，分割譲渡，一部譲渡といった形で根抵当権を処分することができる（民§398の12ⅠⅡ，13，14Ⅱ）。

H元-17

・　根抵当権を目的とした転抵当は，元本確定の前後を問わずすることができる。

H16-18

・　元本確定前に，先順位の抵当権者から順位の譲渡を受けることは差し支えない。

➡　することはできないが，受けることは可能。

・　元本が確定した後は，普通抵当権と同様に，譲渡や放棄，順位譲渡や順位放棄をすることができる。

第7節　元本確定前に債権の質入れ，差押えがされた場合の登記

根抵当権の元本が確定する前に，その債権の範囲に属する債権が差し押さえられた，また債権の範囲に属する債権が質入れされたときは，根抵当権の登記を目的として，債権差押え又は債権質入れの登記をすることができる（先例昭55.12.24－7176）。

考え方　根抵当権は，元本が確定するまでは債権との結びつきがないため，その債権の範囲に属する債権が質入れ等された場合でも，その質入れの効果は根抵当権に及ばないはず。

しかし，債権に対する差押えや質入れがされても権利主体（債権者）に変動はなく，また根抵当権の元本が確定した後は差押えや質入れの効力は当然に根抵当権に対しても及ぶと解することができるため，元本確定前において債権差押えや債権質入れの登記が認められた。

・　根抵当権の債権の範囲に属する債権に対する差押え又は質入れの登記を申請（嘱託）するときは，申請情報の内容として，差押え又は質入れされた債権の表示を提供することを要する（先例昭55.12.24－7176）。 H12-16

第8節　元本確定前に根抵当権者又は債務者に相続が開始した場合の登記

第8節の1　根抵当権者に相続が開始した場合

1　おおまかな流れ

(1)　根抵当権によって担保される債権

元本の確定前に根抵当権者に相続が開始したときは，根抵当権は，相続開始の時に存する債権のほか，根抵当権者の相続人と設定者との合意により定めた相続人（**指定根抵当権者**）が，相続の開始後に取得する債権を担保する（民§398の８Ⅰ）。

ケーススタディ

Ａの所有する甲土地を目的として，Ｘの根抵当権の設定の登記がされている。

権利部（甲区）（所有権に関する事項）			
順位番号	登記の目的	受付年月日・受付番号	権利者その他の事項
1	所有権移転	平成22年７月10日 第7000号	原因　平成22年７月10日売買 所有者　　Ａ

権利部（乙区）（所有権以外の権利に関する事項）			
順位番号	登記の目的	受付年月日・受付番号	権利者その他の事項
1	根抵当権設定	平成30年８月１日 第8000号	原因　平成30年８月１日設定 極度額　金1,000万円 債権の範囲　売買取引 債務者　　Ａ 根抵当権者　　Ｘ

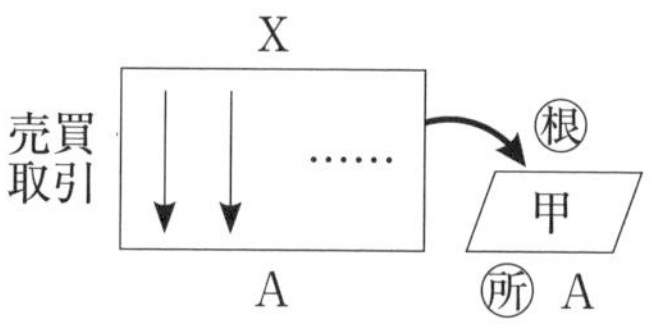

このような登記がされた後の令和５年６月１日，Ｘが死亡した。相続人は子のＹ及びＺである。

乙区1番の根抵当権は，以下の債権を担保する。

① Xの相続開始の時に存する債権，つまり**Xが生前にAに対して取得した売買代金債権**（既に存在する特定債権）

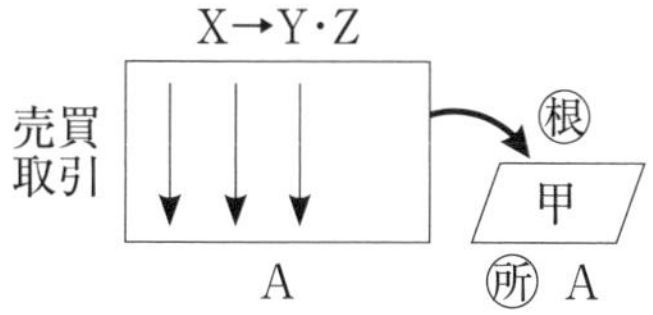

Xが Aに対して取得したこの3つの債権が根抵当権によって担保される。

➡ この債権は相続人に承継される。

② 相続人Y，Zと設定者Aの間で，根抵当取引（売買取引）を引き継ぐ相続人（指定根抵当権者）を合意し，その合意の登記をしたときは，**指定根抵当権者が相続開始後に新たに取得する売買代金債権**（新たに発生する不特定債権）

➡ XはAとの間で根抵当取引（売買取引）を行っており，Xが死んでYがその根抵当取引を引き継ぐ場合には，Y，ZとAの間で，"Yを指定根抵当権者とする"旨を合意し，その合意の登記をする。そうすれば，相続開始後にYがAに対して取得する売買代金債権が根抵当権によって担保される。

➡ 根抵当権は元本が確定しない状態で存続する。

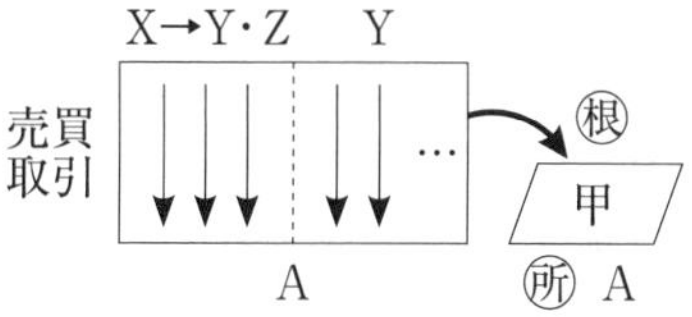

Xが生前にAに対して取得した債権とYが相続開始後に新たに取得する債権が担保される。

プラス アルファ

Xが行っていた根抵当取引を誰も引き継がない場合には，相続人と設定者の間で指定根抵当権者の合意をしなければいい。

相続開始後6か月以内に指定根抵当権者の合意の登記がされなかったときは，根抵当権は，**相続開始の時において元本が確定したものとみなされる**（民§398の8 Ⅳ）。

➡ つまり，根抵当権は，相続開始の時において存した債権のみを担保するものとなる。

【例】 上記の例でいうと，Xが死亡した令和5年6月1日から6か月を経過する令和5年12月1日までに指定根抵当権者の合意の登記がされれば，根抵当権は元本が確定しない状態で存続する。しかし，12月１日までに指定根抵当権者の合意の登記がされなければ，根抵当権はXが死亡した令和５年６月１日に元本が確定する。

重要!

元本が確定する前に根抵当権者に相続が開始した場合，何もしなければ根抵当権の元本は確定する。

元本を確定させないで存続させるためには，相続人と設定者の間で指定根抵当権者の合意をし，その登記をする必要がある。

プラスアルファ

抵当権の場合は，既に存在する特定の債権を担保するものであるから，抵当権者が死亡したときはその債権が相続人に承継され，抵当権も債権に伴って当然に相続人に承継される。それだけの話である。

一方，根抵当権の場合は，被相続人が生前に取得した債権のほかに，“元本確定前の根抵当権者としての地位をどうするか”という問題がある（元本確定前の根抵当権者としての地位を相続人に承継させて，相続人がこれから取得する債権を根抵当権によって担保させるか，あるいは担保させないか）。

そして，民法では，根抵当権者が死亡した場合は，相続人と設定者の間で指定根抵当権者の合意をし，相続開始後６か月以内に合意の登記をすれば，その指定根抵当権者を元本確定前の根抵当権者として，その者が新たに取得する債権も担保すると規定した（合意の登記をしなければ担保されない）。

(2)　申請すべき登記

根抵当権者に相続が開始したときは，根抵当権は，まず相続開始の時に存した債権（Xが生前に取得した債権）を担保する。

その債権は相続人に移転するので，根抵当権について「相続」を登記原因として移転の登記を申請する。

そして，根抵当権者の相続人と設定者の間で指定根抵当権者を合意したときは，指定根抵当権者が相続開始後に新たに取得する債権を担保することになるので，指定根抵当権者の合意がされた旨の登記を申請する。

2　指定根抵当権者の合意

指定根抵当権者は，根抵当権者の相続人と設定者との合意によって定める（民

§398の８Ⅰ)。

➡　指定根抵当権者は１人である必要はなく，複数定めることもでき，相続人全員を指定根抵当権者とすることもできる。

・　指定根抵当権者の合意をすることについては，後順位担保権者等の第三者の承諾を得ることを要しない（民§398の８Ⅲ，398の４Ⅱ)。

∵　指定根抵当権者の合意がされても，根抵当権の優先弁済権（極度額）に変更は生じないので，第三者が不測の損害を受けるといったことはない。

3　相続による根抵当権の移転の登記

(1)　相続人

根抵当権者の相続人間の遺産分割協議において，

①　被相続人の取得した債権を承継しない ②　指定根抵当権者の合意において指定を受ける意思がない

ことが明らかな者は，相続による根抵当権の移転の登記における登記権利者とはならない（先例昭46.12.27－960)。

∵　このような者は，根抵当権の相続に関して全くの無関係となるから。

プラス アルファ

被相続人の債権を承継しないことだけが明らかにされている者は，相続による根抵当権の移転の登記において登記権利者となることを要する。

∵　被相続人の債権を承継しなくても，指定根抵当権者として指定される可能性（根抵当権を取得する可能性）があるから。 R5-24

(2)　申請人

相続による根抵当権の移転の登記は，相続人が単独で申請することができる（不登§63Ⅱ)。

(3)　申請情報の内容

①　登記の目的→　「○番根抵当権移転」

②　登記原因及びその日付→　根抵当権者が死亡した日をもって，「年月日相続」

③　申請人→「根抵当権者」として相続人の氏名，住所を提供するが，相続人が数人いる場合でもその持分を提供することを要しない（不登令§3⑨）。

➡　元本確定前の根抵当権においては，共有者の持分という観念がない。

(4)　添付情報

①　登記原因証明情報（不登令別表22添付情報欄）

相続を証する市区町村長その他の公務員が職務上作成した情報及びその他の登記原因を証する情報を提供する。

∵　相続による根抵当権の移転の登記は単独申請なので，登記の正確性を確保するため，公務員が職務上作成した情報の提供が要求されている。

②　代理権限証明情報（不登令§7Ⅰ②）

司法書士への委任を証する情報（委任状）を提供する。

(5)　登録免許税

定率課税。

課税標準→　極度額

税　　率→　1000分の1（登税別表第1.1(6)イ）

4　指定根抵当権者の合意の登記

(1)　登記の形式

指定根抵当権者の合意の登記は，根抵当権の変更の登記とされている。

➡　変更というのも若干の違和感があるが，移転だともっとおかしいので，変更の登記とされている。

(2)　申請人

変更の登記なので，登記権利者と登記義務者の共同申請（不登§60）。

登記権利者→　相続による根抵当権の移転の登記を受けた名義人全員
登記義務者→　設定者

プラス アルファ

・　指定根抵当権者として指定を受けた者のみが権利者となるものではない。
・　指定根抵当権者の合意の登記を申請する前提として，相続による根抵当権の移転の登記をすることを要する（不登§92）。

(3)　申請情報の内容

①　登記の目的→　「○番根抵当権変更」

②　登記原因及びその日付→　指定根抵当権者の合意がされた日をもって，**「年月日合意」**

③　登記事項→　指定根抵当権者として指定された者の氏名，住所を提供する。

プラス アルファ

登記事項の変更の登記とは若干違うので，「変更後の事項」と冠記する必要はない。

・　指定根抵当権者として指定される者は，相続による根抵当権の移転の登記の名義人であることを要する（先例昭46.10.4－3230）。

(4)　添付情報

①　登記義務者（設定者）の登記識別情報（不登§22）
②　登記原因証明情報（不登令別表25添付情報欄イ）
③　代理権限証明情報（委任状，不登令§７Ⅰ②）
④　（書面申請の場合は）登記義務者である所有権の登記名義人の印鑑証明書（不登令§16Ⅱ，18Ⅱ）

・　申請情報と併せて，後順位抵当権者等の第三者の承諾を証する情報を提供することを要しない。
∵　第三者の承諾は不要（民§398の８Ⅲ，398の４Ⅱ）。

(5)　登録免許税

変更の登記なので，定額課税。不動産１個につき金1,000円（登税別表第1.1⒁）。

(6) 登記の可否

H18記述
H17-19

① 指定根抵当権者の合意の登記は，**根抵当権者の相続開始後6か月以内にすることを要する**（民§398の8Ⅳ）。たとえ相続開始後6か月以内に合意をしていても，登記をする前に6か月を経過してしまったら，もはや合意の登記を申請することはできない。

➡ つまり，相続開始の時において元本が確定したものとみなされる。

R4-24
H16-20

② 指定根抵当権者の合意の登記をする前に，他の確定事由により根抵当権の元本が確定した場合でも，相続開始後6か月以内であれば指定根抵当権者の合意の登記を申請することができる。

∵ 相続が開始してから他の確定事由で元本が確定するまでの間に，相続人が新たに取得した債権を根抵当権によって担保させるために，合意の登記をする実益がある。

【相続による移転の登記の申請書】

登記の目的	○番根抵当権移転
原　　　因	年月日相続
根抵当権者	（被相続人　X）
	Y
	Z
添 付 情 報	登記原因証明情報
	代理権限証明情報（Y及びZから司法書士への委任状）
課 税 価 額	金1,000万円
登録免許税	金1万円

【指定根抵当権者の合意の登記の申請書】

登記の目的	○番根抵当権変更
原　　　因	年月日合意
指定根抵当権者	Y
権　利　者	Y
	Z
義　務　者	A
添 付 情 報	登記識別情報（Aの登記識別情報）
	登記原因証明情報

	代理権限証明情報（Y，Z及びAから司法書士への委任状） 印鑑証明情報（Aの印鑑証明書）
登録免許税	金1,000円

第8節の2　根抵当権の債務者に相続が開始した場合

1　おおまかな流れ

(1)　根抵当権によって担保される債権

元本の確定前に根抵当権の債務者に相続が開始したときは，根抵当権は，相続開始の時に存する債務のほか，根抵当権者と設定者との合意により定めた相続人（指定債務者）が，相続の開始後に負担する債務を担保する（民§398の8 Ⅱ）。

ケーススタディ

① Kの所有する甲土地を目的として，Xの根抵当権の設定の登記がされている。債権の範囲は売買取引で，債務者はA。

↓

② 令和5年6月1日，Aが死亡した。相続人は子のB及びC。

この根抵当権は，以下の債権を担保する。

- Aの相続開始の時に存する債務，つまりAが生前にXに対して負担した売買代金債務（既に存在する特定債権）
- 根抵当権者Xと設定者Kの間で，根抵当取引（売買取引）を引き継ぐ相続人（指定債務者）を合意し，その合意の登記をしたときは，指定債務者が相続開始後に新たに負担する売買代金債務（新たに発生する不特定債権）

プラス アルファ

Aが行っていた根抵当取引を誰も引き継がない場合には，根抵当権者と設定者の間で指定債務者の合意をしなければいい。

➡　相続開始後６か月以内に指定債務者の合意の登記がされなかったときは，根抵当権は，**相続開始の時において元本が確定したものとみなされる**（民§398の８Ⅳ）。

➡　つまり，根抵当権は，相続開始の時において存した債務のみを担保するものとなる。

(2)　申請すべき登記

根抵当権の債務者に相続が開始したときは，根抵当権は，まず相続開始の時に存した債務（Aが生前に負担した債務）を担保する。

その債務は相続人に承継されるので，根抵当権について**「相続」を登記原因として債務者の変更の登記を申請する。**

そして，根抵当権者と設定者の間で，指定債務者を合意したときは，指定債務者が相続開始後に新たに負担する債務を担保することになるので，**指定債務者の合意がされた旨の登記を申請する。**

2　指定債務者の合意

指定債務者は，根抵当権者と設定者との合意により定める。

重要！

債務者と設定者が異なるときは，債務者の相続人は合意の当事者とならない。

➡　元本確定前の根抵当権の債務者の変更（民§398の4Ⅰ）と同様に考えればよい。

①　指定債務者は１人である必要はなく，複数定めることもでき，相続人全員を指定債務者とすることもできる。

②　指定債務者の合意をすることについては，後順位担保権者等の第三者の承諾を得ることを要しない（民§398の８Ⅲ，398の４Ⅱ）。

∵　指定債務者の合意がされても，根抵当権の優先弁済権（極度額）に変更は生じないので，第三者が不測の損害を受けるといったことはない。

H25-14
H4-23
③　Aの所有する甲土地にAを債務者として根抵当権の設定の登記がされているが，Aが死亡し，妻のBとBの親権に服する未成年の子CがAを相続した。そして，甲土地についてAからCへの相続による所有権の移転の登記がされた後，当該根抵当権についてBを指定債務者とする合意をするこ

とは，民法826条１項の利益相反行為に該当する（質疑登研304Ｐ73）。
∵　未成年の子の所有する不動産をもって，親権者が負担する債務を担保することになるから。

3　相続による債務者の変更の登記

(1)　申請人

変更の登記なので，登記権利者と登記義務者の共同申請（不登§60）。 H27記述 H22-17

登記権利者→	根抵当権者
登記義務者→	設定者

(2)　申請情報の内容

①　登記の目的→「○番根抵当権変更」

②　登記原因及びその日付→　債務者が死亡した日をもって，「年月日相続」

③　登記事項→「変更後の登記事項」（不登令別表25申請情報欄）として，変更後の債務者（相続人）の氏名，住所を提供する。

プラスアルファ

被相続人の氏名もかっこ書で提供する。
➡　抵当権の債務者の相続の登記の場合は，被相続人の氏名を提供する必要はなかったが，根抵当権の債務者の相続の登記の場合は提供する必要があるとされている。

(3)　添付情報

①　登記義務者（設定者）の登記識別情報（不登§22）
②　登記原因証明情報（不登令別表25添付情報欄イ）
③　代理権限証明情報（委任状，不登令§７Ⅰ②）
④　（書面申請の場合は）登記義務者である所有権の登記名義人の印鑑証明書（不登令§16Ⅱ，18Ⅱ，先例昭46.10.4－3230参照）

プラス アルファ

登記原因証明情報については，一般人が作成したもので足り，“市区町村長その他の公務員が職務上作成した情報”である必要はない（先例昭46.12.24－3630）。

∵　債務者の変更の登記は登記権利者と登記義務者の共同申請でされるので（不登§60），その申請構造によって登記の正確性は基本的に確保されるといえるから。

(4)　登録免許税

定額課税。不動産１個につき金1,000円（登税別表第1.1⒁）。

(5)　登記の実行

債務者の変更の登記は，付記登記でされる。

プラス アルファ

相続による債務者の変更の登記がされても，変更前の債務者（被相続人）の氏名，住所は抹消（不登規§150）されない（先例昭46.12.27－960）。

4　指定債務者の合意の登記

(1)　登記の形式

H23記述　指定債務者の合意の登記は，根抵当権の変更の登記としてされる。

(2)　１つの申請情報で申請することの可否

R4-24 H12-12　相続による債務者の変更の登記と，指定債務者の合意による変更の登記は，１つの申請情報で申請することはできない（登研327Ｐ31）。

∵　両者の登記では登記原因が異なり，１つの申請情報で申請するための要件（不登令§４ただし書，不登規§35⑨参照）を満たさない。

(3)　申請人

H22-17

登記権利者→　根抵当権者
登記義務者→　設定者

➡　債務者と設定者が異なるときは，債務者は申請人とはならない。

(4) 申請情報の内容

① 登記の目的→ 「○番根抵当権変更」

② 登記原因及びその日付→ 指定債務者の合意がされた日をもって，「年月日合意」

③ 登記事項→ 指定債務者として合意された者の氏名，住所を提供する。

➡ 一般的な登記事項の変更の登記とは若干違うので，「変更後の事項」と冠記することを要しない。

・ 合意により定められる指定債務者は，相続による債務者の変更の登記において債務者として登記された者であることを要する（先例昭46.10.4－3230）。

➡ つまり，指定債務者の合意の登記を申請する前提として，相続による債務者の変更の登記をしなければならない（不登§92）。 H4-23

(5) 添付情報

相続による債務者の変更の登記と同様。

・ 申請情報と併せて，後順位抵当権者等の第三者の承諾を証する情報を提供することを要しない。

∵ 指定債務者の合意をするに当たり，第三者の承諾は不要（民§398の8Ⅲ，398の4Ⅱ）。

(6) 登録免許税

定額課税。不動産1個につき金1,000円（登税別表第1.1⑭）。

(7) 登記の実行

指定債務者の合意による変更の登記は，付記登記でされる。 H24-24

プラスアルファ

指定債務者の合意による変更の登記がされても，変更前の債務者の表示は抹消されない（先例昭46.12.27－960）。

【申請書】

登記の目的	○番根抵当権変更
原　　因	年月日合意
指定債務者	B
権　利　者	X
義　務　者	K
添 付 情 報	登記識別情報（Kの登記識別情報） 登記原因証明情報 代理権限証明情報（X及びKから司法書士への委任状） 印鑑証明情報（Kの印鑑証明書）
登録免許税	金1,000円

第8節の3　根抵当権者又は債務者に相続が開始した後，6か月を経過する前に新たな登記を申請することの可否

元本確定前に根抵当権者又は債務者に相続が開始した場合，相続開始後6か月以内に指定根抵当権者（指定債務者）の合意の登記をすれば，その根抵当権は元本が確定しない状態で存続する。しかし，相続開始後6か月以内に指定根抵当権者（指定債務者）の合意の登記をしなければ，相続開始の時において根抵当権の元本が確定することになる（民§398の8Ⅳ）。

つまり，根抵当権者（債務者）が死亡してから指定根抵当権者（指定債務者）の合意の登記がされるまで，又は相続開始後6か月を経過するまでは，**根抵当権の元本は確定するのか確定しないのか分からない状態にある。**

そのため，根抵当権者（債務者）に相続が開始したが，指定根抵当権者（指定債務者）の合意の登記がされておらず，かつ相続開始後6か月を経過していない時点では，**元本確定前にのみ，又は元本確定後にのみすることができる登記を申請することはできない。**

【例】　根抵当権の債務者が死亡し，相続による債務者の変更の登記のみがされた後（指定債務者の合意の登記はされていない），相続開始から3か月を経過した時点においては，債権の範囲の変更の登記を申請することはできない。

・　一方，根抵当権を目的とする転抵当の登記，極度額の変更の登記は，元本確定の前後を問わず申請することができるので，この期間内においてもその登記を申請することができる。

第8節の4　指定根抵当権者（指定債務者）の合意の登記がされた根抵当権についての追加設定の登記

1　可　否

元本確定前に根抵当権者（又は債務者）に相続が開始し，相続開始後6か月以内に指定根抵当権者（指定債務者）の合意の登記がされたときは，その根抵当権は元本が確定しない状態で存続する。

そのため，当該根抵当権と同一の債権を担保するために他の不動産に根抵当権を追加的に設定し，共同根抵当権の追加設定の登記を申請することができる（先例昭62.3.10－1083）。 H23記述

2　登記の手続

(1)　指定根抵当権者の合意の登記がされている場合

指定根抵当権者の合意の登記がされている根抵当権は，

①　被相続人が生前に取得した債権（特定債権～相続人に承継された）
②　指定根抵当権者が相続開始後に新たに取得する債権（不特定債権）

を担保している。

そのため，追加設定の登記を申請する場合に，申請情報の内容として提供する根抵当権者の表示は，被相続人の表示やその債権を承継した相続人，及び指定根抵当権者の表示を提供する必要がある。

【申請書】

登記の目的	共同根抵当権設定（追加）
原　　　因	令和５年７月１日設定
極　度　額	金1,000万円
債権の範囲	売買取引
債　務　者	A
根抵当権者	（X（令和５年３月１日死亡）の相続人）
	Y
	Z
指定根抵当権者	（令和５年４月３日合意）　Y
設　定　者	B

(2)　指定債務者の合意の登記がされている場合

指定債務者の合意の登記がされている根抵当権は，

① 被相続人が生前に負担した債務（特定債務～相続人に承継された）
② 指定債務者が相続開始後に新たに負担する債務（不特定債務）

を担保している。

H22-17　そのため，追加設定の登記を申請する場合に，申請情報の内容として提供する債務者の表示は，被相続人の表示やその債務を承継した相続人，及び指定債務者の表示を提供する必要がある。

【申請書】

H23記述

登記の目的	共同根抵当権設定（追加）
原　　　因	令和５年７月１日設定
極　度　額	金1,000万円
債権の範囲	売買取引
債　務　者	（A（令和５年３月１日死亡）の相続人）
	B
	C
指定債務者	（令和５年４月３日合意）　B
根抵当権者	X
設　定　者	K

第9節　元本確定前に根抵当権者又は債務者に合併が生じた場合の登記

第9節の1　根抵当権者に合併が生じた場合

1　根抵当権によって担保される債権

元本の確定前に根抵当権者が合併により消滅した場合，その根抵当権は合併の時に存する債権（特定債権）の他，合併による承継会社が合併後に新たに取得する債権（不特定債権）も担保する（民§398の９Ⅰ）。

ケーススタディ

権利部（乙区）（所有権以外の権利に関する事項）			
順位番号	登記の目的	受付年月日・受付番号	権利者その他の事項
1	根抵当権設定	平成30年８月１日 第8000号	原因　平成30年８月１日設定 極度額　金1,000万円 債権の範囲　売買取引 債務者　A 根抵当権者　株式会社X

株式会社Xと株式会社Yは，株式会社Yを存続会社，株式会社Xを消滅会社として吸収合併をする旨の契約を締結し，令和５年７月１日に吸収合併の効力が生じた。

乙区１番の根抵当権は，以下の債権を担保する。

- 合併の時に存在した債権，つまり株式会社Xが合併前にAに対して取得した売買代金債権
- 合併後に株式会社YがAに対して取得する売買代金債権

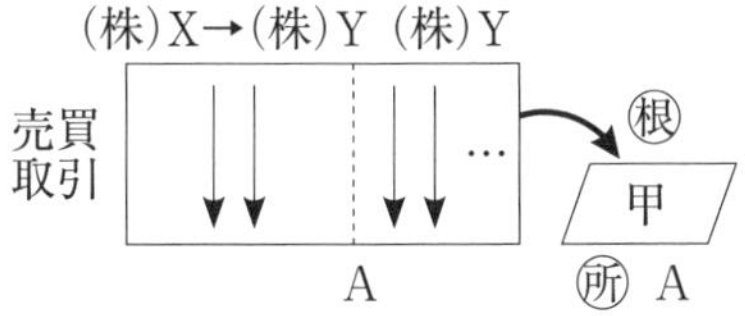

株式会社Xが合併前に取得した債権（株式会社Yに承継された）と，株式会社Yが合併後に新たに取得する債権が担保される。

プラス アルファ

根抵当権者が自然人である場合に，根抵当権者に相続が開始したときは，相続人が新たに取得した債権は当然には根抵当権によって担保されない。
➡　担保させるためには指定根抵当権者の合意の登記が必要。

一方，根抵当権者が法人である場合に，根抵当権者が合併により消滅したときは，合併による承継会社が新たに取得した債権も当然に根抵当権によって担保される。

①　自然人の相続の場合 ・　被相続人が生前に取得した債権　　→当然に担保される ・　相続人が相続開始後に新たに取得する債権 　　　　　　　　　　　　　　　　　→当然には担保されない ＊　ただし，指定根抵当権者の合意の登記をすれば担保される。 ②　法人の合併の場合 ・　消滅会社が合併前に取得した債権　　→当然に担保される ・　承継会社が合併後に新たに取得する債権　→当然に担保される ＊　ただし，設定者からの確定請求がされたら，担保されない（後述）。

考え方　なぜ，自然人の相続の場合と法人の合併の場合で扱いが異なるのか？

①　根抵当権者が自然人である場合
被相続人が行っていた根抵当取引を，相続人がそのまま引き継ぐことは少ないと考えることができる。

【例】　父親は個人で事業をしていて根抵当取引をしていたが，子は普通の会社に就職しているので，父の行っていた取引を引き継ぐことはない。

つまり，相続開始後に，債権の範囲に属する債権が新たに発生する可能性は少ないといえるので，原則として，相続の開始によって元本を確定させるものとした。
➡　ただし，相続人が根抵当取引を引き継ぐ場合には，特別の合意と登記（指定根抵当権者の合意の登記）をすることによって，例外的に元本は確定しないことになる。

② 根抵当権者が法人の場合

法人が合併した場合は，消滅会社の行っていた取引を承継会社が引き継ぐのが通常といえる。つまり，根抵当権者が合併によって消滅しても根抵当取引は継続し，債権の範囲に属する債権が新たに発生するのが通常であるから，根抵当権者が合併によって消滅しても原則として元本は確定させないものとした。

➡ ただし，設定者からの元本の確定請求があれば例外的に元本が確定することになる。

2　設定者からの元本の確定請求

元本の確定前に根抵当権者が合併により消滅したときは，根抵当権の設定者は，根抵当権者に合併があったことを知った日から２週間を経過する前で，かつ合併の日から１か月を経過するまでに，**根抵当権の元本の確定を請求することができる**（民§398の９ⅢⅤ）。

理由　合併は一般承継ではあるが，根抵当権者が変わることによって不動産の現実の負担額（現実に発生する債権の額）に影響が出てくるので，設定者の利益も考慮して，元本の確定請求が認められた。

・ 設定者からの元本の確定請求がされたときは，**根抵当権者が合併した時において**根抵当権の元本が確定したものとみなされる（同Ⅳ）。 H12-12

➡ つまり，承継会社が合併後に取得する債権は，担保されない。

重要！

元本が確定する時期は，合併の時。元本の確定請求が根抵当権者に到達した時ではない。

3　合併による根抵当権の移転の登記

(1)　申請する登記

前記のとおり，元本の確定前に根抵当権者に合併があったときは，根抵当権は，合併の時に存する債権（合併によって承継会社に承継される）と，承継会社が合併後に取得する債権を担保する。つまり，根抵当権が承継会社に承継されることになるので，承継会社に対して根抵当権の移転の登記を申請する。

(2) 申請人

R4記述
H23記述

合併による根抵当権の移転の登記は，承継会社が単独で申請することができる（不登§63Ⅱ）。

(3) 申請情報の内容

① 登記の目的→「○番根抵当権移転」

② 登記原因及びその日付→　合併の効力が生じた日をもって，「年月日合併」

原因日付
- 吸収合併の場合は，合併契約において定められた吸収合併の効力発生日（会§749Ⅰ⑥，750Ⅰ）。
- 新設合併の場合は，設立会社が成立した日，つまり設立の登記がされた日（会§754Ⅰ）。

③ 申請人→　根抵当権者として，承継会社の名称，住所を提供する。
➡ 消滅会社（根抵当権の登記名義人）の名称をかっこ書で提供する。

(4) 添付情報

① 登記原因証明情報（不登令別表22添付情報欄）
合併を証する登記官その他の公務員が職務上作成した情報を提供する。
∵ 単独申請による登記なので，登記の正確性を確保するために公務員が職務上作成した情報の提供が必要とされている。
➡ 承継会社の登記事項証明書（会社法人等番号）を提供する（先例平18.3.29－755，平27.10.23－512）。

② 会社法人等番号（不登令§７Ⅰ①イ）
法人が申請人となる登記なので，（その代表者の資格を証するため）当該法人の会社法人等番号を提供する。

③ 代理権限証明情報（委任状，不登令§７Ⅰ②）

(5) 登録免許税

定率課税。

課税標準→　極度額

税　　率→　1000分の１（登税別表第1.1(6)イ）

【申請書】

登記の目的	○番根抵当権移転
原　　　因	年月日合併
根抵当権者	（被合併会社　株式会社Ｘ） 株式会社Ｙ 代表取締役　ｙ （会社法人等番号　省略）
添 付 情 報	登記原因証明情報（株式会社Ｙの会社法人等番号） 会社法人等番号（株式会社Ｙの会社法人等番号） 代理権限証明情報（株式会社Ｙの代表者ｙから司法書士への委任状）
課 税 価 額	金3,000万円
登録免許税	金３万円

第9節の2　根抵当権の債務者に合併が生じた場合

1　根抵当権によって担保される債権

元本の確定前に根抵当権の債務者が合併により消滅した場合，その根抵当権は合併の時に存する債務（特定債権）の他，合併による承継会社が合併後に新たに負担する債務（不特定債権）も担保する（民§398の９Ⅱ）。

ケーススタディ

① Ｋの所有する不動産に，債務者を株式会社Ａとする株式会社Ｘの根抵当権の設定の登記がされている（債権の範囲は売買取引）。

↓

② 株式会社Ａと株式会社Ｂは，株式会社Ｂを存続会社，株式会社Ａを消滅会社として吸収合併をする旨の契約を締結し，令和５年７月１日に吸収合

併の効力が生じた。

> この根抵当権は，以下の債権を担保する。
> ・　合併の時に存在した債務，つまり株式会社Aが合併前に株式会社Xに対して負担した売買代金債務
> ・　合併後に株式会社Bが株式会社Xに対して負担する売買代金債務

➡　合併による承継会社が合併後に負担する債務も，当然に担保される。

2　設定者からの元本の確定請求

元本の確定前に債務者が合併により消滅した場合，根抵当権の設定者は，債務者に合併があったことを知った日から2週間を経過する前で，かつ合併の日から1か月を経過するまでに，**根抵当権の元本の確定を請求することができる**（民§398の9ⅢⅤ）。

理由　合併は一般承継ではあるが，債務者が変わることによって不動産の現実の負担額（現実に発生する債権の額）に影響が出てくるので，設定者の利益も考慮して，元本の確定請求が認められた。

・　設定者からの元本の確定請求がされたときは，**債務者が合併した時において根抵当権の元本が確定したものとみなされる**（同Ⅳ）。

➡　確定請求が根抵当権者に到達した時に元本が確定するのではない。

重要❗

H21記述　**ただし，債務者が根抵当権設定者であるときは，債務者の合併を理由として元本の確定請求をすることはできない（同Ⅲただし書）。**

∵　この場合にまで確定請求を認めるのは都合が良すぎるといえる。

【例】

権　利　部（甲　区）　（所　有　権　に　関　す　る　事　項）			
順位番号	登記の目的	受付年月日・受付番号	権利者その他の事項
1	所有権移転	平成22年7月10日 第7000号	原因　平成22年7月10日売買 所有者　　株式会社A

権利部（乙区）（所有権以外の権利に関する事項）			
順位番号	登記の目的	受付年月日・受付番号	権利者その他の事項
1	根抵当権設定	平成30年８月１日 第8000号	原因　平成30年８月１日設定 極度額　金1,000万円 債権の範囲　売買取引 債務者　　株式会社Ａ 根抵当権者　　株式会社Ｘ

この後に，株式会社Ａが株式会社Ｂに吸収合併された場合，（抵当不動産を承継した）株式会社Ｂは，債務者の合併を理由として株式会社Ｘに対して元本の確定請求をすることはできない。

3　合併による債務者の変更の登記

⑴　申請する登記

元本の確定前に根抵当権の債務者に合併があったときは，根抵当権は，合併の時に存する債務（合併によって承継会社に承継される）と，承継会社が合併後に負担する債務を担保する。つまり，根抵当権の債務者が承継会社に変わったといえるので，債務者を承継会社に変更する登記を申請する。

⑵　申請人

登記権利者→　根抵当権者
登記義務者→　設定者

⑶　申請情報の内容

①　登記の目的→　「○番根抵当権変更」

②　登記原因及びその日付→　合併の効力が生じた日をもって，「年月日合併」

③　登記事項→　変更後の登記事項（不登令別表25申請情報欄）として，変更後の債務者（承継会社）の名称，住所を提供する。

➡　被合併会社の名称をかっこ書で提供する。

(4)　添付情報

①　登記義務者（設定者）の登記識別情報（不登§22）
②　登記原因証明情報（不登令別表25添付情報欄イ）
③　代理権限証明情報（委任状，不登令§7Ⅰ②）
④　（書面申請の場合は）登記義務者である所有権の登記名義人の印鑑証明書（不登令§16Ⅱ，18Ⅱ）

H10-22 **プラスアルファ**

登記原因証明情報は，登記官その他の公務員が職務上作成した情報であることを要しない。

(5)　登録免許税

定額課税。不動産1個につき金1,000円（登税別表第1.1⒁）。

【申請書】

登記の目的	○番根抵当権変更
原　　因	年月日合併
変更後の事項	債務者　（被合併会社　株式会社A） 株式会社B
権 利 者	株式会社X 代表取締役　x （会社法人等番号　0111-01-1122××）
義 務 者	株式会社B 代表取締役　b （会社法人等番号　0222-01-2233××）
添 付 情 報	登記識別情報（株式会社Bの登記識別情報） 登記原因証明情報 会社法人等番号（株式会社Xと株式会社Bの会社法人等番号） 代理権限証明情報（株式会社Xの代表者xと株式会社Bの代表者bから司法書士への委任状） 印鑑証明情報（株式会社Bの代表者bの印鑑証明書）＊
登録免許税	金1,000円

＊　法人の代表者の印鑑証明書を提供すべき場合であるので，その法人の会

社法人等番号を提供したときは，印鑑証明書の提供を省略することができる（不登規§48①，49Ⅱ①）。この場合は，「印鑑証明書（会社法人等番号0222-01-2233××）」のように記載する。

第10節　元本確定前に根抵当権者又は債務者に会社分割が生じた場合の登記

第10節の1　根抵当権者を分割会社とする会社分割があった場合

1　根抵当権によって担保される債権

根抵当権の元本が確定する前に，根抵当権者を分割をする会社とする会社分割があったときは，当該根抵当権は，分割の時に存する債権（特定債権）のほか，分割会社及び承継会社が分割後に取得する債権（不特定債権）を担保する（民§398の10Ⅰ）。

➡　元本確定前の根抵当権は，会社分割により法律上当然に分割会社と承継会社の準共有になる。

ケーススタディ

権利部（甲区）　（所有権に関する事項）			
順位番号	登記の目的	受付年月日・受付番号	権利者その他の事項
1	所有権移転	平成22年7月10日 第7000号	原因　平成22年7月10日売買 所有者　　A

権利部（乙区）　（所有権以外の権利に関する事項）			
順位番号	登記の目的	受付年月日・受付番号	権利者その他の事項
1	根抵当権設定	平成30年8月1日 第8000号	原因　平成30年8月1日設定 極度額　金1,000万円 債権の範囲　売買取引 債務者　　A 根抵当権者　　株式会社X

株式会社Xと株式会社Yは，株式会社Xの書籍販売に関する事業を分割し，これを株式会社Yに承継させる旨の吸収分割をした。

乙区1番の根抵当権は，以下の債権を担保する。

- 分割の時に存在した債権，つまり株式会社Xが分割前にAに対して取得した売買代金債権
- 分割後に株式会社XがAに対して取得する売買代金債権
- 分割後に株式会社YがAに対して取得する売買代金債権

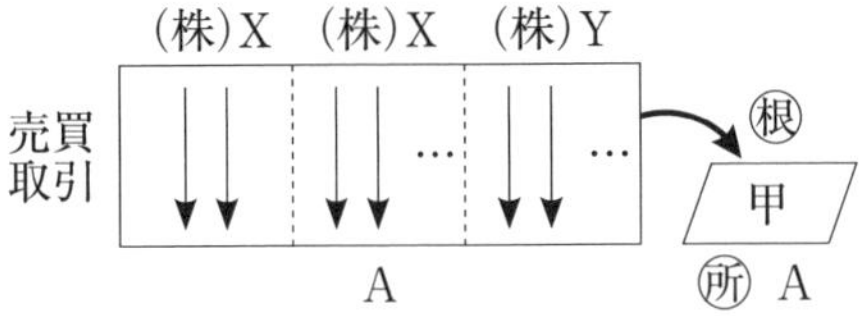

株式会社Xが分割前に取得した債権と，株式会社Xと株式会社Yが分割後に新たに取得する債権が担保される。

プラスアルファ

分割会社（株式会社X）が分割後に新たに取得する債権も根抵当権によって担保される点で，合併の場合とは異なる。

∵　合併の場合は，消滅会社は消滅するから，合併後に消滅会社が新たに債権を取得することはあり得ない。一方，会社分割の場合は，分割後も分割会社は普通に存続するので，分割会社が新たに債権を取得することも当然にあり得る。

重要！

元本確定前に根抵当権者を分割をする会社とする会社分割があったときは，根抵当権は法律上当然に分割会社と承継会社の準共有となる。たとえ分割契約（分割計画）においてこれと異なる定めがされていても同様（先例平13.3.30－867）。 H25-25

➡　民法でそのように規定されている。

【例】　会社分割の契約において，「株式会社Xの有していた根抵当権は株式会社Yが承継する」と定められた場合でも，会社分割の効力が生じたときは，その根抵当権はいったん株式会社Xと株式会社Yの準共有となる。

2　設定者からの元本の確定請求

元本確定前に根抵当権者を分割をする会社とする会社分割があった場合，根抵当権の設定者は，根抵当権者につき分割があったことを知った日から２週間を経過する前で，かつ分割の日から１か月を経過するまでに，**根抵当権の元本の確定を請求することができる**（民§398の10Ⅲ，398の９ⅢⅤ）。

理由　会社分割により根抵当権者が増えるので，設定者の利益を考慮して元本の確定請求が認められた。

・　設定者からの元本の確定請求がされたときは，**分割の時において**根抵当権の元本が確定したものとみなされる（民§398の10Ⅲ，398の９Ⅳ）。 H24-11

➡　元本が確定するのは分割の時。確定請求が根抵当権者に到達した時ではない。

3　申請すべき登記

元本が確定する前に，根抵当権者を分割をする会社とする会社分割があったときは，当該根抵当権は分割会社と承継会社の準共有となる。つまり，根抵当権の一部が承継会社に移転すると考えることができるので，**根抵当権の一部の移転の登記を申請する**（先例平13.3.30－867）。

4　登記の手続

(1)　申請人

会社分割による根抵当権の一部の移転の登記は，**登記権利者と登記義務者の共同申請**（不登§60，先例平13.3.30－867）。

登記権利者→	承継会社
登記義務者→	分割会社（根抵当権の登記名義人）

重要！

合併の場合とは異なり，承継会社が単独で申請することはできない。

∵　合併の場合とは違って，登記義務者となるべき分割会社がまだこの世に存在しているから。

(2)　申請情報の内容

①　登記の目的→　「○番根抵当権一部移転」

②　登記原因及びその日付→　会社分割の効力が生じた日をもって，「年月日会社分割」

原因日付

・　吸収分割の場合は，**分割契約において定められた分割の効力発生日**（会§759①）

・　新設分割の場合は，設立会社が成立した日（設立の登記がされた日，会§764Ⅰ）

③　申請人→　登記権利者と登記義務者の名称，住所を提供するが，登記権利者に関して移転した持分の表示を提供することを要しない。

∵　元本確定前の根抵当権は，共有者の持分割合が明らかとならない。

(3)　添付情報

①　登記義務者（分割会社）の登記識別情報（不登§22）

共同申請による登記なので，登記義務者（根抵当権の登記名義人）の登記識別情報を提供する。

②　登記原因証明情報（不登令§７Ⅰ⑤ロ）

根抵当権者を分割会社とする会社分割があったことを証する情報として，**承継会社の登記事項証明書（会社法人等番号）**を提供する（先例平17.8.8－1810）。

プラスアルファ

元本確定前に根抵当権者を分割をする会社とする会社分割の効力が生じたときは，分割契約（分割計画）の定めにかかわらず，根抵当権の一部が承継会社に移転する（民§398の10Ⅰ参照）。つまり，分割契約（分割計画）の内容は関係ないので，登記原因証明情報の一部として**分割契約書（分割計画書）を提供することを要しない**（先例平17.8.8－1810参照）。

➡　元本確定後の場合は，話が異なる。 H28-16

③　会社法人等番号（不登令§７Ⅰ①イ）

④　代理権限証明情報（委任状，不登令§７Ⅰ②）

・　設定者の承諾を証する情報を提供することを要しない（質疑登研640Ｐ163）。 H31-25 H24-20

∵　会社分割による根抵当権の一部の移転は，法律の規定（民§398の10Ⅰ）に基づいて当然に生ずるものであり，一部譲渡（民§398の13）とは異なる。

(4)　登録免許税

課税標準→　極度額を分割後の共有者の数で除した額

税　　率→　1000分の２（登税別表第1.1(7)）

【申請書】

登記の目的	○番根抵当権一部移転
原　　　因	年月日会社分割
権　利　者	株式会社Y 代表取締役　y (会社法人等番号　省略)
義　務　者	株式会社X 代表取締役　x (会社法人等番号　省略)
添 付 情 報	登記識別情報（株式会社Xの登記識別情報） 登記原因証明情報（株式会社Yの会社法人等番号） 会社法人等番号（株式会社Yと株式会社Xの会社法人等番号） 代理権限証明情報（株式会社Yの代表者yと株式会社Xの代表者xから司法書士への委任状）
課 税 価 額	金500万円
登録免許税	金１万円

第10節の2　債務者を分割会社とする会社分割があった場合

1　根抵当権によって担保される債権

根抵当権の元本が確定する前に，債務者を分割をする会社とする会社分割があったときは，当該根抵当権は，分割の時に存する債務（特定債権）のほか，分割会社及び承継会社が分割後に負担する債務（不特定債権）を担保する（民§398の10Ⅱ）。

R2-13　➡　元本確定前の根抵当権は，**会社分割により法律上当然に分割会社と承継会社を債務者とする根抵当権（共用根抵当権）となる。**

ケーススタディ

① Ｋの所有する不動産に，債務者を株式会社Ａとする株式会社Ｘの根抵当権の設定の登記がされている（債権の範囲は売買取引）。

↓

② 株式会社Ａと株式会社Ｂは，株式会社Ａの家電製品販売に関する事業を分割し，これを株式会社Ｂに承継させる旨の吸収分割をした。

当該根抵当権は，以下の債権を担保する。

- 分割の時に存在した債務，つまり株式会社Ａが分割前に株式会社Ｘに対して負担した売買代金債務
- 分割後に株式会社Ａが株式会社Ｘに対して負担する売買代金債務
- 分割後に株式会社Ｂが株式会社Ｘに対して負担する売買代金債務

2　設定者からの元本の確定請求

元本の確定前に債務者を分割をする会社とする会社分割があった場合，根抵当権の設定者は，債務者につき分割があったことを知った日から２週間を経過する前で，かつ分割の日から１か月を経過するまでに，**根抵当権の元本の確定を請求することができる**（民§398の10Ⅲ，398の９ⅢⅤ）。

理由　会社分割により債務者が増えるので，設定者の利益を考慮して元本の確定請求が認められた。

・　設定者からの元本の確定請求がされたときは，**分割の時において**根抵当権の元本が確定したものとみなされる（民§398の10Ⅲ，398の９Ⅳ）。

➡ 元本が確定するのは分割の時。確定請求が根抵当権者に到達した時ではない。

重要！

ただし，債務者が根抵当権設定者であるときは，債務者の分割を理由として元本の確定請求をすることはできない（民§398の10Ⅲ，398の９Ⅲただし書）。

∵　このような場合にまで元本の確定請求を認めることは，都合が良すぎるといえる。

3　申請すべき登記

元本が確定する前に，債務者を分割をする会社とする会社分割があったときは，当該根抵当権は分割会社と承継会社を債務者とする共用根抵当権となる。つまり，債務者に承継会社が追加される形になるので，**根抵当権の債務者の変更の登記を申請する**（先例平13.3.30－867）。

4　登記の手続

(1)　申請人

登記権利者→　根抵当権者 登記義務者→　設定者

➡　通常の債務者の変更の登記と同様。

(2)　申請情報の内容

①　登記の目的→「○番根抵当権変更」

②　登記原因及びその日付→　会社分割の効力が生じた日をもって，「年月日会社分割」

③　登記事項→　変更後の登記事項（不登令別表25申請情報欄）として，変更後の債務者の全員を提供する。

➡　分割会社と承継会社の名称と住所を提供する。

(3)　添付情報

①　登記義務者（設定者）の登記識別情報（不登§22）
②　登記原因証明情報（不登令別表25添付情報欄イ）
③　代理権限証明情報（委任状，不登令§７Ｉ②）
④　（書面申請の場合は）登記義務者である所有権の登記名義人の印鑑証明書（不登令§16Ⅱ，18Ⅱ）

(4)　登録免許税

定額課税。不動産１個につき金1,000円（登税別表第1.1⑭）。

【申請書】

登記の目的　○番根抵当権変更
原　　　因　年月日会社分割
変更後の事項　債務者　株式会社Ａ
　　　　　　　　　　　株式会社Ｂ
権　利　者　株式会社Ｘ
　　　　　　　代表取締役　x
　　　　　　（会社法人等番号　省略）
義　務　者　Ｋ
添 付 情 報　登記識別情報（Ｋの登記識別情報）
　　　　　　登記原因証明情報
　　　　　　会社法人等番号（株式会社Ｘの会社法人等番号）
　　　　　　代理権限証明情報（株式会社Ｘの代表者xとＫから司法書士への委任状）
　　　　　　印鑑証明情報（Ｋの印鑑証明書）
登録免許税　金1,000円

第11節　根抵当権の元本の確定

第11節の1　元本の確定事由に関して

1　元本確定の意義，効果

根抵当権の元本の確定とは，根抵当権によって担保される元本債権の流動性が失われ，根抵当権によって担保される債権が具体的に特定することをいう。

元本が確定した後は，その根抵当権の債権の範囲に属する取引がされても，その新たに発生した債権は根抵当権によって担保されない。

➡　元本の確定とは，根抵当権によって担保される債権が最終的に確定すること。

権　利　部（甲　区）　（所　有　権　に　関　す　る　事　項）			
順位番号	登記の目的	受付年月日・受付番号	権利者その他の事項
1	所有権移転	平成22年７月10日 第7000号	原因　平成22年７月10日売買 所有者　　A

権　利　部（乙　区）　（所有権以外の権利に関する事項）			
順位番号	登記の目的	受付年月日・受付番号	権利者その他の事項
1	根抵当権設定	平成30年８月１日 第8000号	原因　平成30年８月１日設定 極度額　金1,000万円 債権の範囲　売買取引 債務者　　A 根抵当権者　　X

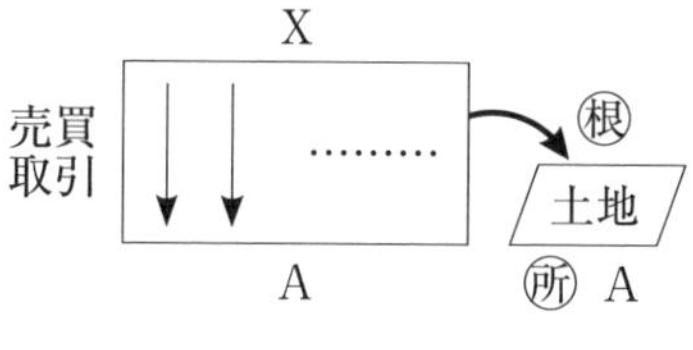

XのAに対する売買取引による債権を担保する根抵当権である。

➡　元本が確定するまでは，XがAに対して新たに売買取引による債権を取得すれば，当然にその債権は根抵当権によって担保される。

このような根抵当権が設定された後の令和５年７月１日，当該根抵当権について元本の確定事由が発生した（元本の確定事由については後述）。これにより，乙区１番の根抵当権は元本が確定した。

➡　ということは，乙区１番の根抵当権は“元本が確定した瞬間に存在したXのAに対する売買取引による債権を担保する”ということが確定する。

仮に，元本が確定した令和５年７月１日の時点で，XはAに対して２つの売買代金債権を有していたとしたら，この２つの債権が当該根抵当権によって担保されるということが確定する。

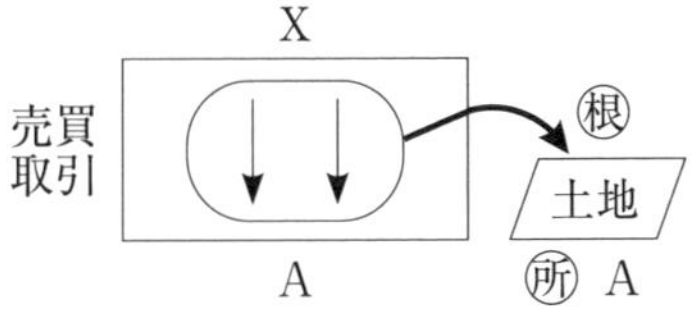

この根抵当権は，Xの有する２つの売買代金債権を担保するということが最終的に確定した。

☆　元本が確定した令和５年７月１日より後に，XとAが売買契約をして，XがAに対して新たに売買代金債権を取得しても，その債権はこの根抵当権によっては担保されない（もう元本が確定し，担保される債権が決まっちゃっているから）。

➡　XはAに対して適法に売買代金債権を取得するが，これは根抵当権によっては担保されない債権ということになる。

プラス アルファ

元本が確定すると，根抵当権によって担保される債権が具体的に特定されるので，“元本確定後の根抵当権は特定の債権を担保する”という表現が使われる。

➡　ある特定の債権を担保するという意味では，普通抵当権と同じような性質を持つことになる（付従性や随伴性の発生）。

➡　ただし，元本の確定によって根抵当権が普通抵当権とまったく同じになるのではなく，元本確定後の根抵当権は利息，損害金に関しては極度額に達するまですべて担保される（普通抵当権の場合は最後の２年分に限定されている，民§375）。

2　元本の確定事由一覧

(1)　確定事由

確定事由	確定する時期
①　元本の確定期日が到来した	確定期日が到来した時
②　元本確定前に，根抵当権者又は債務者に相続が開始し，相続開始後6か月以内に指定根抵当権者又は指定債務者の合意の登記がされなかった	相続が開始した時
③　元本確定前に，根抵当権者又は債務者が合併により消滅した場合に，根抵当権設定者が元本の確定請求をした	合併の時
④　元本確定前に，根抵当権者又は債務者を分割をする会社とする会社分割があった場合に，根抵当権設定者が元本の確定請求をした	分割の時
⑤　元本の確定期日の定めがない場合に，根抵当権設定の時から3年を経過した後に，根抵当権設定者が元本の確定請求をした	請求から2週間を経過した時
⑥　元本の確定期日の定めがない場合に，根抵当権者が元本の確定請求をした	請求の時
⑦　根抵当権者が抵当不動産について競売もしくは担保不動産収益執行又は物上代位による差押えの申立てをした　＊	申立ての時
⑧　根抵当権者が抵当不動産に対し滞納処分による差押えをした	差押えの時
⑨　第三者の申立てにより抵当不動産に対する競売手続の開始又は滞納処分による差押えがされた	根抵当権者がこれを知ってから2週間を経過した時
⑩　債務者又は根抵当権設定者が破産手続開始の決定を受けた	破産手続開始の時

＊　競売手続もしくは担保不動産収益執行手続の開始又は差押えがあった場合に限る。

(2)　例　外

上記⑨の場合に，競売手続開始の決定もしくは差押えの効力が消滅したとき，また，⑩の場合に，破産手続開始の決定の効力が消滅したときは，元本は確定しなかったものとみなされる（民§398の20Ⅱ本文）。

➡　ただし，元本が確定したものとしてその根抵当権又はこれを目的とする権利を取得した者が存在するときは，元本が確定することになる（同Ⅱただし書）。

3　元本の確定期日の到来（確定登記－不要）

根抵当権を設定した時，あるいは根抵当権を設定した後に，元本の確定期日を定めることができる（民§398の6Ⅰ）。

その確定期日が到来したら，到来した瞬間（その日の午前0時）をもって元本が確定する。

4　根抵当権者又は債務者の相続（確定登記－相続の登記があれば不要）

元本の確定前に根抵当権者又は債務者に相続が開始した場合，相続開始後6か月以内に指定根抵当権者又は指定債務者の合意の登記がされれば，根抵当権は元本が確定しない状態で存続する（民§398の8ⅠⅡ）。

しかし，相続開始後6か月以内に指定根抵当権者又は指定債務者の合意の登記がされなかったときは，相続が開始した時において元本が確定したものとみなされる（同Ⅳ）。

5　根抵当権者又は債務者の合併又は会社分割（確定登記－要，共同申請）

元本の確定前に根抵当権者又は債務者が合併により消滅した場合（又は分割をする会社とする会社分割があった場合）は，原則として根抵当権は元本が確定しない状態で存続する（民§398の9ⅠⅡ，398の10ⅠⅡ）。

しかし，設定者が一定の期間内に元本の確定請求をしたときは，合併（会社分割）の時において元本が確定したものとみなされる（民§398の9ⅢⅣ，398の10Ⅲ）。

6　根抵当権設定の時から3年を経過したことによる設定者からの元本の確定請求（確定登記－要，共同申請）

(1)　意　義

根抵当権設定者は，元本の確定期日の定めがある場合を除いて，根抵当権設定の時から3年を経過したときは，根抵当権者に対し元本の確定を請求することができる（民§398の19Ⅰ）。

理由　根抵当権の元本が確定しないまま存続するということは，設定者にとっては辛いことである。元本が確定しないと，根抵当権によって担保される債権の額（現実の不動産の負担額）が決まらないわけだから，とりあえず極度額分の不動産の負担を覚悟し続けなくてはならない。

これでは息苦しいので，設定者の地位を守り，不動産の有効な活用のために，設定者からの元本の確定請求が認められた。

(2) 要　件

- 元本の確定期日の定めがないこと
- 根抵当権の設定の時から３年を経過したこと

➡ 根抵当権を設定して直ちに元本の確定請求をすることを認めると，根抵当権者としては何のために根抵当権を設定したのか分からなくなってしまうので，“根抵当権の設定の時から３年を経過したこと”が要件とされている。

① 根抵当権の目的である不動産が数人の共有であるときは，元本の確定請求はその全員からすることを要する（質疑登研443 P 94）。
∵ 単純な保存行為（民§252Ⅴ）とはいえないから。

② 根抵当権が数人の準共有であるときは，その全員に対して元本の確定請求をすることを要する。

③ 数個の不動産を目的とした共同根抵当権（民§398の16）においては，１つの不動産についての設定者が元本の確定請求をし，元本が確定したときは，共同担保の目的であるすべての不動産につき根抵当権の元本が確定する（民§398の17Ⅱ）。

(3) 効　果

H9-24　設定者からの元本の確定請求が根抵当権者に到達してから２週間を経過した時に，元本が確定する（民§398の19Ⅰ）。

考え方　元本が確定すると，債権の範囲に属する債権が新たに発生しても，その債権は根抵当権によって担保されない。つまり，元本が確定すると，根抵当権者にとって不利益であるということができる。

そのため，設定者からの元本の確定請求がされて元本が確定することは，根抵当権者にとってちょっと困ったことであるので，今後の対応を考えるために2週間という猶予が与えられた。

7　根抵当権者からの元本の確定請求（確定登記－要，単独申請）

(1)　意義，効果

根抵当権者は，元本の確定期日の定めがある場合を除いて，**いつでも**根抵当権設定者に対し元本の確定を請求することができる（民§398の19Ⅱ）。 H20記述

この場合は，**請求の時に**元本が確定する（同Ⅱ）。

理由　元本が確定することによって根抵当権者が不利益を受けるのだから，その根抵当権者の側から元本の確定請求をするというのも若干違和感があるかもしれないが，早く元本を確定させて債権と根抵当権を速やかに処分したいと根抵当権者が考える場面もあり得るので，根抵当権者が元本の確定請求をすることも十分にあり得る。

プラスアルファ

元本が確定していないと，根抵当権の債権の範囲に属する債権が譲渡されても，譲受人は根抵当権を取得しない（民§398の7Ⅰ）。だから，なかなか債権の買い手がつきにくい。

その意味で，根抵当権者が，早く根抵当権の元本を確定させたいと思うこともある。

(2)　設定者からの元本の確定請求との違い

	設定者からの請求	根抵当権者からの請求
請求できる時期 ＊1	設定の時から3年を経過した後	根抵当権設定後いつでも
確定する時期 ＊2	請求の時から2週間を経過した時	請求の時
確定期日の定めがある場合	請求できない	請求できない
元本確定の登記	共同申請	根抵当権者が単独で申請できる（後述）

＊1　設定者から根抵当権者への元本の確定請求の場合は，元本の確定請求をするのは元本の確定によって利益を受ける設定者。だから，一定の期間を経過しないと元本の確定請求ができないという制限を設ける必要が出てくる。

一方，根抵当権者から設定者への元本の確定請求の場合は，元本の確定請求をするのは元本の確定によって不利益を受ける根抵当権者。だから，"いつでも"元本の確定請求ができるとしても，相手方である設定者に不利益は及ばない。

＊2　設定者から根抵当権者への元本の確定請求の場合は，元本の確定請求を受けるのは元本の確定によって不利益を受ける根抵当権者。だから，今後の対応策を考える時間的余裕を与える必要がある。

一方，根抵当権者から設定者への元本の確定請求の場合は，元本の確定請求を受けるのは元本の確定によって利益を受ける設定者。だから，請求によって"直ちに"元本が確定するとしても，請求の相手方である設定者に不利益は及ばない。

(3)　その他

①　数人の準共有する根抵当権について，根抵当権者が元本の確定請求をする場合は，根抵当権者の全員が元本の確定請求をすることを要する。

∵　共有物の保存行為（民§252Ⅴ）には該当しない。

②　所有者の異なる数個の不動産を目的とした共同根抵当権（民§398の16）について，根抵当権者が元本の確定請求をする場合は，すべての設定者に対して元本の確定請求をしてはじめて元本が確定する（登研698Ｐ257）。

8　根抵当権者自身がした競売等の申立て（確定登記－原則不要）

R3-22
H26記述

根抵当権者が抵当不動産（根抵当権の目的である不動産）について競売もしくは担保不動産収益執行又は物上代位による差押えの申立てをしたときは，**その申立ての時に**元本が確定する（民§398の20Ⅰ①）。

ただし，競売手続もしくは担保不動産収益執行手続の開始又は差押えがあった場合に限る（同ただし書）。

∵　差し押さえて競売等をするということは，根抵当権者に配当がされるわけだから，債権額を確定させる必要がある。

ケーススタディ

Ａの所有する甲土地を目的として，ＸのＡに対する売買取引による債権を担保する根抵当権が設定されている。

↓

ＸはＡに対して３つの売買代金債権を有しているが，そのうちの１つについて，Ａは，弁済期までに弁済できなかった（履行遅滞）。

↓

Ｘは，根抵当権を実行することとし，甲土地について競売の申立てをした。

↓

裁判所はこれを受理し，甲土地について競売手続が開始した。

甲土地の競売の申立てをした時に，Ｘの根抵当権の元本が確定する。

➡　この後，甲土地について競売がされる。そして，その代金から，Ｘに配当がされる。つまり，Ｘの債権額を確定させる必要があるので，根抵当権の元本を確定させる必要がある。

➡　確定の瞬間にＸが有していた３つの売買代金債権が担保されるということが決まる。

①　根抵当権の実行に基づく競売申立てだけでなく，根抵当権とは関係のない債権に基づく強制競売の申立てであっても，その申立ての時に元本が確定する。

∵　根抵当権の実行とは関係なくても，差し押さえて競売するということは，根抵当権者に配当がされるので，やはり債権額を確定させる必要がある。

②　根抵当権者が競売を申し立てて差押えがされた後，根抵当権者がその**競売の申立てを取り下げた場合でも，根抵当権の元本は確定したまま。** R4記述 R3-22

∵　競売を申し立てた時点で，根抵当権の元本を確定させる意思を明らかにしたと考えられる。

【例】　上記のケーススタディの事例において，Ｘが甲土地の競売の申立てをし，その開始の決定がされたが，Ｘは「やっぱりやめた」ということで，競売の申立てを取り下げた。

➡　競売手続は終了するが，Ｘの根抵当権の元本は確定したまま。

9　第三者がした抵当不動産の差押え（確定登記－要，一定の場合は単独申請）

(1)　意義，効果

第三者の申立てによって抵当不動産に対する競売手続の開始又は滞納処分による差押えがされた場合，**根抵当権者がこれを知った時から2週間を経過した時に**元本が確定する（民§398の20Ⅰ③）。

∵　不動産が競売されて，根抵当権者にも配当がされるので，債権額を確定させる必要がある。

プラス アルファ

根抵当権者自身が抵当不動産について競売等の申立てをしたときは，その申立ての時に元本が確定するが（民§398の20Ⅰ①），第三者の申立てによって競売等の手続が開始したときは，根抵当権者がそれを知った時から2週間を経過した時に元本が確定する。

∵　根抵当権者以外の第三者の行為によって元本が確定する場合であるので，知って直ちに元本が確定するとなると，根抵当権者が困ってしまうから。今後の対応策を考える時間的余裕を与えるために，2週間を経過した時に元本が確定するとされた。

ケーススタディ

Aの所有する甲土地を目的として，Xの1番根抵当権の設定の登記がされ，またYの2番抵当権の設定の登記がされている。

↓

その後，Yは，甲土地について競売の申立てをし，その開始の決定がされた。1番根抵当権者Xは，令和5年7月3日に甲土地について競売手続が開始されたことを知った。

↓

Xが競売手続の開始を知った時から2週間を経過した令和5年7月18日に，Xの1番根抵当権の元本が確定する。

(2)　競売手続の開始や差押えの効力が消滅した場合

根抵当権者が，抵当不動産について競売手続の開始や滞納処分による差押えがあったことを知った時から2週間を経過したが，その後に競売手続の開始や差押えの効力が消滅したときは，**元本は確定しなかったものとみなされる**（民§398の20Ⅱ）。

➡　ずーっと元本が確定しない状態で存続しているということになる。

∵　本条1項3号は，根抵当権者の意思とは関係なく元本が確定してしまう場合であるので，その事実（競売手続の開始や差押えの効力）が消滅したときは，元本を確定させないとした方が当事者の意思に合致すると考えられるから。

【例】　上記のケーススタディの事例において，令和5年8月10日，Yは，甲土地についての競売の申立てを取り下げた（差押えの登記も抹消された）。
➡　Xの根抵当権は，元本が確定しなかったものとみなされる。

重要！・・・・・・・・・・・・・・・・・・・・・・・・・・・・・・・・・・・・・・・
　根抵当権者自身が競売の申立てをし，その後に取り下げた場合，元本は確定したまま。一方，第三者の申立てによって競売手続が開始し，その後に取り下げられた場合，元本は確定しなかったことになる。

(3)　ただし…
　上記のとおり，競売手続の開始の効力が消滅したときは，根抵当権の元本は確定しなかったものとみなされるが（民§398の20Ⅱ本文），根抵当権の元本が確定したものとして当該根抵当権又はこれを目的とする権利を取得した者がいる場合には，元本は確定することになる（同Ⅱただし書）。
∵　元本が確定したものとして新たに権利を取得した第三者を害することはできないから。

(4)　**民法398条の20第1項1号か3号か微妙な場合**
①　Xの根抵当権について，Yに対して一部譲渡による一部の移転の登記がされている場合に，Yが抵当不動産に対して競売を申し立て，差押えがされたときは，民法398条の20第1項1号の規定により元本が確定する（先例平9.7.31－1301）。
➡　つまり，競売の申立ての時に元本が確定する。
∵　この根抵当権はXとYの準共有であるが，Yが根抵当権者であることに変わりはない（Xにとっては不意打ちのような気もするが，仕方がない）。

②　Xの根抵当権を目的としてYが転抵当の登記（又は債権質入れの登記）を受けている場合に，Yが抵当不動産に対して競売を申し立て，差押えがされたときは，民法398条の20第1項3号の規定により元本が確定する（同先例）。 R3-22

➡　つまり，Xが競売手続の開始を知って2週間を経過した時に元本が確定する。

∵　Yは根抵当権者ではないから。

10　債務者又は根抵当権設定者の破産（設定者の場合で不動産に破産の登記があれば確定登記－不要，債務者の場合は確定登記－要，一定の場合は単独申請）

債務者又は設定者が破産手続開始の決定を受けたときは，根抵当権の元本は確定する（民§398の20Ⅰ④）。

∵　債務者が破産した場合には債務者は取引能力を失い，設定者が破産した場合には新たに発生した債権はその不動産では担保されないから（破産§48）。

・　破産手続開始の決定の効力が消滅したときは，元本は確定しなかったものとみなされる（民§398の20Ⅱ本文）。

∵　これも，根抵当権者の意思とは関係なく元本が確定してしまう場合であるので，その事実（破産手続開始の決定の効力）が消滅したときは，元本を確定させないとした方が当事者の意思に合致すると考えられるから。

ただし，元本が確定したものとして当該根抵当権又はこれを目的とする権利を取得した者がいる場合には，元本は確定することになる（民§398の20Ⅱただし書）。

∵　元本が確定したものとして新たに権利を取得した第三者を害することはできないから。

11　共有根抵当権，共用根抵当権の元本の確定

(1)　共有根抵当権について

根抵当権を数人が準共有している場合，共有者の1人について元本の確定事由が生じても，根抵当権の元本は確定しない（登研312Ｐ47）。

∵　他の共有者については根抵当取引が継続しているので，この場合に元本を確定させてしまうと，他の共有者に不当な不利益となってしまうから。

共有根抵当権においては，共有者全員につき元本の確定事由が生じてはじめて根抵当権の元本が確定する。

(2)　共用根抵当権について

根抵当権の債務者が数人いる場合（共用根抵当権），債務者の1人について元本の確定事由が生じても，根抵当権の元本は確定しない（質疑登研515

P 254)。

債務者全員について元本の確定事由が生じてはじめて，根抵当権の元本が確定する。

【例】 債務者がA，Bである根抵当権について，Aが平成28年５月10日に死亡し，その相続開始後６か月以内に指定債務者の合意の登記がされなかった。そして，平成31年２月20日にBが死亡し，その相続開始後６か月以内に指定債務者の合意の登記がなされなかった。

➡ Bに相続が開始した平成31年２月20日に元本が確定する。

➡ 最初にAが死亡した段階ではまったく元本が確定しないので，たとえば平成29年あたりに当該根抵当権の債権の範囲や債務者の変更をすることができる。 H13-17

12 共同根抵当権の元本の確定

数個の不動産を目的とした共同根抵当権（民§398の16）においては，共同担保の目的である不動産の１つについて元本の確定事由が生じたときは，**すべての根抵当権の元本が確定する**（民§398の17Ⅱ）。 H13-27

➡ 共同根抵当権に関しては，すべての不動産について同時に元本が確定するということ。

考え方 ある不動産については元本が確定して特定の債権を担保するものとなったが，他の不動産については元本が確定しないでこれから発生する債権も担保するということになると，“同一の債権を担保する”根抵当権とはいえなくなるから。

【例】 甲土地と乙土地を目的として，Xの共同根抵当権の設定の登記がされている。そして，Xは，甲土地についてのみ担保不動産競売の申立てをし，その開始決定がされた。

➡ 甲土地の根抵当権について競売の申立ての時に元本が確定する（民§398の20Ⅰ①）。そして，甲土地の根抵当権について元本の確定事由が生じたので，当然に他の不動産である乙土地の根抵当権についても元本が確定する（民§398の17Ⅱ）。

第11節の2　元本確定の登記に関して

1　元本確定の登記の要否

(1)　確　認

元本確定前の根抵当権は随伴性が否定されているので，債権の範囲に属する債権が第三者に譲渡されても根抵当権はそれに伴って第三者に移転しない（民§398の7Ⅰ）。

➡　元本確定前に「債権譲渡」を登記原因として根抵当権の移転の登記を申請することはできない（あり得ない）。

一方，根抵当権の元本が確定すると，根抵当権は特定の債権を担保するものとなり，随伴性が発生する。したがって，元本確定後に根抵当権の被担保債権が第三者に譲渡されたときは，債権に伴って根抵当権も第三者に移転する。

➡　元本確定後には，「債権譲渡」を登記原因として根抵当権の移転の登記を申請することができる。

重要！

このように，「債権譲渡」による根抵当権の移転の登記は，元本が確定して初めて申請することのできる登記。

➡　代位弁済による根抵当権の移転の登記も同様。その他，債務引受による債務者の変更の登記（民§398の7Ⅱ参照），転抵当を除いた民法376条1項の処分の登記も，元本確定後にのみ申請することができる（民§398の11Ⅰ参照）。

(2)　元本確定の登記の要否

H11-23 上記のような根抵当権の元本が確定した後にのみすることのできる登記を申請するためには，登記記録上元本が確定していることが明らかである場合を除いて，前提として元本確定の登記をすることを要する（先例昭46.12.27－960）。

∵　元本が確定していないと申請することのできない登記だから，まずは元本が確定していることを公示する必要がある。

＋アルファ

登記記録上，根抵当権の元本が確定していることが明らかな場合には，改めて元本確定の登記をすることを要しない。

(3)　登記記録上元本が確定していることが明らかな場合（元本確定の登記が不要な場合）

①　登記された元本の確定期日が到来した場合 ②　根抵当権者又は債務者に相続が開始し，相続による根抵当権の移転の登記（根抵当権の変更の登記）はされたが，相続開始後6か月以内に指定根抵当権者（指定債務者）の合意の登記がされていない場合　＊1 ③　根抵当権者が抵当不動産に対し競売を申し立て，差押えの登記がされた場合　＊2 ④　根抵当権者が抵当不動産につき滞納処分による差押えの登記をした場合 ⑤　根抵当権設定者につき破産手続開始の決定がされ，不動産に破産手続開始の登記がされた場合　＊3

H27記述

＊1　根抵当権者（債務者）に相続が開始した場合，相続開始後6か月以内に指定根抵当権者（指定債務者）の合意の登記がされなければ，相続開始の時に元本が確定する（民§398の8Ⅳ）。

つまり，相続の登記はされたが，相続開始後6か月以内に合意の登記がされていない場合には，相続開始の時にその根抵当権の元本が確定したということが登記記録上から分かる。

＊2　根抵当権の目的である不動産について，根抵当権者の名義で差押えの登記がされるので，根抵当権者が競売の申立てをした（＝元本が確定した）ということが登記記録上から分かる。

＊3　不動産の所有権の登記名義人である自然人が破産手続開始の決定を受けたときは，原則としてその不動産に破産手続開始の登記がされる（破産§258Ⅰ）。そのため，設定者が破産手続開始の決定を受けたことが登記記録上から明らかとなる。

プラス アルファ

H19-19

不動産の所有権の登記名義人である法人（会社）について破産手続開始の決定がされたときは，当該法人の登記記録には破産手続開始の登記がされるが（破産§257参照），不動産の登記記録には破産手続開始の登記はされない。そのため，不動産の登記記録からは，設定者である法人が破産手続開始の決定を受けたことが明らかでなく，元本確定の登記をすることを要する。

(4) 補　足

① 第三者の差押え

H11-23

第三者の申立てによって抵当不動産に差押えがされ，根抵当権者がこれを知った時から２週間を経過したことによって元本が確定した場合は，元本が確定していることが登記記録上から明らかとはいえない。

∵ 登記記録には差押えの登記がされているが，根抵当権者がその差押えの事実を知ったかどうか，またいつその事実を知ったのかは登記記録上から明らかでないから。

② 債務者の破産

設定者ではない債務者が破産手続開始の決定を受けて元本が確定した場合，登記記録上元本が確定していることが明らかとはいえない。

∵ 債務者については破産手続開始の登記はされない。

2 元本確定の登記の申請人

H19-19

根抵当権の元本の確定の登記は，登記権利者と登記義務者が共同で申請するのが原則であるが（不登§60），一定の場合には根抵当権者が単独で申請することができる（不登§93）。

(1) 共同申請の場合

H28-13
H元-16

登記権利者→　設定者 登記義務者→　根抵当権者

∵ 元本が確定すると，新たに債権の範囲に属する債権が発生しても，その債権は根抵当権によって担保されないので（新たに被担保債権が発生することはなくなるので），根抵当権者にとって不利益，設定者にとって利益であると考えられる。

H28-12
H4-29

① 登記義務者である根抵当権者が登記権利者である設定者に対し，元本確定の登記の手続を命ずる確定判決を得たときは，根抵当権者が単独で元本確定の登記を申請することができる（不登§63Ⅰ，先例昭54.11.8－5731）。

②　根抵当権の元本が確定した後にその被担保債権を代位弁済した者は，根抵当権者に代位して（民§423Ⅰ），設定者と共同で（あるいは登記手続を命ずる確定判決を得て単独で），元本確定の登記を申請することができる（先例昭55.3.4－1196）。 H12-15

∵　元本が確定した後に根抵当権者に対して代位弁済をした者は，債権とともに根抵当権を取得する。つまり，根抵当権の登記名義人に対し，根抵当権の移転の登記の請求権を有する。したがって，この登記請求権を保全するため，根抵当権者に代位して元本確定の登記を申請することができる。

➡　登記義務者に代位するという珍しい形。

(2)　根抵当権者が単独で申請することができる場合

以下の事由によって根抵当権の元本が確定した場合には，根抵当権者が単独で元本確定の登記を申請することができる（不登§93）。

①　民法398条の19第２項の規定によって元本が確定した場合 ➡　根抵当権者からの元本の確定請求によって元本が確定した場合
②　民法398条の20第１項３号の規定によって元本が確定した場合 ➡　第三者の申立てによって抵当不動産につき競売手続等が開始し，根抵当権者がこれを知った時から２週間を経過したことによって元本が確定した場合
③　民法398条の20第１項４号の規定によって元本が確定した場合 ➡　債務者又は設定者が破産手続開始の決定を受けた場合

H22記述　H18-20

理由　このような事由によって元本が確定したときは，設定者を登記手続に関与させることが困難な場合もあり，また一定の添付情報を提供させることによって元本確定の事実も（ほぼ）明らかといえるので，根抵当権者からの単独申請が認められた。

プラスアルファ

裏から見ると，根抵当権設定者が元本の確定請求をした場合（民§398の9Ⅲ，398の10Ⅲ，398の19Ⅰ）は，根抵当権者が単独で元本確定の登記を申 R3-22

請することはできない。

∵　設定者が自分で確定請求をしたんだから，当然に元本確定の登記にも協力するはずであり，根抵当権者からの単独申請を認める必要がない。

H27-23

・　ただし，**上記②及び③の場合は，当該根抵当権又はこれを目的とする権利の取得の登記と同時に元本確定の登記を申請することを要する。**

➡　②・③の場合は，元本確定の登記のみを，根抵当権者が単独で申請することはできない。

プラスアルファ

「根抵当権又はこれを目的とする権利の取得の登記」とは，債権譲渡，代位弁済による根抵当権の移転の登記，根抵当権の順位譲渡の登記等をいう（先例平10.10.23－2069）。

考え方　①の場合は，根抵当権者からの元本の確定請求によって，確実に根抵当権の元本は確定する（その効果が覆ることはない）。

➡　そのため，元本確定の登記の単独申請を認めても特に問題は生じない。

一方，②や③の場合は，競売手続開始の効力や破産手続開始の効力が消滅したときは，元本は確定しなかったものとみなされる（民§398の20Ⅱ）。だから，元本が確定したと思っても，後にその効果が覆る（元本が確定しない）可能性がある。

➡　そのため，無条件に元本確定の登記の単独申請を認めるのは危険。

ただし，競売手続開始の効力や破産手続開始の効力が消滅した場合でも，元本が確定したものとして当該根抵当権又はこれを目的とする権利を取得した者がいるときは，元本は確定したままである（民§398の20Ⅱただし書）。

➡　ということは，元本確定の登記と併せて当該根抵当権又はこれを目的とする権利の取得の登記を申請するときは，確実に元本が確定すると考えることができるので，このような登記と併せて申請するときに限り，根抵当権者が単独で元本確定の登記を申請することができるとされた。

3　申請情報の内容

(1)　登記の目的→　「○番根抵当権元本確定」

➡　根抵当権の元本確定の登記は，いわゆる物権変動の登記とは異なる。根抵当権の元本が確定したという事実を公示する登記であり，登記の目的が「元本確定」とされている。

(2)　登記原因及びその日付→　元本が確定した日をもって，「年月日確定」

➡　どの確定事由によって元本が確定したかは提供することを要しない。

(3)　登記事項→　特殊的な登記事項はない。

➡　元本確定時における債権額等を提供することを要しない（先例昭46.10.4－3230）。

∵　根抵当権は，元本が確定した後も利息・損害金に関しては極度額を限度としてすべて担保するため，元本確定時の債権額を公示してもそれほど実益がない。

(4)　申請人→　登記権利者として設定者，登記義務者として根抵当権者の氏名，住所を提供する。

➡　根抵当権者が単独で申請する場合でも，申請情報の内容としては登記権利者である設定者の氏名，住所を提供することを要する（不登令§３⑪イ）。

4　添付情報

(1)　設定者と根抵当権者が共同で申請する場合

①　登記義務者（根抵当権者）の登記識別情報（不登§22）　R3-22

②　登記原因証明情報（不登令§７Ⅰ⑤ロ）

③　代理権限証明情報（委任状，不登令§７Ⅰ②）

プラスアルファ

元本確定の登記は，根抵当権の元本確定という事実を公示するだけの登記であるから，登記上の利害関係を有する第三者は存在しない。

➡　第三者の承諾を証する情報を提供することを要しない。

(2)　根抵当権者が単独で申請する場合

①　登記原因証明情報（不登令§７Ⅰ⑤ロ）

根抵当権者が単独で登記を申請するので，登記の正確性を確保するため，登記原因証明情報として提供すべき情報は法定されている。

㋐　根抵当権者が元本の確定請求をしたことによって元本が確定した場合
➡　元本の確定請求がされたことを証する情報を提供する（不登令別表61添付情報欄）。
➡　具体的には，配達証明付きの内容証明郵便（先例平15.12.25－3817）。

㋑　第三者の申立てによって抵当不動産につき競売手続等が開始し，根抵当権者がこれを知った時から２週間を経過したことによって元本が確定した場合
➡　民事執行法49条２項の規定による催告又は国税徴収法55条の規定による通知を受けたことを証する情報を提供する（不登令別表62添付情報欄）。

㋒　債務者又は設定者が破産手続開始の決定を受けたことによって元本が確定した場合
H26-15　➡　債務者又は設定者について破産法30条１項の規定による破産手続開始の決定があったことを証する情報を提供する（不登令別表63添付情報欄）。

②　代理権限証明情報（委任状，不登令§７Ⅰ②）

プラス アルファ

H19-19　根抵当権者が単独で申請するときは，申請情報と併せて登記識別情報を提供することを要しない（質疑登研676Ｐ183）。
∵　登記識別情報は，登記権利者と登記義務者の共同申請の場合に提供すべきもの（不登§22参照）。

5　登録免許税

定額課税。不動産１個につき金1,000円（登税別表第1.1⒁）。

6　登記の実行

H元-21　元本確定の登記は，常に付記登記される。

【申請書～共同で申請する場合】

登記の目的	○番根抵当権元本確定
原　　因	年月日確定
権 利 者	A
義 務 者	X
添付情報	登記識別情報（Xの登記識別情報）
	登記原因証明情報
	代理権限証明情報（A及びXから司法書士への委任状）
登録免許税	金1,000円

【申請書～根抵当権者から元本の確定請求がされ，根抵当権者が単独で元本の確定の登記を申請する場合】

登記の目的	○番根抵当権元本確定	
原　　因	年月日確定	
権 利 者	A	＊1
義 務 者	（申請人）　X	
添付情報	登記原因証明情報	＊2
	代理権限証明情報（Xから司法書士への委任状）	
登録免許税	金1,000円	

＊1　根抵当権者が単独で申請するが，申請情報の内容としては登記権利者（設定者）の氏名，住所を提供する（不登令§3⑪イ）。

＊2　登記原因証明情報として，元本の確定請求がされたことを証する配達証明付きの内容証明郵便を提供する。

7　登記を申請することができる時期

参考のため，元本確定前にのみ申請することができる登記，元本確定後にのみ申請することができる登記，元本確定の前後を問わず申請することができる登記を掲げる。

(1) 元本確定前にのみ申請することができる登記

①　債権の範囲の変更の登記
②　変更契約による債務者の変更の登記
③　確定期日の定め，その変更の登記
④　優先の定め，その変更の登記（元本確定前に合意されていれば，確定後に登記を申請してもよいと解されている）
⑤　全部譲渡による登記
H14-20 ⑥　分割譲渡による登記
H14-20 ⑦　一部譲渡による登記

(2) 元本確定後にのみ申請することができる登記

H14-20 ①　債権譲渡による移転の登記
②　代位弁済による移転の登記
H16-18 ③　債務引受による変更の登記
④　債務者更改による変更の登記
H14-20 ⑤　転抵当以外の民法376条1項による処分の登記
⑥　減額請求による極度額の変更の登記
⑦　弁済による登記の抹消
⑧　消滅請求による登記の抹消

(3) 元本確定の前後を問わず申請することができる登記

H5-15 ①　変更契約による極度額の変更の登記
②　相続による移転の登記，相続による債務者の変更の登記
H5-15 ③　転抵当の登記
④　被担保債権の質入れ，差押えの登記
⑤　順位変更の登記
⑥　解除による登記の抹消

第12節　元本確定後の移転，変更の登記

第12節の1　総　説

根抵当権の元本が確定したら，根抵当権は元本の確定時に存在する債権を担保するものとなる。

特定の債権を担保するものとなるので，債権と結びつく。つまり，**元本が確定したら，根抵当権は付従性，随伴性が発生する。**

したがって，元本が確定した後に根抵当権の被担保債権が移転したときは，債権に伴って根抵当権も移転する。また，元本が確定した後に被担保債権の債務者が変わったときは，根抵当権の債務者も変わることとなる。

第12節の2　元本確定後の根抵当権の移転の登記

1　相続，合併による根抵当権の移転の登記

(1)　元本確定後の根抵当権者の相続，合併

根抵当権の元本が確定した後に根抵当権者が死亡し，相続が開始したときは，被担保債権が相続人に移転し，それに伴い根抵当権も相続人に移転する。したがって，相続による根抵当権の移転の登記を申請する。

プラスアルファ

元本が確定すると，新たに債権の範囲に属する債権が発生しても，その債権は根抵当権によって担保されない。つまり，**元本確定後の根抵当権について“指定根抵当権者の合意”ということはあり得ない。**

また，根抵当権の元本が確定した後に根抵当権者である法人（会社）が合併により消滅したときも，その被担保債権は承継会社に承継され，それに伴い根抵当権も承継会社に移転する。したがって，合併による根抵当権の移転の登記を申請する。

(2)　登記の手続

基本的に元本確定前の根抵当権についての「相続」「合併」による移転の

登記の手続と同様。

➡　相続人（権利を承継した法人）が単独で申請することができる（不登§63Ⅱ）。

H2-17

・　相続による根抵当権の移転の登記を申請する場合で，相続人が数人いるときは，申請情報の内容として**各人の持分を提供することを要する**（質疑登研454 P129）。

∵　元本確定後の根抵当権は特定の債権を担保するものとなるので，共有者の持分割合が明らかとなる。

プラスアルファ

元本が確定する前に相続による根抵当権の移転の登記を申請するときは，相続人が数人いる場合でも持分の表示を提供することを要しない。

【申請書】

登記の目的	○番根抵当権移転
原　　　因	年月日相続
根抵当権者	（被相続人　X）
	持分２分の１　Y
	２分の１　Z
添 付 情 報	登記原因証明情報
	代理権限証明情報（Y及びZから司法書士への委任状）
課 税 価 額	金1,000万円
登録免許税	金１万円

(3)　会社分割がされた場合

元本の確定後に，根抵当権者を分割をする会社とする会社分割がされた場合は，会社分割の契約（又は分割計画）において，**根抵当権の被担保債権を承継会社に承継させると定められたときに限り**，根抵当権の移転の登記を申請する。

プラスアルファ

元本の確定前に，根抵当権者を分割をする会社とする会社分割がされた場合は，当然に，根抵当権の一部の移転の登記を申請する（本章第10節の１の

3)。

・　会社分割による根抵当権の移転の登記は，登記権利者（承継会社）と登記義務者（分割会社）が共同で申請する（不登§60）。

2　債権譲渡，代位弁済による移転の登記

(1)　根抵当権の移転

元本が確定した後に根抵当権の被担保債権が譲渡され，又は代位弁済されたときは，随伴性により債権とともに根抵当権も移転する。したがって，根抵当権の移転の登記を申請することができる。 H27記述 H14-20

(2)　申請人

原則どおり，登記権利者と登記義務者の共同申請（不登§60）。

登記権利者→（債権譲渡や代位弁済により）根抵当権を取得した者
登記義務者→　根抵当権を失った者（根抵当権登記名義人）

(3)　登記事項

債権の全部の譲渡（債権の全部の代位弁済）により根抵当権の全部の移転の登記を申請するときは，登記事項として提供すべき事項はない。

一方，債権の一部の譲渡（債権の一部の代位弁済）により根抵当権の一部の移転の登記を申請するときは，登記事項として，**譲渡された債権の額（代位弁済された額）を提供することを要する**（不登令別表57申請情報欄）。

プラスアルファ

この「譲渡額（弁済額）」は，極度額を超えている場合もあり得る。

∵　根抵当権の極度額は担保の限度額であり，実際の被担保債権の額とは関係ない。だから，被担保債権の合計額が極度額を超えていることも十分にあり得る。

(4)　登録免許税

①　根抵当権の全部の移転の登記を申請する場合

課税標準→　極度額
税　　率→　**1000分の2**（登税別表第1.1(6)ロ）

・　譲渡された被担保債権の総額が極度額に満たない場合でも，課税標準は極度額の全額（質疑登研355 P 90）。
∵　債権額の如何にかかわらず，譲渡を受けた者は極度額分の優先弁済権を取得するから。

・　譲渡された被担保債権の総額が極度額を上回っている場合でも，課税標準は極度額。
∵　債権額の如何にかかわらず，譲渡を受けた者は極度額分の優先弁済権しか取得できないから。

②　根抵当権の一部の移転の登記を申請する場合

課税標準→　債権の一部の譲渡（債権の一部の代位弁済）により根抵当権の一部の移転の登記を申請するときは，譲渡等された債権の額が極度額を下回るか上回るかで，課税標準が異なる。

・　譲渡等された債権の額が極度額に満たないとき
➡　**譲渡等された額**

H27記述
H23記述

・　譲渡等された債権の額が極度額を超えるとき
➡　**極度額**
∵　債権額の如何にかかわらず，債権の譲渡等を受けた者は最高でも極度額分の優先弁済権しか取得できないから。
➡　根抵当権の一部の移転ではあるが，極度額の全額が課税標準となる。

ケーススタディ

権　利　部（乙　区）　（所有権以外の権利に関する事項）			
順位番号	登記の目的	受付年月日・受付番号	権利者その他の事項
1	根抵当権設定	平成25年８月１日 第8000号	原因　平成25年８月１日設定 極度額　金1,000万円 債権の範囲　金銭消費貸借取引 確定期日　平成30年７月31日 債務者　　A 根抵当権者　　X

乙区１番の根抵当権の元本が確定した当時，XはAに対して金2,000万円

の貸金債権を有していた。そして，令和５年７月１日，ＸはＹに対し，この債権の一部金1,400万円を譲渡した。

【申請書】

登記の目的	１番根抵当権一部移転
原　　　因	令和５年７月１日債権一部譲渡
譲 渡 額	金1,400万円
権 利 者	Ｙ
義 務 者	Ｘ
添 付 情 報	登記識別情報（Ｘの乙区１番の登記識別情報）
	登記原因証明情報
	代理権限証明情報（Ｙ及びＸから司法書士への委任状）
課 税 価 額	金1,000万円　＊
登録免許税	金２万円

＊　極度額を超える額が譲渡されているので，課税価額は極度額。

第12節の3　元本確定後の根抵当権の変更の登記

1　相続，合併による根抵当権の債務者の変更の登記

(1)　元本確定後の債務者の相続，合併

元本が確定した後に根抵当権の債務者が死亡し，相続が開始したときは，被担保債権たる債務は相続人に承継され，それに伴い根抵当権の債務者も変わる。したがって，相続による根抵当権の債務者の変更の登記を申請する。

プラス アルファ

元本が確定すると，新たに債権の範囲に属する債権が発生しても，その債権は根抵当権によって担保されない。つまり，元本確定後の根抵当権について“指定債務者の合意”ということはあり得ない。

また，元本が確定した後に根抵当権の債務者である会社が合併により消滅したときも，その債務は承継会社に承継され，それに伴い根抵当権の債務者も変わる。したがって，合併による債務者の変更の登記を申請する。

(2) 登記の手続

通常の債務者の変更の登記と同様。

2　債務引受，債務者更改による変更の登記

元本が確定した後に根抵当権の被担保債権について債務引受がされたときは，債権者（根抵当権者）は，根抵当権を引受債務に移すことができる（民§472の4 Ⅰ本文）。

➡　根抵当権によって引受債務を担保させることができる。

➡　引受人以外の者が設定者であるときは，その承諾を得ることを要する（同Ⅰただし書）。

そのため，元本確定後の根抵当権について，債務引受による債務者の変更の登記を申請することができる。

プラスアルファ

元本が確定する前は根抵当権と債権との結びつきがないので，元本確定前の根抵当権について債務引受を登記原因として債務者の変更の登記を申請することはできない。

・　元本が確定した後に根抵当権の被担保債権について債務者の交替による更改がされた場合，債権者（根抵当権者）は，更改前の債務の目的の限度において，根抵当権を更改後の債務に移すことができる（民§518Ⅰ本文）。

➡　第三者が根抵当権を設定した場合は，その承諾を得ることを要する（同Ⅰただし書）。

そのため，元本確定後の根抵当権について，債務者の更改による変更の登記を申請することができる。

3　元本確定後に根抵当権の共有者の１人が債権の弁済を受けた場合の変更の登記

(1) 根抵当権の元本が確定した後に，債権の一部の譲渡（債権の一部の代位弁済）により根抵当権の一部の移転の登記がされている場合において，原根抵当権者（元の根抵当権者）の債権の全額が弁済された場合

➡　根抵当権を他の共有者の根抵当権とする変更の登記を申請する（質疑登研592Ｐ185）。

ケーススタディ

権 利 部（乙 区）（所有権以外の権利に関する事項）			
順位番号	登記の目的	受付年月日・受付番号	権利者その他の事項
1	根抵当権設定	平成25年８月１日 第8000号	原因　平成25年８月１日設定 極度額　金1,000万円 債権の範囲　金銭消費貸借取引 確定期日　平成30年７月31日 債務者　　A 根抵当権者　　X
付記１号	１番根抵当権一部移転	令和４年３月20日 第3000号	原因　令和４年３月20日一部代位弁済 弁済額　金700万円 根抵当権者　　Y

このような登記がされた後，AはXに対し，その負担する債務の全額を弁済した。

➡　Xの債権はすべて消滅したので，Xは根抵当権者ではなくなった。つまり，乙区１番の根抵当権は，Yのみが根抵当権者となった。

➡　乙区１番の根抵当権について，根抵当権者がYのみとなった旨の変更の登記を申請する。

①　申請人

登記権利者→　設定者
登記義務者→　弁済を受けた根抵当権者（X）

②　申請情報の内容

・　登記の目的→　「１番根抵当権の根抵当権者をYとする変更」

・　登記原因及びその日付→　「年月日Xの債権弁済」

・　登記事項→　提供することを要しない。

➡　極度額等の登記事項に変更は生じない。極度額は優先弁済の限度額であり，現実の被担保債権の額とは関係ない。

(2)　根抵当権の元本が確定した後に，債権の一部の譲渡（債権の一部の代位弁済）により根抵当権の一部の移転の登記がされている場合において，根抵当権の一部の移転の登記を受けた者の債権の全額が弁済された場合

➡　申請すべき登記について争いがある。

【例】　上記(1)のとおりの登記がされた後，債務者ＡはＹに対して債務の全額を弁済した。

この場合は，１番付記１号の根抵当権の一部の移転の登記の抹消を申請すべきであるという見解（先例昭36.4.22－954，ただし旧根抵当権の時代の先例）と，(1)と同様に根抵当権の変更の登記を申請すべきであるという見解（質疑登研410Ｐ83）がある。

➡　根抵当権の一部の移転の登記の原因である代位弁済が遡及的に無効となったわけではないので，根抵当権の一部の移転の登記の抹消をするのは適切でないように思えるが，一部移転の登記の抹消をすべきとする見解が有力。

４　債務者が数人である根抵当権（共用根抵当権）について，元本が確定した後に債務者の１人が自分の債務の全額を弁済した場合

➡　債務者の変更の登記を申請する（質疑登研682Ｐ161）。

ケーススタディ

権　利　部（乙　区）　（所有権以外の権利に関する事項）			
順位番号	登記の目的	受付年月日・受付番号	権利者その他の事項
1	根抵当権設定	平成25年８月１日 第8000号	原因　平成25年８月１日設定 極度額　金1,000万円 債権の範囲　金銭消費貸借取引 確定期日　平成30年７月31日 債務者　　Ａ 　　　　　Ｂ 根抵当権者　　Ｘ

令和５年７月１日，ＢはＸに対し，その負担する債務の全額を弁済した。

➡　元本が確定した後にＢの債務がすべて消滅したので，Ｂは根抵当権の債務者ではなくなった。

➡　乙区１番の根抵当権について，**債務者をＡのみとする変更の登記を申請する。**

(1) 申請人

登記権利者→　設定者 登記義務者→　根抵当権者

∵　根抵当権の（現実の）被担保債権が減った旨の登記なので，設定者が利益を受ける登記といえる。

(2) 申請情報の内容

①　登記の目的→「○番根抵当権変更」

②　登記原因及びその日付→「年月日Bの債務弁済」

③　登記事項→　変更後の登記事項（不登令別表25申請情報欄）として，「債務者　（住所）A」のように提供する。

プラス アルファ

極度額に変更はない（極度額は優先弁済の限度額であり，現実の被担保債権の額とは関係ない)。

第13節　根抵当権の登記の抹消

1　根抵当権の消滅

(1)　元本の確定の前後を問わずに消滅する場合

・　根抵当権の設定契約の解除

・　根抵当権の放棄

(2)　元本の確定後に根抵当権が消滅する場合

R4記述　・　被担保債権の全部の消滅（弁済，債権放棄，債務免除）

考え方　元本確定前の根抵当権においては付従性が否定されているので，元本が確定する前に根抵当権の債権の範囲に属する債権のすべてが弁済等により消滅しても，根抵当権は消滅しない。

H26記述　一方，元本が確定した後は，根抵当権は特定の債権を担保するものとなり，付従性が発生するので，被担保債権のすべてが弁済等により消滅したときは，根抵当権も消滅する。

プラスアルファ

根抵当権の元本が確定した後，被担保債権の一部が消滅したに過ぎない場合は，根抵当権はまったく影響を受けない。

➡　もちろん根抵当権は消滅しないし，極度額も変わらない。

∵　根抵当権の極度額は，優先弁済の限度額であり，実際の被担保債権の額とは関係ない。だから被担保債権の額が減っても極度額は減らない。

・　根抵当権の消滅請求（民§398の22Ⅰ）

2　根抵当権の登記の抹消の手続

(1)　前　提

上記のとおり，被担保債権の消滅によって根抵当権が消滅するのは，根抵当権の元本が確定した後のみ。そのため，「弁済」を登記原因として根抵当権の登記の抹消を申請するためには，登記記録上元本が確定していることが明らかである場合を除いて，前提として元本確定の登記をすることを要する（質疑登研488 P147）。

(2) 申請人

原則どおり，登記権利者と登記義務者の共同申請（不登§60）。

登記権利者→	設定者
登記義務者→	根抵当権者

∵　根抵当権という負担が消える登記なので，設定者が登記上直接に利益を受ける。

プラスアルファ

一定の事由に該当する場合（不登§69，70，70の２）は，登記権利者が単独で登記の抹消を申請することができる（後記３参照）。

・　数人の共有する不動産を目的とした根抵当権の登記の抹消は，共有者の１人が根抵当権者と共同して申請することができる（質疑登研543 P 150）。

∵　共有物の保存行為（民§252Ⅴ）に該当する。

(3) 申請情報の内容

①　登記の目的→　**「○番根抵当権抹消」**

②　登記原因及びその日付→　根抵当権が消滅した日をもって，「年月日弁済」，「年月日解除」，「年月日根抵当権放棄」等

(4) 添付情報

①　登記義務者（根抵当権者）の登記識別情報（不登§22）
②　登記原因証明情報（不登令別表26添付情報欄へ）
③　代理権限証明情報（委任状，不登令§７Ⅰ②）
④　登記上の利害関係を有する第三者が存在する場合は，その者の作成に係る承諾等を証する情報（不登令別表26添付情報欄ト）

(5) 登記上の利害関係を有する第三者の承諾等を証する情報

①　意　義

根抵当権の登記の抹消を申請する場合に，登記上の利害関係を有する第三者が存在するときは，申請情報と併せて，その者が作成した承諾を証する情報又はその者に対抗することができる裁判があったことを証する情報を提供することを要する（不登令別表26添付情報欄ト）。

理由　根抵当権の登記が抹消されたら，その根抵当権を目的とした第三者の権利はその存続基盤を失い，登記官の職権によって抹消されてしまう（不登規§152Ⅱ）。

その者の意思を問わずに勝手に不利益を与えるわけにはいかないので，抹消をすることについての承諾を得る必要がある。

ケーススタディ

権利部（乙区）（所有権以外の権利に関する事項）			
順位番号	登記の目的	受付年月日・受付番号	権利者その他の事項
1	根抵当権設定	平成25年８月１日 第8000号	原因　平成25年８月１日設定 極度額　金1,000万円 債権の範囲　金銭消費貸借取引 債務者　A 根抵当権者　X
付記１号	１番根抵当権転抵当	令和２年３月20日 第3000号	原因　令和２年３月20日金銭消費貸借同日設定 債権額　金300万円 債務者　X 転抵当権者　Y

このような登記がされた後，乙区１番の根抵当権の設定契約が解除され，根抵当権が消滅したので，１番根抵当権の登記の抹消を申請する。

➡　Yの転抵当は，Xの１番根抵当権を目的としたもの。ということは，目的である１番根抵当権が抹消されたら，Yの転抵当も登記記録上存続基盤を失うことになる。そのため，１番根抵当権の登記の抹消がされたら，その１番根抵当権を目的としたYの転抵当は，登記官の職権によって抹消される。

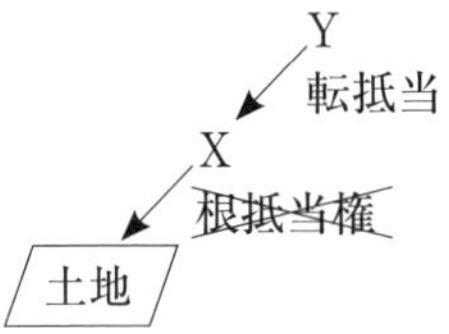

根抵当権がないのに転抵当が存在することはできない。

権　利　部（乙　区）　（所有権以外の権利に関する事項）			
順位番号	登記の目的	受付年月日・受付番号	権利者その他の事項
1	根抵当権設定	平成25年８月１日 第8000号	原因　平成25年８月１日設定 極度額　金1,000万円 債権の範囲　金銭消費貸借取引 債務者　A 根抵当権者　X
付記１号	１番根抵当権転抵当	令和２年３月20日 第3000号	原因　令和２年３月20日金銭消費貸借同日設定 債権額　金300万円 債務者　X 転抵当権者　Y
2	１番根抵当権抹消	令和５年７月10日 第7000号	原因　令和５年７月10日解除
3	１番付記１号転抵当抹消	余　白	１番根抵当権抹消により令和５年７月10日登記

➡　つまり，１番根抵当権の登記の抹消をすることにより，Ｙは登記上不利益を受けるといえる。

もちろん，Ｙの意思を問わずに勝手に不利益を与えるわけにはいかないので，１番根抵当権の登記の抹消をするに当たっては，Ｙの承諾を得ることを要する。そして，**１番根抵当権の登記の抹消の申請情報と併せて，Ｙの承諾を証する情報を提供することを要する。**

②　登記上の利害関係を有する第三者に該当する者　H13-13

- 抹消される根抵当権から民法376条１項の処分を受けている者
- 抹消される根抵当権の移転に関する仮登記を受けている者
- 抹消される根抵当権を目的として差押え，仮差押え，債権質入れの登記を受けている者

➡　大雑把にいってしまえば，その根抵当権を目的として権利の登記を有する者やその根抵当権に依存している者。

(6) 登録免許税

定額課税。不動産１個につき金1,000円（登税別表第1.1⒂）。

【申請書】

登記の目的	○番根抵当権抹消
原　　　因	年月日弁済
権　利　者	A
義　務　者	X
添付情報	登記識別情報（Xの登記識別情報）
	登記原因証明情報
	代理権限証明情報（A及びXから司法書士への委任状）
	承諾証明情報（登記上の利害関係を有する第三者の承諾書）
登録免許税	金1,000円

3　休眠根抵当権等の単独抹消の登記

(1) 休眠根抵当権の単独抹消

H6-21 登記義務者である根抵当権者の所在が知れないため，登記権利者と登記義務者の共同申請により根抵当権の登記の抹消を申請することができない場合に，債権の弁済期より20年を経過した後に被担保債権，利息，損害金の全額に相当する金銭を供託したときは，申請情報と併せてその供託を証する情報等を提供して，登記権利者が単独で根抵当権の登記の抹消を申請することができる（不登§70Ⅳ後段）。

① この場合の「債権の弁済期」とは，根抵当権の元本確定の日（先例昭63.7.1－3499）。

H17-26 H12-16 ➡ 元本確定の日とは，登記記録上元本が確定していることが明らかな場合にはその確定の日。それ以外の場合には，根抵当権の設定の日から３年を経過した日（同先例）。

② 供託すべき金額は，極度額に相当する金銭の他，元本確定の日までの利息及びその翌日以降の損害金の全額（先例昭63.7.1－3499）。

H12-16 ➡ 極度額に相当する金銭を供託しただけでは足りない。

③ 申請情報と併せて，供託を証する情報や登記義務者の所在が知れないことを証する情報を提供することを要する（不登令別表26添付情報欄ニ）。

⑵　解散した法人の担保権に関する登記の抹消

不動産登記法70条２項に規定する方法により調査をしても，根抵当権者である法人の清算人の所在が判明しないため，登記義務者（根抵当権者）と共同して根抵当権の登記の抹消を申請することができない場合において，被担保債権の**弁済期（元本確定の日）から30年を経過し**，かつ，その法人の**解散の日から30年を経過**したときは，登記権利者が単独で根抵当権の登記の抹消を申請することができる（不登§70の２）。

４　消滅請求による根抵当権の登記の抹消

⑴　意　義

根抵当権の消滅請求とは，**元本の確定後において現に存する債権の額が極度額を超えている場合に**，物上保証人，抵当不動産の第三取得者，抵当不動産を目的とした地上権者，永小作人，対抗力を有する賃借権者が，根抵当権の極度額に相当する金額を払い渡し，又は供託をして，根抵当権の消滅を請求すること（民§398の22Ⅰ）。

消滅請求によって根抵当権は消滅するので，その登記の抹消を申請することができる。

⑵　申請人

登記権利者→	消滅請求をした者
登記義務者→	根抵当権者

R5-24
H29-14

➡　必ずしも設定者である所有権の登記名義人が登記権利者になるというわけではない。

【例】　抵当不動産を目的とした地上権の登記名義人等

第17章
先取特権に関する登記

Topics ・試験ではそんなに重要というわけではないが，たまに出題されている。特に難しい論点はないので，失点してはいけない。
・記述式で出題される可能性はほぼゼロ。

1　先取特権の意義

法で定める一定の債権を有する者が，その債務者の財産（総財産あるいは特定の財産）について，他の債権者に優先して弁済を受けることのできる担保物権。

➡　法で定める一定の債権を取得した者は，法律上当然に先取特権を取得する。つまり，法定の担保物権。

2　先取特権の種類

先取特権のうち，登記をすることができるのは以下の４つ。

① 一般の先取特権
② 不動産保存の先取特権
③ 不動産工事の先取特権
④ 不動産売買の先取特権

3　一般の先取特権

(1)　意　義

民法306条に掲げる債権を有する者は，債務者の総財産について先取特権を有する（民§306）。

“債務者の総財産について先取特権を有する”ということは，債務者が不動産を所有しているときはその不動産にも先取特権が成立する。

そのため，債務者の所有する不動産を目的として一般の先取特権の保存の登記をすることができる。

＋アルファ

先取特権は法律上当然に発生するものであり，当事者間の設定契約を必要としない。そのため，**先取特権の"設定の登記"とはいわない。**

(2) 申請人

原則どおり，登記権利者と登記義務者の共同申請（不登§60）。

登記権利者→	先取特権者
登記義務者→	債務者（所有権の登記名義人）

(3) 申請情報の内容

① 登記の目的→ 「一般の先取特権保存」

➡ "一般の先取特権" という物権を "保存" する登記である。

② 登記原因及びその日付→ 「年月日から年月日までの給料債権の先取特権発生」のように提供する。

➡ 当事者間の設定契約を必要としないので，「年月日設定」のようには提供しない。

③ 登記事項→ 先取特権の登記においては，特殊的な登記事項が存在する（不登§83，85）。

➡ その先取特権の具体的な内容。

理由 その不動産について新たに取引関係に入ろうとする第三者に対し，"誰に対するいくらの債権を担保する先取特権なのか" を公示する必要がある。

そのため，申請情報の内容として，その特殊的な登記事項を提供する必要がある。

特殊的な登記事項は２つ(不登令別表42申請情報欄イ，不登§83Ⅰ①②)。

- 債権額
- 債務者の氏名，住所

⑷　添付情報

H4-22　①　登記義務者の登記識別情報（不登§22）

②　登記原因証明情報（不登令別表42添付情報欄）

③　代理権限証明情報（委任状，不登令§７Ⅰ②）

H30-18　④　（書面申請の場合は）登記義務者である所有権の登記名義人の印鑑証明書（不登令§16Ⅱ，18Ⅱ）

⑸　登録免許税

定率課税。

∵　新たに権利を取得する登記といえる。

課税標準→　債権金額
税　　率→　1000分の４（登税別表第1.1⑸）

４　不動産保存の先取特権

⑴　意　義

不動産保存の先取特権は，不動産の保存のために要した費用等に関し，その不動産について存在する（民§326）。

➡　不動産保存の先取特権の効力を保存するためには，保存行為が完了した後直ちに登記をすることを要する（民§337）。

⑵　申請人

登記権利者→	先取特権者
登記義務者→	債務者（所有権の登記名義人）

⑶　申請情報の内容

①　登記の目的→　「不動産保存先取特権保存」

②　登記原因及びその日付→　「年月日修繕費の先取特権発生」（記録例330）。

③　登記事項（不登令別表42申請情報欄イ，不登§83Ⅰ①②）

・　債権額 ・　債務者の氏名，住所

プラスアルファ

保存費用に関する利息を提供することはできない。

(4)　**添付情報，登録免許税**

添付情報，登録免許税は，一般の先取特権の保存の登記と同様。

5　不動産工事の先取特権

(1)　**意　義**

不動産工事の先取特権は，工事の設計，施工又は監理をする者が債務者の不動産に関してした工事の費用に関し，その不動産について存在する（民§327Ⅰ）。

➡　不動産工事の先取特権の効力を保存するためには，工事を始める前にその費用の予算額を登記することを要する（民§338Ⅰ）。

重要！

工事を開始した後，又は工事が完了した後に保存の登記を申請することはできない。

(2)　**申請人**

登記権利者→　先取特権者 登記義務者→　債務者（所有権の登記名義人）

(3)　**申請情報の内容**

①　登記の目的→　「不動産工事先取特権保存」

②　登記原因及びその日付→　「年月日増築請負の先取特権発生」等（記録例332）。

③　登記事項（不登令別表42申請情報欄イ，不登§83Ⅰ①②）

・　工事費用の予算額
・　債務者の氏名，住所

重要❗

通常，担保権の登記では「債権額」を提供するが，不動産工事の先取特権においては債権額ではなくて「工事費用の予算額」を提供する（不登§85）。

∵　工事の着手前に登記を申請するので，実際の債権額（工事の費用）は分からないから。

(4)　添付情報，登録免許税

添付情報，登録免許税は，一般の先取特権の保存の登記と同様。

6　建物を新築する場合における不動産工事の先取特権の保存の登記

これも不動産工事の先取特権の１つであるが，少々特殊。

(1)　登記の時期

建物を新築する場合における不動産工事の先取特権の保存の登記は，建物の建築工事に着手する前に登記を申請することを要する。つまり，建物について登記記録が設けられる前に登記をすることになる。

➡　まだ建物が建っていないのだから，その建物についての登記記録は存在していない。

重要❗

R5-12
H8-21
建物が完成した後に不動産工事の先取特権の保存の登記を申請することはできない。

(2)　申請人

登記権利者→　先取特権者
登記義務者→　当該建物の所有者となるべき者（不登§86）

➡　まだ建物についての登記記録がない状態で先取特権の保存の登記を申請するので，登記義務者は「所有権の登記名義人」ではなく，当該建物について「所有者となるべき者」となる。

プラス アルファ

“現在の登記名義人ではない者が登記義務者となる”という意味で，大変に珍しい登記。

(3) 申請情報の内容

① 登記の目的→ 「不動産工事先取特権保存」

② 登記原因及びその日付→ 「年月日新築請負の先取特権発生」（記録例331）。

③ 登記事項（不登令別表43申請情報欄イ～ヘ，不登§83Ⅰ①②，不登§85）

・ 工事費用の予算額 ・ 債務者の氏名，住所 ・ 新築する建物に関する表示

H25-23

(4) 添付情報

① 登記原因証明情報（不登令別表43添付情報欄イ） H28-23
② 代理権限証明情報（委任状，不登令§７Ⅰ②）
③ **新築する建物の設計書（図面を含む）の内容を証する情報**（不登令別表43添付情報欄ロ） H28-23

重要❗

登記義務者の登記識別情報を提供することを要しない（不登§86Ⅰ後段）。
∵ 登記義務者はまだ登記名義人となっていないので，登記識別情報が存在しないから。

同様に，書面によって申請する場合でも，登記義務者の印鑑証明書を提供することを要しない。 H25-15
∵ 登記義務者はまだ所有権の登記名義人になっていないから。

(5) 登記の実行

建物を新築する場合における不動産工事の先取特権の保存の登記の申請がされたときは，登記官は，（これから建築される）建物の登記記録を開設し，まず甲区に登記義務者の氏名，住所を記録する（不登規§161）。

そして，乙区に先取特権の保存の登記を実行する。

考え方　“甲区がなくていきなり乙区”というわけにはいかないので，まずは甲区に登記義務者の氏名，住所を記録するとされた。

➡　甲区の登記義務者に関する登記は形だけのものであって，これは所有権の保存の登記としての効力を有するわけではない（まだ建物が建っていないのだから，建物の所有権も存在していない）。

権　利　部（甲　区）　（所　有　権　に　関　す　る　事　項）			
順位番号	登記の目的	受付年月日・受付番号	権利者その他の事項
1	登記義務者表示	余　白	（住所省略）　A 不動産工事の先取特権保存の登記により登記

権　利　部（乙　区）　（所有権以外の権利に関する事項）			
順位番号	登記の目的	受付年月日・受付番号	権利者その他の事項
1	不動産工事先取特権保存	令和５年７月１日 第7000号	原因　令和５年７月１日新築請負の先取特権発生 工事費用予算額　金1,000万円 債務者　（住所省略）　A 先取特権者　（住所省略）　X

(6) その後に建物が完成したら

建物を新築する場合における不動産工事の先取特権の保存の登記がされた後，建物が完成したときは，所有者は遅滞なく所有権の保存の登記を申請することを要する（不登§87 I）。

∵　既に登記記録の甲区には，「登記義務者」として当該建物の所有者となるべき者が記録されているが，これは所有権の登記としての効力を有しないので，改めて所有者が所有権の保存の登記を申請する必要がある。

7　不動産売買の先取特権

(1)　意　義

不動産売買の先取特権は，不動産の代価及びその利息に関し，その不動産について存在する（民§328）。

➡　不動産売買の先取特権の効力を保存するためには，**売買契約と同時に，不動産の代価又はその利息の弁済がされていない旨を登記する**ことを要する（民§340）。

➡　つまり，不動産売買の先取特権の保存の登記は，売買による所有権の移転の登記と同時に申請することを要する（先例昭29.9.21－1931）。 H28-23

(2)　申請人

登記権利者→　先取特権者（売主） 登記義務者→　債務者（買主）

(3)　申請情報の内容

①　登記の目的→「不動産売買先取特権保存」

②　登記原因及びその日付→「年月日売買の先取特権発生」（記録例333）。

③　登記事項（不登令別表42申請情報欄イ，不登§83Ⅰ①②）

・　債権額 ・　**利息** ・　債務者の氏名，住所

重要!

不動産売買の先取特権においては，売買代金のほか，利息についても提供することができる（民§328，記録例333）。

(4)　添付情報

①　登記原因証明情報（不登令別表42添付情報欄） H28-23

②　代理権限証明情報（委任状，不登令§７Ⅰ②）

H7-18　・　登記義務者の登記識別情報を提供することを要しない。

考え方　売買による所有権の移転の登記と同時に申請する（単に時間的に同時に申請するという意味だけでなく，受付番号も同一で受け付けられる）ので，登記義務者はまだ所有権の登記名義人となっていない。つまり，登記義務者の登記識別情報が存在しないから。

・　書面により申請する場合でも，申請情報と併せて登記義務者の印鑑証明書を提供することを要しない。
∵　登記義務者はまだ所有権の登記名義人となっていないから。

第18章
不動産質権に関する登記

Topics ・先取特権と同様，出題頻度は高くない。記述式で出題される可能性もほぼゼロ。

1　不動産質権とは

債権者が債務者又は第三者（物上保証人）から担保の目的として提供を受けた不動産を占有，使用収益し，債務が弁済されなかった場合にそれを換価する等して，優先弁済を受けるものとする約定の担保物権（民§342，356）。

不動産質権は，質権者と設定者の設定契約により設定されるが，**不動産の引渡しによりその効力を生ずる**（民§344）。

重要!

不動産賃借権を目的として，質権の設定の登記を申請することができる（先例昭30.5.16－929）。 H31-18 H23-17

∵　質権は，動産や不動産以外の財産権を目的として設定することもできる（権利質，民§362）。

プラスアルファ

不動産賃借権を目的として抵当権を設定することはできない（民§369Ⅱ参照）。

2　登記の手続

⑴　申請人

原則どおり，登記権利者と登記義務者の共同申請（不登§60）。

登記権利者→	質権者
登記義務者→	設定者（所有権等の登記名義人）

⑵　登記の目的→　「質権設定」

➡　“質権”という物権が“設定”された旨の登記である。

(3) **登記原因及びその日付→** 「年月日金銭消費貸借年月日設定」等

➡ 質権は特定の債権を担保するものであるから，被担保債権の発生原因である債権契約とその日付も提供する必要がある。

プラスアルファ

登記原因の日付は，原則として不動産の引渡しの日。

(4) **登記事項→** 不動産質権の登記においても，特殊的な登記事項がある。

➡ その不動産質権の具体的な内容。

➡ その不動産について新たに取引関係に入ろうとする第三者に対し，“誰に対するいくらの債権を担保する不動産質権なのか”を公示する必要がある。

したがって，不動産質権の設定の登記を申請するときは，申請情報の内容としてこういった特殊的な登記事項を提供することを要する。

① **絶対的登記事項**（不登令別表46申請情報欄イ，不登§83Ⅰ①②）
- 債権額
- 債務者の氏名，住所

H25-23
② **任意的登記事項**（不登令別表46申請情報欄ロ，不登§95Ⅰ）
R4-23
- 存続期間の定めがあるときは，その定め　＊1
R4-23
- 利息に関する定めがあるときは，その定め
H30-23
- 違約金又は賠償額の定めがあるときは，その定め
R4-23
- 債権に付した条件があるときは，その条件
- 民法346条ただし書の別段の定めがあるときは，その定め　＊2
H27-23
- 民法359条の規定によりその設定行為について別段の定めがあるときは，その定め

【例】 **質権者は不動産を使用収益できない旨の定め。**

R4-23
- 民法370条ただし書の別段の定めがあるときは，その定め

【例】 立木には質権の効力が及ばない旨の定め

＊1　不動産質権の存続期間は，10年を超えることができない（民§360）。

＊2　質権の被担保債権の範囲についての別段の定め。

重要!

抵当権の設定の登記における任意的登記事項としっかり区別すること。

（○…提供できる。×…提供できない）

	抵当権	不動産質権
存続期間の定め	×	○
違約金の定め	× ＊1	○
賠償額の定め	○	○
不動産を使用収益できない旨の定め	× ＊2	○

R4-23

＊1　抵当権においては，一定の額をもって定めた違約金を提供することはできない。

＊2　そもそも抵当権者は抵当不動産を使用収益することができない。

(5) 添付情報

① 登記義務者の登記識別情報（不登§22）

② 登記原因証明情報（不登令別表46添付情報欄）

③ 代理権限証明情報（委任状，不登令§７Ⅰ②）

④ （書面申請の場合は）登記義務者である所有権の登記名義人の印鑑証明書（不登令§16Ⅱ，18Ⅱ）

(6) 登録免許税

定率課税。

課税標準→　債権金額

税　　率→　1000分の４（登税別表第1.1(5)）

【申請書】

登記の目的	質権設定
原　　　因	年月日金銭消費貸借同日設定
債　権　額	金1,000万円
利　　　息	年３％
損　害　金	年10％
特　　　約	質権者は質物を使用収益できない
債　務　者	A
質　権　者	X
設　定　者	A
添 付 情 報	登記識別情報（Aの登記識別情報） 登記原因証明情報 代理権限証明情報（X及びAから司法書士への委任状） 印鑑証明情報（Aの印鑑証明書）
課 税 価 額	金1,000万円
登録免許税	金４万円

第 3 編

不動産登記法総論

第１章
不動産登記の意義

Topics　・総論の最初。不動産登記は何のためにあるのかを学習する。
・表示の登記と権利の登記の違いを理解する。

1　不動産登記の意義

不動産登記とは，不動産の表示及び不動産に関する権利を登記簿という公の帳簿（国の管理するコンピュータ）に記録し，一般に公開することにより，国民の権利の保全を図り，もって取引の安全と円滑に資することを目的とするもの（不登§１）。

・　不動産登記法において登記をすることができる“不動産”とは，以下の２つ（不登§２①）。

①　土地 ②　建物

2　不動産登記の種類

一口に「不動産登記」といっても，これは大きく２つに分けることができる。

①　不動産の表示に関する登記 ②　不動産の権利に関する登記

不動産について物権変動があった場合にはその登記をすることができるが，物権変動の登記をするためには，まず不動産そのものの状況が正確に記録され，不動産が特定されている必要がある。

➡　だから，不動産登記は，まず不動産の物理的な現況を登記し，その後に不動産に関する物権変動を登記するという流れをとっている。

重要！

不動産登記法では，最初にする“不動産の物理的な現況を表す登記”を「表示に関する登記」，“不動産の物権変動に関する登記”を「権利に関する登記」と呼んでいる。

(1) 不動産の表示に関する登記

不動産の表示に関する登記とは，不動産の物理的な現況を表す登記。

土地と建物について，それぞれ以下のような事項が登記される（不登§34Ⅰ，44Ⅰ）。

土地について→	所在，地番，地目，地積等
建物について→	所在，家屋番号，建物の種類，構造，床面積等

(2) 不動産の権利に関する登記

不動産の権利に関する登記とは，不動産を目的とした権利変動等を表す登記。

➡ Aさんが甲土地の所有権を取得して，この土地を目的としてXのAに対する金1,000万円の債権を担保する抵当権が設定された，といった不動産を目的とした権利関係を明らかにする登記。

重要❗

不動産に関する物権の得喪及び変更は，不動産登記法その他の登記に関する法律の定めるところに従い登記をすることによって，第三者に対抗することができる（民§177）。

➡ 不動産に関する物権を取得しても，その登記をしなければ第三者に対抗できないわけで，不動産の権利に関する登記はもの凄く重要なもの。

第２章
登記できる権利，登記できる権利変動

Topics
・不動産に関するどういった権利について登記をすることができるのか？　不動産に関するどういった物権変動について登記をすることができるのか？　を学習する。
・基本中の基本。
・詳しい解説は，「スタンダード合格テキスト　４不動産登記法Ⅰ」の入門編第３章を参照。

１　登記をすることができる権利（不登§３）

・　所有権
・　地上権
・　永小作権
・　地役権
・　先取特権
・　質権
・　抵当権（根抵当権）
・　賃借権
・　配偶者居住権
・　採石権

プラスアルファ

H15-24　占有権，留置権，入会権は，民法上の物権であるが，登記をすることはできないとされている（登記による公示になじまない）。

プラスアルファ

賃借権は債権であって物権ではないが，不動産の利用権の１つとして登記をすることが認められている。

プラスアルファ

採石権は民法上の物権ではないが，採石法において「採石権は物権とし，地上権に関する規定を準用する」とされている（採石§４Ⅲ）。

2　登記をすることができる権利変動（不登§３）

・　保存 ・　設定 ・　移転 ・　変更 ・　処分の制限 ・　消滅

第３章
登記の効力

Topics ・不動産登記にはどういった効力があるのか。
・対抗力が最重要であるが，その他の効力も一応押さえておくべき。

1　登記の効力

H8-14 不動産登記の効力には，次のようなものがある。

(1)　対抗力

権利変動の当事者等以外の第三者に対しては，登記をすることによってその権利変動を主張することができるという効力。

➡　不動産に関する物権の得喪変更は，不動産登記法その他の登記に関する法律の定めるところに従いその登記をしなければ，これを第三者に対抗することができない（民§177）。

➡　不動産登記のもっとも重要な効力。

プラスアルファ

登記には原則として対抗力が認められているが，仮登記のような予備的な登記には，対抗力が認められていない。

(2)　権利推定力

登記があれば，その記録どおりの実体法上の権利関係が存在するであろうという推定を生じさせる効力。

➡　ある者が登記の記録を信頼して行為をした場合には，その行為は無過失であると推定される（大判大15.12.25）。

(3)　形式的確定力

既にされた登記が存在するときは，その登記の有効，無効にかかわらず，以後その登記を無視して新たな登記手続をすることができないという効力。

【例】　登記された地上権の存続期間が登記記録上満了していることが明らかな場合でも，この地上権の登記を抹消しなければ，新たな地上権の設定の登記を申請することはできない（先例昭37.5.4－1262）。

➡ 「存続期間が満了して，この地上権は消滅していることが登記記録上から明らかなんだから，その登記は放っておいて新たな地上権の登記をしてもいいではないか」と思うところだが，既にされた登記（登記記録上に残っている登記）を無視して新たな登記手続を進めることはできない。

プラスアルファ

公信力について

公信力とは，権利に関する登記に合致する実体法上の権利関係が存在しない場合でも，その登記を信頼した第三者は保護されるという効力であるが，我が国においては**登記に公信力は認められていない。**

【例】 甲土地についてAの名義で登記がされている。そしてA・B間で売買契約がないにもかかわらず，Bが書類を偽造するなどして，勝手にAからBへの所有権の移転の登記をしてしまった。

その後，BとCは，現在Bの名義で登記されている甲土地を目的としてCのために抵当権を設定する契約をし，Cの抵当権の設定の登記がされた（Cは，登記記録を見て，甲土地がBの所有であると信じていた)。

➡ この場合，登記に公信力があれば，Bの登記を信じたCは，適法に抵当権を取得する。しかし，日本の民法では登記に公信力を認めていないので，たとえCがBの登記を信じていたとしても，Cは抵当権を取得できない。

2 権利変動の過程を公示することの重要性

⑴ 意　義

登記に公信力が認められていないということは，登記を信頼して取引に入った場合でも，その信頼した登記が無効であったならば，後に取引の効果が覆ることがあるということ。

そのため，不動産の取引が覆らないようにするためには，取引に入る前提として，単に登記名義が存在するということだけでなく，その登記の原因となった実体関係の有無及びその有効性も確認しなければならない。

不動産登記制度は，不動産の権利関係を公示し，取引の安全と円滑に資するためのものであるので，このような確認を容易にするためにも，**権利変動の過程を忠実に登記記録に公示する必要がある。**

重要!

単に現在の権利関係を公示するというだけでなく，権利変動の“過程”をも忠実に公示するというのが，不動産登記制度の重要な役割。

H17-12　【例】　甲土地の所有権がＡからＢ，ＢからＣへと移転したが，まだ登記名義がＡにある場合，Ａから直接Ｃへの所有権の移転の登記（**中間省略登記**）をすることはできない。

➡　権利変動の過程のとおり，ＡからＢへの所有権の移転の登記とＢからＣへの所有権の移転の登記の２つの登記を申請することを要する。

⑵　権利変動の過程とは一致しない形で登記ができる場合

⑴のとおり，登記は，権利変動の過程と一致する形ですべきであるが，一定の場合には権利変動の過程と正確には一致しないような形で登記を申請することができる。

H10-27　①　**時効取得による所有権の移転の登記**

Ａの所有する不動産をＢが時効取得した場合，「時効取得」を登記原因としてＡからＢへの所有権の移転の登記を申請する（大判大14.7.8，先例明44.6.22－414）。

考え方　時効取得は原始取得である，つまり時効取得者が新しい(まっさらな)所有権を取得するのであり，原所有者から承継取得するのではない。その意味では，原所有者の登記を抹消し，登記記録を閉鎖した上で，新たに時効取得者の名義とする所有権の保存の登記を申請すべきであると考えることもできる。

しかし，そこまで厳密な手続を要求するのは酷であるし，事実上は承継取得といってもいいので，移転の登記の方法によるとされている。

➡　その意味で，権利変動の過程と一致した登記とはいえない。

H15-24
H10-27　②　**持分放棄による共有持分の移転の登記**

Ａ・Ｂの共有する不動産について，Ａが共有持分を放棄した場合，「持分放棄」を登記原因としてＡからＢへの持分の移転の登記を申請する。

考え方　持分放棄がされた場合の他の共有者の持分の取得は原始取得と解されている。そのため，放棄した者の権利について登記の抹消をして，持分を取得した他の共有者の名義で所有権の保存の登記を申請すべきとも考えられるが，そこまで厳密に扱われておらず，持分の移転の登記の方法によるとされている。

➡ その意味で，権利変動の過程と一致した登記とはいえない。

③ 真正な登記名義の回復による所有権の移転の登記 H10-27

Ａの名義で登記がされているが，その不動産の真実の所有者がＢである場合，「真正な登記名義の回復」を登記原因としてＡからＢへの所有権の移転の登記を申請することができる（先例昭39.2.17－125，昭39.4.9－1505）。

考え方 真実の所有者と現在の所有権の登記名義人が異なるときは，その所有権の登記は無効であるので，本来であれば無効な所有権の登記を抹消し，改めて真実の所有者の名義とする所有権の保存又は移転の登記を申請すべきである。しかし，常に無効な登記の抹消を要求すると，登記の抹消の申請において必要な登記上の利害関係を有する第三者の承諾（不登§68）が得られないときは，登記の抹消を申請することができず，真実の所有者が登記名義を取得することができなくなってしまう。

そこで，このような場合は，便宜的に真実の所有者に対して移転の登記をすることができるとされた。

➡ その意味で，権利変動の過程と一致した登記とはいえない。

④ 買戻しによる所有権の移転の登記 H10-27

買戻権が行使されたときは，その不動産について現在の所有権の登記名義人から買戻権者に対して，「買戻」を登記原因として所有権の移転の登記を申請する（大判大5.4.11）。

考え方 買戻権の行使とはすなわち売買契約の解除であり，その不動産ははじめから買主に移転しなかったことになるので，本来ならば買主への所有権の移転の登記の抹消をすべきであるが，登記手続上は移転の登記の方法によるものとされている。

➡ その意味で，権利変動の過程と一致した登記とはいえない。

⑤ 判決によって登記手続が命じられた場合

判決によって中間省略登記が命じられた場合には，一定の例外を除き，中間省略登記を申請することができる（先例昭35.7.12－1580等）。

第４章
登記の有効要件

Topics
・登記が実行されても,その登記が無効ということもあり得る。登記が有効であるためには,一定の要件を満たしている必要がある。
・試験ではあまり出題されない論点。

1　登記の有効要件とは

実行された登記が有効であるか無効であるかの判別をする基準。

➡ 登記がされたからといって，その登記が必ず有効であるとは限らない。登記が実行されても，その登記が無効であるということもあり得る。

登記の有効要件には，実体的有効要件と手続的有効要件がある。

2　実体的有効要件

登記が有効であるためには，登記の記録に符合した実体法上の権利関係が存在することを要する。それが存在しないときは，登記手続的にはまったく瑕疵がなくても，その登記は無効。

⑴　登記に符合する不動産の存在

登記に符合する不動産が存在しないときは，その登記は無効。また，登記がされた当初は不動産が存在していても，後に不動産が滅失すれば，その滅失の時から登記は無効となる。

⑵　登記名義人の存在

まったく実在しない者（虚無人）の名義で登記がされた場合，その登記は無効。

＋アルファ

死者は現在においては存在しないが，その者が生前に不動産の権利を取得し，その名義で登記がされている場合は，その登記は無効でない。

⑶　登記の記録に符合する権利変動の存在

登記記録に記録されたような権利変動が実体法上まったく存在しない場合

は，その登記は無効。

3 手続的有効要件

実体的な有効要件を満たしていても，登記手続法上の一定の要件を満たしていない場合には，登記が無効となることがある。

(1) 管轄権のある登記所で登記されたものであること

管轄違いの登記（不登§25①違背）は常に無効。

プラス アルファ

管轄違いの登記は，登記官の職権抹消の対象となる（不登§71）。

(2) 登記することができるものであること

登記することができるとされた事項以外の事項の登記（不登§25②違背）がされたときは，その登記は無効。

【例】 占有権，入会権，留置権の登記がされた場合，その登記は無効。

プラス アルファ

こういった登記がされた場合は，登記官の職権抹消の対象となる（不登§71）。

(3) 登記された事項について既に登記がされていないこと

【例】 ある不動産について所有権の保存の登記がされたが，さらに同一の不動産について重ねて所有権の保存の登記がされてしまった場合（二重登記，不登§25③違背）は，後にされた所有権の保存の登記は無効。

プラス アルファ

この事由に該当する登記も，登記官の職権抹消の対象となる（不登§71）。

(4) 上記の他，登記すべきものでないとして政令で定められていないこと

登記すべきものでないとして政令で定められたものについて登記がされた場合（不登§25⑬違背），その登記は無効。

プラス アルファ

この事由に該当する登記も，登記官の職権抹消の対象となる（不登§71）。

プラス アルファ

法25条の申請の却下事由に該当する登記がされた場合でも，直ちにその登記が無効となるわけではない。25条に列挙されているのは，登記申請の受理のための要件であって，実行された登記の有効，無効を判断する基準ではない。なお，上記のとおり法25条１号，２号，３号及び13号に該当する登記は当然に無効であり，登記官の職権抹消（不登§71）の対象となる。

第５章
登記記録に関して

Topics
・登記記録はどのような構成になっているのか。
・登記された事項を知るためにはどうすればよいのか。

1　登記記録

(1)　登記記録

登記記録とは，表示に関する登記又は権利に関する登記について，**１筆の土地又は１個の建物ごとに作成される電磁的記録（コンピュータの記録）**をいう（不登§２⑤）。

➡　登記は，登記官が登記所に備えられたコンピュータに記録する形でされるが，その記録を登記記録という。

(2)　登記簿

登記簿とは，登記記録が記録される帳簿であって，磁気ディスク（コンピュータ）をもって調製するものをいう（不登§２⑨）。

➡　“帳簿”とはいっても，実際は紙ではなくコンピュータ。

プラスアルファ

今現在は，登記はコンピュータに記録する形でされるが，以前は紙に書いていた。

➡　登記簿と呼ばれる帳簿（紙）に登記官が登記事項を書く（タイプライター で打ちこむ）形で登記がされていた。

2　一不動産一登記記録の原則

登記記録は，１筆の土地又は１個の建物ごとに作成される（不登§２⑤）。

➡　１筆の土地の一部について１つの登記記録を作成したり，数筆の土地を併せて１つの登記記録を作成することはできない。

3　登記記録の編成

登記記録は，大きく分けて，表題部と権利部に分けられる（不登§12）。

> **表題部→**　登記記録のうち，表示（不動産の物理的現況）に関する登記が記録される部分（不登§２⑦）。
> **権利部→**　登記記録のうち，権利に関する登記が記録される部分（同⑧）。

そして，権利部はさらに，甲区と乙区に分けられる（不登規§４Ⅳ）。

> **甲区→**　所有権に関する登記が記録される部分。
> **乙区→**　所有権以外の権利に関する登記が記録される部分。

4　同一の不動産について２つ以上の登記記録が作成された場合の取扱い

登記記録は，１筆の土地又は１個の建物ごとに作成するとされている（不登§２⑤）。そのため，誤って１つの不動産につき２つの登記記録が作成されたとき（二重登記）は，**どちらか一方の登記を抹消し，登記記録を１つにする必要がある。**

原則→　**登記官は後にされた登記を職権で抹消する。**

【例】　甲土地につき同一人Ａの名義で２つの所有権の保存の登記がされたときは，登記官は職権で，後にされた登記を抹消する。

【例】　甲土地につきＡの名義で所有権の保存の登記がされ，さらに甲土地についてＢの名義で所有権の保存の登記がされたときも，登記官は職権で，後にされた登記を抹消する。

例外→①　先にされた登記はＡの所有権の保存の登記のみ，後にされた登記はＡの所有権の保存の登記及びＢの抵当権の設定の登記というように，後にされた登記につき第三者の権利の登記がされているときは，便宜，先にされた登記を抹消する（先例昭39.2.21－384）。

②　甲土地につきＡの所有権の保存の登記がされ，その後に同じ甲土地につきＢの所有権の保存の登記がされたが，登記所に保存されている申請情報等から，ＢがＡの相続人であることが確認できる場合には，便宜，先にされたＡの登記を登記官が職権で抹消する（先例昭37.1.22－39）。

プラス アルファ

二重に所有権の保存の登記がされたことにより，登記官が職権でいずれかの登記を抹消したときは，抹消された所有権の保存の登記を申請した際に納付した登録免許税は還付される（先例昭43.3.13－398）。

5　登記記録の公開

不動産登記制度は，不動産の表示と権利関係を公示して，不動産取引の安全と円滑に資するためのものであるので，登記された事項は公開されている。

登記されている事項を知るためには，登記事項証明書や登記事項要約書の交付を請求する。また，インターネットを利用する方法で，登記された事項を見ることもできる。

6　登記事項証明書

(1)　登記事項証明書とは

何人も，登記官に対し，手数料を納付して，登記記録に記録されている事項の全部又は一部を証明した書面（登記事項証明書）の交付を請求することができる（不登§119Ⅰ）。

➡　登記記録はコンピュータの画面上で作成されるので，それをプリントアウトし，登記官が認証文等を付したもの（不登規§197Ⅰ）。

プラス アルファ

所在や地番等をもって不動産を特定して請求する。

①　登記事項証明書の交付を請求するためには，請求書を登記所に提供する（不登規§194Ⅰ）。

➡　一定の例外を除き，請求に係る不動産の所在地を管轄する登記所以外の登記所に対して交付の請求をすることもできる（不登§119Ⅴ）。

【例】　新宿登記所の管轄に属する甲土地の登記事項証明書を，中野登記所で請求することができる。

②　登記事項証明書の交付は，請求人の申出によって，送付（郵送）の方法によることもできる（不登規§197Ⅵ）。

③　登記事項証明書の交付の請求は，オンライン（インターネット）の方法

によってすることもできる（不登規§194Ⅲ）。

【例】 インターネットで登記事項証明書を請求して，司法書士事務所に郵送してもらうことが可能。

H26-25 ④　登記事項証明書の請求人が，共同担保目録又は信託目録に記録された事項についての証明を求めなかったときは，登記官は登記事項証明書の作成において，共同担保目録又は信託目録に記録された事項の記載を省略するものとされている（不登規§197Ⅲ）。

➡ 共同担保目録等の内容についても登記事項証明書の中に入れてほしいときは，予めその旨を請求する必要がある（不登規§193Ⅰ⑤）。

(2) 登記事項証明書の種類

登記事項証明書には，いくつかの種類がある（不登規§196）。

① **全部事項証明書**→　登記記録に記録されている事項の全部が記載されたもの

② 現在事項証明書→　登記記録に記録されている事項のうち，現に効力を有するものが記載されたもの

H26-25 その他，「何区何番事項証明書」，「所有者証明書」，「一棟建物全部事項証明書」，「一棟建物現在事項証明書」といったものがある。

【登記事項証明書（全部事項証明書）の見本】

表　題　部（主である建物の表示）		調製	余白	不動産番号	1234567890123
所在図番号	余　白				
所　　在	新宿区高田馬場七丁目５番地３				余　白
家屋番号	５番３				余　白
①　種類	②　構造	③ 床面積 ㎡		原因及びその日付〔登記の日付〕	
居　　宅	鉄筋コンクリート造 陸屋根２階建	１階　85 : 00 ２階　80 : 00		平成22年９月23日新築 〔平成22年10月４日〕	
所 有 者	（住所省略）　福　田　猛				

権利部（甲区）（所有権に関する事項）			
順位番号	登記の目的	受付年月日・受付番号	権利者その他の事項
1	所有権保存	平成22年10月13日 第1030号	所有者　（住所省略） 福　田　猛
2	所有権移転	平成23年２月３日 第230号	原　因　平成23年２月３日売買 所有者　（住所省略） 永　井　雄　二

権利部（乙区）（所有権以外の権利に関する事項）			
順位番号	登記の目的	受付年月日・受付番号	権利者その他の事項
1	抵当権設定	平成23年６月８日 第683号	原　因　平成23年６月８日金銭消費貸借同日設定 債権額　金1,000万円 債務者　（住所省略） 永　井　雄　二 抵当権者　（住所省略） 田　中　莉　子

これは，登記記録に記録されている事項の全部を証明した書面である。

令和５年７月１日

東京法務局新宿出張所　　　　登記官　○○　○○　印

(3)　ＤＶ被害者やストーカー被害者等の保護

登記事項証明書には，登記名義人の氏名（名称）の他，住所も記載される。

しかし，登記名義人がＤＶ被害者やストーカー被害者等である場合には，その住所が公開されてしまうと，身に危険が及ぶおそれがある。そのため，登記名義人がＤＶ被害者等である場合には，一定の要件のもと，特別の配慮がされている。

（登記事項証明書の交付等）

第119条

6　登記官は，第１項及び第２項の規定（登記事項証明書や登記事項

> 要約書の規定）にかかわらず，登記記録に記録されている者（自然人であるものに限る。）の住所が明らかにされることにより，人の生命若しくは身体に危害を及ぼすおそれがある場合又はこれに準ずる程度に心身に有害な影響を及ぼすおそれがあるものとして法務省令で定める場合において，その者からの申出があったときは，法務省令で定めるところにより，第１項及び第２項に規定する各書面に当該住所に代わるものとして法務省令で定める事項を記載しなければならない。

ポイント

- 登記名義人が自然人である
- 住所が公開されると生命や身体に危害が及ぶおそれがある，またはこれに準ずる程度に心身に有害な影響が及ぶおそれがある
- その者から**申出があった**

このような場合には，登記事項証明書（登記事項要約書）に**その登記名義人の住所を記載せず，これに代わる事項が記載される。**

7　登記事項要約書

何人も，登記官に対し，手数料を納付して，登記記録に記録されている事項の概要を記載した書面（登記事項要約書）の交付を請求することができる（不登§119Ⅱ）。

➡　具体的には，表示に関する事項，所有権の登記については登記名義人の氏名・住所等，所有権以外の権利の登記については現に効力を有するもののうち，主要な事項が記載された書面（不登規§198Ⅰ）。

8　登記簿の附属書類の閲覧

何人も，正当な理由があるときは，登記官に対し，登記簿の附属書類の閲覧を請求することができる（不登§121Ⅲ）。

➡　登記簿の附属書類とは，登記の申請書や添付書面である。

登記の申請書や添付書面は，一定の期間，登記所に保管される（不登規§17）。そして，正当な理由があるときは，登記所に保管されている申請書や添付書面を「見せてくれ」と請求することができる。

ただし，附属書類の中には，個人情報が記載されている場合もあるので，「正当な理由があるとき」に限り，閲覧を請求することができる。

【例】 ある不動産について相続の登記がされたが，相続人の１人が「自分は遺産分割協議書にサインしていないしハンコも押していない。この相続の登記はおかしい！」と思ったら，その相続の登記の申請の際に添付された遺産分割協議書等の閲覧を請求することができる。

そして，明らかに他人の筆跡だったりした場合は，遺産分割や相続の登記の無効を争うことになる。

・ 図面については，特に秘すべきものではないので，正当な理由がなくても，閲覧を請求することができる（不登§121Ⅱ）。

・ 登記を申請した者は，当然に正当な理由があるといえるので，無条件に閲覧を請求することができる（不登§121Ⅳ）。

9 オンライン登記情報提供サービス

インターネットを利用して，登記された事項を知ることができる（電提§１）。

➡ インターネットを利用して登記の情報を請求し，自宅のパソコンの画面上で登記された事項を見ることができる。

プラスアルファ

登記官による認証等はされないので，この情報を自分でプリントアウトしても，法的な証明力はない。

10 登記記録の滅失と回復

登記記録の全部又は一部が滅失したときは，法務大臣は登記官に対し，一定の期間を定めて当該登記記録の回復に必要な処分を命ずることができる（不登§13）。

➡ ある登記所の登記記録が滅失した（登記記録が記録されているコンピュータがぶっ壊れた）場合には，法務大臣の命令によって，別のバックアップ・コンピュータのデータ（副登記記録）をもとに，登記記録を回復する。

第６章 登記の順位

Topics ・同一の不動産に複数の権利の登記がされた場合，その権利の優劣はどのように決定されるのか。
・主登記でされる場合，付記登記でされる場合を押さえる。

1　登記された権利の順位の問題とは

同一の不動産を目的として数個の権利の登記がされている場合，それら数個の権利の間で順位（優劣）が問題となることがある。

【例】 甲不動産が競売され競売代金の配当がされる場合，その不動産について数個の抵当権の設定の登記や差押えの登記がされているときは，どういう順位（優劣）をもって配当するのかが問題となる場合がある。

2　登記した権利の順位

同一の不動産に登記された数個の権利の順位は，法律に別段の定めがある場合を除き，**登記の前後**による（不登§４Ⅰ）。

登記の前後→　同一の区にされた登記については**順位番号**により，別の区にされた登記については**受付番号**による（不登規§２Ⅰ）。

⑴　同一の区の登記

同一の区にされた登記の順位とは，権利部の“甲区にされた登記と甲区にされた登記”，又は“乙区にされた登記と乙区にされた登記”の間の順位の関係をいう。

⑵　別の区の登記

別の区にされた登記の順位とは，権利部の“甲区にされた登記と乙区にされた登記”の間の順位の関係をいう。

【例】 不動産所有権に対する差押えの登記は甲区にされ，抵当権の設定の登記は乙区にされるので，この両者の間の順位は，受付番号の前後による。

・　敷地権の表示が登記された区分建物の登記記録に権利の登記がされたときは，その登記は原則として敷地権についても同様の登記としての効力を有するが（不登§73Ⅰ），その敷地権に効力が及ぶ登記と土地の登記記録にされた登記との前後は，受付番号による（不登規§２Ⅱ）。

→　区分建物については，第26章。

3　主登記と付記登記について

(1)　主登記，付記登記

当事者からの申請等に基づいて，**登記官が登記を実行するときは，その登記の順位番号も記録することを要する**（不登規§147Ⅰ）。

この順位番号は，原則として１，２，３･･･と独立の番号が付される。このように，独立の番号が付された登記を**「主登記」**と呼んでいる。

一方，既にされた登記に関連する登記をするときは，その既存の登記に付記する形で登記が実行される。

➡　既存の登記（主登記）に付記して，既存の登記と同一の順位，効力を有するものであることを明確にするため。

このように，既存の登記に付記してされる登記を，**「付記登記」**と呼んでいる。

(2)　付記登記でされる場合　H22-18

登記は，原則として独立の順位番号を付した主登記でされる。つまり，付記登記でされるのは，法で定められた例外的な場合（不登規§３）。

➡　どういった場合に付記登記でされるのかといえば，簡単にいってしまえば，**既にされた登記に関連する登記をする場合**。

①　登記名義人の氏名，名称又は住所の変更の登記（１号）

②　権利の変更（更正）の登記（２号）　R4-12

➡　ただし，登記上の利害関係を有する第三者が存在しないとき，またはその承諾等を証する情報を提供したときに限る（不登§66）。　H27-19

③　債権分割による抵当権の変更の登記（２号イ）

④　指定根抵当権者（指定債務者）の合意の登記（２号ロ）　H2-24

⑤　根抵当権の優先の定めの登記（２号ニ）　R2-12

R4-12 ⑥　一部抹消回復の登記（3号）
⑦　所有権以外の権利を目的とする権利に関する登記（4号）
【例】　地上権を目的とした抵当権の設定の登記
H2-24 ⑧　所有権以外の権利についての処分の制限の登記（4号）
R4-12 ⑨　所有権以外の権利の移転の登記（5号）
【例】　抵当権の移転の登記
R4-12 ⑩　権利消滅の定めの登記（6号）
H4-26 ⑪　民法393条の抵当権の代位の登記（7号）
⑫　抵当証券の交付等の登記（8号）
R4-12 ⑬　買戻特約の登記（9号）
H2-24 ⑭　地上権が工場財団に属した旨の登記

(3)　付記登記の効力

付記登記は既存の登記（主登記）に付記してされるので，付記登記によって登記がされたときは，それは主登記と同一の順位や効力を有する（不登§4Ⅱ）。

H15-14 また，同一の主登記に対して数個の付記登記がされたときは，その付記登記の間の順位は**付記の前後**による（不登§4Ⅱ後段）。

プラスアルファ

H24-24 **主登記でされる場合**（過去に本試験で問われた事項等）

R2-12 ①　担保権の順位の変更の登記（記録例422）
H27-19 ②　所有権を目的とした根抵当権の分割譲渡の登記（不登規§165Ⅰ）
R2-12 ③　転抵当権の登記の抹消
H2-24 ④　敷地権である旨の登記
➡　敷地権の種類を問わず主登記される（先例昭58.11.10－6400）。
⑤　抵当権の破産法による否認の登記（記録例739）
∵　登記の抹消の実質を有するから。
H25-12 ⑥　賃借権を先順位抵当権に優先させる同意の登記（記録例304）

第７章
不動産登記の諸原則

Topics ・不動産登記法の根本的な考え方について。かなり重要。
・申請主義，共同申請主義をしっかり押さえること。

1　申請主義

登記は，法令に別段の定めがある場合を除いて，**当事者からの申請又は官公署からの嘱託によってされる**（不登§16Ⅰ）。 H4-19

➡　権利変動の当事者から「登記をしてください」という請求があってはじめて登記が実行される。

原則として登記官が勝手に（職権で）登記を実行することはできない。

考え方　不動産登記制度は，私法上の権利関係を公示し保護することを目的とするものであるので，登記をするか否かは当事者の自由な判断に委ねられるべき。 H4-19

➡　私的自治の原則

プラスアルファ

登記をしないと物権の得喪及び変更を第三者に対抗することができないが，それは登記をしない当事者本人の責任。

ただし，登記官が職権で登記をしても誤りがないと考えられる場合等，特にその必要があると認められる場合は，登記官の職権による登記が認められている（**職権による登記**，第10章参照）。

2　共同申請主義

(1)　意　義

権利に関する登記の申請は，法令に別段の定めがある場合を除き，**登記権利者及び登記義務者が共同でしなければならない**（不登§60）。

➡　登記をすることによって利益を受ける者が単独で申請することはできない。

考え方　その登記によって不利益を受ける者を登記の申請に関与させること

によって，**登記の正確性を確保するため。**

【例】 たとえば，ＡからＢへの所有権の移転の登記をＢが単独で申請できるとすると，ウソの登記が申請され，ウソの登記がされてしまうおそれがある。

Ｂは本当はＡから不動産を買っていないのに，「私はＡから不動産を買いました。だからＡからＢへの所有権の移転の登記を申請します」というウソの登記申請がされるおそれがある。

➡ 言うまでもなく，これはまずい。Ａの知らない間に，ＡからＢへの所有権の移転の登記がされてしまったら，たちまち不動産登記制度の信用が失墜する。

➡ だから，登記によって不利益を受けるＡも登記の申請に関与させ，ウソの登記がされないようにする必要がある。

∵ 所有権の移転の登記によって不利益を受けるＡが，わざわざウソの登記を申請することはないだろう。すなわち，ＡとＢの２人が申請したこの所有権の移転の登記は真実であろう，と考えることができる。

重要!

この登記義務者とは，その登記がされることによって登記上直接に不利益を受ける者，すなわち申請の時点で登記記録に権利の登記の名義人として登記されている必要がある（不登§2⑬）。

➡ これにより，登記の連続性が保たれることになる。

プラスアルファ

なお，極めて稀に，現在の権利の登記名義人でない者が登記義務者となる場合もある。

重要!

共同申請になじまない登記や，共同申請によらなくても登記の正確性が確保できるような場合は，例外的に単独申請が認められている（第8章第1節）。

【例】 所有権の保存の登記，相続，判決による登記等

(2) 特殊な共同申請

不動産登記法上は「共同して」申請しなければならないと規定されているが，いわゆる“権利者と義務者の共同申請”とは若干ニュアンスが違った登記がある。

① 共有物分割禁止の定めがされた場合の所有権の変更の登記

この登記は，共有者の全員が共同して申請することを要すると規定されているが（不登§65），実際は共有者全員が「登記権利者兼登記義務者」として申請する（先例昭50.1.10－16）。

➡ 共有者の１人が登記権利者，他方が登記義務者という関係ではない。

② 担保権の順位の変更の登記

順位の変更に合意した担保権の登記名義人全員が共同して申請することを要すると規定されているが（不登§89Ⅰ），この登記においては「登記権利者，登記義務者」といった区別が存在せず，全員が同じ資格で申請する。 H28-12 H19-18

③ 根抵当権の共有者間の優先の定めの登記

共有者全員が共同で申請することを要すると規定されているが（不登§89Ⅱ），この登記においても「登記権利者，登記義務者」といった区別が存在せず，全員が同じ資格で申請する。 H22-22

3 形式的審査主義

登記は，私法上の権利関係を公示し，取引の安全と円滑に資するためのものであるから，登記と実体法上の権利関係とが一致するよう努めなければならない。

➡ 不正確な登記がされないように努めなければならない。

そのため，登記官は，登記の申請がされたときは，提供された申請情報並びに添付情報を調査しなければならない（不登規§57）。

この場合，登記官はいかなる審査をすべきかという問題があるが，不動産登記法においては，登記官は申請された登記の内容が実体法上の権利関係と本当に合致しているかどうかを積極的に審査する実質的審査権を有しておらず，申請人から提供された法定の情報及び登記記録に基づいて実体法上及び手続法上の事項を審査する形式的審査権を有するとされている。 H4-19

プラス アルファ

もちろん，申請人から提供された一定の情報を審査するだけでなく，登記官が熱意をもって積極的に動いて権利変動の真実性をとことん確認した方が登記の正確性もより確保されるだろうが，日々の登記申請の数は膨大であり，そのすべてについて登記官が積極的に動いて権利変動の真実性を確認するというのは現実的でない。

➡️　また，登記をすることによって物権変動を第三者に対抗できることになるという性質上，登記には正確性だけでなく迅速性も要求される。

そのため，正確性と迅速性という相反する２つの要請に何とか応えるべく，"申請人から提供された法定の情報（申請情報や添付情報）を審査し，法定された却下事由（不登§25）に該当しない場合には登記を実行する"という方法がとられた。

🔲重要🔲・・・・・・・・・・・・・・・・・・・・・・・・・・・・・・

　なお，申請人の本人確認に限っては，実質的審査主義がとられている。すなわち，登記の申請があった場合において，申請人となるべき者以外の者が申請していると疑うに足りる相当な理由があるときは，登記官は申請人等に出頭を求め，質問をし，又は文書の提示その他必要な情報の提供を求めて，当該申請人の申請権限の有無を調査することを要するとされている（不登§24）。

第８章
登記の申請人に関連して

Topics
- 権利に関する登記については共同申請主義がとられているが，一定の場合には単独申請が認められている。
- その他，申請人に関していくつかの論点がある。

1　申請人の論点

権利に関する登記は，登記権利者と登記義務者が共同で申請することを要するが（不登§60），法令で定める一定の場合には，登記権利者等が単独で登記を申請することができる。では，どういった場合に単独で登記を申請することができるのかが問題となる。

また，一定の事由がある場合には，本来の申請人以外の者が登記を申請することができる。では，その一定の事由とは何なのかが問題となる。

第1節　単独で登記を申請できる場合

法令で定める一定の場合には，登記権利者等が単独で登記を申請することができる（不登§60参照）。

➡　登記権利者と登記義務者の関係が成り立たない場合，あるいは共同で申請しなくても登記の正確性が確保される場合には，単独で登記を申請することができる。

単独で申請できる登記（主要なもの）

H17記述　(1)　判決による登記（不登§63Ⅰ，第20章）

H22記述　(2)　相続，合併による権利の移転の登記（不登§63Ⅱ）
➡　相続人に対する所有権の遺贈の登記を含む（不登§63Ⅲ）

(3)　一定の場合の共同相続の登記の更正の登記（先例令5.3.28－538）

H9-14　(4)　登記名義人の氏名，名称又は住所の変更の登記（不登§64，第23章）

H21-17　(5)　抵当証券が発行されている抵当権の債務者の氏名，名称又は住所の変更の登記（不登§64Ⅱ）

H20-12　(6)　死亡又は解散による登記の抹消（不登§69，第２節）

(7)　一定の場合の買戻特約の登記の抹消（不登§69の２）

H9-14　(8)　登記義務者の所在が知れない場合に，除権決定を受けたことによる登記の抹消（不登§70ⅠⅡⅢ，第２節）

(9)　登記義務者の所在が知れない場合の担保権の登記の抹消（不登§70Ⅳ，70の２，第２節）

H3記述　(10)　所有権の保存の登記（不登§74）とその抹消（不登§77）

H20記述　(11)　一定の場合の根抵当権の元本の確定の登記（不登§93）

⑿　信託の登記（不登§98Ⅱ，第27章）とその抹消（不登§104Ⅱ）

⒀　自己信託による権利の変更の登記（不登§98Ⅲ，第27章）

⒁　一定の場合の受託者変更による移転の登記，任務終了による変更の登記（不登§100，第27章）

⒂　一定の場合の仮登記（不登§107Ⅰ），仮登記の抹消（不登§110，第22章）

⒃　仮処分の登記に後れる登記の抹消（不登§111ⅠⅡ，113，第25章）

⒄　収用による所有権の移転の登記（不登§118Ⅰ） R2-24 H6-26

第2節　登記権利者が単独で申請する権利の登記の抹消

1　死亡又は解散による登記の抹消（第1節⑹，不登§69）

⑴　意　義

H20-12
H12-20

人の死亡又は法人の解散によってその権利が消滅する旨の登記（不登§59⑤）がされている場合において，死亡又は解散によってその権利が消滅したときは，登記権利者が単独でその登記の抹消を申請することができる。

∵　この場合は，その特定人の死亡等によって権利が当然に消滅することが明らかであるから，その特定人の死亡が公的に証明されれば，単独申請を認めても登記の正確性は確保されるといえる。

プラス アルファ

登記の申請情報の内容については後の第12章で詳しく説明するが，“登記の目的である権利の消滅に関する定め”がある場合には，申請情報の内容としてその定めを提供することができる。

【例】　AとXは，Aの所有する甲土地を目的として，Xのために地上権を設定する契約をした。この契約においては，地上権者が死亡した時に地上権は消滅する旨の特約がされた。

➡　この場合は，地上権の設定の登記の申請情報の内容として，この特約（地上権の消滅の定め）を提供することができる。そして，この定めは，地上権の設定の登記に付記して登記される（不登規§3⑥）。

権利部（甲区）（所有権に関する事項）			
順位番号	登記の目的	受付年月日・受付番号	権利者その他の事項
1	所有権移転	平成22年7月10日 第7000号	原因　平成22年7月10日売買 所有者　A

権利部（乙区）（所有権以外の権利に関する事項）			
順位番号	登記の目的	受付年月日・受付番号	権利者その他の事項
1	地上権設定	平成30年8月1日 第8000号	原因　平成30年8月1日設定 （登記事項省略） 地上権者　X
付記1号	1番地上権消滅の定	余　白	地上権者が死亡した時は地上権が消滅する 平成30年8月1日付記

このような登記がされている場合に，地上権者Ｘが死亡したときは，その死亡の時に１番地上権は消滅する。そのため，１番地上権の登記の抹消を申請するが，この登記の抹消は登記権利者Ａが単独で申請することができる。

⑵　登記の手続

この登記の抹消を申請するときは，申請情報と併せて，人の死亡又は法人の解散を証する市区町村長，登記官その他の公務員が職務上作成した情報を提供することを要する（不登令別表26添付情報欄イ）。 H26-15

∵　公務員が職務上作成した情報を提供することによって，登記の正確性は確保される。

【例】　上記の地上権の登記の抹消の場合は，申請情報と併せてＸの死亡を証する戸籍事項の証明書を提供する。

・　配偶者居住権が，配偶者の死亡により消滅したときは，不動産登記法69条の規定に基づいて，登記権利者である居住建物の所有者が，当該配偶者が死亡したことを証する市区町村長その他の公務員が職務上作成した情報を提供して，単独で配偶者居住権の登記の抹消を申請することができる（先例令2.3.30－324）。 R3-24

２　登記義務者の所在が知れない場合に除権決定を受けたことによる登記の抹消（第１節⑻，不登§70ⅠⅡⅢ）

⑴　意　義 R2-24 H9-14

登記の抹消を申請したいが，登記義務者の所在が知れないため，権利者と義務者が共同して申請することができない場合，登記権利者は公示催告の申立てをすることができる（不登§70Ⅰ，非訟§99）。

そして，これに基づく除権決定（非訟§106Ⅰ）があったときは，登記権利者が単独でその登記の抹消を申請することができる。

考え方　法定の手続に基づき除権決定があれば，一応その権利の消滅を推定することができる。だから，単独の抹消が認められた。

この場合は，申請情報と併せて非訟事件手続法106条１項に規定する除権決定があったことを証する情報を提供することを要する（不登令別表26添付情報欄ロ）。

(2) 抹消すべき登記が地上権，永小作権，質権，賃借権，採石権もしくは買戻特約の登記であり，かつ，登記された存続期間（買戻しの期間）が満了している場合

① 意　義

抹消すべき登記が地上権，永小作権，質権，賃借権，採石権もしくは買戻特約の登記であり，かつ，**登記された存続期間（買戻しの期間）が満了している場合**において，相当の調査が行われたと認められるものとして法務省令で定める方法により調査を行ってもなお共同して登記の抹消の申請をすべき者の所在が判明しないときは，その者の所在が知れないものとみなして，公示催告の申立てをすることができる（不登§70Ⅱ）。

考え方　前記(1)の規定（不登§70Ⅰ）により，公示催告の申立てをして除権決定を得るのは，実は，けっこうハードルが高い。

➡ かなりしっかりと登記義務者の所在の不明等を明らかにしなければ，除権決定が得られない。つまり，けっこう使いにくい規定といわれている。

しかし，そうすると，本当に権利が消滅していてもその登記を抹消することができず，不動産の有効活用の妨げとなってしまう。

そこで，地上権等の権利で登記された存続期間が満了しているものについては，権利が消滅している蓋然性が高いので，公示催告の申立てをするための要件が少し緩やかにされた。

プラス アルファ

本条項の規定が適用されるのは，**存続期間が登記される権利**に限られる。

➡ 抵当権や根抵当権には適用されない。

・ 地上権等の権利で，登記された存続期間（買戻しの期間）が満了している場合にのみ，本条項の規定が適用される。

➡ 地上権等の権利であっても，存続期間が登記されていない場合は，本条項の規定は適用されない。その場合は，不動産登記法70条１項の一般原則に基づいて公示催告の申立てをする必要がある。

② 相当の調査が行われたと認められるものとして法務省令で定める方法

以下の方法で調査をしても，登記義務者の所在が判明しないときは，法70条１項の規定に基づく公示催告の申立てをすることができる。

ア　登記義務者が自然人である場合（先例令5.3.28－538）

まず，**登記義務者の住民票の写し等を請求し**，現在の住所を調べる。

➡　仮に，登記義務者が死亡していることが判明したら，戸籍事項証明書を請求して相続人を調査し，さらに相続人の住所を調べる。

そして，登記義務者（又はその相続人）が所在するであろう場所が判明した場合には，その場所に宛てて，**書留郵便その他の配達証明付きの郵便で書面を送付する**。

一方，登記義務者が所在するであろう場所が判明しなかった場合には，登記義務者の登記記録上の住所に宛てて，書留郵便その他の配達証明付きの郵便で書面を送付する。

プラスアルファ

住所を移転（転出）すると，元の住民票は除票となり，一定の期間を経過すると廃棄されてしまう。つまり，登記義務者の登記記録上の住所について住民票の写しを取得しようと思っても，既に廃棄されていて転出後の住所が判明しないということがよくある。

➡　実務でも本当に困る。

➡　かつては５年で廃棄されていたが，現在は150年となっている（ありがたい）。

イ　登記義務者が法人である場合（先例令5.3.28－538）

まず，登記義務者である法人についての**登記事項証明書を請求する**。

➡　仮に，登記義務者が合併により解散していることが判明したら，承継会社の登記事項証明書を請求する。

登記事項証明書を取得できて，代表者が判明した場合には，**その住民票の写し等を請求し**，現在の住所を調べる。

➡　大昔に法人が解散していて，登記記録が廃棄されているような場合は，法人の登記事項証明書を取得できないこともある。

そして，登記義務者（又はその承継会社）が所在するであろう場所が判明した場合には，その場所に宛てて，**書留郵便その他の配達証明付きの郵便で書面を送付する**。

一方，登記義務者が所在するであろう場所が判明しなかった場合には，登記義務者の登記記録上の住所に宛てて，書留郵便その他の配達証明付きの郵便で書面を送付する。

さらに，法人の代表者が判明している場合には，その個人に宛てても一定の書面を送付する。

3　登記義務者の所在が知れない場合の担保権の登記の抹消（第１節(9)，不登§70Ⅳ，70の２）

以下の３つがある。

①　担保権の被担保債権の消滅を証明した場合（不登§70Ⅳ前段） ②　担保権の被担保債権の弁済期から20年を経過しており，かつ，一定の額の供託をした場合（不登§70Ⅳ後段） ③　法人が担保権者である場合において，被担保債権の弁済期から30年を経過しており，かつ，その法人の解散の日から30年を経過しているとき（不登§70の２）

→　詳しくは，「スタンダード合格テキスト４　不動産登記法Ⅰ」の抵当権の登記の抹消を参照のこと。

第3節　本来の申請人以外の者が登記を申請する場合

1　一般承継人からする登記

物権変動が生じたが，その登記を申請する前に申請人（登記権利者や登記義務者）が死亡したときは，その相続人が被相続人に代わって，被相続人がすべきであった登記を申請することができる（不登§62）。

∵　相続人は，被相続人の登記申請人としての地位を承継している（民§896）。

【例】　Aの所有する不動産をBが買い受けたが，その所有権の移転の登記を申請する前にBが死亡した。相続人は子のCである。

➡　本来は，BとAが共同してAからBへの所有権の移転の登記を申請するが，Bは死んでしまったので，その相続人CがBに代わって，Aと共同して登記を申請する。

(1)　登記権利者の相続人が申請する場合

H17-12

登記権利者の相続人が登記を申請する場合，相続人が数人いるときは，そのうちの1人が登記義務者とともに登記を申請することができる。

∵　共有物の保存行為（民§252Ⅴ）といえる。

【例】　上記の事例で，登記権利者Bの相続人がCDの2人であったときは，Cのみが登記義務者Aと共同して，AからBへの所有権の移転の登記を申請することができる。

(2)　登記義務者の相続人が申請する場合

H14-16

登記義務者の相続人が登記を申請する場合に，相続人が数人いるときは，相続人の全員が登記権利者と共同して登記を申請することを要する（先例昭27.8.23－74）。

∵　（実体法上の権利はともかく）登記の名義がまだ被相続人にある以上，相続人全員に利益（権利）が残存しているといえるからである。

【例】　AからBへの所有権の移転の登記を申請する前に登記義務者Aが死亡した場合に，Aの相続人がXYの2人であるときは，XとYの2人がBとともに，AからBへの所有権の移転の登記を申請することを要する。

➡　相続人の1人XのみがBと共同して登記を申請することはできない。

①　登記義務者の相続人の間における遺産分割協議において，相続人の１人が登記義務者としての地位を承継する旨の定めをすることもできない（先例昭34.9.15－2067）。

H19-14　②　受けるべき相続分がない特別受益者（民§903ⅠⅡ）も，義務は承継するので，申請人となることを要する（質疑登研265Ｐ70）。

(3)　法人が合併により消滅した場合

会社等の法人が登記の申請人となる場合に，登記を申請する前に当該法人が合併により消滅したときは，合併により権利を承継した法人が代わって登記を申請する。

2　債権者代位による登記（民§423Ⅰ，第21章参照）

第4節　代理人からする登記

登記の申請は，代理人がすることもできる。

➡　必ずしも権利者・義務者本人が自分で申請情報（申請書）を作成して，自分で登記を申請しなければならないというわけではない。

アルファ

実際のところ，権利に関する登記を申請人本人が自分で申請することはまずない。申請人が，登記申請の専門家である司法書士に登記の申請手続について委任をして，**司法書士が申請人を代理して申請する。**

この「代理人」とは，「法定代理人」と「任意代理人」の双方を含む。

1　法定代理人

- 未成年者の親権者
- 成年後見人
- 不在者の財産管理人
- 相続財産の清算人
- 特別代理人　　等

【例】　甲土地の所有権の登記名義人であるAが死亡した。相続人は妻のBと未成年の子Cである。

➡　甲土地についてAからBCに対して所有権の移転の登記を申請するが，Cは未成年者であるので，その親権者BがCを代理して申請する。

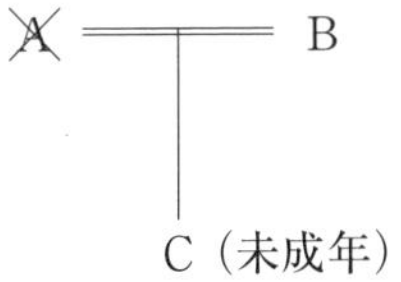

アルファ

実際には，親権者Bがさらに司法書士に対して登記申請の代理権を与えて，司法書士が登記を申請することになる。

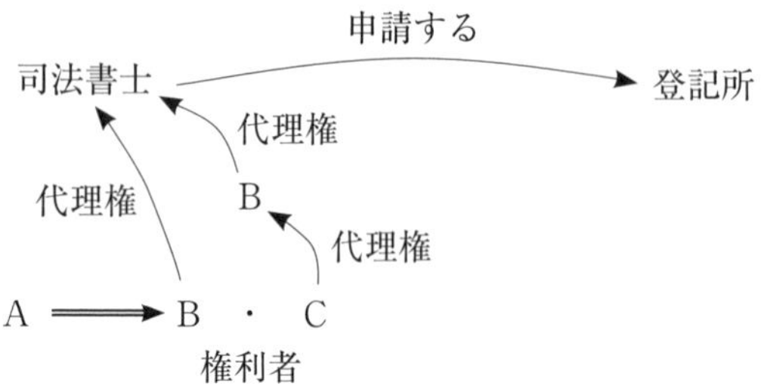

2　任意代理人

司法書士等。

➡ 申請人（権利者や義務者）が司法書士に対し，「自分たちに代わって申請情報を作成し，登記を申請してください」と登記申請に関する代理権を与え，司法書士が申請情報を作成して登記所に対して登記を申請する。

H19-21 ・ 登記の申請に関しては，双方代理の禁止の規定，自己契約の禁止の規定（民§108Ⅰ）は適用されない。

∵ 代理人である司法書士が新たな私法上の法律行為をするものではなく，登記の申請は債務の履行に準ずる行為といえるから（民§108Ⅰただし書参照）。

3　代理権の不消滅

H21-15 委任による登記申請の代理人（司法書士）の権限は，本人の死亡，本人である法人の合併による消滅，本人である受託者の信託の任務終了，又は法定代理人の死亡もしくは代理権の消滅もしくは変更によっては消滅しない（不登§17）。

【例】 AからBへの所有権の移転の登記について，Aが司法書士Sに対して登記申請の委任をしたが，Sが実際に登記を申請する前にAが死亡し，CがAを相続した。

➡ Sの登記申請に関する代理権は消滅せず，SはAからの委任に基づいて登記を申請することができる。

改めて相続人Cから委任を受ける必要はない。

第5節　登記申請能力

登記の申請行為は私法上の法律行為ではなく，実体法上すでに発生した権利変動を，登記簿という公の帳簿に記録するだけの行為といえる。そのため，登記申請行為については，民法の行為能力に関する規定（民§５～）は適用されない。

重要！

意思能力があれば，未成年者等の制限行為能力者であっても，単独で有効に登記を申請することができる。 H14-17

➡ 登記を申請することについては，親権者の同意(民§５Ⅰ)を得る必要はない。

注意！　未成年者が売買契約等の私法上の法律行為をするためには，親権者の同意を得ることを要するが（同），これとは区別すること。

プラスアルファ

未成年者が登記の申請人となるべき場合，その未成年者に意思能力があれば自分で登記を申請してもいいし，その親権者が未成年者を代理して登記を申請してもいい。どちらでも構わない。

・　成年被後見人は意思能力もないので，自分で登記を申請することはできない。

➡ 成年後見人が成年被後見人を代理して登記を申請する。

・　被保佐人や被補助人は意思能力があるので，自分で登記を申請することができる。

第９章
嘱託による登記

Topics ・国や地方公共団体等が登記の依頼をする場合のお話。
・試験ではあまり重要ではない。

1　意　義

嘱託による登記とは，国又は地方公共団体（官公署）等の嘱託によってされる登記。

＋アルファ

一般人が登記所に対して登記をしてくれと要求することを，登記を“申請する”という。一方，官公署が登記所に対して登記をしてくれと要求することを，登記を“嘱託する”という。

➡　意味内容としては，「嘱託する」＝「申請する」と考えて差し支えない。

嘱託による登記には，２つの種類がある。

①　官公署が不動産に関する取引の主体となって登記を嘱託する場合（不登§116） ➡　官公署が契約の当事者になった場合 ②　官公署が一般私人の権利関係につき介入し，又は干渉する主体として登記を嘱託する場合（不登§115，民執§82Ⅰ等） 【例】　滞納処分による差押えの登記や民事執行法による差押えの登記

2　登記の手続

嘱託による登記については，申請による登記に関する規定が準用されている（不登§16Ⅱ）。

ここでは，官公署が不動産に関する取引の主体となって登記を嘱託する場合について解説する。

・　官公署が不動産取引の主体となった場合の登記は，官公署が（単独で）嘱託する。

考え方　公の機関だから，ウソの登記をすることはない（であろう）と考えることができる。

【例】 Aの所有する不動産を国が買い受けた場合の所有権の移転の登記は，国が嘱託する。Aは申請人とはならない。

3　官公署が登記権利者となる場合

官公署が登記権利者となる登記については，官公署は遅滞なく，登記義務者の承諾を得て，登記を嘱託することを要する（不登§116Ⅰ）。

➡　登記義務者の承諾が必要。さすがに勝手に登記をすることはできない。

(1)　添付情報

この登記を嘱託する場合は，嘱託情報と併せて，登記原因を証する情報の他，登記義務者の承諾を証する登記義務者が作成した情報も提供することを要する（不登令別表73添付情報欄イロ）。

①　承諾を証する情報が書面により作成されたときは，作成者は承諾書に記名押印し，その印鑑証明書を提供することを要する（不登令§19Ⅱ）。

∵　書面の真正を担保するため。

プラス アルファ

この印鑑証明書については，特別の規定はないので，作成後3か月以内のものであることを要しない（先例昭31.11.2－2530）。 H22-19

②　登記権利者が単独で嘱託する形であるので，登記義務者の登記識別情報の提供は不要（先例昭33.5.1－893）。 R4-16 H22-19

➡　登記識別情報の代わりに登記義務者の承諾を証する情報を提供する。

③　官公署を登記権利者として所有権の移転の登記を嘱託する場合，嘱託情報と併せて官公署の住所を証する情報を提供することを要しない（先例昭36.4.19－895）。

(2)　この登記がされた後

H22-19　官公署を登記権利者とする登記がされても，登記識別情報は通知されない(不登規§64Ⅰ④，予め通知を希望する旨の申出をした場合を除く)。

∵　この後に，登記名義人となった官公署が登記義務者となって新たな登記を嘱託する場合，嘱託情報と併せて登記義務者の登記識別情報を提供することを要しないから（後記4(1)①），この登記の際に官公署に登記識別情報を通知しても使い道がない。

4　官公署が登記義務者となる場合

R3-13　官公署を登記義務者とする登記については，登記権利者からの請求があったときは，官公署は遅滞なく登記を嘱託することを要する（不登§116Ⅱ）。

理由　対抗要件を備えるかどうかは本人（登記権利者）の自由であるから，その請求を待って登記を嘱託するものとされている。

(1)　添付情報

H29-15　①　登記義務者である官公署の登記識別情報を提供することを要しない（先例昭33.5.1－893)。

∵　共同申請による登記ではないから（不登§22参照)。

②　書面により登記を嘱託する場合でも，嘱託情報と併せて官公署の印鑑証明書を提供することを要しない（不登令§16Ⅳ)。

H19-12　③　登記権利者の住所を証する情報（不登令別表30添付情報欄ハ）は提供することを要する（先例昭32.5.6－879)。

(2)　この登記がされた後

H22-19　この登記がされたときは，登記官は速やかに，登記識別情報を官公署に通知することを要する（不登§117Ⅰ)。そして，この通知を受けた官公署は，遅滞なく，登記識別情報を登記権利者に通知する（同Ⅱ)。

【例】　国からAへの所有権の移転の登記が嘱託され，その登記が完了した場合，登記官は登記を嘱託した国に，当該登記の登記識別情報を通知する（Aは，登記の嘱託に直接関与していないので，Aに対して登記識別情報を通知することはできない)。そして，国が登記権利者であるAに対して登記識別情報を通知する。

5　代理権限を証する情報

国の機関の所管に属する権利について，命令又は規則をもって指定された官公署の職員が登記の嘱託をするときは，その代理権限を証する情報を提供することを要しない（不登令§７Ⅱ）。 R4-18 H23-25

第10章
登記官の職権による登記

Topics
・登記は，申請人からの申請によってされるが，一定の場合には申請人からの申請を待たずに登記官が職権ですることができる。
・あくまで例外。

1　意　義

登記は，原則として当事者からの申請又は官公署からの嘱託によってされる（申請主義，不登§16Ⅰ）。

➡　当事者からの申請がないのに，登記官が勝手に登記をすることは原則としてできない。

しかし，登記官が職権で登記をしても誤りがないと考えられる場合等，特に必要があると認められるときは，（当事者からの申請がなくても）登記官が職権で登記をすることができる。

登記官が職権で登記をすることができる場合

① 敷地権である旨の登記（不登§46，第26章）
② 登記の錯誤又は遺漏が登記官の過誤によるものである場合の更正の登記（不登§67Ⅱ，後述）
③ 不動産登記法25条1号から3号及び13号に違背する登記の抹消（不登§71，後述）
④ 所有権の登記のない不動産に対する所有権の処分制限の登記が嘱託された場合の所有権の保存の登記（不登§76Ⅱ）
⑤ 地役権の設定の登記がされた際の要役地となった旨の登記（不登§80Ⅳ）
⑥ 抵当証券交付の登記（不登§94Ⅰ）
⑦ 受託者の変更又は任務終了による移転又は変更の登記がされた場合の信託の登記の変更の登記（不登§101，第27章）
⑧ 所有権に関する仮登記に基づく本登記をした際の利害関係を有する第三者の登記の抹消（不登§109Ⅱ，第22章）
H25-19 ⑨ 処分禁止の仮処分の登記の抹消（不登§111Ⅲ，114，第25章）

⑩　収用による所有権の移転の登記がされた場合の裁決手続開始の登記の抹消（不登§118Ⅵ） H8-25
⑪　権利消滅の定めの登記（不登§59⑤）がされた後，当該定めに基づいて権利が消滅し，その登記の抹消をした場合の「権利消滅の定め」の登記の抹消（不登規§149） R3-14
⑫　登記の抹消をした際の利害関係を有する第三者の登記の抹消（不登規§152Ⅱ） H23-17
⑬　根抵当権の分割譲渡の登記をした際の極度額の減額の登記（不登規§165Ⅳ） H10-25
⑭　買戻による所有権の移転の登記がされた場合の買戻権の抹消（不登規§174）
⑮　予告登記（旧法時代のもの）の抹消（不登規附§18Ⅰ）
☆　各種目録（共同担保目録等）の作成（不登§83Ⅱ等）

2　前記1②の更正の登記

登記官が登記に錯誤又は遺漏があることを発見した場合において，**その錯誤又は遺漏が登記官の過誤に基づくものであるときは**，遅滞なく監督法務局（地方法務局）の長の許可を得て，その登記の更正をしなければならない（不登§67Ⅱ）。 H27-17

∵　登記官のミスによって間違った登記がされたので，登記官が職権で更正することができる。

【例】　債権額を金1,000万円とする抵当権の設定の登記の申請がされたが，登記官が間違って，債権額を「金100万円」として登記を実行してしまった（登記官の入力ミス）。

➡　これは，登記に錯誤（間違い）があり，その錯誤は登記官の過誤（ミス）によるものといえる。

➡　この場合は，登記官は遅滞なく監督法務局（地方法務局）の長の許可を得て，抵当権の債権額を金1,000万円に更正する登記をすることを要する。

プラスアルファ

その更正について登記上の利害関係を有する第三者がいるときは，**その第三者の承諾がある場合に限る**（同Ⅱただし書）。 H27-17

H27-17　・　この更正の登記をしたときは，登記官は，登記権利者および登記義務者に対し，その旨を通知しなければならない（同Ⅲ）。

3　前記1③の登記の抹消

H27-17　不動産登記法25条1号から3号及び13号の規定に該当する登記が間違ってされてしまった場合，その登記は絶対的に無効。

➡　手続的有効要件を満たさない。

【例】　管轄権のない登記所（不動産の所在地とは関係のない登記所）で登記がされた場合，その登記は絶対的に無効。

H27-17　この場合は，登記官は当該登記の登記権利者及び登記義務者並びに登記上の利害関係を有する第三者に対し，一定の期間内に異議を述べないと当該登記を抹消する旨を通知する（不登§71Ⅰ）。そして，その期間内に異議を述べる者がいなかった，あるいは異議が却下された場合には，登記官は職権で当該登記を抹消する（同Ⅳ）。

第11章
登記を申請する

Topics ・登記は，どうやって申請するのだろうか。
・今はインターネットを使って申請することもできる。けっこう便利。

1　登記を申請するとは

“登記を申請する”とは，申請人が登記所（国の機関）に対し，一定内容の登記をすべきことを要求する行為。

➡　登記所に対する「登記をしてくれ」という意思表示。

プラスアルファ

意思表示とはいっても，私法上の法律行為ではなく，**私人がする公法上の行為**ということができる。

プラスアルファ

「登記所」というのは通称であって正式名称ではない。正式には，法務省の地方組織の1つである**「法務局」**，「地方法務局」あるいはその出先機関である「支局」又は「出張所」。これらを併せて「登記所」と呼んでいる。

2　登記申請の方法

登記は，登記所に対して登記を申請することによってされるが，その申請の方法は2つある（不登§18）。

> ①　**電子申請**（**オンライン申請**，すなわちインターネットによる申請）
> ②　**書面申請**（書面を提出する。CD-R等を提出する場合も含む）

➡　どちらの方法で申請しても構わない。

3　電子申請（以下，「オンライン申請」という）

(1)　意　義

難しく言うと，法務省令で定めるところにより電子情報処理組織（登記所の使用に係る電子計算機（入出力装置を含む。以下同じ。）と申請人又はその代理人の使用に係る電子計算機とを電気通信回線で接続した電子情報処理組織をいう。）を使用する方法で登記を申請すること（不登§18①）。

簡単に言うと，インターネットによって登記を申請すること。

➡ パソコンの画面上に申請情報を打ち込んで，それと添付情報を併せて登記所に送信する方法で登記を申請すること。

H30-14 ・ オンライン申請の方法で登記を申請したときは，その補正もオンラインの方法ですることを要する（先例平17.2.25－457）。

(2) オンライン申請の方法

オンライン申請の方法により登記を申請するときは，申請人は法務大臣の定めるところにより，申請情報と添付情報を送信しなければならない（不登規§41）。

☆ オンライン申請をする場合は，情報を送信することを要する。つまり，送信の形で情報を提供できないときは，オンライン申請をすることができない。戸籍事項の証明書等の“書面”を提出せざるを得ない場合（情報が電子化されていない場合）は，オンライン申請をすることができず，書面によって登記を申請することを要する。

しかし，申請情報だけでなく，すべての添付情報も送信の方法で提供しなければならないとすると，実際にオンライン申請ができる場面がかなり限られてしまう。

また，（後で説明するとおり）オンライン申請の方法で登記を申請するときは，申請情報や添付情報に作成者が電子署名し，電子証明書も提供することを要するとされている（不登令§12Ⅱ，14）。個人が電子証明書を取得するためには，公的個人認証を受ける必要があるが，何だかんだで面倒であり，その意味でも，オンライン申請ができる場面は限られてしまう。

というわけで，オンライン申請という制度が設けられたにもかかわらず，その利用実績は極めて低調であった。

➡ 後述するオンライン申請の特例方式が認められる前は，オンライン申請の方法による登記の申請は全体の0.02％(!)しかなかったというデータもある。

で，いくらなんでもこれはマズいということになり，オンライン申請の方法で登記を申請しやすくするように，添付情報の提供等に関して特例が設けられた（不登令附§５Ⅰ）。

➡ いわゆる「オンライン申請の特例方式」。

その内容は，添付情報（登記識別情報を除く）が書面によって作成されているときは，その書面を提出する形でオンライン申請ができるというもの。

➡ 申請情報はパソコンからオンラインの方法で提供する必要があるが，添付情報についてはパソコンから送信するのではなく，書面を提出する形で申請してもいいですよ，ということ。

プラス アルファ

このオンライン申請の特例方式の方法は，あくまで特例という扱い。条文においても“当分の間”と規定されている（不登令附§５Ⅰ）。

➡ また，条文の位置も，添付情報の提供の仕方に関する不動産登記令の条文が改正されたのではなく，不動産登記令の附則においてこの特例措置が規定されている。

この特例方式は，添付情報の提供の仕方等についての話なので，特例方式に特有の論点については「添付情報」の第14章第15節で詳しく解説する。

４ （狭義の）書面申請

⑴ 意 義

申請情報を記載した書面（申請書）と添付情報を記載した書面（添付書面）を登記所に提出する方法によって登記を申請すること。

⑵ 申請書や添付書面を登記所に提出する方法

① 登記所に行く

申請人又はその代表者もしくは代理人が登記所に出向いて，直接申請書類を提出する方法。

プラス アルファ

登記所は駅から離れた場所にあることが多いので，けっこう大変だったりする。

② 郵送する
申請書類を登記所に郵送する方法。

5 磁気ディスクを提出する方法による申請

(1) 意 義

申請情報の全部又は一部，添付情報を記録した磁気ディスク（CD-R等）を提出する方法で，登記を申請することができる（不登§18②かっこ書，以下「磁気ディスク申請」という）。

アルファ

（狭義の）書面による申請の場合は，申請書という書面に申請情報を記載して，添付書面と併せて登記所に提出した。磁気ディスク申請は，申請情報や添付情報をCD-R等に記録(保存)して，このCD-R等を登記所に提出する方法。

➡ 申請情報や添付情報といった"情報"を登記所に"送信"するのではなく，申請情報や添付情報を記録した"もの"を登記所に"提出"する申請方法なので，書面申請の一部として規定されている。

(2) 磁気ディスク申請ができる登記所

全国すべての登記所で磁気ディスク申請ができるわけではない。

磁気ディスク申請ができる登記所として法務大臣が指定した登記所においてのみ，磁気ディスク申請をすることができる（不登規§51Ⅰ）。

(3) 磁気ディスク申請の方法

申請情報の全部を記録したCD-R等を提出して登記を申請する場合は，申請人又はその代表者もしくは代理人は，その申請情報に電子署名をすることを要する（不登令§16Ⅴ，12Ⅰ，不登規§51Ⅶ）。そして，電子証明書も提供することを要する（不登令§16Ⅴ，14，不登規§51Ⅷ）。

➡ 電子署名，電子証明書については後記第12章2，3参照。

また，添付情報をCD-R等に記録して登記所に提出する場合には，その添付情報について作成者が電子署名をすることを要し，その電子証明書も提供することを要する（不登令§15，12Ⅱ，14）。

第12章
申請情報の作成

Topics
・申請情報の内容（申請書の記載事項）にはどういうものがあるか。
・すべての権利の登記に共通する申請情報，個々の登記で各別に定められた申請情報がある。
・択一，記述の両方の試験において重要。

登記を申請するためには，申請情報及び法で定められた一定の情報（添付情報）を登記所に提供することを要する。

ここでは，申請情報の作成について説明する。

1　申請情報の内容（申請書の記載事項）

(1)　総　説

登記の申請情報の内容はたくさんあるが，大きく分けると，一般的な申請情報の内容と，特殊的な申請情報の内容に分類することができる。

一般的な申請情報の内容→	すべての権利の登記に共通する申請情報の内容。
特殊的な申請情報の内容→	個々の登記において特別に定められた申請情報の内容。

考え方　不動産登記は，不動産の表示や権利を公示して取引の安全と円滑に資するためのものであるが（不登§1），それぞれの登記において登記事項として公示すべき事項は異なるので，特殊的な申請情報の内容が定められている。

＋アルファ

特殊的な申請情報の内容の中でも，それを提供しなければ申請が却下される「絶対的な（特殊的な）申請情報の内容」と，その定めがある場合には提供すべき「任意的な（特殊的な）申請情報の内容」がある。

特殊的な申請情報の内容については，「スタンダード合格テキスト　4不動産登記法Ⅰ」の第2部（各論）等でそれぞれ解説しているので，ここでは一般的な申請情報の内容を解説する。

(2)　一般的な申請情報の内容（不登令§3，不登規§34，189）

とりあえず，一般的な申請情報の内容を列挙する。

- 申請人の氏名又は名称及び住所
- 申請人が法人であるときは，その代表者の氏名
- 代理人によって登記を申請するときは，当該代理人の氏名又は名称及び住所等
- 債権者が代位して登記を申請するときは，申請人が代位者である旨，代位される者の氏名又は名称及び住所並びに代位原因
- 登記の目的
- 登記原因及びその日付
- 登記を申請する不動産に関する表示
- 登記名義人となる者が2人以上であるときは，その持分
- 申請人が登記権利者又は登記義務者（あるいは登記名義人）でないとき（一定の場合を除く）は，登記権利者，登記義務者又は登記名義人の氏名又は名称及び住所
- 本来の登記権利者又は登記義務者等の相続人その他の一般承継人が申請するときは，申請人が相続人その他の一般承継人である旨
- 上の場合において，登記名義人となる登記権利者の相続人その他の一般承継人が申請するときは，登記権利者の氏名又は名称及び（一般承継時の）住所
- 登記の目的である権利の消滅に関する定め
- 共有物分割禁止の定め
- 権利の一部を移転する登記である場合は，移転する権利の一部（持分）
- 敷地権付き区分建物について敷地権についても効力の及ぶ登記を申請するときは，敷地権に関する表示
- 登記識別情報を提供できないときは，提供できない理由
- オンライン申請の特例方式の方法によって登記を申請するときは，その旨
- 上の場合において，各添付情報について書面を提出する方法によるか否かの別

- 登記識別情報を記載した書面を送付の方法により交付してほしいときのその旨並びに送付先の別
- 申請人又は代理人の電話番号その他の連絡先
- 添付情報の表示
- 申請の年月日
- 登記所の表示
- 登録免許税額（定率課税の場合は課税標準を含む）

以下，一般的な申請情報の内容について詳しく解説する。

(3) 申請人の氏名又は名称及び住所（不登令§３①）

申請情報の内容として，必ず申請人の氏名又は名称及び住所を提供することを要する。

- 移転登記の権利者が数人いて，その住所と氏名が同じである場合は（同名異人），各人を特定するためにその生年月日を登記することができる（先例昭45.4.11－1426）。 H30-13

(4) 申請人が法人であるときは，その代表者の氏名（不登令§３②）

会社等の法人が申請人となる場合は，**その法人の代表者が法人を代表して登記を申請するが**，この場合にはその法人の代表者の氏名を提供する。

権利者	（住所）	Ａ株式会社
		代表取締役　Ａ
義務者	（住所）	Ｂ

(5) 代理人によって登記を申請するときは，当該代理人の氏名又は名称及び住所等（不登令§３③）

本来の申請人が，司法書士に対して登記申請の委任をして，司法書士が登記を申請するときは，申請情報の内容としてその司法書士の氏名・住所等を提供することを要する。

申請人　権利者　（住所）　B
　　　　義務者　（住所）　A
（中略）
代理人　（住所）　S

(6) 債権者が代位して申請する場合の代位債権者の表示等（不登令§3④）

➡　債権者代位による登記については，第21章参照。

(7) 登記の目的（不登令§3⑤）

登記の目的とは，どういった登記を要求するのか，ということ。

➡　簡単に言えば，権利変動の内容。

【例】　売買契約によって不動産の所有権が移転し，所有権の移転の登記を申請する場合には，「登記の目的　所有権移転」と提供する。

(8) 登記原因及びその日付（不登令§3⑥）

登記原因→　登記をすることになる物権変動の原因である法律行為又はその他の法律事実

登記原因の日付→　登記原因に基づいて物権変動の効力が生じた日。

プラスアルファ

登記原因の日付は，必ずしも契約がされた日というわけではない。契約の後に物権変動の効力が生じた場合には，その効力を生じた日が原因日付となる。

権利に関する登記においては，原則として登記原因及びその日付を提供することを要するが，その提供を要しない場合，あるいは原因日付の提供を要しない場合もある。

①　登記原因及びその日付の提供を要しない場合

- 所有権の保存の登記（敷地権付き区分建物につき，転得者の名義で保存の登記を申請する場合を除く（不登令§３⑥かっこ書））
- 抵当権の取扱店の表示を追加する登記

② 原因日付の提供を要しない場合

- 「錯誤」,「遺漏」を登記原因とする更正の登記及び登記の抹消（先例昭39.5.21－425）
- 「真正な登記名義の回復」を登記原因とする所有権の移転の登記
- 「仮処分による失効」を登記原因とする登記の抹消
- 「不動産登記法第69条の２の規定による抹消」を登記原因とする買戻特約の登記の抹消（先例令5.3.28－538）
- 「不動産登記法第70条の２の規定による抹消」を登記原因とする担保権の登記の抹消（先例令5.3.28－538）

H30-13

(9) 登記を申請する不動産に関する表示（不登令§３⑦⑧）

申請情報の内容として，どの不動産について登記を申請するのかを提供することを要する。

土地に関する登記→　所在，地番，地目，地積を提供する。
建物に関する登記→　所在，家屋番号，建物の種類・構造・床面積，建物の名称があるときはその名称等を提供する。

プラス アルファ

その不動産について不動産識別事項（**不動産番号**，不登規§34Ⅱ）があるときは，その番号を提供すれば，上記の不動産の細かい内容(所在，地番等)を提供することを要しない（不登令§６）。

➡ 番号を提供すれば足りるというのは大変便利であるが，うっかりして番号を書き間違えるときちんと登記がされないので，ある意味怖い。

(10) 登記名義人となる者が２人以上であるときは，その持分（不登令§３⑨）

表題登記又は権利の保存，設定もしくは移転の登記（根抵当権や信託の登記を除く）を申請する場合において，表題部所有者又は登記名義人となる者が２人以上であるときは，申請情報の内容としてその**持分を提供することを要する**。

【例】 Ａの所有する不動産を，ＢとＣが共同で買い受けた(ＢＣ間において，Ｂの持分は３分の１，Ｃの持分は３分の２と定められた)。

権利者　（住所）持分３分の１　B 　　　　（住所）　　　３分の２　C

R4-13 H24-13 ・　元本確定前の根抵当権においては，共有者の持分という観念がないので，申請情報の内容として持分を提供することを要しない（不登令§３⑨かっこ書）。

R4-13 H24-13 ・　信託における受託者が数名いる場合，信託による所有権の移転の登記及び信託の登記の申請情報の内容として，権利者の持分を提供することを要しない（不登令§３⑨かっこ書）。

∵　信託財産は受託者の合有となるので，普通の共有とは異なる。

⑾　申請人が登記権利者又は登記義務者（あるいは登記名義人）でないとき（一定の場合を除く）は，登記権利者，登記義務者又は登記名義人の氏名又は名称及び住所（不登令§３⑪イ）

なかなか分かりづらい規定である。ちょっと砕いて説明すると，“本来的には登記権利者と登記義務者が共同で申請すべきだけど，特別の規定によって登記権利者等が単独で申請するときは，申請情報の内容として（申請人となっていない）登記義務者等の氏名，住所も提供することを要する”という規定。

➡　まだ分かりづらい。具体例をあげる。

【例】　BがAを被告として，「甲土地について売買を原因として所有権の移転の登記の手続をせよ。」との判決を得たので，Bが単独でAからBへの所有権の移転の登記を申請する場合，申請情報の内容として，登記を申請する（登記権利者）Bの氏名，住所のほか，登記義務者であるAの氏名，住所も提供することを要する。

➡　売買による所有権の移転の登記なので，本来的には登記権利者Bと登記義務者Aが共同で申請することを要する。しかし，BがAを被告として，登記手続を命ずる確定判決を得たので，Bが単独で登記を申請することができる(不登§63Ⅰ，判決による登記については第20章)。

このように，“本来的には登記権利者Bと登記義務者Aが共同で申請すべきだけど，特別の規定（登記手続を命ずる確定判決を得た）によって登記権利者Bが単独で登記を申請するときは，申請情報の内容として（申請人となっていない）登記義務者Aの氏名，住所も提供することを要する”ということ。

⑿　本来の登記権利者又は登記義務者等の相続人その他の一般承継人が申請するときは，申請人が相続人その他の一般承継人である旨（不登令§３⑪ロ）

本来の申請人が登記を申請する前に死亡してしまったときは，その相続人が被相続人に代わって，被相続人が申請すべきであった登記を申請することができる（不登§62）。この場合には，**申請人が相続人である旨**を提供する。

【例】　ＡからＢへの所有権の移転の登記をする前に登記義務者Ａが死亡したので，その相続人ＸがＡに代わって登記を申請する場合。

権利者	（住所）	Ｂ
義務者	（住所）	亡Ａ相続人　Ｘ

⒀　⑿の場合において，登記名義人となる登記権利者の相続人その他の一般承継人が申請するときは，登記権利者の氏名及び（一般承継時の）住所（不登令§３⑪ハ）

これも，⑿と同様，本来の申請人の相続人その他の一般承継人が申請する場合の話。

そして，この⒀は，**“登記名義人となる登記権利者”の相続人その他の一般承継人が申請する場合**は，実際に登記を申請する相続人の氏名，住所及び申請人が相続人である旨のほか，登記権利者（死んでしまった人）の氏名，（死亡した時の）住所も提供する必要があるということ。

∵　登記記録には本来の登記権利者である被相続人の氏名・住所が記録されるので，当然，申請情報の内容としてもその氏名・住所を明らかにする必要がある。

【例】　ＡからＢへの所有権の移転の登記を申請する前に登記権利者Ｂが死亡したので，その相続人ＣがＢに代わって申請する場合。

権利者	（住所）	亡Ｂ
	（住所）	上記相続人　Ｃ
義務者	（住所）	Ａ

⒁　登記の目的である権利の消滅に関する定め（不登令§3⑪ニ）

H6-26
　当事者間の契約において，その登記する権利の消滅に関する定めがされたときは，申請情報の内容としてその旨を提供することを要する。

【例】　Aの所有する不動産にXの抵当権を設定する契約において，「抵当権者が死亡した時に抵当権は消滅する」という特約がされたときは，抵当権の設定の登記の申請情報の内容としてその旨を提供する。

プラスアルファ

H22-18
　この権利の消滅に関する定めは，その権利の登記に付記して登記される(不登規§3⑥)。

⒂　共有物分割禁止の定め（不登令§3⑪ニ）

　数人の共有する不動産について，共有者間で分割をしない旨の契約をした場合（民§256Ⅰただし書）には，その登記をすることができる。

⒃　権利の一部を移転する登記である場合は，移転する権利の一部（不登令§3⑪ホ）

　権利の一部の移転の登記を申請するときは，申請情報の内容としてその移転する部分，すなわち持分を提供することを要する。

【例】　Aの所有する不動産について，Bに対してその所有権の一部2分の1を売り渡す契約がされた。

登記の目的	所有権一部移転
原　　因	年月日売買
権　利　者	（住所）　持分2分の1　B
義　務　者	（住所）　A

プラスアルファ

　元本確定前に根抵当権の一部の移転の登記を申請するときは，登記権利者の持分を提供することを要しない（先例昭46.10.4－3230)。
∵　前述のとおり，元本確定前の根抵当権には持分という観念がない。

⒄ 敷地権付き区分建物について敷地権についても効力の及ぶ登記を申請するときは，敷地権に関する表示（不登令§3⑪へ）

➡ 敷地権付き区分建物については，第26章参照。

⒅ 登記識別情報を提供することができないときは，提供できない理由（不登令§3⑫）

登記権利者と登記義務者が共同で申請する登記においては，申請情報と併せて登記義務者の登記識別情報を提供することを要する（不登§22)。しかし，登記義務者が登記識別情報を失念した等によってこれを提供できない場合もあり，この場合には事前通知等の方法によって登記を申請することができる（不登§23)。

そして，申請情報と併せて登記識別情報を提供できないときは，その提供できない理由を提供することを要する。 H19記述

登記識別情報を提供できない理由　失念

⒆ オンライン申請の特例方式の方法によって登記を申請するときは，その旨（不登令附§5Ⅱ）

⒇ ⒆の場合において，各添付情報について書面を提出する方法によるか否かの別（不登規附§21Ⅰ）

➡ オンライン申請の特例方式（第14章第15節）において解説する。

(21) 登記識別情報を記載した書面を送付の方法により交付してほしいときのその旨並びに送付先の別（不登規§63Ⅲ） H30-14

(22) 申請人又は代理人の電話番号その他の連絡先（不登規§34Ⅰ①）

登記官が申請を受け付けて，その申請情報等を調査して，何か問題があった場合には，申請人に対して「申請情報に不備がありますよ。補正してくださいね」と教えてあげる。

➡ そして，一定の期間内に申請人が補正をすれば，申請は却下されないですむ（不登§25)。

➡ 司法書士にとって，登記官からの電話は心臓に悪い。

(23)　添付情報の表示（不登令§34Ⅰ⑥）

当該申請においてどういった添付情報を提供したのか，一応明らかにする。

(24)　登録免許税額（定率課税の場合は課税標準を含む，不登規§189）

権利に関する登記を申請するためには，申請人は登録免許税法所定の登録免許税を納付することを要するが（登税§３），いくらの登録免許税を納付したのかを明らかにする。

・　定率課税の場合には，**課税標準の金額**も提供する。

H28記述
H22記述
・　登録免許税法や租税特別措置法によって税が減免されている場合には，その旨も提供する。

2　オンライン申請の場合の電子署名

オンライン申請の方法によって登記を申請するときは，申請人又はその代表者もしくは代理人は，申請情報に**電子署名をすることを要する**（不登令§12Ⅰ）。

プラス アルファ

H31-12
H17-17
登記権利者と登記義務者の共同申請による登記ならば，権利者と義務者の双方の電子署名が必要。

また，添付情報には，その作成者が電子署名をすることを要する（同Ⅱ）。

・　**電子署名とは**

仮に，申請情報を提供（送信）する者をＡさんとする。

“署名”とはいっても，パソコン上で作成した文書（以下，「電子文書」と呼ぶ）の末尾に自分の名前を打ち込むことではない。

電子署名とは，「秘密鍵」と呼ばれるもの（Ａさん専用の暗号，絶対に他人に知られてはいけない）を用いて**電子文書を暗号化すること**。

考え方　「秘密鍵」は「実印」と同じように考えてよい。「秘密鍵」を用いて「暗号化する」ということは，「実印」を「押す」といった感じ。

3　オンライン申請の場合の電子証明書

オンライン申請をする場合において，電子署名が行われた情報（申請情報や添付情報）を送信するときは，**電子証明書も併せて送信することを要する**（不登令§14）。

(1) 電子証明書とは

電子署名された電子文書（＝暗号化された電子文書）を受け取った方（登記所）は，その暗号を解かないと電子文書が読めない。

➡ 暗号のままだと意味が分からない。

そのため，電子署名された電子文書を送信するAは，この暗号を解くための鍵（公開鍵＝他人に教えてよい暗号）も一緒に登記所に送信する。で，“この公開鍵の持主はAさんである”という証明書，これが電子証明書。

➡ “書”とは言っても書面ではなくデータ。

考え方 「電子証明書」は「印鑑証明書」と同じように考えてよい。

プラスアルファ

電子証明書は，信頼できる機関(地方公共団体や登記所等)が作成するもの。

(2) オンライン申請の特例方式の場合

オンライン申請の特例方式の方法で登記を申請する場合，添付情報を書面で提出することができる（不登令附§５Ⅰ）。

➡ 電子文書をパソコンから送信するのではなく，添付書面を登記所に提出することができる。

この場合は，添付情報が書面によって作成されているので，電子署名というものをすることができず，また電子証明書を提供することを要しない。

➡ 書面を提出する場合は，記名押印や印鑑証明書の提供の要否という問題となる。

プラスアルファ

電子署名と電子証明書について（もう少し詳しく）

電子署名・電子証明書の制度は，登記を申請するだけでなく，電子取引の場面でも利用される。

インターネットによって取引をする場合，両者が対面することもなく，画面上でのやりとりとなる。紙を使わないから筆跡もないし，押印・印鑑証明書という本人確認もできない。そのため，たとえばインターネットを使ってAがBに文書（電子文書）を送っても，Bは①本当にA本人が作成した電子文書なのか（誰かがAに成りすまして文書を作成したのではないか），②誰かが改ざんしていないか（ハッカーが侵入して電子文書を偽造（変造）していないか），ということが心配になる。

➡　電子文書の送信を受けたBは，ネットを通じて送られてきた電子文書を信頼していいか困ってしまう。

そこで，①A本人が作成（送信）したものである，②この文書は改ざんされていない，ということを確認するシステムが考えられた。これが「電子署名」と（電子証明書による）「認証」の制度。

思いっきり単純な例で説明する。

ケーススタディ

Aが，「私の所有する甲土地をあなたに金3,000万円で売りたい」という意思表示を，Bに対してインターネットを通じてしたいと考えている。

(1)　最初に“この電子文書は改ざんされていない”ことの確認についての説明

①　まずAは，1組のペアとなる「秘密鍵」と「公開鍵」という2つの暗号を用意する（専用のソフトを使って作成する）。

・「鍵」という言葉を使っているが，これも暗号である。
・「秘密鍵」については，絶対に他人に知られてはいけない。
・「公開鍵」については他人に教えるものだから，そんなに気にする必要はない。

↓

②　この「秘密鍵」を使って，電子文書を暗号化する。

【例】「私の所有する甲土地をあなたに金3,000万円で売りたい」という電子文書を暗号化する。→「@8&’　$%¦<?`+P」

➡　**この「秘密鍵」によって暗号化することを“電子署名”という。**

↓

③　Aは，最初に作成した電子文書（「私の所有する甲土地をあなたに金3,000万円で売りたい」）と，秘密鍵によって暗号化された電子文書（「@8&’　$%¦<?`+P」）を併せてBに送信する。

↓

④　Ｂはこの２つの電子文書を受信する。

しかし，この２つの電子文書をＢが受け取っても，これだけでは暗号化された方の文書は読めない（自分の力で暗号を解読できるわけがない)。「@8&’ $%¦<?`+P」を見てもＢは？？？となる。

➡　だから，**Ａはこの暗号を解読（復号）するための「公開鍵」も一緒にＢに送る。**

・　秘密鍵で暗号化された電子文書は，公開鍵でないと復号できないという仕組みになっている。

・　公開鍵から秘密鍵を割り出すことは極めて困難なため，Ａは安心して公開鍵をＢに送信していい。

・　公開鍵で解読（復号）することによって，「@8&’ $%¦<?`+P」が「私の所有する甲土地をあなたに金3,000万円で売りたい」になる。

↓

⑤　Ｂは，そのままの形で送られてきた電子文書（「私の所有する甲土地をあなたに金3,000万円で売りたい」）と，公開鍵によって解読（復号）した電子文書(「私の所有する甲土地をあなたに金3,000万円で売りたい」)を見比べる。

➡　そして，両者が完璧に一致していたら，“この電子文書は改ざんされていない”ということができる。

(2)　次に，“この電子文書はＡ本人が作成したものである（この公開鍵はＡのものである)”ことの確認についての説明。

①　Ａはまず，“この公開鍵はＡのものである”ということを，信頼できる機関（認証機関，地方公共団体や登記所等）に証明してもらう。

➡　これが「認証」。

・　Ａは，認証機関に対して「公開鍵」を届け出る。そして，認証機関はＡの本人確認をして，“この公開鍵の持主はＡである”旨の電子証明書を発行する。

↓

②　Ａは，電子文書（最初の形の電子文書＋暗号化された電子文書）とともにこの電子証明書をＢに送信する

➡　電子証明書の中に公開鍵が入っている形。

↓

③　Bは，電子証明書から公開鍵を取り出し，この公開鍵で暗号化された電子文書（「@8&’ $%¦<?`+P」）を解読（復号）する（「私の所有する甲土地をあなたに金3,000万円で売りたい」）。

・　この電子証明書によって，“この電子文書はA本人が作成したものである（この公開鍵はAのものである）”が確認できる。

重要❗

このように，①秘密鍵によって暗号化し，公開鍵で解読（復号）して，文書が改ざんされていないことが確認でき，②電子証明書も一緒に送信することで，本人が作成した電子文書であることが確認できる。

Aさん（送信者）	Bさん（受信者）
①　秘密鍵，公開鍵を取得する。 ↓ ②　公開鍵を届け出て，電子証明書を発行してもらう。 ↓ ③　電子文書を作成する。 「私の所有する甲土地をあなたに金3,000万円で売りたい」 ↓ ④　秘密鍵で暗号化 「@8&’ $%¦<?`+P」 ↓ ⑤　もとの電子文書 「私の所有する甲土地をあなたに金3,000万円で売りたい」 →（Bの①へ） と 暗号化した電子文書 「@8&’ $%¦<?`+P」 →（Bの①へ） 並びに電子証明書をBに送信	①「私の所有する甲土地をあなたに金3,000万円で売りたい」を受信。 ⇕ これを照合する ③「私の所有する甲土地をあなたに金3,000万円で売りたい」となる。 ↑ ②　電子証明書から公開鍵を取り出し，この暗号文書を解読（復号）。 ↑ ①「@8&’ $%¦<?`+P」とAの電子証明書を受信。

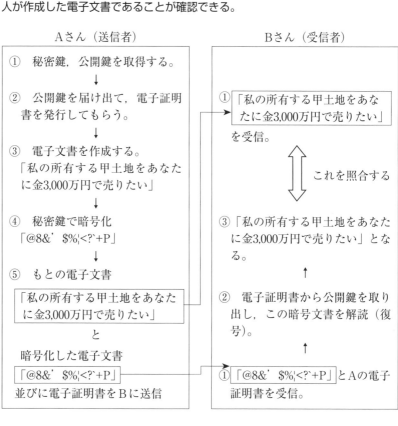

4　書面申請の場合の記名押印，印鑑証明書

書面により登記を申請する場合，申請人又はその代表者もしくは代理人は，法務省令で定める場合を除き，申請情報を記載した書面（申請書）に記名押印し，その押した印に関する証明書**（印鑑証明書）を提供する**（不登令§16）。

理由　印鑑証明書は，市区町村に印鑑を登録した本人しか取ることができないもの。そのため，申請書に実印を押して，その印鑑証明書を提供させれば，本当にその人本人が登記を申請しているということができる。

つまり，**申請人の本人確認のために**提供する。

印鑑証明書は添付情報の１つといえるので，第14章の添付情報において解説する。

5　申請書の契印

申請書が２枚以上になったときは，申請人又はその代表者もしくは代理人は，各用紙のつづり目に契印をすることを要する（不登規§46Ⅰ）。

6　申請書の見本

Ａの所有する土地を，令和５年７月１日にＢとＣが共同で（各持分２分の１の割合で）買い受けた場合の所有権の移転の登記の申請書（一部省略）。

➡　申請人の全員が司法書士Ｓに登記の申請を委任したものとする。

申　請　書

登記の目的　所有権移転
原　　　因　令和５年７月１日売買
権　利　者　（住所）　持分２分の１　B
　　　　　　（住所）　　　２分の１　C
義　務　者　（住所）　A
添 付 情 報　登記識別情報（Aの登記識別情報）
　　　　　　登記原因証明情報
　　　　　　代理権限証明情報（B，Cの及びAの委任状）
　　　　　　印鑑証明情報（Aの印鑑証明書）
　　　　　　住所証明情報（B及びCの住民票の写し）
令和５年７月１日申請　某法務局某支局
代　理　人　（住所）　S　㊞　　　　*
課 税 価 額　金1,000万円
登録免許税　金20万円
不動産の表示
　所　　在　○市△町一丁目
　地　　番　32番
　地　　目　宅地
　地　　積　243.52平方メートル

*　司法書士Sが当事者（A，B及びC）を代理して申請するので，申請書には，Sが記名押印する。当事者（A，B及びC）は，司法書士Sへの委任状に記名押印する。

第13章
1つの申請情報による申請

Topics ・一定の要件を満たせば，数個の不動産に関する登記をまとめて1つの申請情報で申請できる。
・その要件を押さえる。原則と例外がある。

1　意　義

登記の申請は，**1個の不動産につき1つの申請情報をもってすることを要する**（一件一申請情報主義）。

理由　登記実行手続における過誤（ミス）を防止するため。

しかし，申請人側の負担の軽減を図るとともに，登記所側の事務処理の迅速化を図るために，登記実行手続における過誤が生ずるおそれが少ないときは，一定の要件の下に，1つの申請情報をもって数個の不動産についての登記を申請することが認められている（不登令§4ただし書）。

また，1個の不動産に関する数個の登記についても，一定の要件の下，1つの申請情報で申請することが認められている（不登規§35⑨）。

2　1つの申請情報で申請するための要件（不登令§4ただし書）

① 数個の不動産につき，管轄登記所が同一であること
② 登記の目的が同一であること
③ 登記原因及びその日付が同一であること

この3つの要件をすべて満たした場合には，数個の不動産に関する登記を1つの申請情報で申請することができる。

【例】 同一の登記所の管轄に属するAの所有する甲土地及び乙土地について，同時にBに売り渡す契約をしたときは，甲土地と乙土地についての所有権の移転の登記は，1つの申請情報をもって申請することができる。

(1) 可否（甲土地と乙土地の管轄登記所は同一とする）

H元-30
① Aが，Bから甲土地を，Cから乙土地を同時に買い受けた場合，甲土地と乙土地の所有権の移転の登記は，1つの申請情報で申請することはできない（先例明33.8.21－1176）。

考え方　甲土地と乙土地につき，登記の目的は「所有権移転」，原因は「○年○月○日売買」であり，形式的には同じである。しかし，甲土地の契約はAB間，乙土地の契約はAC間でされたものであり，それぞれ契約が異なる。つまり，**実質的な登記原因が異なる**といえる。

R5-15
② Aの所有する甲土地と乙土地をBに対して同一の契約により売却したため，各土地について所有権の移転の登記を申請する場合，甲土地についてはAの登記識別情報を提供し（不登§22），乙土地については登記識別情報を提供せずに（事前通知の方法で）登記を申請する場合（不登§23Ⅰ）でも，1つの申請情報で所有権の移転の登記を申請することができる（先例昭37.4.19－1173）。

∵　登記識別情報の提供の有無の違いはあるが，各登記について登記の目的と原因は同一だから。

3　共有持分の移転の登記について

(1) 一般論

ABCの共有する不動産をDに売却した場合，ABCの持分をDに移転する登記は，1つの申請情報で申請することができる。

➡　登記の目的は「共有者全員持分全部移転」となる。

(2) 例　外

共有者の一部の者の持分に第三者の権利の登記（処分制限の登記を含む）がされているときは，その持分については，他の持分の移転の登記と同一の申請情報で申請することはできない（先例昭37.1.23－112）。

∵　1つの申請情報による移転の登記を認めると，その後に所有権の一部の移転の登記がされたときに，第三者の権利はどの持分を目的としているのか分からなくなってしまうからである。

【例】　甲土地はABCが共有しており，Aの持分にXの抵当権の設定の登記がされている。そして，ABCは甲土地をDに売却した。

➡　A持分の移転の登記とBC持分の移転の登記（2件の登記）を申請する。

(3) 例外の例外

甲土地について，Aが甲区２番で持分３分の１の取得の登記を受け，さらに甲区３番で持分３分の２の取得の登記を受けている。そして，甲区２番で登記を受けた持分（３分の１）のみを目的として，Xの抵当権の設定の登記がされている。

その後，Aが死亡し，Bが相続人となった。

➡ 甲土地について，１つの申請情報で，AからBに対して「相続」による所有権の移転の登記を申請する（先例平11.7.14－1414）。 H29-12

∵ 「相続」を登記原因として所有権の一部の移転の登記を申請することはできないという大原則があるので（先例昭30.10.15－2216。人の一部が死亡したというのはヘン），所有権の一部に第三者の権利の登記があっても，１つの申請情報で移転の登記をすることを要する。

4 法務省令で，１つの申請情報で申請することが認められている場合

数個の不動産に関する登記を１つの申請情報でまとめて申請するためには，前記２の①から③までの要件をすべて満たす必要がある。

しかし，法務省令（不動産登記規則）で定める特別な場合には，この３つの要件を満たしていなくても１つの申請情報で申請することができるとされている。

(1) 同一の登記所の管轄区域内にある１又は２以上の不動産に関する２以上の登記が，いずれも同一の登記名義人の氏名や住所の変更又は更正の登記であるとき（不登規§35⑧）。

【例】 甲土地の所有権の登記名義人であるAが，婚姻と引っ越しにより氏名と住所に変更が生じた場合，その氏名と住所の変更の登記は１つの申請情報で申請することができる。

(2) 同一の不動産について申請する２以上の権利に関する登記の登記の目的と登記原因及びその日付が同一であるとき（不登規§35⑨）

(3) 同一の登記所の管轄区域内にある２以上の不動産に関する登記の申請が，同一の債権を担保する担保権に関する登記であって，登記の目的が同一であるとき（不登規§35⑩）。

重要！

同一の債権を担保する担保権に関する登記，つまり共同抵当や共同根抵当に関する登記は，数個の不動産について登記の目的が同一ならば，登記原因及びその日付が違っていても１つの申請情報で申請することができる。

∵　同一の債権を担保する仲間なので，登記原因及びその日付が違っていても便宜的に１つの申請情報で申請することが認められた。

具体例（不動産の管轄登記所はすべて同一とする）

H7記述　①　同一の債権を担保するため，**所有者の異なる**数個の不動産を目的として同時に抵当権（共同根抵当権）の設定契約をした場合，それら数個の不動産を目的とした抵当権（共同根抵当権）の設定の登記は，１つの申請情報で申請することができる。

∵　不動産の所有者（設定者）が異なるので，設定契約は各不動産で異なる。つまり，実質的な登記原因が各不動産で異なるが，同一の債権を担保する（根）抵当権であり，登記の目的は同一なので，１つの申請情報で申請できる。

H6-22　②　同一の債権を担保するため，数個の不動産を目的として**日を異にして**抵当権（共同根抵当権）の設定契約がされた場合，それら数個の不動産を目的とした抵当権（共同根抵当権）の設定の登記は，１つの申請情報で申請することができる。

∵　各不動産で設定契約の日付が異なるので，明らかに登記原因が異なるが，同一の債権を担保する（根）抵当権であり，登記の目的は同一なので，１つの申請情報で申請できる。

③　設定者の異なる数個の不動産を目的とした共同根抵当権の変更の登記

H11-22　④　各不動産で登記原因の日付が異なる共同根抵当権の変更，移転の登記

5　１つの申請情報で申請することが要求されている場合

信託については，数個の登記を１つの申請情報で申請することが要求されている場合がある。詳しくは第27章で解説する。

第14章
添付情報

第1節　総　説

Topics
- 登記を申請するときは，印鑑証明書や住民票の写し等のいわゆる“添付情報”も提供することを要する。
- それぞれの登記によって添付情報は微妙に異なる。
- 試験的に超重要。

登記を申請するときは，申請人は申請情報（申請書）と併せて法定の添付情報（添付書面）も登記所に提供することを要する（不登令§７）。

理由　登記を申請する際に，申請情報だけでなく，添付情報の提供も要求されているのは，一言でいえば，登記の正確性を確保するため。

本当に申請どおりの物権変動が生じているのか，本当に登記の申請人となるべき者が申請しているのか，といったことを証明する情報を提供させ，登記官がこれを審査して，登記の正確性を確保する。

不動産登記令７条においては，登記申請の際に通常必要とされる添付情報が列挙されている。その他，不動産登記令の別表で，個々の登記において特に必要とされる添付情報が定められている。

第2節　登記義務者の登記識別情報

1　意　義

登記権利者と登記義務者の共同申請による登記を申請するときは，申請情報と併せて登記義務者の登記識別情報を提供することを要する（不登§22）。

登記義務者の登記識別情報とは，その登記義務者が以前に登記権利者として自分が登記名義人となる登記を受けた際に，登記官から通知を受けた当該登記に関する暗号（暗証番号）のようなもの（不登§21，2⑭）。

重要！

登記識別情報は，登記名義人となった者に対して登記官から直接通知された情報なので，その者が登記義務者となる登記を申請する際に登記識別情報を提供させれば，登記義務者（登記名義人）本人が登記を申請しているということができる（悪い人が登記義務者になりすましているのではない）。

➡　つまり，登記義務者の本人確認のために提供するもの。

2　登記識別情報を提供すべき場合

登記権利者と登記義務者の共同申請による登記を申請するときは，申請情報と併せて，登記義務者の登記識別情報を提供することを要する（不登§22）。

それ以外の場合には，登記識別情報を提供しないのが原則であるが，例外もある。

(1)　登記権利者と登記義務者の共同申請ではないが，登記識別情報を提供すべき場合（不登令§8）

H26-12
①　共有物分割禁止の定めによる権利の変更の登記
➡　共有者全員の登記識別情報を提供する。

H14-24
②　所有権の保存の登記の抹消
➡　所有権の保存の登記の名義人の登記識別情報を提供する。

H26-12
③　抵当権の順位の変更の登記
➡　申請人全員の登記識別情報を提供する。

④　共有根抵当権の優先の定めの登記
➡　共有者全員の登記識別情報を提供する。

⑤　信託法３条３号に掲げる方法によってされた信託による権利の変更の登記 H26-26
➡　委託者（＝受託者）の登記識別情報を提供する。

⑥　仮登記の登記名義人が単独で申請する仮登記の抹消
➡　仮登記を受けた際の登記識別情報を提供する。

3　登記識別情報の提供の方法（不登規§66 I）

(1)　オンラインで登記を申請する場合

➡　登記識別情報もオンラインで提供する（送信する）。

・　司法書士が登記義務者を代理して申請する場合で，司法書士が登記識別情報を暗号化して登記所に提供するときは，登記義務者から「登記識別情報の暗号化に関する件」の委任を受けることを要する（先例平23.10.28－2572）。 H31-12

(2)　書面で登記を申請する場合

登記識別情報を記載した書面を登記所に提供する。

＋プラス アルファ

オンライン申請の特例方式の方法で登記を申請する場合，登記識別情報は必ずオンラインで提供（送信）する必要がある（不登令附§５Ｉかっこ書）。
➡　登記識別情報を記載した書面を提供することはできない。

4　登記が完了したときに登記識別情報が通知される場合，されない場合

申請された登記が完了しても，必ず登記権利者に対して登記識別情報が通知されるわけではない。

(1)　通知される場合→　不動産登記法21条

（登記識別情報の通知）
第21条　登記官は，その登記をすることによって申請人自らが登記名義人とな

> る場合において，当該登記を完了したときは，法務省令で定めるところにより，速やかに，当該申請人に対し，当該登記に係る登記識別情報を通知しなければならない。（後略）

重要!

登記識別情報が通知されるのは，その登記によって申請人自らが登記名義人になる場合に限られる。

(2) 通知されない場合

(1)以外の登記においては，登記が完了しても登記識別情報は通知されない。

R3-17　【例】 根抵当権の極度額の変更の登記
抵当権の順位の変更の登記
H20-13　抵当権の効力を所有権全部に及ぼす変更の登記
H30-17　所有権の移転の登記の抹消
∵　申請人が登記名義人として登記されることはない。

R3-13 H25記述 H17-13

① 債権者代位（民§423Ⅰ）によって登記の申請がされた場合，登記が完了しても登記識別情報は通知されない。

【例】 AからBへの所有権の移転の登記を，Bに対する債権者XがBに代位して，Aと共同で申請した場合，登記が完了しても登記識別情報は通知されない。
∵　登記を申請したのは債権者XであってBではない。つまり，申請人自らが登記名義人となるわけではない。

H17-13

② 共有物の保存行為（民§252Ⅴ）として共有者の1人が申請した場合，他の共有者に対しては登記識別情報は通知されない。

【例】 AからBCへの相続による所有権の移転の登記を，Bが保存行為として申請した場合，登記が完了したときはBに対して登記識別情報が通知されるが，Cに対しては通知されない。
∵　Cは“申請人”となっていないから。

(3) 通知を要しない場合（不登規§64 I）

① 本来ならば登記識別情報の通知を受けるべき者が，あらかじめ登記識別情報の通知を希望しない旨の申出をした場合

∵ 誰かに見られてしまうのが怖いから。

【例】 AからBへの所有権の移転の登記を申請するときに，Bが「登記識別情報の通知を希望しない」旨の申出をしたときは，登記が完了しても登記官はBに対して登記識別情報を通知しない。

② 一定の期間内に登記識別情報を受け取らない(ダウンロードしない)場合 H24-14

③ 登記識別情報の通知を受けるべき者が官公署である場合（あらかじめ登記識別情報の通知を希望した場合を除く） H27-12

➡ 所有権の移転の登記の登記権利者が官公署である場合，原則として当該官公署に登記識別情報は通知されないが，あらかじめ「くれ」という申出があったら通知する。 H22-19

5 登記識別情報の定め方

登記識別情報は，アラビア数字その他の符号の組合せ（不登規§61）。

➡ 数字とアルファベット。具体的には12桁。

登記識別情報は，**不動産及び登記名義人となった申請人ごとに定める**（同）。

(1) 不動産ごと H23-12

【例】 甲土地と乙土地の所有権の移転の登記を1つの申請情報で申請した場合，登記識別情報は“甲土地の登記識別情報”と“乙土地の登記識別情報”の2つが定められる。

(2) 申請人ごと H23-12

【例】 AからBCへの所有権の移転の登記を申請した場合，登記識別情報は“Bの登記識別情報”と“Cの登記識別情報”の2つが定められる。

6 登記識別情報の通知

(1) 相手方

登記識別情報は，**登記名義人となった申請人に対して通知されるが**，代理人等に対して通知する場合もある。

①　法定代理人

H29-18
　登記権利者の法定代理人が登記を申請した場合には，その法定代理人に対して登記識別情報が通知される（不登規§62Ⅰ①）。

➡　要は，登記権利者側の人間として実際に登記を申請した者に通知される。

②　法人の代表者

　株式会社等の法人が登記名義人となる登記が完了したときは，その法人の代表者に対して登記識別情報が通知される（不登規§62Ⅰ②）。

③　登記権利者の相続人

H23-12
　本来の申請人（登記権利者）の相続人が代わって申請したときは（不登§62），実際に登記を申請した相続人に登記識別情報が通知される（先例平18.2.28－523）。

④　委任を受けた代理人

R4-18
H19-21
　登記識別情報は，申請人（登記権利者）本人に対して通知されるが，**登記識別情報の通知を受けるための特別の委任を受けた者**がいるときは，その代理人に対して通知することができる（不登規§62Ⅱ）。

➡　司法書士である。

【例】　AからBへの所有権の移転の登記について，Bが司法書士Sに登記申請の委任をした。そして，Bが「登記識別情報もSが受け取ってください」という委任をした場合には，登記官はSに対して登記識別情報を通知する。

　そして，SがBに対してその登記識別情報を交付する。

(2)　登記識別情報の通知の方法（不登規§63Ⅰ）

①　オンラインで登記を申請した場合

　登記官が登記識別情報を送信し，申請人（登記権利者）が登記識別情報をダウンロードする。

プラス アルファ

登記識別情報を第三者に読み取られてはいけないので，暗号化などの措置がとられる。

・　オンラインで登記を申請した場合でも，申請人は，**登記識別情報を記載した書面を交付してほしいと申し出ることができる**（先例平20.1.11－57，不登規§63Ⅰ柱書）。

➡　実務上は，オンライン申請をした場合でも，登記識別情報は書面で交付してもらうのが一般的。

②　書面で登記を申請した場合
登記識別情報も書面で交付される。

プラスアルファ

登記識別情報を第三者に盗み見られてはいけないので，登記識別情報が記載された部分は袋とじのような形になっている。

・　登記識別情報を記載した書面の交付を受けるためには，登記所に出向くのが原則であるが，登記識別情報を記載した書面を送付（郵送）の方法で交付してほしいと申し出ることもできる（不登規§63Ⅲ）。

プラスアルファ

オンラインで登記を申請した場合でも，登記識別情報を記載した書面を送付の方法により交付してほしい旨の申出をすることができる（先例平20.1.11－57）。

【書面で通知される場合の登記識別情報】

登記識別情報通知

次の登記の登記識別情報について，下記のとおり通知します。
【不動産】上尾市宮原三丁目２番６の土地

【不動産番号】
１２３４５３２４５６２７８
【受付年月日受付番号】
令和５年６月１日受付第600号
【登記の目的】
所有権移転

【登記名義人】
さいたま市浦和区常盤三丁目３番８号
　室井市江

令和５年６月４日
　　　さいたま地方法務局上尾出張所　登記官　○○○○　　印

記
登記識別情報
１Ａ２－Ｂ３Ｃ－４Ｄ５－Ｅ６Ｇ

7　登記識別情報に関する証明の請求

登記名義人又はその相続人その他の一般承継人は，登記官に対し，手数料を納付して，登記識別情報が有効であることの証明その他の登記識別情報に関する証明を請求することができる（不登令§22Ⅰ）。

理由　自分が登記名義人となる登記を受けた際に登記官から通知を受けた登記識別情報が失効（不登規§65Ⅰ）していないか等を確認するために，このような請求が認められた。

【例】　Ａさん：「私が甲土地について所有権の移転の登記を受けた際の登記識別情報“12A38B4H889R”は現在も有効ですか？」
登記官：「それについては失効の請求（後記８参照）がされて失効しています。有効じゃないです。」
といった感じ。

①　この証明の請求は，オンライン又は書面の方法でする（不登規§68Ⅲ）。

H26-13　②　登記識別情報に関する証明の請求（登記識別情報が通知されていないこと又は失効していることの証明の請求を除く。）をするときは，証明請求情報と併せて**登記識別情報を提供することを要する**（不登規§68Ⅱ）。
∵　その登記識別情報を提供しなければ，登記識別情報が有効であることの証明ができるわけがない。

③　登記識別情報に関する証明の請求は，代理人からすることもできる。この

場合，証明請求情報と併せて代理人の権限を証する情報を提供することを要し（不登規§68Ⅶ），また書面によって請求するときは，委任状に押した印鑑に関する証明書（印鑑証明書）を提供することを要する（同Ⅺ，不登令§18Ⅱ）。

ただし，資格者代理人（司法書士等）が請求する場合は，この規定は適用されず，委任状や登記名義人の印鑑証明書を提供することを要しない（同Ⅶかっこ書）。 R4-18

➡ この場合は，証明を請求する司法書士について，司法書士会が発行した職印に関する証明書等を提供することを要する（同XIV，先例平20.1.11－57）。

8　登記識別情報の失効の申出

登記識別情報の通知を受けた登記名義人又はその相続人その他の一般承継人は，登記官に対し，登記識別情報について失効の申出をすることができる（不登規§65）。

∵ 登記識別情報が記載された紙を紛失してしまった。もしかしたら誰かに盗まれて悪用されるおそれもあるので，その登記識別情報を失効させたい。

① この失効の申出は，オンライン又は書面の方法でする（不登規§65Ⅲ）。 R3-25 H28-25

② この申出をするにあたっては，登記識別情報を提供することを要しない。 H26-13

∵ 登記識別情報が記載された紙を紛失した，登記識別情報が記録されたＵＳＢメモリが壊れたような場合は，登記識別情報が分からないわけだから，提供させるのは無理。

③ 登記識別情報の失効の申出を，書面によってするときは，申出人は当該申出書に記名押印し，その印鑑証明書を添付することを要する（不登規§65Ⅹ，不登令§16）。 R3-25

➡ この印鑑証明書については，原本還付の請求をすることができない（不登規§65Ⅺ，55Ⅰただし書）。 H26-13

④ 数個の不動産について登記識別情報の失効の申出をする場合，１つの申出情報ですることはできず，不動産ごとに各別に申し出る必要がある（不登規§65Ⅵ，不登令§４ただし書の不準用）。 H26-13

R3-25　⑤　登記識別情報の失効の申出は，代理人によってすることができる（不登規§65Ⅱ③参照）。

9　その他（過去の本試験で問われた論点等）

H6-12　①　ＡＢの共有名義（各持分２分の１）とする所有権の移転の登記が甲区３番でされた後，共有物分割を原因としてＢ持分をＡに移転する登記が甲区４番でされている場合，以後ＡがＸに対して所有権の移転の登記を申請するときは，申請情報と併せて，**Ａの甲区３番と甲区４番の登記識別情報**を提供することを要する（先例昭37.12.29－3422）。

➡　甲区３番のみ，又は甲区４番のみの登記識別情報では足りない。

∵　甲区３番の登記識別情報は持分２分の１のものであり，甲区４番の登記識別情報も持分２分の１のものである。だから，２つあわせて単独所有権の登記識別情報となる。

H30-19　H17-13　②　Ａの単有名義とする所有権の移転の登記が甲区３番でされた後，錯誤を原因としてＡ・Ｂの共有名義（各持分２分の１）とする更正の登記が甲区３番付記１号でされた場合，以後Ｂが登記義務者となって登記を申請するときは，**甲区３番付記１号の登記識別情報**を提供することを要する（先例昭40.10.2－2852）。

∵　更正の登記によってＢは登記名義人となったから。

権　利　部（甲　区）　（所　有　権　に　関　す　る　事　項）			
順位番号	登記の目的	受付年月日・受付番号	権利者その他の事項
1	（省略）		
2	所有権移転	平成22年７月10日 第7000号	原因　平成22年７月10日売買 所有者　　K
3	所有権移転	令和５年２月10日 第2000号	原因　令和５年２月10日売買 所有者　　A
付記１号	３番所有権更正	令和５年８月４日 第8000号	原因　錯誤 共有者　持分２分の１　A ２分の１　B

＋アルファ

Ａの登記識別情報は，甲区３番の登記識別情報。

③　甲土地について，Aが甲区２番で持分３分の１の移転の登記を受け，さらに甲区３番で持分３分の２の移転の登記を受けている場合（現在はAが単独で所有している場合）において，Aが，甲区２番で登記を受けた持分のみを目的としてXのために抵当権を設定した場合，その設定の登記の申請情報と併せて，Aが甲区２番で登記を受けた際の登記識別情報を提供すれば足りる。 H30-19

④　Aが所有権の登記名義人である甲土地と乙土地を合筆した後に，Aを登記義務者とする登記を申請するときは，合筆の登記の際に通知された登記識別情報を提供するのが原則であるが，これに代えて，合筆前の甲土地と乙土地の登記識別情報を合わせて提供することもできる（先例昭39.7.30－2702）。 H26-12

➡　合筆の登記（２筆の土地を合体させて１筆の土地とする登記）は，表示に関する登記であるが，登記識別情報が通知される。

⑤　破産管財人が破産財団に属する不動産を任意売却したことによる所有権の移転の登記を申請する場合，申請情報と併せて登記義務者（破産者）の**登記識別情報を提供することを要しない**（先例昭34.5.12－929）。 H30-19 H24-16 H20記述

∵　この登記においては，裁判所の許可を証する情報を提供するので（不登令§７Ⅰ⑤ハ，破産§78Ⅱ①参照，先例昭34.4.30－859），登記の正確性は確保される。

⑥　相続財産の清算人が家庭裁判所の許可を得て相続財産に属する不動産を売却し，その所有権の移転の登記を申請する場合，申請情報と併せて登記義務者の登記識別情報を提供することを要しない（質疑登研606 P199）。 H14-24

∵　この登記においては，裁判所の許可を証する情報を提供するので（不登令§７Ⅰ⑤ハ），登記の正確性は確保される。

⑦　官公署が登記を嘱託するときは，登記義務者の登記識別情報を提供することを要しない（先例昭33.5.1－893）。 R4-16 H22-19

⑧　会社分割による権利の移転の登記を申請する場合，申請情報と併せて登記義務者の登記識別情報を提供することを要する。 H25-25 H20-14

∵　会社分割による権利の移転の登記は，合併による移転の登記とは異なり，登記権利者と登記義務者が共同して申請することを要する（不登§60，先例平13.3.30－867）。権利者と義務者の共同申請なので，原則どおり登記識別情報の提供が必要（不登§22）。

第3節　登記識別情報を提供できない場合

1　意　義

登記権利者と登記義務者の共同申請による登記，及びその他の一定の登記を申請するときは，申請情報と併せて登記義務者（登記名義人）の登記識別情報を提供することを要する。

∵　登記の実行により登記上不利益を受ける立場にある登記義務者の登記申請意思を確認し，虚偽の登記を防止するため。

しかし，登記識別情報が記録されているパソコンがぶっ壊れた，登記識別情報が記載された紙を紛失した等の事情によって，登記申請の際に登記識別情報を提供できないこともある。

R5記述　このように，登記識別情報を提供することができないときは，**とりあえず登記識別情報を提供しないで登記を申請することができる**（不登§22ただし書）。

そして，登記識別情報の提供のない登記申請がされたときは，登記官は登記義務者（つまり登記名義人）に対し，「あなたを登記義務者として登記の申請がありました。本当にあなた自身が登記を申請したならば，その旨を申し出て下さい」と通知をする（**事前通知**）。

そして，登記義務者が一定の期間内に「はい。私がその登記を申請したことに間違いありません。申請の内容は真実です」と**申出をしたときに**，登記官は登記を実行する（不登§23Ⅰ）。

理由　本来ならば，登記識別情報を提供させて，登記義務者の本人確認（登記義務者の登記申請意思の確認）をすることになるが，登記識別情報を提供できないときは，**「事前通知＋申出」の方法により，「義務者本人が登記を申請している」ことを確認する。**

ケーススタディ

①　AからBへの売買による所有権の移転の登記を申請しようと思ったが，Aは，自分が登記権利者となって登記を受けた際の登記識別情報を無くしてしまった。この場合は，Aの登記識別情報を提供せずに，所有権の移転の登記を申請することができる。

↓

②　申請を受け付けた登記官は，この申請に基づいて直ちに所有権の移転の登記を実行することはできない。

登記官は，登記義務者Aに対し，「AからBへの所有権の移転の登記の申請がされました。本当にあなた（Aさん）がこの登記を申請したのならば，登記官に申し出てください」と通知する。

↓

③　Aが，「はい。本当に私が所有権の移転の登記の申請をしました」と登記官に申し出た。

↓

④　登記官は，AからBへの所有権の移転の登記を実行する。

プラスアルファ

一定の期間内にAからの申出がない場合には，登記官は，所有権の移転の登記の申請を却下する。

2　登記識別情報を提供することができない正当な理由とは（不登準§42Ⅰ）

以下のような場合には，登記識別情報を提供することができない正当な理由があるものとして，登記識別情報を提供しないで登記を申請することができる。

①　登記識別情報が通知されなかった場合

➡　自分が登記名義人となる登記を申請した際に，登記識別情報の通知を希望しない旨の申出をした。

②　いったん通知を受けた登記識別情報が失効した場合

③　登記識別情報を失念した場合

➡　登記識別情報が記録されたパソコンが壊れた。登記識別情報が記載された通知書を紛失した。

④　登記識別情報を提供することにより登記識別情報を適切に管理する上で支障が生ずることとなる場合

⑤　登記識別情報を提供したとすれば当該申請に係る不動産の取引を円滑に行うことができないおそれがある場合

3　事前通知を要しない場合

(1)　事前通知を要しない場合

登記識別情報を提供することなく登記の申請がされたときは，登記を実行するに先立って，登記官は登記義務者に対して事前通知をすることを要するが，以下に掲げる場合には事前通知をすることを要しない（不登§23Ⅳ）。

H25記述
H23-13
①　司法書士等が申請人を代理してこの登記を申請した場合において，その司法書士等が，当該申請人が登記義務者本人であることを確認するために必要な情報の提供を受け，かつ，登記官がその内容を相当と認めるとき(不登§23Ⅳ①)

➡　いわゆる「**資格者代理人による本人確認情報の提供**」

R4-17
②　この登記の申請書（司法書士等が代理して申請する場合には委任状）又はこれを記録した電磁的記録について，公証人から，当該申請人が登記義務者本人であることを確認するために必要な認証がされ，かつ，登記官がその内容を相当と認めるとき（不登§23Ⅳ②）

考え方　これらの場合は，登記申請のプロであってかつ重い責任（不登§160）を負う司法書士や，法務大臣から任命された公証人が，「申請してるのが登記義務者本人に間違いない（誰かが成りすましているのではない)」とお墨付きを与えているので，さらに事前通知の方法により登記義務者の本人確認をする必要はないと考えられる。

プラス アルファ

H23-23
司法書士が虚偽の本人確認情報を提供した場合には，２年以下の懲役又は50万円以下の罰金に処される（不登§160)。

(2)　資格者代理人による本人確認情報の提供

司法書士等（登記の申請の代理を業とすることができる代理人。以下「資格者代理人」という）が申請人を代理してこの登記を申請した場合において，その資格者代理人が，当該申請人が登記義務者本人であることを確認するために必要な情報の提供を受けて「**本人確認情報**」を作成して提供し，かつ，登記官がその内容を相当と認めるときは，事前通知はされない（不登§23Ⅳ①)。

【例】　登記識別情報を失念したＡが，ＡからＢへの所有権の移転の登記を申請する場合において，司法書士Ｓに登記申請の委任をした。そして，Ｓ

がAと面談し，Aから免許証等の提示を受け，「今回登記義務者として申請する人物が登記名義人であるAに間違いない」と確認して「本人確認情報」を作成し，登記官がその内容を相当と認めたときは，事前通知をすることなく，そのまま所有権の移転の登記が実行される。

①　本人確認をすることができる者

この登記を代理して申請する司法書士に限られる。

➡　今回，申請人を代理して登記を申請しない司法書士が，本人確認だけをすることはできない。

②　本人確認の方法

資格者代理人が申請人（登記義務者）を知っていれば特に問題はないが，知らない（面識がない）場合は，当該申請人から運転免許証，個人番号カード，パスポート等の提示を受けて，本人確認をする必要がある（不登規§72ⅠⅡ）。

・　登記義務者の法定代理人が司法書士に対して登記申請の委任をして登記を申請する場合には，司法書士は，その法定代理人についての本人確認情報を作成する。

∵　実際に登記義務者側の人間として申請行為をしている者について，申請の権限を有するのかを確認する必要がある。

【例】　成年被後見人が登記義務者となる登記について，成年後見人が成年被後見人を代理して司法書士に対して登記申請の委任をしたときは，司法書士は，成年後見人についての本人確認情報を作成する。 H29-18

4　事前通知の方法

必ず郵送による。

➡　登記の申請がオンライン申請の方法でされた場合でも，事前通知は郵送による（不登規§71Ⅰ参照）。 H24-14

重要❗

オンラインの方法で事前通知をすることはできない。 H24-14 H17-16

理由　仮に，悪人Ｚが登記名義人Ａに成りすましてオンライン申請の方法で登記を申請した場合，オンラインの方法でＺのパソコンに事前通知を送っても，登記義務者の本人確認にはまったく役立たない。Ａに成りすましたＺが「はい，確かに登記を申請しました，間違いございません」と申し出て，虚偽の登記がされてしまう。

➡　あくまで事前通知は，**登記名義人の登記記録上の住所に宛てて通知をすることに意味がある。**いきなり事前通知を送られたＡが，「えっ，そんな登記してないよー」ということで，虚偽の登記申請を見破ることができる。

・　事前通知は，登記義務者の現在の住所，すなわち登記名義人の登記記録上の住所に宛てて発送する。

➡　登記義務者が申し出た別の住所に対して発送することはできない。

H27-13　・　通知の相手方が自然人である場合には，事前通知は，本人限定受取郵便の方法で通知する（不登規§70Ⅰ①）。

➡　相手方が法人である場合は，書留郵便等の方法でする（同Ⅰ②）。

5　事前通知の相手方

通常は，登記義務者本人に対して事前通知を発する。

一方，登記義務者の法定代理人が登記を申請した場合には，登記官はその法定代理人に対して事前通知をする。

∵　実際に登記を申請した者の本人確認をする必要があるから。

①　未成年者が登記義務者となる登記について，その親権者が未成年者を代理して，登記識別情報を提供せずに申請した場合，登記官は親権者に対して事前通知を発する。

②　相続人以外の第三者に対する遺贈による所有権の移転の登記を遺言執行者が申請するときは，登記官は遺言執行者に対して事前通知を発する。

H27-13　③　会社が登記義務者となる登記については，会社の本店に対して事前通知をすることもできるし，申出があればその会社の代表者の個人の住所に宛てて事前通知を発することもできる（不登規§70Ⅰ，不登準§43Ⅱ）。

プラス アルファ

登記義務者に対する通知が受取人不明を理由に返送された場合

申出期間の満了前であれば，申請人は再発送の申出をすることができる。ただし，この場合でも，申出期間は最初に通知書を発した日から起算される。

6　申請の内容が真実である旨の申出

登記官からの事前通知がされた場合，**登記義務者が一定の期間内に「申請の内容が真実である」旨の申出をすることによって，登記が実行される**（不登§23Ⅰ）。

➡　申請は，最初に登記を申請した段階で正式に受け付けられ，受付番号が付される。だから，その時点で順位が確保される。 R4-17 H17-16

(1)　申出をする期間

H23-13

通常の場合 ➡　登記官が事前通知を**発した日から２週間**（不登規§70Ⅷ）。 登記義務者の住所が外国にある場合 ➡　登記官が事前通知を発した日から４週間（同Ⅷただし書）。

プラス アルファ

起算するのは，通知を“発した”日。

(2)　申出の方法

①　その登記申請がオンライン申請の方法でされた場合

➡　登記義務者の申出もオンラインですることを要する(不登規§70Ⅴ①)。 H23-13

プラス アルファ

オンライン申請の特例方式の方法（不登令附§５Ⅰ）で申請した場合は，少し話が異なる（不登規附§25)。

②　その登記申請が書面申請の方法でされた場合

➡　登記官から送られてきた通知書に，「申請の内容が真実である」旨を記載し，記名し，申請書又は委任状に押したのと**同一の印鑑を押して**，登記所に提出する（不登規§70Ⅴ②)。 R4-17 H28-25

プラスアルファ

この通知書に押すべき印鑑は，申請書又は委任状に押したのと同一のものであることを要するが，登記申請後，申出をするまでの間に印鑑を改印したときは，申出と同時に改印後の印鑑の証明書を提出すれば，適法な申出として扱われる（先例昭35.6.21－1469）。

⑶　その他

①　登記義務者が会社等の法人である場合

➡　登記申請に間違いない旨の申出は，当該法人の代表者がする。

プラスアルファ

法人の代表者が複数存する場合は，登記申請をした代表者以外の代表者が，その資格を証する情報（会社法人等番号）等を提供して，申出をすることができる（不登準§46Ⅱ）。

②　登記義務者が未成年者等である場合

・　未成年者本人が登記を申請し，未成年者に対して事前通知がされたときは，未成年者本人が登記申請に間違いない旨の申出をすることを要する。

➡　法定代理人が未成年者に代理して申出をすることはできない（先例昭36.1.14－110）。

・　法定代理人が未成年者を代理して登記を申請し，法定代理人に対し事前通知がされた場合は，原則として申出も法定代理人がすることを要する。

➡　ただし，申出期間内に登記義務者である未成年者が成年に達した場合は，登記義務者本人が申出をすることもできる（先例昭36.1.14－20）。

③　申出をする前に登記義務者が死亡した場合

➡　登記義務者の相続人全員が相続を証する情報等を提供して，登記申請に間違いない旨の申出をすることができる（不登準§46Ⅰ）。

プラスアルファ

H19-14　この申出は登記申請義務の履行の一環であるので，相続人全員が申出をすることを要する（同Ⅰ）。

7　前の住所への通知を要する場合

(1)　意　義

登記識別情報を提供せずに所有権に関する登記の申請がされた場合において，かつて登記義務者の住所についての変更の登記がされているときは，法務省令で定める場合を除き，現在の（変更の登記後の）住所に宛てて通知をする他，前の（変更の登記前の）住所に宛てても通知をすることを要する（不登§23Ⅱ）。

ケーススタディ

権利部（甲区）（所有権に関する事項）			
順位番号	登記の目的	受付年月日・受付番号	権利者その他の事項
1	（省略）		
2	所有権移転	令和3年2月10日 第2000号	原因　令和3年2月10日売買 所有者　東京都新宿区新橋一丁目3番4号 A
付記1号	2番登記名義人住所変更	令和5年8月4日 第8000号	原因　令和5年8月1日住所移転 住所　東京都中野区豊玉三丁目2番1号

このような登記がされた後，登記識別情報を提供せずにAからBへの売買による所有権の移転の登記の申請がされたときは，登記官は，Aの現在の住所（中野区）に宛てて通知を発する他，前の住所（新宿区）に宛てても通知を発することを要する。

考え方　これは一見すると不思議な規定であるが（Aは中野に引っ越したんだから，新宿に通知をしても受取人がいないでしょ？　と思うかもしれないが），きちんと理由はある。

➡　簡単に言うと，プロの悪人対策。

➡　不動産を乗っ取ろうと思っている悪人Zが，Aについて（虚偽の）住所変更の登記をして，そこに事前通知を送らせ，ZがAに成りすまして申出をして虚偽の所有権の移転の登記がされてしまうことを防止するための策。

重要!

前の住所への通知が必要となる要件

①　登記義務者の「住所」について変更の登記がされていること
➡　氏名の変更の場合は関係ない。

R3-12
H27-13
②　所有権に関する登記であること
∵　所有権は大事な権利なので，より慎重に登記義務者の本人確認をすべきだから。

③　法務省令で省略が認められていないこと
➡　法務省令で定める一定の場合には，前の住所への通知を要しない（不登規§71Ⅱ）。詳しくは以下の(2)。

(2)　法務省令で定める場合（前の住所への通知が不要な場合）

①　住所の変更の原因が，行政区画の変更等である場合（不登規§71Ⅱ①）
➡　これは，行政側の都合で住所に変更が生じた場合。

R4-17
H23-13
②　所有権に関する登記を申請する日が，最後に住所変更の登記がされた日から既に３か月を経過している場合（同②）
∵　３か月以上という時間をかけて悪さをすることはないであろうといえるから。

H23-13
③　登記義務者が法人である場合（同③）

H27-13
④　資格者代理人が登記義務者の本人確認をした場合（不登§23Ⅳ①）で，これによって申請人が登記義務者本人であることが確実であると認めることができる場合（同④）

注意！　資格者代理人が登記義務者の本人確認をした場合（不登§23Ⅳ①），又は公証人によって本人確認の認証がされた場合（同②）は，現在の住所に対する事前通知をすることを要しないが，所有権に関する登記の場合の前の住所に対する通知を省略することはできない。
∵　不動産登記法23条４項は，資格者代理人の本人確認等があったときは，同条“１項は”適用しないと規定している。２項については触れていない。

しかし，資格者代理人が本人確認をした場合で，さらに“申請人が登記義務者本人であることが確実であると認められる場合”に限って，前の住所への通知も省略される。

【参考】資格者代理人による本人確認情報の見本

本人確認情報

さいたま地方法務局御中

令和５年６月１日

当職は，本件登記申請の代理人として，以下のとおり申請人が申請の権限を有する登記名義人であることを確認するために必要な情報を提供する。

東京都新宿区高田馬場一丁目２番３号

司法書士　原口　直樹　職印

（登録番号　東京司法書士会　第・・・・・号）

1　登記の目的　所有権移転

2　不動産　さいたま市浦和区北浦和三丁目２番３の土地

3　登記識別情報を提供できない理由　　失効

4　申請人　登記義務者

住　　所　さいたま市浦和区北浦和二丁目４番３号

氏　　名　坪　井　元　気

生年月日　昭和43年６月21日生

5　面談の日時・場所・状況

日時　令和５年６月１日午前10時00分（曇天）

場所　当職事務所

状況　登記義務者が本件不動産を売却するにあたり，登記申請の必要書類の事前確認を行うため，当職が面談した。

同席者　岡野ハウジング浦和営業所　横山蟹男

6　申請人との面識の有無　面識がない

7　面識がない場合における確認資料

当職は，申請人の氏名を知らず，かつ面識がないため，申請人から下記確認資料の提示を受け，確認した。

確認資料の特定事項及び有効期限

・　第１号書類

名称　埼玉県公安委員会発行の運転免許証　写真付

写し添付の有無　有り

特定事項　別添写しのとおり

8　登記名義人であることを確認した理由
上記の本人確認書類につき，以下のとおり確認した。
運転免許証の写真により，本人との同一性を確認し，その外観，形状に異状がないことを視認した。また，住所，氏名，年齢，干支等の申述を求めたところ，正確に回答した。
(1)　規則に定める書類以外の書類確認
本件物件を取得した際の書面並びに本件物件との関連性を確認できる下記の書類の提示を受け，本人であることを確認した。
・　物件相続時の遺産分割協議書・　相続税申告書
・　固定資産税納付領収書
(2)　面談時の聴取事項
・　(一部省略)
・　その他疑義を生ずる事情等は存在しなかった。

H30-14　・　この本人確認情報と併せて，作成者が司法書士であることを証する情報も提供することを要する（不登規§72Ⅲ）。

第4節　登記原因証明情報

権利の登記を申請するときは，申請人は申請情報と併せて，**登記原因を証する情報（登記原因証明情報）を提供することを要する**（不登§61，不登令§7Ⅰ⑤ロ）。

1　総　説

登記原因証明情報とは，登記すべき物権変動の原因となった法律行為又はその他の法律事実の存在並びにこれにより権利が変動したことを確認することができる情報。

【例】　売買による所有権の移転の登記の場合は，○と×の間で年月日にある不動産についての売買契約がされた。そして所有権が移転した，といったことが記載された書面（記録された電磁的記録）。

2　登記原因証明情報を提供する趣旨

申請された登記について，申請どおりの権利変動が生じているのかを登記官に形式的に審査させて，**不正確な登記を防止**しようということ。

プラスアルファ

ただし，この登記原因証明情報は，公証人等の公の人に認証してもらう必要がなく，また書面により作成した場合でも押印や印鑑証明書の添付は要求されていないので，これによって100%真実に当該法律行為及び権利変動が生じたことの証明とはならない。

3　登記原因証明情報の内容

登記原因証明情報とするためには，最低限，以下のことが明らかにされていることを要する。

①　対象である不動産
②　当事者
③　契約等の日付
④　権利変動が生じたこと，及びその権利変動の時期

重要!

たとえば売買による所有権の移転の登記を申請する場合，上記①から④までの要件を満たしていれば「売買契約書」を登記原因証明情報として提供することができるし，また契約書とは別に登記所に提出する用の「登記原因証明情報」というものを作成し，これを提供することもできる。

【売買契約書とは別に「登記原因証明情報」という書面を作成した場合の見本】

> 登記原因証明情報
>
> 1　登記申請情報の要綱
>
> (1)　登記の目的　所有権移転
>
> (2)　登記の原因　令和５年７月１日売買
>
> (3)　登記申請人　権利者　（買主）　住所省略　株式会社Ｂ
>
> 　　　　　　　　義務者　（売主）　住所省略　Ａ
>
> (4)　不動産の表示
>
> 　所在　新宿区四谷五丁目
>
> 　地番　４番３
>
> 　地目　宅地
>
> 　地積　100.00㎡
>
> 2　登記の原因たる事実又は法律行為
>
> (1)　Ａと株式会社Ｂは，令和５年７月１日，本件不動産を株式会社Ｂに売り渡す契約をした。
>
> (2)　同日，株式会社Ｂは，Ａに対して上記売買代金の全額を提供し，Ａはこれを受領した。
>
> (3)　よって，本件不動産の所有権は，同日，株式会社Ｂに移転した。
>
> 令和５年７月１日　　東京法務局新宿出張所　御中
>
> 上記の登記原因のとおり相違ありません。
>
> （買主）　住所省略　株式会社Ｂ　代表取締役　ｂ　㊞
>
> （売主）　住所省略　Ａ　㊞

4　登記原因証明情報の作成者

(1)　原　則

権利変動の原因となる法律行為等をした当事者が作成する。

∵　登記原因を証する情報だから，登記原因となる法律行為等をした当事者が作成するのは当然。

プラスアルファ

本来ならば，登記権利者と登記義務者の双方（権利変動の当事者全員）が登記原因証明情報を作成すべきであるが，最低限，登記義務者が登記原因証明情報の作成に関わっていれば足りるとされている。

【例】「私Ａは年月日に甲土地をＢに売り渡し，同日に所有権が移転しました」といった，売主（登記義務者）が１人で作成したものでも差し支えない。

(2)　単独申請による登記の場合

単独申請による登記を申請する場合は，登記原因証明情報として市区町村長，登記官その他の公務員が職務上作成した情報を提供することを要する（若干の例外はある）。

理由　不動産登記の申請は，共同申請主義という原則がとられている（第７章「２」）。

∵　その登記をすることによって登記上直接に不利益を受ける者を登記の申請に関与させ，不正確な登記を防止するため。

だから，権利者と義務者が共同で申請する登記については，共同申請という申請構造そのものによって，登記の正確性が確保される（登記義務者の登記識別情報を提供するから）。そのため，登記原因証明情報として公務員が職務上作成した情報を提供することを要しない。

➡　売主や買主といった一般人が作成した書面で差し支えない。

しかし，登記権利者等が単独で申請する登記については，その登記によって不利益を受ける登記義務者が登記の申請に関与しないのだから，申請構造によっては登記の正確性が確保されない。だから，この場合には，登記原因証明情報として公務員が職務上作成した情報の提供が要求されている。

具体例

①　相続による権利の移転の登記

➡　相続を証する市区町村長その他の公務員が職務上作成した情報及びそ

の他の登記原因を証する情報（不登令別表22添付情報欄）。

➡　戸籍事項の証明書等

②　合併による権利の移転の登記

➡　合併を証する登記官その他の公務員が職務上作成した情報（不登令別表22添付情報欄）。

➡　会社の登記事項証明書（会社法人等番号）

③　登記手続を命ずる確定判決に基づいて単独で申請する場合

➡　執行力のある確定判決の判決書の正本（不登令§７Ⅰ⑤ロ(1)）。

④　登記名義人の氏名，名称又は住所の変更の登記

➡　氏名もしくは名称又は住所について変更があったことを証する市区町村長，登記官その他の公務員が職務上作成した情報（不登令別表23添付情報欄）。

➡　住民票の写し等

5　登記原因証明情報の提供を要しない場合

権利の登記を申請するときは，申請情報と併せて登記原因を証する情報を提供することを要するが，一定の場合にはその提供を要しない。

①　不動産登記法69条の２の規定による買戻特約の登記の単独抹消（不登令§７Ⅲ①）
②　所有権の保存の登記（敷地権付き区分建物について転得者の名義で申請する場合を除く，不登令§７Ⅲ②）
H17記述　③　仮処分の登記に後れる第三者の登記の単独抹消（同③④⑤）

・　混同による登記の抹消を申請する場合で，混同が生じたことが登記記録から明らかであるときは，登記原因証明情報の提供を省略することができる（質疑登研690Ｐ221）。

第5節　会社法人等番号

会社等の法人が登記の申請人となる場合，実際には法人の代表者が登記を申請する（司法書士に登記申請の委任をする）。

この場合は，申請情報と併せて，その法人の**会社法人等番号**を提供する（不登令§7Ⅰ①イ）。

そして，会社法人等番号を提供して登記の申請がされたときは，登記官は，その会社法人等番号に基づいて当該法人の登記の記録（役員欄）を見て，「確かに登記を申請している人が当該法人の代表者である」と確認する。

➡ 株式会社等の法人の登記においては，その法人の代表者（代表取締役等）が登記されている。つまり，法人の登記の記録を見れば，その法人の代表者が分かる。

・ 会社法人等番号の提供に代えて，当該法人の登記事項証明書（ただし作成後3か月以内のものに限る）を提供することもできる（不登規§36ⅠⅡ）。 R2-15 H28-18

プラスアルファ

その法人が，会社法人等番号を有していないときは，その代表者の資格を証する情報を提供することを要する（不登令§7Ⅰ①ロ）。

プラスアルファ

会社法人等番号は添付情報の1つであるが，実際には申請書に当該法人の会社法人等番号を記載する方法により提供する。

第6節　代理人の権限を証する情報

1　意　義

登記の申請は，代理人からすることができる。代理人が登記を申請するときは，申請情報と併せてその代理人の権限を証する情報を提供することを要する（不登令§７Ⅰ②）。

理由　本当に申請権限（登記申請の代理権）がある人が登記を申請しているのか，ということを証明する必要がある。

2　代理人の種類

前述（第８章第４節）のとおり，この代理人には「法定代理人」と「任意代理人」がある。

法定代理人→　未成年者の親権者，成年後見人，不在者の財産管理人，破産管財人，遺言執行者等

任意代理人→　司法書士等

3　法定代理人の権限を証する情報

⑴　親権者の権限を証する情報→　戸籍事項の証明書

➡　戸籍には，親や子が記録されている。

⑵　特別代理人の選任を要する場合

①　意　義

親権を行う父又は母とその親権に服する未成年の子との利益が相反する行為については，親権を行う者は未成年者を代理することができず，その子のために特別代理人を選任することを家庭裁判所に請求しなければならない（民§826Ⅰ）。

そして，特別代理人が未成年者を代理して，親権者等との間で法律行為をする。

②　利益相反行為に該当する場合

・　親権者とその親権に服する未成年の子との間の不動産の売買。

∵　親権者の所有する不動産を子供に高く売りつける，あるいは未成年者の所有する不動産を安く買いたたくといったおそれがある。

・　親権者の債務を担保するため，その親権に服する未成年の子の所有する不動産に抵当権を設定すること（最判昭37.10.2）　H16-24
∵　親の借金を返済するため，子の所有する不動産が差し押さえられ，競売にかけられてしまうおそれがある。

・　第三者の債務について親権者が連帯保証人となっている場合に，その債務を担保するために，親権に服する未成年の子の所有する不動産に抵当権を設定すること（最判昭45.12.18，質疑登研517 P 195）

・　親権者とその親権に服する未成年の子が相続人である場合に遺産分割協議をすること（先例昭28.4.25－697）　H12記述
∵　親と子の間で財産を取り合う関係となる。

③　利益相反行為に該当しない場合

・　親権者の所有する不動産を子に贈与すること（質疑登研526 P 192）　H20-14
∵　親権に服する子は不利益を受けない。

・　親権者と子が不動産を共有する場合に，親権者が子を代理して当該不動産を第三者に売却すること（先例昭23.11.5－2135）

・　親権者が子を代理して（子の名義で）第三者から金銭を借り受け，その債務を担保するために子の所有する不動産に抵当権を設定すること
∵　子自身の債務を担保するために抵当権を設定しているので，親権者との間で利益が相反するわけではない。

・　親権者以外の第三者の債務を担保するため，親権者と子の共有する不動産に抵当権を設定すること（先例昭37.10.9－2819）　H4-18
∵　第三者の債務を担保するわけだから，親権者と子の間では利益が相反しない。

・　親権者が代表取締役を務める会社の債務を担保するため，その親権に服する未成年の子の所有する不動産に抵当権を設定すること（先例昭36.5.10－1042）　H13-13

∵　抵当権を設定することによって利益を受けるのは会社であって，親権者個人ではない。つまり，親権者と子の間で直接に利益が相反するわけではない。

④　登記の手続

H28-14 特別代理人が未成年者を代理して法律行為をした場合，その特別代理人が未成年者を代理して登記を申請するのが通常であるが，意思能力ある未成年者本人が登記を申請することもでき，また**利益の相反する行為をした親権者が未成年者を代理して登記を申請することもできる**。

∵　登記を申請すること自体は利益が相反する関係とはならない。

・　特別代理人が未成年者を代理して登記を申請するときは，特別代理人の権限を証する情報として，家庭裁判所による選任の審判がされたことを証する情報（**選任審判書**）を提供する。

(3)　その他の代理人の権限を証する情報

H28-14

代理人	権限を証する情報
成年後見人	後見登記等ファイルの登記事項証明書
不在者の財産管理人	家庭裁判所の選任審判書
相続財産の清算人	家庭裁判所の選任審判書
破産管財人	裁判所の破産管財人の選任を証する書面

4　司法書士への委任を証する情報

申請人が司法書士に対して登記の申請を委任したときは，その委任を証する情報を提供する（不登令§７Ⅰ②）。

➡　書面により登記を申請するときは，**「委任状」**。

・　**委任状の記載事項**

①　委任者の氏名及び住所
②　登記申請に係る不動産の表示
③　委任事項（登記すべき権利変動の内容）
④　委任年月日
⑤　受任者の氏名及び住所

5　代理権限を証する書面の有効期限

代理権限を証する書面で，市区町村長，登記官その他の公務員が職務上作成したものについては，**作成後３か月以内のもの**であることを要する（不登令§17Ⅰ）。 R4-16 H23-25

【例】 未成年者の法定代理人である親権者の権限を証する戸籍事項の証明書は，作成後3か月以内のものであることを要する。

6　代理権不消滅の規定が適用される場合の手続

(1)　意　義

委任による登記申請の代理人（司法書士）の権限は，以下の事由によっては消滅しない（不登§17）。 H28-14 H21-15 H19-21

- 本人の死亡
- 本人である法人の合併による消滅
- 本人である受託者の信託の任務終了
- 法定代理人の死亡もしくは代理権の消滅もしくは変更

プラス アルファ

法定代理人には，法人の代表者も含まれる（先例平5.7.30－5320）。 R4-20

(2)　手続（委任をした本人が死亡した場合，先例平6.1.14－366）

基準例　AからBへの所有権の移転の登記について，Aが司法書士Sに対して登記の申請を委任し，委任状及び印鑑証明書を交付したが，Sが実際に登記を申請する前にAが死亡し，CがAを相続した。そして，Sは登記申請前にAが死亡したことを知った。

➡ **SはAから受けた委任に基づいて，登記を申請することができる。** H6-27

➡ 改めて，相続人Cから登記申請の委任を受ける必要はない。

①　申請情報の内容として提供する申請人 H21-15 H12-14

登記義務者として，「亡A相続人　C」のように提供する（不登令§3⑪ロ）。

∵　登記を申請する前に登記義務者が死亡しているから。

考え方　SはAからの委任に基づいて登記を申請するので，Aの表示を提供すれば足り，Ｃの表示は不要のようにも思える。しかし，Ａが死亡し，その登記申請義務をＣが承継していることに変わりはないので（民§896)，申請人として相続人Ｃの表示を提供する。

➡　“代理権が消滅しない”ということと“相続人が義務を承継する”ということは分けて考える必要がある。

H21-15
H12-14
②　申請人が相続人であることを証する情報（不登令§７Ⅰ⑤イ）

Ａの登記申請義務をＣが承継し，申請情報の内容としてＣの表示を提供するので，「登記義務者Ａが死亡してＣが相続した」ことを証する情報を提供する。

H21-15
③　代理人の権限を証する情報（委任状，不登令§７Ⅰ②）

ＡからＳへの委任状を提供する。

∵　Ａが死亡してもＳの登記申請の代理権は消滅せず，ＳはＡからの委任に基づいて登記を申請するから。

H12-14
➡　Ｃから委任状を貰う必要はない。

H21-15
④　書面申請の場合の印鑑証明書（不登令§18Ⅱ）

Ｓは，Ａからの委任に基づいて登記を申請し，Ａの委任状を申請情報と併せて提供することになるので，その委任状に押印した**Ａの印鑑証明書**を提供する。

第7節　印鑑証明書

1　意　義

書面によって登記を申請する場合，申請人は，法務省令で定める場合を除き，申請書又は司法書士への委任状に記名押印し，その押した印鑑に関する証明書（印鑑証明書）を提供することを要する（不登令§16，18）。

➡　申請を受け付けた登記官は，申請書又は委任状に押された印鑑の印影と，印鑑証明書により証明された印影を照合し，両者がピタリと一致していることを確認する（一致していなければ申請を却下する）。

理由　印鑑証明書は，（原則として）市区町村に印鑑を登録した本人しかとることのできないもの。Aの印鑑証明書はA本人しかとることができない。

だから，AからBへの所有権の移転の登記を申請する場合に，Aが申請書又は委任状に実印を押して，その印鑑証明書を提供すれば，本当に登記義務者であるA本人が登記を申請しているということができる。

➡　登記義務者の本人確認（悪人による成りすましの防止），登記申請意思を確認するために提供する。

プラスアルファ

申請人（登記権利者や登記義務者）が自分で申請書を作成して登記を申請するときは，申請人は“申請書に”記名押印する。

一方，申請人が司法書士に対して登記の申請手続について委任をして，司法書士が申請書を作成して登記を申請するときは，申請人は司法書士への“委任状に”記名押印する。

➡　実際のところ，権利に関する登記の大部分は司法書士が代理して申請しているので，基本的に「申請人は委任状に記名押印し，その印鑑証明書を提供する。」と考えて差し支えない。以下，委任状に押印するものとして話を進める。

①　自然人の印鑑証明書については，住所地の市区町村長が作成したものを添付することを要する（不登令§16Ⅱ，18Ⅱ）。

②　法人の印鑑証明書については，登記官が作成したものを添付することを

要する（不登令§16Ⅱ，18Ⅱ）。

➡　ただし，後述するとおり，事実上，法人の印鑑証明書は提供不要とされている（以下の2(1)①）。

プラスアルファ

詳しくは商業登記法で学習するが，法人の代表者は，登記所に，印鑑を届け出ることができる。そして，登記官が，法人の代表者としての印鑑証明書を作成することができる（商登§12Ⅰ）。

③　この印鑑証明書は，**作成後3か月以内のもの**であることを要する（不登令§16Ⅲ，18Ⅲ）。

2　印鑑証明書の提供を要しない場合

不動産登記令の条文では，「原則として印鑑証明書を提供すべきだが，法務省令で定める場合にはその提供を要しない」という規定の仕方をとっている。

だから，ほとんどすべての申請人の印鑑証明書の提供が必要だと考えてしまうが，実際のところ，“法務省令で定める場合**（印鑑証明書の提供を要しない場合）”はたくさんある。**

(1)　法務省令で定める場合（すなわち印鑑証明書の提供を要しない場合）

R4-16　①　法人の代表者の印鑑証明書を添付すべき場合で，申請情報の内容として当該法人の会社法人等番号を提供したとき（不登規§48①，49Ⅱ①）

考え方　登記所には，法人の代表者が届け出た印鑑に関するデータが保管されている。だから，印鑑証明書を添付しなくても，登記所に保管されている印鑑のデータに基づいて，印鑑の照合をすることができる。

➡　法人を特定するために，会社法人等番号を提供する。

・　添付情報の表示として，「印鑑証明書（会社法人等番号9999－01－111111）」のように提供する。

プラスアルファ

会社等の法人が登記の申請人となるときは，ほぼ確実に会社法人等番号を提供するので，**事実上，法人の代表者の印鑑証明書は提供不要**ということになる。

H23-26　②　押印した委任状について，公証人又はこれに準ずる者の認証を受けた場合

∵　公証人が認証したということは，この委任状が真正に作成されたということができるので，これ以上の真正担保（印鑑証明書の提供）は不要。

③　裁判所によって選任された者が，その職務として登記を申請する場合に，委任状に押した印鑑について裁判所書記官が作成した印鑑証明書を提供した場合　H17-25
　➡　印鑑証明書は，本来ならばその"住所地の市区町村長が"作成したものであることを要するが，上記の場合には"裁判所書記官が"作成したものでも差し支えないとされている。

【例】　破産管財人が破産財団に属する不動産を任意売却した場合の所有権の移転の登記。

【例】　不在者の財産管理人，相続財産の清算人，成年後見人についても，裁判所書記官が作成した印鑑証明書を提供することができる（質疑登研815 P 171）。

・　裁判所書記官が作成した印鑑証明書を提供する場合は，作成後３か月以内のものであることを要しない（質疑登研815 P 171）。

④　申請人が不動産登記規則47条３号ホに該当する場合
　不動産登記法21条の規定により登記識別情報の通知を受けることになる申請人は，委任状に記名押印することを要するが（不登令§18 I，不登規§49 I ②，規47③ホ参照），この者の印鑑証明書の提供は不要。
∵　登記によって利益を受ける者であるから，敢えて印鑑証明書を提供させてまで本人確認，登記申請意思の確認をする必要はない（そこまで慎重にならなくてもいい）。

＋ アルファ

ちなみに，登記識別情報の通知を受けることのない登記権利者（登記名義人となるわけではない登記権利者）については，そもそも委任状に記名押印しなくてもいいので（不登規§47，49 I 参照），当然，印鑑証明書の提供も要しない。

重 要 ●・・・・・・・・・・・・・・・・・・・・・・・・・・・・・・
つまり，登記権利者については，印鑑証明書を提供することを要しないということ。

➡　条文の規定の仕方はちょっと面倒だが，とにかく登記権利者となる者は印鑑証明書を提供することを要しない。

⑤　申請人が不動産登記規則47条３号イからニのいずれにも該当しない場合

すなわち，以下に掲げるいずれにも該当しない場合は，印鑑証明書の提供を省略することができる。

(イ)　所有権の登記名義人（仮登記の登記名義人を含む）であって，次の登記を申請するもの

(i)　当該登記名義人が登記義務者となる登記（抵当権の債務者の変更の登記を除く）

(ii)　共有物分割禁止の定めによる所有権の変更の登記

(iii)　所有権の保存の登記の抹消

(iv)　信託法３条３号の規定によってされた信託による変更の登記

(v)　仮登記の抹消（法110条の規定により所有権の仮登記の登記名義人が単独で申請する場合に限る）

(vi)　合筆の登記，合体による登記等又は建物の合併の登記

(ロ)　所有権の登記名義人であって，本来ならば提供すべき登記識別情報（不登§22）を提供することなく抵当権の債務者の変更の登記を申請するもの

(ハ)　所有権以外の権利の登記名義人であって，本来ならば提供すべき登記識別情報（不登§22）を提供することなく当該登記名義人が登記義務者となる権利に関する登記を申請するもの

(ニ)　所有権以外の権利の登記名義人であって，本来ならば提供すべき登記識別情報（不登§22）を提供することなく当該登記名義人が信託法３条３号の規定によってされた信託による変更の登記を申請するもの

重要!

この⑤は，以下に掲げる者のいずれにも該当しない場合は，印鑑証明書の提供を要しない，という分かりづらい規定になっている。

だから，裏を返して，「以下に掲げる者は印鑑証明書の提供を要する」と覚えた方が早い。

つまり，

(イ)　所有権の登記名義人（仮登記の登記名義人を含む）であって，次の登記を申請するもの

(i)　当該登記名義人が登記義務者となる登記（抵当権の債務者の変更の登記を除く）

➡　**所有権の登記名義人が登記義務者となる登記を申請するときは，その登記義務者（つまり所有権の登記名義人）の印鑑証明書を提供することを要する。**

【例】　AからBへの売買による所有権の移転の登記を申請するときは，申請情報と併せて登記義務者Aの印鑑証明書を提供する。

➡　Bは登記権利者なので，印鑑証明書の提供は不要。

・　**抵当権の債務者の変更の登記**を申請するときは，登記義務者である所有権の登記名義人の**印鑑証明書を提供することを要しない。** H28-17 H12-27

∵　抵当権の債務者が変わっても，抵当権の優先弁済権についてまったく影響がなく（設定者が特に不利益を受けるわけではなく），大して重要な登記ではないから。

アルファ

根抵当権の債務者の変更の登記を申請するときは，登記義務者である所有権の登記名義人の印鑑証明書を提供することを要する（原則どおり）。

∵　根抵当権の債務者が変わると，根抵当権の被担保債権がガラッと変わることになるので，根抵当権の債務者の変更の登記は大事な登記。

(ii)　共有物分割禁止の定めによる所有権の変更の登記

➡　共有物分割禁止の定めによる所有権の変更の登記は，共有者（共有登記名義人）全員が共同で申請するが（不登§65），**その全員の印鑑証明書を提供することを要する。** H30-18 H23-26

(iii)　所有権の保存の登記の抹消

➡　所有権の保存の登記の抹消は，所有権の登記名義人が単独で申請するが（不登§77），その申請人の印鑑証明書を提供することを要する。 H23-26

(iv)　信託法3条3号の規定によってされた信託による変更の登記

➡　不動産を信託財産として信託法3条3号の規定による信託（自己信

託）がされたときは，委託者（＝受託者）が単独で自己信託による変更の登記を申請するが，その申請人の印鑑証明書を提供することを要する。

(v) 仮登記の抹消（法110条の規定により所有権の仮登記の登記名義人が単独で申請する場合に限る）

➡ 所有権に関する仮登記の抹消は，仮登記の際の登記識別情報を提供して仮登記の登記名義人が単独で申請することができるが（不登§110），その申請人の印鑑証明書を提供することを要する。

(vi) 合筆の登記，合体による登記等又は建物の合併の登記

➡ 合筆等の登記は表示に関する登記なので，司法書士の試験とはあまり関係ない。

(ロ) 所有権の登記名義人であって，本来ならば提供すべき登記識別情報（不登§22）を提供することなく抵当権の債務者の変更の登記を申請するもの

➡ 抵当権の債務者の変更の登記を申請するときは，通常ならば印鑑証明書の提供は不要であるが，“本来ならば提供すべき登記識別情報を提供できないとき”は，登記義務者の印鑑証明書を提供することを要する。

考え方　登記識別情報の提供による登記義務者の本人確認ができないので，印鑑証明書を提供させて登記義務者の本人確認をする。

H25-15
H17-25

(ハ) 所有権以外の権利の登記名義人であって，本来ならば提供すべき登記識別情報（不登§22）を提供することなく当該登記名義人が登記義務者となる権利に関する登記を申請するもの

➡ **所有権以外の権利の登記名義人が登記義務者となる登記で，本来ならば提供すべき登記識別情報を提供しないで登記を申請する場合は，登記義務者（つまり所有権以外の権利の登記名義人）の印鑑証明書を提供することを要する。**

【例】　ＸからＹへの債権譲渡による抵当権の移転の登記を申請する場合に，申請情報と併せてＸの登記識別情報を提供できないときは，Ｘの印鑑証明書を提供することを要する。

重要❗

所有権以外の権利の登記名義人が登記義務者となる登記を申請する場合，申請情報と併せて登記義務者の登記識別情報を提供すれば，登記義務者の印鑑証明書を提供することを要しない。

(ニ)　所有権以外の権利の登記名義人であって，本来ならば提供すべき登記識別情報（不登§22）を提供することなく当該登記名義人が信託法3条3号の規定によってされた信託による変更の登記を申請するもの

(2)　官公署が委任した場合

官公署が登記を嘱託する場合は，委任状に押した印鑑についての印鑑証明書を提供することを要しない（不登令§18Ⅳ）。 H30-18 H2-26

3　法定代理人が委任した場合

不動産登記令18条では，復代理人によって登記を申請する場合，"代理人"が委任状に記名押印することを要し（1項），その者の印鑑証明書を提供することを要する（2項）と規定している。

ここにいう"代理人"は，法定代理人と考えていい。 H17-25

【例】　未成年者Aが登記義務者となる登記について，その親権者XがAを代理して，司法書士Sに対して登記申請の委任をした。

➡　実際に登記申請の委任をした法定代理人Xが，Sに対する委任状に記名押印する。そして，Xの印鑑証明書を提供する。

その他の法定代理人の例

①　成年後見人
②　遺言執行者
③　破産管財人 H12-27

プラスアルファ

被保佐人が登記義務者となる登記を申請するときは，被保佐人自身が登記を申請するので，被保佐人の印鑑証明書を提供する。

∵　被保佐人は自ら登記申請ができる（成年被後見人とは異なる）。

4　外国人や外国に居住する日本人が申請人となる場合

外国においては，（基本的に）ハンコを押すという習慣（制度）がない。だから，外国人が登記の申請人となる場合，記名押印や印鑑証明書の提供を要求することができない。

また，外国に居住する日本人も，日本に住所がないわけだから，日本の市区町村に印鑑を登録して印鑑証明書を発行してもらうことができない。

このように，委任状に実印を押してその印鑑証明書を提供することができないようなときは，**委任状に申請人が署名をして，その委任状について公証人又はこれに準ずる者の認証を受けるという方法**がある（不登規§47②）。

そうすれば，委任状への記名押印が不要となり，つまり印鑑証明書の提供も不要となる。

・　外国人が登記義務者となる登記を申請する場合，印鑑証明書の提供に代えて，申請書又は委任状の署名が本人のものであることの当該外国官憲の証明書を提出することができる（先例昭34.11.24－2542）。

H20-17　➡　この証明書については，作成後３か月以内のものであることを要しないとされている（先例昭48.11.17－8525）。

H28-17 H20-17　・　外国人であっても，日本に住所を有している場合は，市区町村に印鑑を登録して，その印鑑証明書を提供することもできる（先例昭35.4.2－787）。

第8節　申請人が一般承継人(相続人)であることを証する情報

登記権利者，登記義務者又は登記名義人として登記を申請する者が登記を申請する前に死亡したときは，その相続人が被相続人に代わって登記を申請することができる（一般承継人からする登記，不登§62）。

・　申請人である会社が，登記を申請する前に合併により消滅した場合も同様。

このように，本来の申請人の相続人（承継会社）が申請するときは，申請情報と併せて，申請人が相続人（承継会社）であることを証する市区町村長，登記官その他の公務員が職務上作成した情報を提供することを要する（不登令§7Ⅰ⑤イ）。 H15-20

相続人が申請する場合	→	戸籍事項の証明書等	＊
承継会社が申請する場合	→	承継会社の登記事項証明書（会社法人等番号）	

＊　戸籍事項の証明書に代えて，法定相続情報一覧図の写しを提供することもできる（不登規§37の3）。

第9節　登記原因についての第三者の許可，同意又は承諾を証する情報

登記原因につき第三者の許可，同意又は承諾を要するときは，申請情報と併せてその許可等を証する情報を提供することを要する（不登令§７Ⅰ⑤ハ）。

➡　ちゃんと許可等を得て，適法に権利変動が生じたことを証明する必要がある。

理由　無効な権利変動の登記を防止し，もって当該不動産につき取引関係に入ろうとする第三者を保護するため。

登記原因につき第三者の許可，同意又は承諾を要する場合とは

⑴　第三者の許可等が，登記原因である法律行為の効力要件となっている場合
⑵　第三者の許可等がないと，登記原因である法律行為につき取消事由が存する場合

⑴　第三者の許可等が，登記原因である法律行為の効力要件となっている場合

【例】　農地の売買における農業委員会の許可

➡　農地を売買した場合，契約だけでは所有権は移転せず，農業委員会の許可（農地法所定の許可）を得て初めて所有権が移転する（農地§３Ⅰ）。つまり，農地法所定の許可は，登記原因である売買の効力要件。

したがって，売買の効力が生じ，適法に所有権が移転したことを証するために，農地法所定の許可を証する情報を提供することを要する。

⑵　第三者の許可等がないと，登記原因である法律行為につき取消事由が存する場合

【例】　未成年者の法律行為に対する親権者の同意

➡　未成年者が法律行為（不動産の売買等）をするためには，親権者の同意を得ることを要する（民§５Ⅰ）。つまり，親権者の同意は登記原因である売買について必要な同意といえるので，申請情報と併せてその同意を証する情報を提供することを要する。

第9節の1　農地法所定の許可を証する情報

1　意　義

農地や採草放牧地について所有権を移転し，又は地上権，永小作権，質権，使用貸借による権利，賃借権もしくはその他使用及び収益を目的とする権利を設定し，もしくは移転する場合には，原則として**農地法所定の許可を得ることを要する**（農地§３Ⅰ）。

理由　農地を農地として保護するための政策的な判断。

畑をつぶして家を建てられたら国としても困るので，その人が農地を使用収益するにふさわしい人物かを判断して許可を出す。

農地法所定の許可は，これら法律行為の効力要件であるので，その登記を申請するときは，申請情報と併せて**農地法所定の許可を証する情報を提供することを要する**（不登令§７Ⅰ⑤ハ）。

・　ただし，農地の所有権を移転させる場合でも，必ず農地法所定の許可を得ることを要するというわけでもない。法律行為によらず所有権が移転する場合等，一定の場合には許可を得ることを要しない。具体的には以下で解説する。

2　農地の所有権の移転の登記において，農地法所定の許可を証する情報を提供することの要否

(1)　売買，贈与，死因贈与，買戻し･･･

R4-19
H21-13

許可を得ることを要する。そして，許可を証する情報を提供することを要する。

∵　当事者間の意思表示による所有権の移転だから。

(2)　相　続

相続によって農地の所有権が移転することについては，**農地法所定の許可を得ることを要せず**，登記を申請するにあたって許可を証する情報を提供することを要しない。　H24-23

∵　当事者間の意思表示によって所有権が移転するのではなく，死亡によって法律上当然に被相続人に属した権利が相続人に移転するものだから（民§896）。

相続について“許可”という第三者の行為が介入する余地はない。

(3)　合併，会社分割

許可は不要（会社分割につき質疑登研648 P 197）。

∵　相続と同様に，包括的な権利の承継だから。

H9-26　(4)　遺産分割

許可は不要（農地 § 3 Ⅰ⑫，質疑登研233 P 72）。

∵　相続による権利の取得と同視できるから。

(5)　相続分の譲渡

H6-19　①　他の共同相続人以外の第三者に対して相続分の譲渡をした場合は，許可を得ることを要する（質疑登研541 P 138）。

∵　相続分の譲渡は，意思表示による農地の移転といえるから。

H30-21
H14-15　②　他の共同相続人に対して相続分の譲渡をした場合は，許可を得ることを要しない（最判平13.7.10）。

∵　他の共同相続人に対して相続分を譲渡した場合は，譲渡を受けた者は相続によって農地を取得したのと同視できるから。

(6)　遺　贈

①　特定遺贈

許可を得ることを要する（先例昭43.3.2－170）。

∵　遺言者の意思表示に基づく農地の移転といえるから。

プラス アルファ

H31-14　・　受遺者が遺言者の相続人であるときは，許可は不要（農地 § 3 Ⅰ⑯，農地規 § 15⑤）

∵　相続による権利の取得と同視できるから。

②　包括遺贈

H26-21　許可を得ることを要しない（農地 § 3 Ⅰ⑯，農地規 § 15⑤）。

∵　包括遺贈を受けた者は相続人と同一の権利義務を有するので（民 § 990），相続による権利の取得と同視できるから。

H21-13　(7)　共有物分割

許可を得ることを要する（先例昭41.11.1－2979）。

∵　共有物分割は，持分の売買又は交換と同視できる（最判昭42.8.25）。すなわち意思表示による持分の移転といえる。

(8)　共有持分放棄　R2-18 H21-13

許可は不要（先例昭23.10.4－3018）。

∵　持分放棄の場合は，いわゆる意思表示による権利の移転とはいえない。

共有者は,「自分は持分を放棄する」という意思表示をしただけ。そして，この効果として“法律上当然に”放棄された持分が他の共有者に移転する(民§255)。「農地の持分を他の共有者に移転させる」という意思表示ではない。

➡　法律上当然に移転するので，許可という第三者の行為が介入する余地はない。

(9)　時効取得　H31-17 H24-23

許可は不要（先例昭38.5.6－1285）。

∵　一定期間の占有継続によって法律上当然に所有権が移転するので，許可という第三者の行為が介入する余地はない。

(10)　財産分与

①　当事者間の協議による農地の財産分与　H21-13

許可を得ることを要する（質疑登研523 P 138）。

∵　当事者間の意思表示による権利の移転といえるから。

②　調停又は裁判に基づく農地の財産分与　R4-19 H21-13

許可を得ることを要しない（農地§３Ⅰ⑫）。

∵　裁判所が関与した形で権利の移転が生じているから。

(11)　民法第958条の２の規定による特別縁故者への財産分与　H20-14

許可は不要（農地§３Ⅰ⑫）。

∵　裁判所が関与した形で権利の移転が生じているから。

(12)　真正な登記名義の回復　H14-15

①　従前の所有権の登記名義人に対して所有権の移転の登記を申請する場合

許可を得ることを要しない。

∵　かつて適法に農地を所有したことのある者だから，許可を得ることを要しないとされた。

表　題　部（土地の表示）			不動産番号	【略】
所　在	伊勢原市緑町		余　白	
①地　番	②　地　目	③地　積　㎡	原因及びその日付〔登記の日付〕	
31番	畑	300	【略】	

権　利　部（甲　区）　（所　有　権　に　関　す　る　事　項）			
順位番号	登記の目的	受付年月日・受付番号	権利者その他の事項
1	所有権移転	平成22年7月10日 第7000号	原因　平成22年7月10日売買 所有者　A
2	所有権移転	平成26年9月11日 第9000号	原因　平成26年9月11日売買 所有者　B
3	所有権移転	平成30年3月9日 第3000号	原因　平成30年3月9日売買 所有者　C

➡　CからAに対して「真正な登記名義の回復」を登記原因として所有権の移転の登記を申請するときは，農地法所定の許可を証する情報を提供することを要しない。

②　かつてその不動産について登記名義を取得したことのない者に対して所有権の移転の登記を申請する場合

原則として許可を得ることを要する（先例昭40.12.9－3435）。

∵　その者が農地を所有するにふさわしい人物か判断する必要がある。

【例】　上記のとおり登記された土地について，CからXに対して「真正な登記名義の回復」を原因として所有権の移転の登記を申請するときは，農地法所定の許可を証する情報を提供することを要する。

・「相続」による所有権の移転の登記がされている土地（農地）について，「真正な登記名義の回復」を登記原因として，他の相続人（かつてその不動産について登記を取得したことがない者）に対して所有権の移転の登記を申請するときは，農地法所定の許可を証する情報を提供することを要しない（先例平24.7.25－1906）。

∵　その者は，相続によって農地の所有権を取得したといえるから。

H21-13

⒀　委任の終了

許可は不要（先例昭58.5.11－2983）。

∵　ただ単に代表者に変更が生じただけであり，実質的な所有者に変動はないから。

まとめ

許可書の提供を要する	許可書の提供を要しない
・　売買，贈与，死因贈与，買戻し ・　相続人以外の第三者に対する相続分の譲渡 ・　相続人以外の第三者に対する特定遺贈 ・　遺産分割による贈与 ・　共有物分割 ・　協議による財産分与 ・　真正な登記名義の回復を登記原因として，従前の登記名義人以外の者に対してする移転の登記（例外あり） ・　民法第646条第２項による移転	・　相続，合併，会社分割 ・　他の共同相続人に対する相続分の譲渡 ・　包括遺贈，相続人に対する特定遺贈 ・　遺産分割 ・　共有持分放棄 ・　調停，裁判による財産分与 ・　真正な登記名義の回復を登記原因として，従前の登記名義人に対してする移転の登記 ・　民法第958条の２の審判 ・　委任の終了 ・　時効取得

3　その他

①　所有権の移転の原因を贈与として農地法所定の許可を得た場合，申請情報の内容として登記原因を「売買」と提供して，所有権の移転の登記を申請することはできない（先例昭40.12.17－3433）。 H4-31

②　農地について「売買」を登記原因としてＡからＢへの所有権の移転の登記がされている場合に，これをＢ・Ｃの共有名義と更正する登記を申請するときは，農地法所定の許可を証する情報を提供することを要する（質疑登研444Ｐ107）。 H4-31

∵　売買によりＣが農地の所有権（持分）を取得したことになるから。

③　農地について「相続」を登記原因としてＡからＢへの所有権の移転の登記がされている場合に，これをＢ・Ｃの共有名義と更正する登記を申請するときは，農地法所定の許可を証する情報を提供することを要しない（質疑登研417Ｐ104）。

∵　②の場合と異なり，Cは相続により農地の所有権（持分）を取得したことになるから。

H4-31　④　農地を買い受けた者として数人が記載されている農地法所定の許可を証する情報を提供して，そのうちの1人に対する所有権の移転の登記の申請がされた場合，その申請は却下される（質疑登研448 P 132）。

H4-31　⑤　農地法所定の許可を証する情報に記載されている地積が，登記記録上の地積と相違している場合でも，当該土地の地番その他の表示により土地の同一性が認められる場合は，その所有権の移転の登記の申請は受理される（先例昭37.6.26－1718）。

R4-19 H24-23　⑥　農地についての売買契約が解除され，所有権の移転の登記の抹消を申請する場合，その解除が当事者間の合意によるものであり，**「合意解除」**を登記原因とするときは，登記の抹消において農地法所定の許可を証する情報の**提供を要する**（先例昭31.6.19－1247）。

H21-13　一方，法定解除による抹消であり，**「解除」**を登記原因とする場合は農地法所定の許可を証する情報の**提供を要しない**（同先例）。

∵　合意解除の場合は，新たな当事者間の権利変動と同視することができるから。

H29-22 H11-19　⑦　農地の地下に工作物（水道管）を設置するために地役権（地上権）を設定した場合，その地役権の設定の登記の申請情報と併せて，農地法所定の許可を証する情報を提供することを要する（先例昭44.6.17－1214）。

∵　農地を使用収益する権利の設定といえる。

H24-23　⑧　農地を目的として抵当権の設定の登記を申請する場合，申請情報と併せて農地法所定の許可を証する情報を提供することを要しない。

∵　抵当権者は，抵当権の目的である不動産を使用収益することはできない。

第9節の2　株主総会又は取締役会の承認を証する情報

これは，株式会社とその会社の取締役との間で利益が相反する（利害が衝突する）取引をする場合のお話。

1　利益相反取引

株式会社の取締役は，次に掲げる場合には，株主総会において当該取引につき重要な事実を開示し，その承認を受けなければならない(会§356Ⅰ)。なお，当該株式会社が取締役会を設置する会社（会§２⑦）である場合には，株主総会ではなくて取締役会において承認を受けることを要する（会§365Ⅰ)。

> ①　取締役が自己又は第三者のために株式会社と取引をしようとするとき。
> ②　株式会社が取締役の債務を保証することその他取締役以外の者との間において株式会社と当該取締役との利益が相反する取引をしようとするとき。

➡　この①と②は，一般に「利益相反取引」と呼ばれるもの。

【例】　たとえば，会社と取締役の間で，会社の所有する不動産をその取締役に売り渡す契約をする場合（上記①に該当する)，取締役がその地位を利用して，不当に安い値段で売買がされるおそれがある。

それではマズいので，こういった会社と取締役の利益が相反する取引(取締役がその地位を利用し，自己又は第三者の利益のために会社の利益を犠牲にするおそれのある取引)をしようとするときは，株主総会(取締役会）に重要な事実を開示し，その承認を受けることを要するとされた。

プラスアルファ

この承認は，利益相反取引がされた後にしてもよい（事後承認，東京高判昭34.3.30)。

➡　この場合は，最初からその取引は有効であったことになるので，登記の原因日付に影響を与えることはない（東京高判昭46.7.14)。 H20-15

2　承認を要する場合の具体例

＊　以下の事例は，取締役会を設置する株式会社とする。

①　甲会社の所有する不動産を，その（代表）取締役Aに売り渡す契約をすることは，利益相反取引に該当する。

➡　利益相反取引の典型的事例。

∵　取締役がその地位を利用して，自己のために会社の利益を犠牲にする（不当に安く売り渡す）おそれのある取引といえる。

H22-26　②　代表取締役を同じくする甲会社及び乙会社について，甲会社の所有する不動産を乙会社に売り渡す契約をすることは，**両方の会社において**利益相反取引に該当する（先例昭37.6.27－1657）。

∵　甲会社の立場で見ると，代表取締役は第三者（乙会社）のために会社と取引をしていることになり，同様に乙会社の立場から見ても，代表取締役は第三者（甲会社）のために会社と取引をしていることになるから。

H26記述　③　甲会社の取締役がＡＢＣＤ，代表取締役がA，乙会社の取締役がＡＢＣＤＥ，代表取締役がEである場合において，甲会社の所有する不動産を乙会社に売り渡す契約をすることは，**乙会社において**利益相反取引に該当する（質疑登研517Ｐ195）。

∵　乙会社にとって，「取締役（A）が，第三者（甲会社）のために株式会社（乙会社）と取引をしようとするとき」に該当する。

➡　乙会社の立場で見ると，「うちの会社の取締役Aが，第三者である甲会社を代表して（甲会社の社長として），甲会社のためにうちと取引をしている」ので，乙会社にとって利益が相反する取引といえる。

プラスアルファ

甲会社の立場で見ると，「取引の相手方である乙会社の代表取締役Eは，うちとはまったく関係ない人物（甲会社の取締役ではない人物）なので，利益が相反することはない。」といえる。

Aは，相手方である乙会社の取締役を務めているが，別に乙会社を代表して取引をしているわけではない。

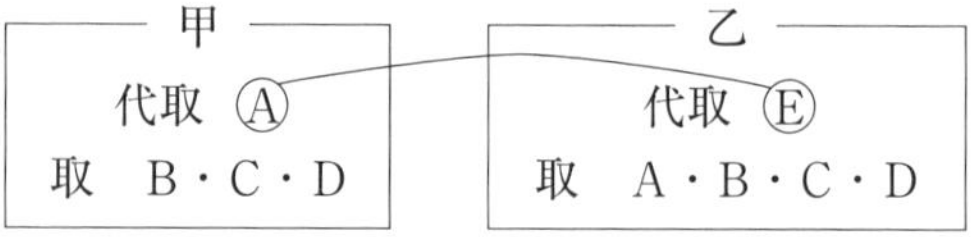

④　甲会社の代表取締役がAである場合において，Aの個人の債務を担保するため，甲会社の所有する不動産に（根）抵当権を設定することは，利益相反取引に該当する（先例昭28.10.1－1333）。 H7記述

∵　（代表）**取締役の債務を会社が物上保証する場合**に該当する。社長の個人の借金のために会社の不動産が取り上げられる（競売にかけられる）おそれがあるわけだから，当然，利益相反取引に該当する。

⑤　甲会社及び乙会社の代表取締役がともにAである場合において，甲会社の債務を担保するために乙会社の所有する不動産に抵当権を設定することは，**乙会社において**利益相反取引に該当する（先例昭35.8.4－1929，昭52.3.16－1620）。 R2-26 H25-14 H22-26

∵　乙会社の立場で見ると，うちの代表取締役Aが債務者というわけではないが，Aが代表者を務める甲会社が債務者なので，A個人の利益と同視することができる。

∵　甲会社の立場で見ると，(本来なら自分が担保を提供するべきだけど)，代わりに乙会社が担保を差し出してくれたので，うちにとって利益であり，利益相反の関係ではない。

⑥　甲会社の所有する不動産に，甲会社を債務者として根抵当権の設定の登記がされている場合において，元本確定前に根抵当権の債務者を甲会社の代表取締役Aと変更することは，利益相反取引に該当する（質疑登研382 P82）。 H12-13

∵　以後，代表取締役Aが個人的に負担した債務を，会社の不動産をもって担保することになるから。

⑦　甲会社及び乙会社の代表取締役がともにAである場合において，甲会社の所有する不動産に，甲会社の債務を担保するため，乙会社の抵当権の設定の仮登記がされている。そして，この仮登記について，解除を原因として抹消するときは，乙会社において利益相反取引に該当する（質疑登研539 P154）。 H25-14 H18-22

3　承認を要しない場合の具体例

①　甲会社の代表取締役がAB，乙会社の代表取締役がACである場合において，Bが甲会社を，Cが乙会社を代表して不動産の売買契約をすることは，両社にとって利益相反取引とならない（先例昭52.11.14－5691）。 R4-19 H22-26

∵　Ａは，両社の代表取締役であるが，実際に契約をしているのはＢとＣであり，Ａは顔を出していない。だから，「取締役が，自己又は第三者のために株式会社と取引をしようとするとき」には該当しない。

R2-26
H元-29
②　会社の債務を担保するため，（代表）取締役個人の所有する不動産に抵当権を設定することは，利益相反取引とならない（先例昭41.6.8－397）。

∵　会社の債務を担保してくれるのだから，会社にとって利益といえる。

H元-29
③　甲会社の所有する不動産に，甲会社を債務者として抵当権の設定の登記がされた後，甲会社の代表取締役Ａが甲会社の債務を引き受け，抵当権の債務者をＡとする変更の登記を申請するときは，取締役会の承認を受けることを要しない（先例昭41.6.8－397）。

∵　会社の債務を取締役が引き受けてくれたので，会社にとって利益といえる。

注意！　元本確定前の根抵当権の債務者の変更と抵当権の債務者の変更では，考え方がぜんぜん違う。

4　利益相反取引に基づく登記の申請

利益相反取引に対する株主総会（取締役会）の承認は，登記原因について必要な第三者の承認といえる。

したがって，利益相反取引に基づく登記を申請するときは，申請情報と併せて株主総会（取締役会）の承認を得たことを証する情報（株主総会議事録等）を提供することを要する（不登令§７Ⅰ⑤ハ）。

・　利益相反取引を承認した取締役会の議事録を提供する場合，その議事録には，代表取締役は登記所への届出印を，その他の取締役は個人の実印を押印する（先例昭45.8.27－454）。

➡　個人の実印を押した取締役は，その印鑑証明書も添付する（不登令§19Ⅱ，先例昭39.4.6－1287）。

H25-15
➡　この印鑑証明書については，原本還付の請求をすることができない。

5　その他

①　特例有限会社（会社整備§２）とその取締役の間で利益の相反する取引をするときは，株主総会において承認の決議を受けることを要する（会社整備§２Ⅰ，会§356Ⅰ）。

② 合名会社の業務を執行する社員の個人の債務を担保するため，会社の所有する不動産に抵当権を設定する場合は，(定款に別段の定めがある場合を除き)他の社員の過半数の承認を得ることを要する（会§595Ⅰ）。 H元-29

第9節の3　その他の登記原因についての第三者の許可等を証する情報

1　未成年者の法律行為に関する親権者の同意を証する情報

未成年者が法律行為をするためには，（一定の例外を除き）親権者の同意を得ることを要する（民§５Ⅰ）。

そのため，未成年者の法律行為に基づく登記を申請するときは，申請情報と併せて**親権者の同意を証する情報**を提供することを要する。

プラスアルファ

未成年者が売買契約等の法律行為をすることについては親権者の同意を得ることを要するが，未成年者が“登記を申請すること”については親権者の同意を得ることを要しない（第８章第４節）。 H14-17

∵　登記を申請することは，新たな私法上の法律行為をすることではないから。

2　不在者の財産管理人や相続財産の管理人等が家庭裁判所の許可を得て法律行為をした場合の裁判所の許可を証する情報

不在者の財産管理人，相続財産の管理人（清算人）は，保存行為，（性質を変えない）利用，改良行為しかすることができない（民§103，28，897の２Ⅱ，953)。しかし，家庭裁判所の許可を得たときは，この権限を超える行為をすることができる（民§28)。

この家庭裁判所の許可は，登記原因について必要な第三者の許可といえる。したがって，財産管理人等がその権限を超える行為をして，それに基づいて登記を申請するときは，申請情報と併せて**家庭裁判所の許可を証する情報**を提供することを要する。

重要！

裁判所の許可を証する情報を提供するのは，財産管理人（清算人）が家庭裁判所の許可を得て法律行為をした場合。

H31-15 H29-16 H19-12
➡　一方，被相続人が生前に売却していた不動産について相続財産の清算人が買主とともに所有権の移転の登記を申請するような場合は，清算人の法律行為ではなく単なる債務の履行であるので，家庭裁判所の許可を得ることを要せず，申請情報と併せてその許可を証する情報を提供することを要しない（先例昭32.8.26－1610）。

【例】　Ａは生前に甲土地をＢに売却したが，その登記を申請する前に死亡した。Ａに相続人は存在しないので，Ｘが相続財産の清算人に選任された。そして，ＸがＢと共同でＡからＢへの所有権の移転の登記を申請する場合，家庭裁判所の許可を証する情報を提供することを要しない。

H29-18
・　成年後見人が，成年被後見人の居住用の不動産を売却したことによる所有権の移転の登記を申請するときは，申請情報と併せて家庭裁判所の許可を証する情報を提供することを要する（民§859の３）。

3　その他いくつか

H20記述
・　破産管財人が破産財団に属する不動産を任意売却した場合の裁判所の許可を証する情報
・　所有者不明土地管理人が，所有者不明土地管理命令の対象である土地を第三者に売却した場合の裁判所の許可を証する情報
H30記述
・　区分地上権を設定するに際しての土地利用権者等の承諾を証する情報
H5記述
・　根抵当権を譲渡するに際しての根抵当権設定者等の承諾等を証する情報
H16記述
・　根抵当権の極度額を変更するに際しての利害関係人の承諾を証する情報
H元記述
・　担保権の順位の変更をするに際しての利害関係人の承諾を証する情報

第9節の4　記名押印・印鑑証明書

登記原因についての第三者の同意又は承諾を証する情報が書面によって作成されたときは，法務省令で定める場合を除き，作成者はこれに記名押印し，その押した印鑑についての証明書（**印鑑証明書**）を提供することを要する（不登令§19Ⅱ）。

➡ 登記官は，同意書等に押された印鑑の印影と，印鑑証明書により証明された印影を照合し，両者がピタリと一致していることを確認する。

理由 書面の真正を担保するために提供する。

・ 特別の規定がないので，印鑑証明書は作成後3か月以内のものでなくても差し支えない。 R5-25

・ 法人が承諾書を作成した場合は，その法人の会社法人等番号を申請情報の内容とすれば，その代表者の印鑑証明書を提供することを要しない（不登規§50Ⅱ，48①）。

➡ 承諾書には，法人の代表者が記名押印をする必要があるが（不登令§19Ⅰ），その印鑑証明書を提供することを要しない。

➡ 登記官が，登記所の内部に保管されている印鑑のデータに基づいて，印鑑の照合をする。

・ 承諾等を証する情報が電磁的記録で作成された場合は，作成者がこれに電子署名し（不登令§12Ⅱ），その電子証明書も提供することを要する（不登令§14）。 H17-17

第10節　住所を証する情報

1　意　義

以下の登記を申請するときは，申請情報と併せて所有者又は登記権利者の住所を証する情報を提供することを要する（不登令別表30添付情報欄ハ等）。

- 不動産の表題登記（司法書士の試験とは関係ない）
- 所有権の保存の登記
- 所有権の移転の登記

理由　所有者として登記される者の住所に過誤がないこと，及び虚無人名義の登記がされることを防止するため。

H5-26　① 既に死亡した者の名義で所有権の移転の登記を申請するときは，その者の最後の（死亡した時の）住所を証する情報を提供する（先例昭41.2.12－369）。

➡ いわゆる住民票の除票の写しを提供する。

② 所有権以外の権利の登記の申請においては，住所を証する情報を提供することを要しない。

③ 官公署を登記権利者として所有権の移転の登記を嘱託する場合，嘱託情報と併せて官公署の住所を証する情報を提供することを要しない（先例昭36.4.19－895）。

アルファ

H19-12　官公署が義務者，一般人が権利者となる所有権の移転の登記を嘱託するときは，権利者の住所を証する情報を提供することを要する（先例昭43.4.1－290）。

2　住所証明情報の内容

① 自然人の場合→
- 住民票の写し
- 戸籍の附票の証明書
- 印鑑証明書（先例昭32.5.9－518）

プラス アルファ

印鑑証明書を“住所証明情報として”提供することができる。印鑑証明書には，その人の住所が記載されているから。

・　印鑑証明書を住所証明情報として提供する場合は，不動産登記令16条3項，18条3項の規定は適用されないので，作成後3か月以内という制限はない。 H20-17

②　法人の場合→　当該法人の登記事項証明書（会社法人等番号，先例昭32.3.27－615，不登令§9，不登規§36Ⅳ）。 H28-18

3　提供を省略できる場合

①　申請情報と併せて，住民基本台帳法に規定する住民票コードを提供したときは，住所を証する情報を提供することを要しない（不登令§9，不登規§36Ⅳ）。

②　オンライン申請の方法により登記を申請する場合で，申請人が電子証明書（不登規§43Ⅰ①）を提供したときは，その電子証明書の提供をもって，その者の現在の住所を証する情報の提供に代えることができる（不登規§44Ⅰ）。

第11節　登記上の利害関係を有する第三者の承諾又はその者に対抗することができる裁判があったことを証する情報

登記を申請するときに，申請情報と併せて，登記上の利害関係を有する第三者が作成したその承諾を証する情報，又はその者に対抗することができる裁判があったことを証する情報（以下，「承諾等を証する情報」という）を提供すべき場合がある。

重要!

この"登記上の利害関係を有する第三者の承諾等を証する情報"は，前述（第9節）の"登記原因についての第三者の承諾を証する情報"とはまったく違うので，しっかり区別すること。

➡ "登記原因についての第三者の承諾を証する情報"は，登記原因，つまり契約をするに当たって第三者の承諾が必要な場合の話。

➡ 一方，"登記上の利害関係を有する第三者の承諾等を証する情報"は，契約をするに当たっては第三者の承諾は特に要求されていないが，登記をするに当たって第三者の承諾が必要な場合の話。

1　承諾等を証する情報を必ず提供することを要する場合

H16-27 ①　登記の抹消（不登§68，不登令別表26添付情報欄ト）
H16-27 ②　抹消された登記の回復（不登§72，不登令別表27添付情報欄ロ）
③　所有権に関する仮登記に基づく本登記（不登§109Ⅰ，不登令別表69添付情報欄イ）
④　登記の一部の抹消の実質を有する更正の登記

2　承諾等を証する情報の提供が任意の場合

・　権利の変更，更正の登記（不登令別表25添付情報欄ロ）

➡ この場合は，承諾等を証する情報を提供したときは変更（更正）の登記は付記登記でされ（不登§66），提供しなかったときは主登記でされる。

3　記名押印，印鑑証明書

登記上の利害関係を有する第三者が，その承諾を証する情報を書面によって作成したときは，法務省令で定める場合を除き，作成者が記名押印し，その押した印鑑についての証明書（印鑑証明書）を提供することを要する（不登令§19）。

∵　書面の真正を担保するため。

・　特別の規定がないので，印鑑証明書は作成後３か月以内のものであること を要しない。 H25-15

第12節　添付情報その他

H20-27　①　オンライン申請の方法で登記を申請する場合で，添付情報として登記事項証明書を提供すべきときは，これに代わる情報を送信して登記を申請することができる（不登令§11）。

➡　具体的には，法務大臣の定めるところに従い，登記事項証明書の提供に代えて，登記官が電気通信回線による登記情報の提供に関する法律２条１項に規定する登記情報の送信を同法３条２項に規定する指定法人から受けるために必要な情報を送信する（不登令§11）。

H30-14　➡　当該不動産の不動産番号を提供しただけでは足りない。

②　申請人（その法定代理人や代表者を含む）が申請情報又は司法書士に対する委任を証する情報に電子署名し，電子証明書を提供する場合，その電子証明書の有効性は「申請の受付時」を基準として判断されるが，それ以外に必要とされる電子証明書の有効性については，原則として「電子署名が付された時」を基準として判断するものとする（先例平17.2.25－457）。

H12-14　③　添付書面が外国文字で作成されている場合は，その訳文も併せて提供することを要する（先例昭33.8.27－1738）。

H5-24　➡　この訳文は，申請代理人が作成したものでも差し支えない（先例昭40.6.18－1096）。

第13節　添付情報の省略（援用）

同一の登記所に対し，同時に数個の登記を申請する場合において，各申請で共通する添付情報があるときは，その添付情報は1つの申請情報と併せて登記所に提供すれば足りる（不登規§37 I）。

そして，それ以外の申請情報においては，「（当該添付情報は）他の申請情報と併せて提供した」旨を提供することを要する（同II）。 H30-14

【例】　XからAへの甲土地の所有権の移転の登記とYからAへの乙土地の所有権の移転の登記を同時に申請するときは，1つの申請情報（たとえば甲土地の移転の登記の申請情報）と併せてAの住民票の写しを提供すれば足りる。

そして，乙土地の移転の登記の申請情報においては，「住所証明情報（前件添付）」と提供すれば足りる。

理由　同時に登記を申請するのに，同じ情報を2つ提供させるのはある意味無駄といえるので，こうした省略が認められた。

・　**添付情報を省略するための要件**

①　同時に数個の登記を申請すること
②　数個の登記について共通する添付情報を提供する場合であること

①　同時に数個の登記を申請すること

数個の登記を時間的に同時に申請すること。

②　数個の登記について共通する添付情報を提供する場合であること

“共通する添付情報”とは，住民票の写しや印鑑証明書など，単に同じ情報を提供する場合であれば無条件に省略が認められるというわけではなく，法令上の根拠も同じくしなければならない。

【例】　A名義とする甲建物の所有権の保存の登記とA所有の乙土地を目的としたBの抵当権の設定の登記を書面で同時に申請する場合に，保存の登記の申請情報と併せてAの住所を証する情報（不登令別表28添付情報欄ニ）として印鑑証明書を提供したときでも，これをもって抵当権の設定の登記の申請情報と併せて提供すべき印鑑証明書（不登令§

16Ⅱ，18Ⅱ）の提供を省略することはできない（先例昭32.6.27－1220参照)。

∵　同じAの印鑑証明書を提供する場合であるが，両者の添付根拠(不登令別表28と不登令§16Ⅱ，18Ⅱ）が異なるから。

H3-15

・　相続による所有権の移転の登記において提供された遺産分割協議書に添付された印鑑証明書を，同時に申請する抵当権の設定の登記の登記義務者の印鑑証明書として援用することはできない（質疑登研505Ｐ215参照)。

∵　この場合も，両者の添付根拠(先例昭30.4.23－742と不登令§16Ⅱ，18Ⅱ）が異なる。

H3-15

・　数個の登記を書面によって同時に申請する場合に，各登記の申請情報と併せて同一の登記上の利害関係を有する第三者の承諾書を提供するときは，当該第三者の印鑑証明書（不登令§19Ⅱ）は承諾書の１通に添付すれば足り，その他の承諾書については添付を省略することができる(先例昭47.4.13－1439)。

第14節　原本還付

1　意　義

書面によって登記を申請した場合の申請人は，申請情報と併せて提供した添付書面（CD-R等を除く）の原本の還付を請求することができる（不登規§55Ⅰ本文）。

理由　書面によって登記を申請した場合，原則として添付書面は登記所に保管され，申請人に還付されない。そうすると，申請人がそれらの書面を再度使用したいと思ったら，またそれらの書面を作成したり官公署に請求しなければならない。

そこで，このような負担を軽減するために，原本還付という制度が設けられた。

プラスアルファ

オンライン申請の方法で登記を申請する場合は，情報をすべてパソコンから送信するものであり，書面を提出するわけではないので，原本還付ということもあり得ない。 H24-14

➡　ただし，オンライン申請の特例方式の方法で登記を申請した場合で，添付情報を書面で提出したときは，その添付書面については原本還付の請求をすることができる（不登規附§24Ⅱ）。

2　原本還付の請求ができない場合

(1)　原本還付の請求ができない場合 R2-26

申請書や委任状に押した印鑑に関する証明書（不登令§16Ⅱ，18Ⅱ），あるいは同意，承諾を証する書面に押した印鑑に関する証明書（不登令§19Ⅱ）については，原本還付の請求をすることができない（不登規§55Ⅰただし書）。 H29-17 H25-15 H19-16

考え方　印鑑証明書は，登記義務者の本人確認等のために重要な役割を果たす書面であるが，近年，カラーコピーの精度が上がり，印鑑証明書が偽造されるおそれがある。そのため，原本を申請人に還付して登記所に保管されていないという状況は好ましくないといえる。したがって，一定の場合に提供する印鑑証明書については原本還付の請求ができないとされた。

R5-26　また，**当該登記申請のためにのみ作成された委任状その他の書類についても，原本還付の請求はできない**（同ただし書）。

∵　“この登記申請”のためにのみ作成された書面なので，原本を返してもらっても他に使い道がない。

(2)　具体的に

①　AからBへの売買による所有権の移転の登記を申請する場合に，Aの印鑑証明書（不登令§16Ⅱ，18Ⅱ）について原本還付の請求をすることはできない。

②　全部譲渡による根抵当権の移転の登記を申請する場合に，申請情報と併せて提供する設定者の承諾書に添付された印鑑証明書（不登令§19Ⅱ）について，原本還付の請求をすることはできない。

H29-17 H19-16　③　相続の登記の申請情報と併せて提供された遺産分割協議書に添付された印鑑証明書（先例昭30.4.23－742）については，原本還付の請求をすることができる。

∵　この印鑑証明書は，不登令§16Ⅱ，18Ⅱ，19Ⅱに基づいて添付された印鑑証明書ではないから。

④　仮登記の登記義務者の承諾書を提供して仮登記の登記権利者が単独で仮登記を申請する場合（不登令別表68添付情報欄ロ），その仮登記の登記義務者の承諾書について原本還付の請求をすることはできない。

∵　この承諾書は，“当該登記申請のためにのみ作成された書面”といえる。

⑤　登記義務者の登記識別情報を提供できないため，資格者代理人による本人確認情報を提供して登記を申請する場合（不登§23Ⅳ①），その本人確認情報について原本還付の請求をすることはできない。

∵　“当該登記申請のためにのみ作成された書面”といえる。

プラスアルファ

R5-26　本人確認情報に押した印鑑（司法書士の職印）に関する証明書については，原本還付の請求をすることができる。

∵　この印鑑証明書は，“原本還付ができない印鑑証明書”には該当しない。

3　原本還付の方法

原本還付の請求は，登記申請の際にすることを要する。

➡　登記が完了した後に原本還付の請求をすることはできない。

原本還付を請求するためには，原本とともに，「原本に相違ない」旨を記載した謄本を提出することを要する（不登規§55Ⅱ）。

➡　この謄本の作成方法は，コピーでも差し支えない。

・　原本還付の請求があったときは，登記官は，原本とその謄本を照合し，登記の完了後に原本を申請人に還付する（同Ⅲ）。 R5-26

➡　謄本を登記所が保管する。

➡　ただし，偽造された書類その他の不正な登記の申請のために用いられた疑いがある書類については，還付することができない（同Ⅴ）。 R4-18

4　相続関係を証する書面の原本還付

原本還付を請求する場合は，原本とそっくりそのままの謄本を提出する必要があるが，相続関係を証する書面については簡易な取扱いが認められている。

理由　相続関係を証する戸籍事項の証明書等は，その量が膨大になることも多いので，これらすべてを謄写していたらかなりの手間がかかってしまうから（コピー代もばかにならない）。

具体的には，相続関係を証する戸籍事項の証明書等の原本還付を請求する場合には，その謄本の提出に代え相続関係説明図を提出すれば足りる（先例昭39.11.21－3749）。

被相続人　甲野太郎　相続関係説明図

住所・本籍　（省略）
死亡　令和４年10月３日
被相続人　甲野太郎

住所　（省略）
出生　昭和48年６月３日
相続人　甲野一郎

相続人　　甲野花子
住所　（省略）
出生　昭和20年２月21日

相続を証する書面は還付した

アルファ

この相続関係説明図は，法定相続情報一覧図とは異なる。「相続関係説明図」は，戸籍事項の証明書の原本還付の請求をするために司法書士等が作成したものであり，特に登記官等の認証を受けたものではない。

アルファ

相続関係説明図の提出によって原本を還付することができるのは，戸籍全部（個人）事項証明書や除籍の謄（抄）本のみであり，遺産分割協議書等の原本還付の請求をするためには，その謄本を提出する必要がある（先例平17.2.25－457）。

第15節　オンライン申請の特例方式について

1　オンライン申請の方法についての確認とその問題点

(1)　オンライン申請の方法の確認

オンライン申請（不登§18①）の方法で登記を申請するときは，申請人は，申請情報だけでなく，添付情報についてもインターネットを利用して“送信”する方法で提供することを要する（不登令§10）。

➡　添付情報が記載された書面（添付書面）を提出する形でオンライン申請はできない（のが原則）。

また，添付情報の作成者は，添付情報に電子署名し，電子証明書も提供することを要する（不登令§12Ⅱ，14）。

(2)　問題点

現時点では，添付情報として提供すべき情報について電子化されていないもの（電磁的記録として送信ができないもの）がたくさんあり，また，電子証明書をすぐに用意できる個人も多くない。

➡　そのため，オンライン申請の方法はほとんど利用されていなかった。

で，これではマズいということで，オンライン申請の方法を利用しやすくするために，特例が設けられた。

➡　それが，オンライン申請の特例方式。

2　オンライン申請の特例方式

オンライン申請の方法で登記を申請する場合において，**添付情報（登記識別情報を除く。）が書面に記載されているとき**は，不動産登記令10条及び12条2項の規定にかかわらず，当分の間，**その添付情報が記載された書面を登記所に提供する形で登記を申請することができる**（不登令附§5Ⅰ）。

重要！

申請情報はオンラインで送信するが，添付情報は書面を登記所に提出する形で登記を申請することができる。

➡　添付情報を書面で提供することができるということは，その添付情報については電子署名が不要であり，電子証明書も提供する必要がない。そのため，オンライン申請の方法で登記を申請しやすくなった。

実際，特例方式が認められて以降，オンライン申請の方法による登記申請の数が飛躍的に伸びた。

プラス アルファ

オンライン申請の特例方式は，文字どおり“特例の”方式。

➡　条文上も「当分の間」と規定されている（不登令附§５Ⅰ）。

また，条文自体も，添付情報の提供の仕方等を定めた不動産登記令10条や12条２項が改正されたわけではなく，不動産登記令の附則で規定されている。

3　登記識別情報について

オンライン申請の特例方式の方法で登記を申請する場合でも，**登記識別情報は「送信」の方法で提供する必要がある**（不登令附§５Ⅰかっこ書）。

➡　登記識別情報を記載した書面を提出する方法で申請することはできない。

∵　登記識別情報は，12桁のアラビア数字その他の符号の組合せ（たとえば「12A43F43G65J」）であるので，それを入力すれば済むことだから。

4　登記原因証明情報について

オンライン申請の特例方式の方法で登記を申請する場合，登記原因証明情報については，書面を提出する形で申請することができる。

ただし，登記原因証明情報を書面で提供する場合は，**まず登記を申請する時に，当該登記原因証明情報に記載された情報を記録した電磁的記録を送信する**必要があるとされている（不登令附§５Ⅳ）。

➡　具体的には，登記原因証明情報である書面をスキャナで読み取って，それをPDFファイル化し，申請情報と併せて送信する。

理由　これは，実際にはまだ契約をしていないのに，とりあえず登記を申請して順位を確保し，その後に契約を締結して何食わぬ顔で登記原因証明情報である書面を登記所に提出する，という不正を防止するため。

➡　だから，登記を申請する際に，「本当に登記原因は発生していますよ」ということを明らかにすることを要するとされた。

プラス アルファ

この「当該登記原因証明情報に記載された情報を記録した電磁的記録」は，正式な登記原因証明情報というわけではない。正式な登記原因証明情報は，後日に書面の形で登記所に提出する。

そのため，

① この「当該登記原因証明情報に記載された情報を記録した電磁的記録」には，作成者が電子署名をすることを要しない（不登規附§22Ⅳ後段）。

② この「当該登記原因証明情報に記載された情報を記録した電磁的記録」は，登記原因証明情報に記載された情報のうち，登記原因の内容を明らかにする部分についてのみ記録されていれば足りる（不登規附§22Ⅱ）。

・「登記名義人の氏名若しくは名称又は住所の変更の登記」を申請する場合は，登記を申請する時に当該登記原因証明情報に記載された情報を記録した電磁的記録を提供することを要しない（不登規附§22Ⅱ）。

∵ 登記名義人の氏名等の変更の登記は，権利変動の登記ではなく，順位が問題となるような登記ではない。つまり，登記原因が生じていないのに順位を確保するために登記を申請するということは考えにくい。

また，登記名義人の氏名等の変更の登記の登記原因証明情報は，住民票の写し等の公務員が職務上作成した情報であるので（不登令別表23添付情報欄，第23章参照），申請人が勝手に日付をずらすといった不正をすることもできず，登記申請の時点で電磁的記録を提供することを要しないとされた。

5　書面申請の規定の準用

オンライン申請の特例方式の方法で登記を申請する場合で，添付情報が記載された書面を提出する部分については，書面申請に関する規定が準用される。

① 申請人から司法書士への「委任状」という書面を提供する場合は，法務省令で定める場合を除き，申請人は委任状に記名押印し，その押した印についての証明書（印鑑証明書）を提供することを要する（不登令附§5Ⅲ，不登令§18）。

② 代理人の権限を証する書面で，市区町村長，登記官その他の公務員が職務上作成したものを提供するときは，その書面は作成後3か月以内のものであることを要する（不登令附§5Ⅲ，不登令§17）。

③ 登記所に提出された添付書面については，原本還付の請求をすることができる（不登規附§24Ⅱ，不登規§55）。

④　申請が却下又は取り下げられたときは，登記所に提出された添付書面は還付される（不登規附§24Ⅰ，不登規§38Ⅲ，39Ⅲ）。

6　申請情報の内容

オンライン申請の特例方式の方法で登記を申請するときは，申請情報の内容として，“特例方式の方法による旨”を提供することを要する(不登令附§５Ⅱ)。

➡　添付情報の全部を送信の方法で提供するのではなく，(全部又は一部を)書面で提供しますということを明らかにする。

また，各添付情報について，書面を提出する方法によるか否かの別をも申請情報の内容とする必要がある（不登規附§21Ⅰ）。

【例】「登記原因証明情報は書面で提供します。代理権限証明情報は電磁的記録を送信します。……」ということを明らかにする。

7　添付書面の提出

オンライン申請の特例方式の方法で登記を申請する場合，まずは申請情報をオンラインの方法で送信する（登記を申請する）。

➡　添付情報の一部をオンラインで送信する場合は，申請情報とその添付情報を併せて送信する。

そして，その後に添付情報が記載された書面を登記所に提出する。

➡　添付情報が記載された書面は，**登記申請の受付の日から２日以内に提出する**ことを要する（不登規附§21Ⅱ）。

第15章
登録免許税

Topics ・登記をするにも税金がかかる。けっこう高かったりする。
・計算方法をしっかりマスターすること。記述式の試験でも毎年計算が要求される。

不動産の権利に関する登記を申請するときは，登記を受ける者は登録免許税法所定の登録免許税を納付しなければならない（登税§３）。

➡ 残念ながら，タダで登記を受けることはできない。

プラスアルファ

登記を受ける者が２人以上いるときは，これらの者は連帯して登録免許税を納付する必要がある（同）。

1　登録免許税が課されない場合

権利に関する登記を申請する場合，原則として登録免許税を納付することを要するが，一定の場合には登録免許税を納付することを要しないとされている。

① 国及び登録免許税法別表第２に掲げられた公共法人が，自己のためにする登記（登税§４Ⅰ）

∵ 登録免許税は国税の１つであるので，国が国に対して税金を納付するのは無意味だから。

注意！ 非課税なのは，国等が自己のためにする登記のみ。反対に，国等が登記義務者，一般人が登記権利者となる登記をするときは，登録免許税を納付することを要する。 H24-27

プラスアルファ

申請人の一部が国等の非課税法人である場合の順位の変更の登記においては，国等を含めてすべての抵当権について課税される（先例昭48.10.31－8188）。 R5-27 H29-15 H13-11

H30-27 H29-15 H21-24 ②　国及び登録免許税法別表第２に掲げられた公共法人が，これらの者以外の者に代位してする登記（登税§５①）

③　登記官が職権でする登記（同５②）

④　**住居表示の実施，住居表示の変更による登記事項の変更の登記**（同５④）
➡　申請情報と併せて住居表示の実施又は変更があったことを証する市区町村長の書面を提供したときは，登録免許税が課されない。
∵　行政側の都合による変更であって，登記名義人の行為による変更ではないから。

【例】　住居表示の実施による所有権の登記名義人の住所の変更の登記

⑤　行政区画，郡，区，市町村内の町もしくは字又はこれらの名称の変更（その変更に伴う地番の変更があった場合も含む）による登記事項の変更の登記（同５⑤）
∵　これも，行政側の都合による変更だから。

R4-27 H21-24 ⑥　墳墓地に関する登記（同５⑩）

⑦　滞納処分に関する登記（同５⑪）

⑧　登記官の過誤による登記又は登記の抹消がされた場合に，その登記を抹消もしくは更正，又は回復する登記（同５⑫）

H24-27 ⑨　委託者から受託者への信託による所有権の移転の登記等（登税§７Ⅰ）

2　登録免許税の算定

登録免許税の計算の方法である。これには２つの種類がある。

(1)　不動産の価額や債権金額等，一定の額を課税標準とし，それに一定の税率を乗じて算出する方法（定率課税）

【例】　売買による所有権の移転の登記を申請するときは，不動産の価額を課税標準として，それに1000分の20を乗じた額が登録免許税となる（登税別表第1.1(2)ハ）。

プラス アルファ

具体的な課税標準や税率は，登録免許税法の別表で定められている。

⑵ **不動産の個数等を課税標準とし，その個数等に一定の税額を乗じて算出する方法（定額課税）。**

【例】 抵当権の変更の登記を申請するときは，不動産の個数を課税標準として，それに金1,000円を乗じた額が登録免許税となる（登税別表第1.1⒁）。

重要!

新たに権利を取得するような登記を申請する場合は定率課税の方法で計算し，それ以外の場合には定額課税の方法で計算する。

3 定率課税の場合の端数処理

⑴ **課税標準の金額に1,000円未満の端数があるとき**

その端数は切り捨てられる（国通§118Ⅰ）。

【例】 所有権の移転の登記を申請する場合に，不動産の価額が金1,325万8,300円であるときは，課税標準の額は金1,325万8,000円となる。

⑵ **課税標準の金額が1,000円未満のとき**

課税標準金額は1,000円となる（登税§15）。 H5-19

⑶ **登録免許税額に100円未満の端数があるとき**

算出された登録免許税の額に100円未満の端数があるときは，その端数は切り捨てられる（国通§119Ⅰ）。

【例】 課税標準の額が金1,325万8,000円の不動産について売買による所有権の移転の登記を申請する場合，計算すると登録免許税の額は金26万5,160円となる。この場合は，納付すべき登録免許税の額は金26万5,100円となる。

⑷ **算出された登録免許税の額が1,000円未満であるとき**

算出された登録免許税の額が1,000円未満である場合には，その登記の登録免許税額は1,000円となる（登税§19）。 H30記述

4　登録免許税の納付

登録免許税は，現金で納付するのが原則（登税§21）。

➡　現金で納付するといっても，登記申請の時に，直接登記官に現金を手渡すわけではない。

(1)　オンライン申請の方法で登記を申請する場合

H20-27　３つの方法がある。

①　歳入金電子納付システムを利用する方法で納付する。

➡　具体的には，インターネットバンキング，モバイルバンキング，電子納付対応のＡＴＭを利用する。

R5-13 H31-12　②　登録免許税の額に相当する現金を国（日本銀行，国税の収納を行うその代理店，ゆうちょ銀行）に納付し，その領収証書を登録免許税納付用紙（登税§24の２Ⅲ）に貼り付けて，登記所に提出する（登税§21）。

③　登録免許税の額に相当する印紙を買ってきて，その印紙を登録免許税納付用紙に貼り付けて，登記所に提出する（登税§22）。

(2)　書面申請の方法で登記を申請する場合

２つの方法がある。

①　申請人が予め，国（日本銀行，国税の収納を行うその代理店，ゆうちょ銀行）に登録免許税に相当する現金を納付し，その領収証書を登記の申請書に貼り付ける（登税§21）。

②　申請人が予め，登録免許税の額に相当する印紙を買ってきて，その印紙を申請書に貼り付ける（登税§22）。

➡　この方法が一般的。

5　納付の確認と処理

登記官は，登記をするときは，登録免許税が正当に納付されていることを確認することを要する（登税§25）。

そして，申請書に貼り付けられた印紙については登記官は消印をすることを要する（同）。また，申請書に貼り付けられた領収証書については「使用済」の記載をする（不登準§126Ⅰ）。

6　登録免許税に過誤納等があった場合の取扱い

登録免許税に過誤納等があったときは，その分については還付される。具体的には以下の場合である。

> ①　登録免許税に過誤納があったとき
> ②　登記申請が却下されたとき
> ③　いったん実行された登記が登記官の職権によって抹消されたとき（不登§71） H16-25
> ④　登記申請が取り下げられたとき（再使用証明をする場合を除く）
> ⑤　再使用証明がされた後，その再使用証明を無効とし，現金での還付を受けたい旨の申出があったとき

・　登録免許税の還付請求権は，その請求をすることができる日から**5年間**これを行使しないときは，時効により消滅する（国通§74Ⅰ）。 H7-13

7　再使用証明（領収証書又は印紙を申請書に貼り付けて納付した場合）

⑴　再使用の申出

登記の申請を取り下げた場合，納付された登録免許税は現金で還付されるのが原則。しかし，現金での還付を受けることなく，**申請書に貼り付けた登録免許税の領収証書又は印紙で，使用済みの記載又は消印のされたものを，再使用したい旨を申し出ることができる**（登税§31Ⅲ）。 H16-25

理由　書面によって登記を申請した場合，その申請を取り下げたら，申請書及び添付書面が還付される（不登規§39Ⅲ）。だから，その申請書に貼り付けた登録免許税の印紙（領収証書）をもう一度使わせてくれ，と請求することができる。

➡　登記の申請がされたら，登記官は申請書に貼り付けられた印紙について消印をするので（登税§25），本来ならばその印紙は二度と使えないはず。しかし，申請人の便宜のために，再使用証明という制度が設けられた。

ケーススタディ

司法書士Sは，申請人からの委任に基づいて，相続による所有権の移転の登記を申請した。Sは，登録免許税額に相当する印紙を申請書に貼り付けて登記を申請した。

↓

申請した直後，Ｓは，申請に不備があることに気づいた。

↓

Ｓは，「やばい，どうしよう。このままだと却下されるから，いったん申請を取り下げて，修正してからもう一度申請しよう。」と決めた。

↓

Ｓは，登記の申請を取り下げ，同時に，申請書に貼り付けた印紙について再使用の申出をした。

↓

登記官は，消印がされた印紙について，再使用の証明をした。

↓

Ｓは，申請の不備を修正し，再使用証明を受けた印紙を申請書に貼り付けて，再度の申請をした。

➡　印紙の再使用の制度は，大変に便利。

・　オンライン申請の方法で登記を申請した場合でも，領収証書又は印紙を登録免許税納付用紙に貼り付けて登録免許税を納付したときは，当該申請の取下げの際に登録免許税の再使用の申出をすることができる（不登準§129，登税§31Ⅲ）。

H17-18　➡　一方，オンライン申請の方法で登記を申請した場合で，インターネットバンキングを利用して登録免許税を納付したときは，当該申請を取り下げる際に登録免許税の再使用の申出をすることはできない。

H24-27　・　登記の申請が**却下された場合**，申請人は申請書に貼り付けた登録免許税の領収証書又は**印紙の再使用の申出をすることはできない。**

∵　登記の申請が却下された場合は，申請書は申請人に還付されない。そのため，“申請書に貼り付けた”領収証書又は印紙の再使用ということもあり得ない。

(2)　再使用の可否

再使用証明がされたときは，当該領収証書又は印紙は，当該登記所において**取下げの日から１年以内に**使用することができる（登税§31Ⅲ）。

H4-30　①　再使用証明を受けた印紙等は，**証明を受けた登記所においてのみ**使用することができる。他の登記所で使用することはできない（質疑登研321Ｐ71）。

② 不動産登記の申請を取り下げた際に再使用証明を受けた印紙等を，商業登記の申請において使用することもできる（質疑登研393 P 87）。 H4-30

③ 再使用証明を受けた印紙等を使用して登記の申請をしたが，もう一度その申請を取り下げた場合，再度の再使用証明の申出をすることができる（先例昭43.1.8－3718）。 R3-27

(3) 再使用証明の無効の申出

印紙や領収証書について再使用証明を受けたが，これを使用しないことになったときは，再使用の証明を受けた日から1年を経過する日までに，当該証明を無効とするとともに，登録免許税の還付を受けたい旨の申出をすることができる（登税§31Ⅴ）。

➡ ずいぶんとわがままな気もするが，こういう扱いも認められている。

8 課税標準の価額の認定に不服がある場合

課税標準の価額の認定に不服があるときは，申請人は，登記所の所在地を所轄する国税不服審判所長に対し，審査請求をすることができる（国通§75Ⅰ）。

注意！ 登記官の課税標準価額の認定は不動産登記の事務に関する処分とはいえないので，監督法務局又は地方法務局の長に対して審査請求をすることはできないと解されている。 H5-19

9 具体的な登録免許税

登記	課税標準	税率又は税額	
所有権保存登記	不動産の価額	1000分の4	
所有権移転登記			
・相続，合併	同上	1000分の4	H2-27
・一定の要件を満たした場合の共有物分割	同上	1000分の4	H28-27
・その他の登記原因	同上	1000分の20	
地上権，永小作権，賃借権又は採石権の設定，転貸又は移転の登記			
・設定又は転貸	同上	1000分の10	H2-27
・相続，合併による移転	同上	1000分の2	R4-27
・その他の登記原因による移転	同上	1000分の10	H20-19

H2-27	配偶者居住権の設定の登記	同上	1000分の2
R5-27	地役権の設定の登記	承役地一筆	1,500円
	先取特権の保存，質権，抵当権の設定登記	債権金額等	1000分の４
	先取特権，質権，抵当権の移転登記		
	・相続，合併	同上	1000分の１
	・その他の登記原因	同上	1000分の２
H20-19	抵当権の順位変更の登記	抵当権の件数	１件につき1,000円
H30-27	賃借権の先順位抵当権に優先する同意の登記	賃借権及び抵当権の件数	１件につき1,000円
H13-11	所有権の信託の登記	不動産の価額	1000分の４
	仮登記		
H元-25	・売買，贈与による所有権移転（請求権）仮登記	同上	1000分の10
	・地上権等の設定（請求権）仮登記	同上	1000分の５
	・抵当権設定等の仮登記	不動産の個数	１個につき1,000円
	付記登記，抹消された登記の回復，更正登記，変更登記	不動産の個数	１個につき1,000円
	登記の抹消 （ただし，不動産の個数が20個を超えるときは２万円）	不動産の個数	１個につき 1,000円

H29-27　①　相続人に対する遺贈による所有権の移転の登記は，受遺者が相続人であることを証する情報を提供したときは，税率は1000分の４となる（登税別表第1.1(2)イ）。

H10-19　➡　通常，遺贈による所有権の移転の登記の税率は，1000分の20（登税別表第1.1(2)ハ）。

H28-27
H11記述　②　共有物分割による持分の移転の登記は，一定の要件（登税施行令§９Ⅰ）を満たした場合には税率が1000分の４となるが（登税別表第1.1(2)ロ），その要件を満たさない場合には，その他の原因による移転の登記として1000分の20となる（登税別表第1.1(2)ハ）。

➡　要件を満たすのは難しいので，原則は1000分の20だと考えていい。

H20-19　③　抵当権の順位の変更の登記の登録免許税は，**抵当権の件数**が課税標準となる（登税別表第1.1(8)）。不動産の個数ではない。

10　登録免許税法12条

抵当権の債権額，根抵当権の極度額を増額する変更の登記を申請するときは，増加額を課税標準として，それに（根）抵当権の設定の登記の税率1000分の４（登税別表第1.1(5)）を乗じた額の登録免許税を納付することを要する（登税§12Ⅰ）。

∵　債権額(極度額)を増額するということは，その増加額について新たに(根)抵当権を設定したことと同視できるから。

11　登録免許税法13条

(1)　１項

同一の債権を担保するため，同一の登記所の管轄に属する数個の不動産を目的として抵当権（共同根抵当）が設定された場合に，その設定の登記を同時に申請するときは，１つの設定の登記として登録免許税を計算する。

・　この場合に，数個の（根）抵当権の設定の登記につき税率が異なるときは，そのうち**最も低い税率をもって**当該設定の登記の税率とする（登税§13Ⅰ）。 H19-17

【例】　同一の債権を担保するため，土地と**工場財団**を目的として同時に抵当権の設定の登記を申請するときは，工場財団を目的とした抵当権の設定の登記の税率**1000分の2.5**（登税別表第1.5(2)）をもって，当該共同抵当の設定の登記の税率とすることができる。 H3-28

(2)　２項

共同抵当（共同根抵当）の追加設定の登記を申請する場合，申請情報と併せて既にこれと同一の債権を担保する抵当権（根抵当権）の設定の登記を受けていることを証する財務省令で定める書面を提供したときは，追加設定の登記の登録免許税は**不動産１個につき金1,500円**となる（登税§13Ⅱ）。 H23-27 H3-28

・　「既にこれと同一の債権を担保する抵当権（根抵当権）の設定の登記を受けていることを証する財務省令で定める書面」

➡　**既に（根）抵当権の設定の登記がされた不動産の登記事項証明書**（不登準§125Ⅰ）。

プラスアルファ

既に登記された（根）抵当権と同一の登記所に対して追加設定の登記を申

請するときは，この財務省令で定める書面の提供を省略することができる。
∵　既に（根）抵当権の設定の登記がされていることを，登記官が容易に確認することができるから。

12　登録免許税法17条１項（仮登記に基づく本登記の税率）

H29-27
H19-17

売買，贈与等による所有権の移転（請求権）の仮登記に基づく本登記の税率は，**本来の税率から1000分の10を控除した割合**となる（登税§17Ⅰ）。

理由　仮登記の際に1000分の10を乗じた額を納付しているから（登税別表第1.1⑿ロ(3)）。

プラスアルファ

地上権等の利用権の設定の仮登記に基づく本登記においても，同趣旨の控除がある（登税§17Ⅰ）。

一方，抵当権の設定の仮登記に基づく本登記においては，このような控除はない。
∵　抵当権の設定の仮登記の登録免許税は，定額課税だから（不動産１個につき金1,000円。登税別表第1.1⑿ヘ）。

13　登録免許税法17条４項（地上権者等が不動産を取得した場合の税率）

H30-27
H29-27
H25-27
H19-17

地上権，永小作権，賃借権もしくは採石権の登記がされている土地又は賃借権もしくは配偶者居住権の登記がされている建物について，その権利の登記名義人が所有権を取得したことにより，自己名義とする所有権の移転の登記を申請するときは，その税率は本来の税率に**100分の50を乗じた割合**となる（登税§17Ⅳ）。

理由　たとえば地上権の登記名義人は，地上権の登記を受けた際に1000分の10を乗じた額を納付しているから（登税別表第1.1(3)イ）。

ケーススタディ

（甲土地の登記記録）

権利部（甲区）（所有権に関する事項）			
順位番号	登記の目的	受付年月日・受付番号	権利者その他の事項
1	所有権移転	平成22年７月10日 第7000号	原因　平成22年７月10日売買 所有者　　A

権　利　部（乙　区）　（所有権以外の権利に関する事項）			
順位番号	登記の目的	受付年月日・受付番号	権利者その他の事項
1	地上権設定	平成30年８月１日 第8000号	原因　平成30年８月１日設定 （登記事項省略） 地上権者　　X

・　AとXは，Aの所有する甲土地をXに売り渡す契約をした。そのため，AからXに対して売買による所有権の移転の登記を申請する。

➡　この登記の税率は，本来の税率1000分の20（登税別表第1.1⑵ハ）に100分の50を乗じた1000分の10となる。

①　この場合，地上権の存続期間が満了していることが登記記録上から明らかであっても，登録免許税法17条４項の適用がある（先例昭42.7.26－794）。

∵　たとえ存続期間が満了していても，かつてその不動産について1000分の10の登録免許税を納付していることに変わりはないから。

②　地上権を数人が準共有している場合に，準共有者の１人が当該不動産を単独で取得したときは，その者が有していた地上権の割合についてのみ登録免許税法17条４項の適用がある（先例昭42.7.26－794）。

➡　その他の部分については，通常どおりの税率で登録免許税を納付することを要する。

14　登録免許税法17条１項と４項が重ねて適用される場合

登録免許税法17条１項と17条４項が重ねて適用される場合は，まず17条４項を適用して得られた税率に，17条１項を適用する（先例昭42.7.6協議）。 H11-25

【例】　賃借権の登記名義人が所有権の移転の仮登記を受け，その後に売買を登記原因として所有権の移転の仮登記の本登記を申請するときは，売買による所有権の移転の登記の税率1000分の20に100分の50を乗じた1000分の10から，1000分の10を控除すると，０となってしまう。この場合は，最低税額として金1,000円を納付する（登税§19）。

第16章
登記の申請がされた後の処理

Topics
・申請人から登記の申請がされた場合，登記官はどういった手順を踏んで登記を実行するのだろうか。
・登記の申請がされたら，必ず登記が実行されるのだろうか。

1　申請の受付

申請人から登記の申請がされたら，登記官は，その申請を受け付けることを要する（不登§19Ⅰ）。

➡　この「受付」とは，単に申請情報を形式的に受け取るということ。

この受付がされても，必ず登記が実行されるというわけではない。申請情報を受け付けた後に登記官がその内容を調査し，申請が適法であると判断したときにはじめて登記が実行される。

・　登記官が申請を受け付けたときは，当該申請に受付番号を付さなければならない（不登§19Ⅲ）。

➡　登記官は受付番号の順に従って登記を実行するので（不登§20），この受付番号が事実上の登記の順位を決める。

・　オンライン申請の方法で登記の申請がされた場合は，申請情報等が登記所に到達した時に自動的に受付番号が付される（先例平17.2.25－457）。

プラス アルファ

同一の不動産について同時に２以上の申請がされたときは，同一の受付番号を付す（不登§19Ⅲ後段）。

2　受領証の交付

R3-12　書面により登記の申請をしたときは，申請人は，申請書及びその添付書面の受領証の交付を請求することができる（不登規§54）。

H24-14　➡　オンライン申請をした場合は，受領証の交付を請求することができない。

3　申請された登記の調査

登記官は，申請情報が提供されたときは，遅滞なく申請に関するすべての事項を調査することを要する（不登規§57）。

そして，その申請が不動産登記法25条に列挙された却下事由に該当するものである場合には，申請人が相当の期間内に補正をしたときを除き，登記官は理由を付した決定をもって**当該申請を却下する**（不登§25）。

プラスアルファ

登記官の審査は，法に基づいて提供された情報とそれに関連する登記記録に基づいて，実体法上及び手続法上の事項を審査する。いわゆる形式的審査権と呼ばれるものである。 H18-26 H4-19

・　申請の補正の方法

登記の申請が法25条の却下事由に該当し，それが補正可能なものである場合には，相当な期間内に補正をすれば，その申請は受理される。

➡　申請の補正の方法は，オンライン申請の場合と書面申請の場合で異なる（不登規§60Ⅱ）。

①　オンライン申請の場合→　補正もオンラインの方法ですることを要する。
②　書面申請の場合→　補正も書面の方法ですることを要する。

H30-14

4　登記官による本人確認

(1)　意　義

登記官は，登記の申請がされた場合において，**申請人となるべき者以外の者が申請していると疑うに足りる相当な理由があるとき**は，申請人又はその代表者もしくは代理人に対し出頭を求め，質問をし，又は文書の提示その他の情報の提供を求める方法により，当該申請人の申請権限の有無を調査しなければならない（不登§24Ⅰ）。 H17-16

➡　誰かが本来の申請人に成りすましているのではないかと疑われるような場合

(2)　本人確認の手続

①　司法書士が申請人を代理して登記を申請したものである場合，登記官が本人確認調査をするときは，まずその司法書士に対して必要な情報の提供

を求めるべきである（不登準§33Ⅱ）。

プラス アルファ

司法書士に対する調査によって，“申請人となるべき者が申請している”と確認できたときは，申請人本人に対して調査をする必要はない（先例平17.2.25－457）。

② 電話等による事情の聴取や資料の提出によって当該申請人の申請権限の有無を確認することができる場合は，本人の出頭を求める必要はない（同先例）。

R3-12
H20-18
③ 本人確認調査の対象である人が遠隔の地に居住しているとき等は，他の登記所の登記官に対して本人確認調査を嘱託することができる。

プラス アルファ

上記3のとおり，登記官は申請情報の内容に関しては形式的審査権しか有しないとされているが，申請人の本人確認に関しては実質的な審査権を有する。

プラス アルファ

本人確認調査は，あくまで当該申請人の“申請権限の有無”（申請人となるべき者が申請しているか）についての調査。申請人の“申請意思の有無”は本人確認調査の対象ではない。

プラス アルファ

不正登記防止申出

登記官の本人確認調査の契機とするために，不正登記防止申出というものが認められている（不登準§35）。

【例】「Bは私（A）の持っている不動産の乗っ取りを計画しているらしく，実印が盗まれてしまった。Bが私に成りすまして，私の所有する不動産について不実の登記を申請するおそれがあるから受理しないでくれ」といった感じの申出。

R3-25
➡ この申出が相当であると認められる場合で，この申出の日から3か月以内に申出に係る登記の申請があったときは，登記官は当該申請人の本人確認調査をする（不登準§33Ⅰ(2)）。

・ 不正登記防止申出は，登記名義人もしくはその相続人その他の一般承継人またはその代表者もしくは代理人が登記所に出頭し，申出書を登記官に提出する方法によってする（不登準§35ⅠⅡ）。

➡ オンラインの方法によって申出をすることはできない。 R3-25 H28-25

5 却下事由に該当しない場合の登記の実行

登記申請について審査をした結果，法25条のいずれの却下事由にも該当しない場合には，登記官は申請に基づいて登記を実行する。

登記の実行→ 登記簿に所定の事項を記録し，登記官の識別番号を記録すること（不登規§7）。

プラスアルファ

登記官は，受付番号の順に従って登記を実行することを要する（不登§20，不登規§58）。

6 登記完了証

登記が実行されたときは，登記官は申請人に対し，登記完了証を交付することにより，登記が完了した旨を通知することを要する（不登規§181）。

プラスアルファ

登記完了証は，登記権利者と登記義務者の双方に通知することを要する。 H30-17
ただし，登記権利者や登記義務者が数人いる場合には，各1人に通知すれば足りる（同）。

重要!

申請人自らが登記名義人となる登記が完了したときは，登記完了証とは別に，当該申請人に対して登記識別情報が通知される（不登§21）。

7 情報の提供の求め

登記官は，職権によって登記をしたり，または地図を作成するために必要な限度で，関係地方公共団体の長その他の者に対し，その対象となる不動産の所有者等に関する情報の提供を求めることができる（不登§151）。

第 17 章
登記申請の却下

Topics
- 法25条に規定された却下事由に該当する登記の申請は，却下されてしまう。
- 司法書士としては，絶対に却下事由に該当する申請をしてはいけない。

1　意　義

登記の申請がされた場合，登記官は提供された情報（申請情報や添付情報）等を審査して，申請の受理，却下を決定する。**申請の却下事由は，不動産登記法25条に列挙されている。**

2　却下事由

⑴　申請に係る不動産の所在地が，当該申請を受けた登記所の管轄に属しないとき（1号）

➡　管轄権を有しない登記所，すなわち不動産の所在地とは関係ない登記所に対して登記を申請したときは，その申請は却下される。

【例】　東京都新宿区に新築した建物について，所有者Aは，八王子の登記所に対して所有権の保存の登記の申請をした。八王子の登記所の登記官は，この申請を却下すべきである。

＋アルファ

管轄違いの登記申請が誤って受理され，実行されてしまった場合，その登記は**絶対的に無効であり，登記官の職権抹消（不登§71）の対象となる。**

⑵　申請が登記事項以外の事項の登記を目的とするとき（2号）

【例】　占有権，入会権，留置権の登記を申請した場合

＋アルファ

本号に該当する登記がされた場合，その登記は絶対的に無効であり，登記官の職権抹消（不登§71）の対象となる。

⑶　申請に係る登記が既に登記されているとき（３号）

➡　いわゆる二重登記。

【例】　ある不動産について既に表題登記が設けられているのに，さらに同一の不動産について表題登記の申請がされた場合，その申請は却下される。

プラスアルファ

本号に該当する登記がされた場合，その登記は絶対的に無効であり，登記官の職権抹消（不登§71）の対象となる。

⑷　申請の権限を有しない者の申請によるとき（４号）

【例】　関係ない人が申請人になりすまして登記を申請した。

⑸　申請情報又はその提供の方法がこの法律に基づく命令又はその他の法令の規定により定められた方式に適合しないとき（５号）

➡　申請情報として提供すべき内容の一部が抜けているような場合。

【例】　所有権の移転の登記の申請において，原因を書き忘れた。

⑹　申請情報の内容である不動産又は登記の目的である権利が登記記録と合致しないとき（６号）

⑺　申請情報の内容である登記義務者（一定の場合は登記名義人）の氏名，名称又は住所が登記記録と合致しないとき（７号）

→　詳しくは，第23章参照

⑻　申請情報の内容が，登記原因証明情報の内容と合致しないとき（８号）

【例】　抵当権の設定契約書には債権額として金1,000万円と記載されているが，申請情報においては債権額として金2,000万円と記載されているような場合。

⑼　申請情報と併せて提供すべき添付情報が提供されていないとき（９号）

【例】　根抵当権の極度額の変更の登記において，利害関係人の承諾を証する情報が提供されていない。

⑽　法定の期間内に，事前通知に対する申出（不登§23Ⅰ）がない場合

➡　通常は，事前通知を発した日から２週間（不登規§70Ⅷ）。

⑾　登録免許税を納付しないとき（12号）

⑿　上記のほか，登記すべきものでないとして政令（不動産登記令）で定めるとき（13号）

①　申請が不動産以外のものについての登記を目的とするとき（不登令§20①）

②　登記名義人となる者が権利能力を有しないとき（被相続人の名義で登記をする場合を除く，同②）

【例】　権利能力のない社団の名義で登記をすることはできない。

③　敷地権付き区分建物について建物のみを目的とした登記，あるいは敷地権の目的である土地についての登記の申請（一定の例外を除く，同③）

④　要役地に所有権の登記がない場合の地役権の設定の登記の申請（同③）

H30-16　⑤　相続による根抵当権の移転の登記（債務者の変更の登記）がない場合の指定根抵当権者（指定債務者）の合意の登記の申請（同③）

⑥　一個の不動産の一部を目的とした登記の申請（地役権を除く，同④）

【例】　一筆の土地の一部を目的として地上権の設定の登記を申請することはできない。

⑦　申請に係る登記の目的である権利が他の権利の全部又は一部を目的とする場合において，当該他の権利の全部又は一部が登記されていないとき（同

⑤)

【例】 地上権を目的として抵当権を設定した場合に，その地上権についてまだ登記されていないときは，抵当権の設定の登記を申請することはできない。

⑧ 同一の不動産を目的として２以上の登記が同時に申請された場合において，申請に係る登記の目的である権利が相互に矛盾するとき（同⑥） H4-18

【例】 同一の不動産を目的として，権利者が異なる数個の所有権の移転請求権の仮登記の申請が同時にされた場合，そのすべての登記は同一の受付番号をもって受け付けられ，すべて却下される（先例昭30.4.11－693）。 R3-12

⑨ 申請に係る登記の目的である権利が同一の不動産について既にされた登記の目的である権利と矛盾するとき（同⑦）

⑩ 上記に掲げるもののほか，申請に係る登記が民法その他の法令の規定により無効とされることが申請情報もしくは添付情報又は登記記録から明らかであるとき（同⑧）

【例】 ５年を超える期間を定めた共有物分割禁止の特約に基づく登記

3 申請が却下事由に該当する場合の登記官の処理

登記の申請が不動産登記法25条のいずれかの号に該当し，さらに相当な期間内に申請人の補正もない場合は，登記官は理由を付した決定をもって申請を却下する（不登§25柱書）。

却下の決定がされたときは，登記官は却下決定書を作成し，これを申請人ごとに交付又は送付する（不登規§38Ⅰ）。

➡ 代理人による申請の場合は，代理人に交付又は送付すれば足りる（同Ⅰただし書）。 H21-18

・ オンライン申請の方法により登記の申請がされた場合も，申請の却下がされたときは，却下決定書という書面を交付する。 H31-12

・　書面によって申請がされた場合において，申請が却下されたときは，登記官は**添付書面を還付する**（同Ⅲ）。

➡　ただし，偽造された疑いがある書類等については還付されない（同Ⅲただし書）。

重要!

申請が却下されたときは，申請書は還付されない。

H24-27　➡　申請書は戻ってこないので，申請書に貼り付けた収入印紙又は領収証書についての再使用の申出をすることはできない。

プラスアルファ

登記申請の取下げがされた場合と区別すること。

第18章
登記申請の取下げ

Topics ・いったん登記の申請をしても，気が変わったらその申請をやめることができる。
・還付される書面について，申請が却下された場合と区別すること。

1 意 義

いったん登記を申請した後に，**その申請を取り下げることができる。**

登記申請の取下げは，申請が却下されるまで，又は登記が完了するまでにすることを要する（不登規§39Ⅱ）。

プラスアルファ

登記が完了してしまったら，もはや取り下げることはできない。その登記をなかったものとしたい場合は，その登記の抹消を申請する。

また，申請が却下された後に取り下げることもできない。「却下だと格好悪いから取下げということにしてくれますか」というのはダメ。

・ 登記記録に記録された後（コンピュータに登記事項が打ち込まれた後）でも，登記官の識別番号が記録されるまでは，申請を取り下げることができる（先例昭38.1.11－15参照）。

2 手 続

登記申請の取下げは，その申請がオンライン申請の方法でされた場合には，同様の方法（オンライン）ですることを要する。書面申請の方法でされたときは，取下書を登記所に提出することを要する（不登規§39Ⅰ）。 H28-25 H24-14

① 取り下げる旨の情報（取下書）には，**取下げの理由を記載すること**を要する（先例昭29.12.25－2637）。

② 登記申請の取下げは，代理人からもすることができる。代理人が取り下げる場合において，**取下げの理由が申請情報の欠缺を補正するためであれば，取下げについての授権を要しないが**，その他の理由であるときは取下げについての授権を要する（同先例）。 R4-18 H21-18

【例】　ＡからＢへの所有権の移転の登記について，司法書士Ｓが当事者から委任を受けて登記を申請したが，申請した後に申請情報に不備があることに気がついた。
「このままじゃマズいなぁ，いったん申請を取り下げて，不備を直した後にもう一度申請しよう」というニュアンスで申請を取り下げる場合には，取下げについてＡＢから委任を受ける必要はない。
∵　取り下げて補正した後に改めて登記を申請するのだから，申請人本人にとっても大きな影響はない。

【例】　ＡからＢへの所有権の移転の登記について，司法書士Ｓが当事者から委任を受けて登記を申請したが，この申請を完全に撤回するために（もう二度と申請する気はない）申請を取り下げる場合には，ＳはＡＢから**“取下げについての委任”**を受けることを要する。
∵　ＡＢは所有権の移転の登記をしてもらうためにＳに対して登記申請の委任をした。これを完全に撤回することは申請人に重大な影響が及ぶことになるので，取下げについての申請人本人（ＡＢ）の意思を確認する必要がある。

3　取下げがされた場合の処理

書面によって登記の申請がされた場合に，その申請が取り下げられたときは，**登記官は申請書及びその添付書面を還付する**（不登規§39Ⅲ前段）。
➡　偽造の疑いがあったら還付しない（同Ⅲ後段，不登規§38Ⅲただし書）。

プラスアルファ

申請が却下された場合は，申請書は還付されない。

・　１つの申請書で数個の登記を申請した場合，その一部についてのみ申請を取り下げることができるが，この場合は申請書は還付されない。
∵　取り下げられた申請以外の申請は，申請書に基づいて実行されるから。

H16-25　・　登記の申請が取り下げられた場合，登録免許税は現金で還付されることになるが，取下げと同時に，申請書に貼り付けた登録免許税の領収証書又は印紙で，使用済みの記載又は消印がされたものにつき，**再使用したい旨の申出**をすることができる（再使用証明，登税§31Ⅲ）。

第19章
登記官の不当処分に対する審査請求

Topics ・登記官も人の子，間違いを犯すことがある。登記官の不当な処分によって不利益を受けた場合には，その是正を求めることができる。

1 意 義

登記官の処分に不服がある者又は登記官の不作為に係る処分を申請した者は，その不当処分の是正を求め，正当な処分があったのと同様の効果ないし状態を作出するように，その登記官を監督する法務局又は地方法務局の長に対し請求することができる（不登§156）。

➡ これが，審査請求の制度。

2 審査請求をすることができる者

登記官の不当な処分により直接不利益を受けた者であり，かつ，審査請求が認められることによってその不利益が除去される立場にある者。

・ 所有権の移転の登記の申請が却下された場合，登記権利者，登記義務者のいずれもが単独で審査請求をすることができる。 H元-23

・ 債権者が代位して申請した登記につき，債務者の申請によりその登記が抹消されたときは，代位債権者は審査請求をすることができる（大決大9.10.13）。 H12-24

・ 抵当権の移転の登記の申請が却下された場合，抵当権設定者は何らの不利益も受けないので，審査請求をすることはできない（大決大6.4.25）。 H元-23

3 審査請求の対象となる登記官の不当な処分

審査請求の対象となる登記官の処分には，登記申請の受理，却下，登記の実行，登記事項証明書の交付等，不動産登記法において登記官がなすべきとされているすべての行為が含まれる。 H16-12

ただし，審査請求の対象となるのは登記官の処分自体が不当であることを要し，かつ登記手続上その登記官の処分が是正可能な場合でなければならない。

アルファ

登記が実行されたことに対する審査請求

H24-26　審査請求をすることができるのは，登記官がその処分を是正することができる場合に限られるので，登記申請が受理され実行されたことにつき審査請求をする場合には，登記官が職権でその登記を抹消できる場合（不登§71），すなわち不動産登記法25条1号から3号まで及び13号に該当する登記がされた場合に限られると解されている。

【例】　登記義務者の委任状や印鑑証明書が偽造されたものであることを見過ごして登記を実行した場合，本来であればこれは法25条9号で却下すべきものであるので，審査請求をすることはできない。

H8-23　【例】　同様に，登記申請の代理権の授与の意思表示を取り消したにもかかわらず，既に交付していた委任状に基づく登記の申請が受理され，実行された場合にも，審査請求をすることができない（最判昭38.2.19）。

・　課税標準の価額の認定に不服があるときは，申請人は，法務局（地方法務局）の長に審査請求をすることはできない。

∵　課税標準の価額の認定は，不動産登記に関する処分とはいえないから。

➡　この場合は，国税不服審判所長に対し審査請求をすることができる。

4　審査請求の方法

R2-25
H20-22　審査請求は，不当な処分をした登記官を監督する法務局又は地方法務局の長に対してするもの（不登§156Ⅰ）。しかし，具体的な手続としては，登記官を経由してするものとされている（同Ⅱ）。

理由　登記官を経由することにより，登記官に再度の考案をさせ，もし審査請求に理由がある場合に迅速な是正をさせるため。

・　審査請求は，書面又はオンラインの方法ですることを要する（行服§9Ⅰ Ⅲ）。

➡　口頭ですることはできない。

R2-25
H24-26
H20-22　・　審査請求の取下げについても，口頭ですることができない。

・　審査請求は，代理人からすることもできる。ただし，登記申請の代理権の範囲には，審査請求についての代理権は含まれていないと解されているので，登記申請の代理人が審査請求の代理人となる場合は，登記申請の代理権とは別に，審査請求についての代理権も授与されていることを要する。 H6-27

5　審査請求をすることができる期間

審査請求については，期間の制限は設けられていない。

➡　登記官の不当な処分の是正が可能であり，かつその利益が存する限りは，いつでも審査請求をすることができる。 H20-22

・　申請情報の保存期間（不登規§28）が満了し，申請書類等が廃棄された後でも，請求の利益がある限り審査請求をすることができる（先例昭37.12.18－3604）。 H28-26 H24-26

6　審査請求がされた場合の登記官の措置

(1)　審査請求に理由があると判断した場合

審査請求に理由があると判断したときは，登記官は相当の処分をしなければならない（不登§157Ⅰ）。 R2-25 H16-12

【例】　A→Bへの所有権の移転の登記の申請がされたが，登記官が当該申請を却下した。これに納得のいかないBが「冗談ではない」と審査請求をした。そして，審査請求を受け取った登記官が“審査請求に理由あり”，つまり「この申請は受理すべきであった」と判断したときは，A→Bへの所有権の移転の登記を実行する。

・　相当の処分をしたときは，登記官は審査請求人に対し，その処分の内容を通知する（不登規§186）。 H28-26

(2)　審査請求に理由がないと判断した場合

審査請求に理由がないと判断したときは，登記官は3日以内に，意見を付して事件を監督法務局（地方法務局）の長に送付する（不登§157Ⅱ）。

➡　法務局（地方法務局）の長は，当該意見を行政不服審査法に規定する審理員に送付する（同後段）。

そして，送付を受けた法務局（地方法務局）の長が，審査請求に理由があると認めた場合には，登記官に対して相当の処分を命ずる（同Ⅲ）。

・　法務局（地方法務局）の長は，登記官に相当の処分を命じたときは，その旨を審査請求人及び登記上の利害関係人に通知することを要する（不登§157Ⅲ後段）。

H28-26 H12-24 ・　審査請求人からの請求がある場合でも，法務局（地方法務局）の長は，審査請求人に口頭で意見を述べる機会を与えることを要しない（不登§158参照）。

7　処分前の仮登記

(1)　意　義

R2-25 審査請求について送付を受けた法務局（地方法務局）の長は，審査請求の審理中に，請求に理由があるとの心証を得たときは，登記官に対し裁決により命ずるであろう登記の仮登記を命ずることができる（不登§157Ⅳ）。

理由　審査請求がされ，それに対する判断がされるまでは相当の日数を要する場合がある。そのため，判断がされるまでの間に登記上の利害関係を有する第三者が生じてしまうと，審査請求に理由がある場合でももはや裁決により登記官の不当処分を是正することができなくなってしまう。そこで，このような不都合を回避するために処分前の仮登記の制度が設けられた。

【例】　A名義の不動産について，A→Bへの所有権の移転の登記の申請がされたが，登記官はこの申請を却下した。しかし，Bはこの却下処分にまったく納得せず，審査請求をした。で，審査請求を受け取った登記官は“理由なし”と判断し，審査請求について法務局の長に送付した（不登§157Ⅱ）。

そして，法務局長がちょっと考えてみたところ，“どうやらこの審査請求には理由がありそうだ”との心証を得た。この場合には，法務局長は登記官に対し，「A→Bへの所有権の移転の仮登記をしておけ」と命ずることができる（同Ⅳ）。

そして，法務局長が最終的に“審査請求に理由あり”（すなわち登記官の処分が不当だった）と判断したときは，きちんとしたA→Bへの所有権の移転の登記を命ずることになる（同Ⅲ）。

∵　法務局長が審査請求について考えている間に，もしA→Cへの所有権の移転の登記がされてしまったら，もうどうにもならない。Bは所有権の取得をCに対抗できないから（民§177），大変な損害が生じてしまう。だから，こういった不都合を回避するために，仮登記を命じて順位を保全しておく実益がある。

(2) 注意点

① 法務局（地方法務局）の長は，仮登記を“命ずることができる”のであり，必ず命じなければならないというわけではない。 H28-26 H8-23

② 審査請求人が「仮登記をしてくれ」と請求することはできない。 H元-23

➡ 法務局（地方法務局）の長の判断で命ずるものである。

8 行政訴訟，国家賠償請求

登記官の処分に対して審査請求をすることができる場合でも，審査請求をすることなく，行為の取消しを求める行政訴訟を提起することができる。また，審査請求をすることなく，登記官の不当処分により被った損害の賠償を国に対して請求することもできる（最判昭36.4.21）。 R2-25 H28-26 H20-22

➡ 審査請求，行政訴訟，国家賠償請求はまったく別物であるので，どれを先にしなければならない，といった順番はない。

第20章
判決による登記

Topics
・登記義務者等が登記の手続に協力してくれないこともある。こういった場合には，その者を相手として判決を得て，単独で登記を申請することができる。
・択一，記述の両方でよく出題される。

1　意　義

登記は，原則として登記権利者と登記義務者が共同で申請しなければならないが（不登§60），登記権利者又は登記義務者の一方が登記申請手続に協力しないということもあり得る。

【例】　売買によるAからBへの所有権の移転の登記は，Bが登記権利者，Aが登記義務者となって共同で申請することを要する。

しかし，A・B間で売買契約がされて，売買代金の全額を支払ったのに，Aが所有権の移転の登記の手続に協力しない（登記識別情報や印鑑証明書を出さない）ということもあり得る。

➡　もちろん，AはBに対して移転の登記をする義務があるが（民§560），何だかんだ難癖をつけて協力しない，あるいは開き直って「知らない」といった態度をとることも現実にはあり得る。

プラスアルファ

普通の実務の現場では，（買主の）代金の支払いと（売主の）登記申請に必要な書類の交付はセットで行われるので，こんな問題が生ずることはまずないが，専門家が立ち会わなかったりするとこういったトラブルが発生することもある。

この場合には，登記に協力しない者を被告として**登記手続を命ずる確定判決を得て，判決を得た者が単独で登記を申請することができる**（不登§63Ⅰ）。

➡　これを，“**判決による登記**”という。

【例】　頭に来たBがAを相手として訴えを起こして，裁判所は「AはBに対して甲土地について売買による所有権の移転の登記の手続をせよ」との判決を出した。

この場合は，Ｂが単独でＡ→Ｂへの所有権の移転の登記を申請することができる（Ａの関与を要しない）。

プラスアルファ

登記に協力しないのは登記義務者であることが普通であるが，必ずしもそれに限られない。登記権利者が登記手続に協力しないということもあり得る。

➡ ただし，話の便宜上，以下は“登記義務者が登記に協力しない”ということを前提に話を進める。

考え方 登記を申請するということは，登記所に対する意思表示（公法上の法律行為）ということができる（第11章参照）。

【例】 売買によるＡ→Ｂへの所有権の移転の登記は，登記権利者Ｂと登記義務者Ａが登記所に対して「所有権の移転の登記を申請する（登記をしてくれ）」という意思表示をすること。

そして，「登記義務者が登記手続に協力しない」ということは，登記義務者が登記所に対して登記申請の意思表示をしない，ということができる。

【例】 登記権利者Ｂは登記所に対して登記申請の意思表示をする気でいるが，登記義務者Ａは登記申請の意思表示をしてくれない。

この場合，売主Ａは，買主Ｂに対して所有権の移転の登記をする義務を負っている（登記所に対して登記申請の意思表示をする義務を負っている）（民§560）。

そして，登記請求権の債権者Ｂが債務者Ａを被告として訴えを起こし，「被告Ａは原告Ｂに対して所有権の移転の登記の手続をせよ」という判決がされたときは，**Ａが登記所に対して登記申請の意思表示をしたことになる（登記申請意思の擬制，民執§177Ⅰ）**。

➡ Ａの意思表示は裁判で擬制されたので，他方のＢが単独で登記を申請することができることになる。 H11-15

2　判決の内容

H9-13

> (1)　給付判決であること
> (2)　判決が確定していること

(1)　給付判決であること

不動産登記法63条1項が要求する判決は，登記義務者の“登記を申請する”という意思表示を擬制するものであるので，債務者に対し一定内容の登記手続を命じた給付判決でなければならない。

【例】「被告は原告に対し，別紙目録記載の不動産について，年月日売買を原因として所有権の移転の登記の手続をせよ」

H22-24　確認判決や形成判決をもって，登記権利者は単独で登記を申請することはできない。

H2-31　①「甲土地は原告Bが所有するものである」，といったことを確認する判決をもって，Bが単独で所有権の移転の登記を申請することはできない。

∵「登記の手続をせよ」という文言がないので，登記義務者の登記申請の意思表示は擬制されていない。

考え方　原告が不動産の所有者であることが確認されても，直ちに原告が被告に対して所有権の移転の登記を請求できるとは限らない。

【例】Aの所有する甲土地をBに金3,000万円で売り渡す契約がされた。しかし，まだBはAに対して売買代金を支払っていない。

➡　売買契約の成立によって甲土地の所有権はBに移転したが（民§176），まだBは代金を払っていないので，BがAに対して所有権の移転の登記の手続を求めても，Aは同時履行の抗弁権を主張することができる（民§533。Aは「オイオイ，まだお金もらってないよ。だからまだ登記をしないよ」，と言える）。

➡　そのため，この状況でBがAを相手として「甲土地はBが所有していることを確認する」といった判決を得て，Bが単独でA→Bへの所有権の移転の登記を申請できるとしたら，Aは不当な不利益を受けることになってしまう。

②「被告は原告より金1,000万円を受領し，甲土地を原告に売り渡すべし」との判決をもって，登記権利者は単独で売買による所有権の移転の登記を申請することはできない（先例明33.9.24－1390）。

∵　登記手続を命じた給付判決とはいえない。

③「所有権の移転の登記に必要な書類を交付せよ」との判決をもって，登記権利者は単独で所有権の移転の登記を申請することはできない（先例昭56.9.8－5483）。 H26-16 H13記述

∵　この判決は“書類を”交付せよといっているだけであって，登記手続を命じた給付判決ではない。

(2) 判決が確定していること

債務者の意思表示を求める裁判においては，判決が確定した時に債務者が意思表示をしたものとみなされるので（民執§177Ⅰ），判決は確定していることが必要である。

3　不動産登記法63条1項の判決に準ずるもの，準じないもの

不動産登記法63条1項にいう判決とは，確定判決のみならず，執行力において確定判決と同一の効力を有するもので，登記義務者に対して一定内容の登記手続をすることを命じているものも含まれる。

準ずるもの	準じないもの
・和解調書 ・認諾調書 ・調停調書 ・家事事件手続法による審判 ・仲裁判断（執行決定を受けたもの） ・外国判決（執行判決を受けたもの）	・判決に仮執行宣言を受けたもの（まだ判決は確定していない） ・公正証書 ・仮処分命令 ・転付命令

H25-18

不動産登記法63条1項の判決に準ずるもの

(1) 裁判上の和解調書（先例明33.1.17回答） H2-31

当事者間で和解が成立し，それを調書に記載したときは，その記載は確定判決と同一の効力を有する（民訴§267）。そのため，和解調書は不動産登記法63条1項の判決に該当する。

【例】「被告は原告に対し，甲土地について売買による所有権の移転の登記の手続をする」旨が記載された**和解調書**に基づいて，原告は単独で所有権の移転の登記を申請することができる。

H6-15　・「被告は，原告又は原告の指定した者に対して甲土地につき売買による所有権の移転の登記の手続をする」旨の和解調書に基づいて，原告又は原告から指定を受けた者は，単独で所有権の移転の登記を申請することはできない（先例昭33.2.13－206）。

∵　この和解条項では，給付の内容（相手方）をきちんと確定させていないので，登記申請意思の擬制を認めることはできない。

(2)　認諾調書

H7-14　原告が被告に対し一定内容の登記手続を求める訴えを提起し，被告が原告の申し立てた請求の趣旨を無条件に認めたときは，**認諾**が成立し，その旨を調書に記載したときは確定判決と同一の効力を生ずる（民訴§267）。

【例】 Aが登記をしないので，BはAを被告として，所有権の移転の登記の手続を求める訴えを提起した。Aは最初のうちは争う気まんまんだったが，しばらくして観念し，Bの請求を無条件に認めた。そして，この旨が調書に記載されたときは，この認諾調書に基づいてBが単独で所有権の移転の登記を申請することができる。

(3)　調停調書（先例昭23.11.9－3450，昭40.6.19－1120）

民事に関して紛争が生じたときは，当事者は裁判所に調停の申立てをすることができる（民調§2）。また，家庭裁判所は，人事に関する訴訟事件その他一般に家庭に関する事件について調停を行うことができる（家事§244）。

H元-20　そして，調停において当事者間に合意が成立し，これを調書に記載したときは，調停が成立したことになり，その記載は確定判決(又は裁判上の和解)と同一の効力を有する（家事§268Ⅰ，民調§16）。

したがって，登記手続をする旨の**調停**が調ったときは，登記権利者は単独で登記を申請することができる。

(4)　家事事件手続法による審判（家事§75）

登記義務の履行を命ずる審判については，執行力ある債務名義と同一の効力を有する(家事§75)。したがって，**家事事件手続法に基づく審判**において，登記義務者に対して登記手続を命じているときは，登記権利者は単独で登記を申請することができる。

不動産登記法63条１項の判決に準じないもの

(1) 公正証書

公正証書は，登記手続をする旨の意思表示については執行力を有しないので，一定内容の登記手続をすることが記載されている公正証書であっても，それに基づいて**単独で登記を申請することはできない**（先例明35.7.1－637）。 H10-18

プラスアルファ

公正証書は，一定の金銭の支払い又はその他の代替物もしくは有価証券の一定数量の給付であるときに限って執行力を有する（民執§22⑤）。

(2) 転付命令

転付命令により債権が差押債権者に移転すると，その債権を担保していた抵当権も随伴性により差押債権者に移転する。この抵当権の移転の登記は，転付命令を得た債権者からの申立てにより，**執行裁判所の書記官が嘱託する**（民執§164Ⅰ）。 H20-20

➡ 転付命令を得た債権者が登記を申請するのではない。

(3) 仮処分命令

仮処分命令は，“仮の”処分の命令である。だから，仮処分命令に基づいて，単独で登記を申請することはできない。 H2-31

(4) 仮執行宣言付判決

登記手続を命ずる判決が言い渡され，これに仮執行の宣言が付された場合でも，その判決が確定する前に，単独で登記を申請することはできない。 H元-20

プラスアルファ

財産権上の請求に関する判決については，裁判所は，必要があると認めるときは，仮執行をすることができると宣言することができる（民訴§259Ⅰ）。債務者の意思表示を命ずる判決については，財産権上の請求に関する判決とはいえないので，本来ならば仮執行宣言をすることができないが，ごく稀に間違って仮執行宣言をしてしまうことがある。しかし，この場合でも，判決が確定する前に単独で登記を申請することはできない。

4　執行文付与の要否

登記手続を命ずる判決においては，判決が確定した時に債務者が意思表示をしたものとみなされる（民執§177Ⅰ）。したがって，登記権利者は，確定した判決に基づいて単独で登記を申請することができる。登記を申請するために「執行文」の付与を受けることを要しない。

アルファ

和解，認諾等においても，その旨が調書に記載された時に確定判決と同一の効力が生ずるので，この場合も執行文の付与を要しない。

しかし，一定の場合には，執行文が付与された時に債務者が意思表示をしたものとみなされるため（同Ⅰただし書），この場合は執行文の付与を受けないと，判決を得た者は単独で登記を申請することができない。

➡　判決が言い渡され，その判決が確定しただけではダメで，さらに執行文の付与も受けないと単独で登記を申請することができない。

重要!

執行文の付与が必要になるのは，簡単に言ってしまうと，債務者の意思表示が一定の条件にかかっている場合。

ケーススタディ

・　Aの所有する甲土地をBに金3,000万円で売り渡す契約がされた。しかし，まだBはAに対して売買代金を支払っていない。

↓

・　（Aは同時履行の抗弁権があるからまだ登記を申請しなくても違法ではないが）BはAを相手に登記手続を求める訴えを提起した。

↓

・　口頭弁論，証拠調べ等を経て，裁判所は「BがAに対して金3,000万円を支払ったときは，AはBに対して所有権の移転の登記の手続をせよ」という判決を出した。

➡　Bは，判決に基づいて“直ちに”登記を申請することはできない。

考え方　Aの登記申請の意思表示は，“BがAに金3,000万円を支払ったら”という条件に係っている。ということは，条件が成就しない間は，Aは登記を申請しなくてもいいということ。

仮に，この条件が成就しない間にBが単独で登記をしてしまったら，Aは不当な不利益を受けることになる（代金を貰っていないのに登記がされてしまった）。これはマズい。

このように，債務者の意思表示が一定の条件に係っている場合には，条件が成就し，その条件成就を裁判所書記官に証明したときに執行文が付与され，この執行文が付与された時に債務者は意思表示をしたものとみなされる。

➡ 権利者Bは，この執行文が付与されてはじめて，単独で登記を申請することができる。

重要❗

執行文の付与が必要となる場合

(1) 債務者の意思表示が債権者の証明すべき事実の到来に係るとき
(2) 債務者の意思表示が反対給付との引換に係るとき
(3) 債務者の意思表示が債務者の証明すべき事実のないことに係るとき

(1) 債務者の意思表示が債権者の証明すべき事実の到来に係るとき

農地法所定の許可を得ることを条件として登記手続を命じているような場合 R5-16 H26-16 H5-14

➡ 債権者がその事実の到来を証する書面（農地法所定の許可書）を裁判所書記官に提出したときに，執行文が付与される（民執§27Ⅰ）。

➡ 執行文が付与されてはじめて，登記権利者は単独で登記を申請することができる。

ケーススタディ

・ Aの所有する農地（甲土地）について，Bに売り渡す契約がされたが，まだ農地法所定の許可は得ていない。

↓

・ （まだ甲土地の所有権はBに移転していないが），BはAを被告として，所有権の移転の登記の手続を求める訴えを提起した（ちょっと気が早い）。

↓

・ 裁判所は，「農地法所定の許可を得たときは，AはBに対して所有権の移転の登記の手続をせよ」との判決を出した。

➡ 債務者Aの登記申請の意思表示は，“農地法所定の許可を得たときは”

という条件に係っている。

だから，この判決に基づいてBは直ちに登記を申請することはできない。

➡ 後に農地法所定の許可書がBに到達し，この許可書を裁判所書記官に提出することにより，執行文が付与される。

H31-14 これにより，債務者Aは登記申請の意思表示をしたことになるので，Bは執行文の付与された判決に基づいて，単独で所有権の移転の登記を申請することができる。

(2) 債務者の意思表示が反対給付との引換に係るとき

H25-18
H15-13 BがAに金1,000万円支払ったときは，AはBに対して所有権の移転の登記の手続をせよ，と判決で命じているような場合

➡ BがAに対し金1,000万円を支払ったこと又はこれを提供したことを証する書面を裁判所書記官に提出したときに，執行文が付与される（民執§177Ⅱ）。

【例】 上記の判決が出た後，BがAに対して金1,000万円を支払い，AはBに領収証を交付した。そして，Bがその領収証を裁判所に持っていくと，書記官が判決に執行文を付与してくれる。

➡ これにより，Aの登記申請の意思表示が擬制されたので，Bが単独で登記を申請することができる。

プラス アルファ

H12-26 こういった判決が出た場合に，執行文の付与を受けることなく，判決書正本及びAの領収証を提出して登記を申請することはできない。

∵ 確かに，判決において示された条件は成就したが，あくまで執行文の付与を受けないと，登記義務者Aの登記申請意思は擬制されない。

(3) 債務者の意思表示が債務者の証明すべき事実のないことに係るとき

H9-13 AがBに金1,000万円を支払わなかったときは，AはBに対して所有権の移転の登記の手続をせよ，と判決で命じているような場合

➡ Bが裁判所書記官に対し執行文付与の申立てをしたときは，裁判所書記官はAに対し，一定期間を定めてその事実を証する書面を提出すべき旨を催告し，Aがその期間内にその書面を提出しないときに，Bに執行文が付

与される（民執§177Ⅲ）。

ケーススタディ

・　AはBに対して金1,000万円の借金をしていたが，期限までに返済できなかった。

↓

・　BがAを相手に訴えを起こし，裁判所は「AがBに金1,000万円を支払わなかったときは，AはBに対して甲土地について所有権の移転の登記の手続をせよ」との判決を出した。

➡　債務者Aの意思表示は，“AがBに金1,000万円を支払わなかったときは”という条件に係っている。

　だから，この判決に基づいてBは直ちに登記を申請することはできない。

➡　この場合は，“AがBに金1,000万円を支払わなかった”という条件が成就すれば執行文が付与されるが，この条件成就を債権者Bの側で証明することはできない（“ない”ことを積極的に証明するのはムリ）。

手順

・　Bはとりあえず裁判所に行って，書記官に「執行文を付与してください」と申立てをする。

↓

・　裁判所書記官はAに対し，「あなたがBに対して1,000万円払ったんだったら，○月○日までにそのことを証明してください（Bの領収証を持ってきてください）」と催告する。

↓

・　この期間内にAが1,000万円支払ったということを証明できなかったら，“AはBに1,000万円を支払わなかった”といえるので，裁判所書記官はBに対して執行文を付与する。

プラス アルファ

⑴と⑵の場合は，債権者の側で条件の成就を証明できたが，⑶の場合は債権者の側で条件成就を証明できないので，ちょっと回りくどい方法となる。

5　当事者に承継が生じた場合（承継執行文の付与の可否，要否）

ＡからＢへの所有権の移転の登記の手続を命ずる判決が確定したが，その旨の登記を申請する前にＡが死亡し，ＸがＡを相続したというように，**目的である登記を実現する前に判決に現れている当事者に承継が生じる場合がある。**

当事者に承継が生じた場合は，以下のように分けられる。

(1)　最終の口頭弁論が終結した後，登記義務者に一般承継が生じた場合
(2)　最終の口頭弁論が終結した後，登記義務者に特定承継が生じた場合
(3)　最終の口頭弁論が終結した後，登記権利者に一般承継が生じた場合
(4)　最終の口頭弁論が終結した後，登記権利者に特定承継が生じた場合
(5)　最終の口頭弁論が終結する前に，当事者に承継が生じた場合

プラス アルファ

「最終の口頭弁論が終結した後」の意味については，民事訴訟法で学習する。まだ民事訴訟法を学習していない方は，**“判決がされた後”くらいの意味だ**と思っていただいて良いかと思う。

(1)　最終の口頭弁論終結後，登記義務者に一般承継（相続・合併等）が生じた場合

①　相続の登記がされていない場合

ＡからＢへの所有権の移転の登記の手続を命ずる判決が確定したが，その訴訟における最終の口頭弁論終結後にＡが死亡し，ＸがＡを相続したような場合（Ａ→Ｘへの相続の登記はされていない）

➡　確定判決の効力は，最終の口頭弁論終結後における当事者の承継人に対しても及び（民訴§115Ⅰ③），その承継人に対して執行することができる（民執§23Ⅰ③）。

➡　Ｂが得た判決の効力はＸに対しても及び，Ｘに対して執行することができる。すなわち，Ｂは改めてＸを被告として登記手続を命ずる判決を得る必要はない。

しかし，登記を申請する前にＡが死亡したので，所有権の移転の登記の申請情報においては，義務者Ａの相続人Ｘの表示を提供することになる（不登令§３⑪ロ）。一方，判決に記載された被告はＡであり，申請情報の内容と異なる。

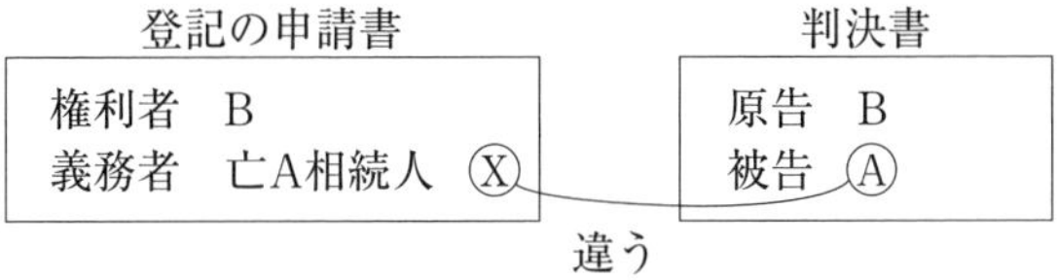

そのため，“申請情報の内容として提供されたXは被告Aの一般承継人であり，Xに対して執行することができる（Xを義務者として登記を申請できる）”旨の執行文（承継執行文）の付与を受ける必要がある。 H15-13

➡　Aの相続を証する書面を裁判所書記官に提出して，執行文の付与を受ける（民執§27Ⅱ）。

そして，この承継執行文の付与を受けた判決に基づいて，Bは単独でA→Bへの所有権の移転の登記を申請することができる。

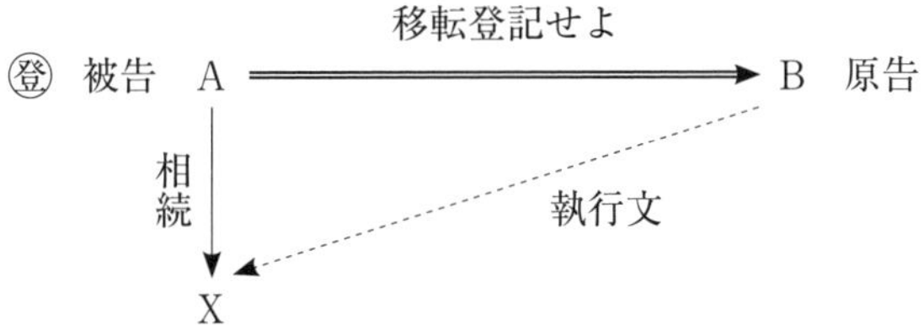

② 相続の登記がされた場合

AからBへの所有権の移転の登記の手続を命ずる判決が確定したが，その訴訟における最終の口頭弁論終結後にAが死亡し，Aから相続人Xに対して相続による所有権の移転の登記がされた場合

➡　これも上記の①と考え方は同じ。判決の効力は被告Aの相続人Xに対しても及び，Xに対して執行することができる。

➡　Bは，Xに対する承継執行文の付与を受けて，XからBへの所有権の移転の登記を申請することができる（先例昭37.3.8－638参照）。 R5-16 H19-15

考え方　Xへの相続の登記は無効なので，本来ならばこれを抹消した上でA→Bへの所有権の移転の登記を申請すべきであるが，便宜的にこのような登記手続が認められている。

(2) 最終の口頭弁論終結後，登記義務者に特定承継（売買・贈与等）が生じた場合

① 移転の登記の場合

Aから B への売買による所有権の移転の登記の手続を命ずる判決が確定したが，その訴訟における最終の口頭弁論終結後に，AがXに当該不動産を売り渡し，AからXに所有権の移転の登記がされてしまった場合。

➡ つまり，AからB，AからXへの二重譲渡がされた形。

➡ 二重譲渡がされた場合は，先に対抗要件を備えた方が優先する。つまり，先に登記をしたXが確定的に甲土地の所有権を取得し，Bは負け。

H26-16 ➡ BはXに対する承継執行文の付与を受け，XからBへの所有権の移転の登記を申請することはできない（先例昭31.12.14－2831）。

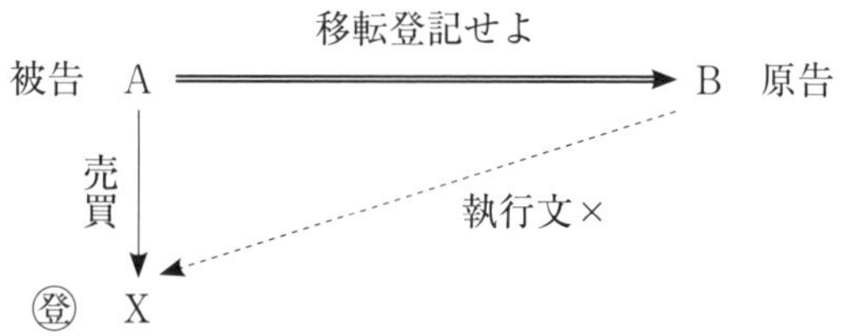

アルファ

Bはわざわざ訴えを起こし，勝訴したのに，不動産の所有権を取得できない。

→ こうならないためにBはどうすればいいのか？，ということについては第25章の「処分禁止の仮処分」参照。

② 登記の抹消の場合

AからBに対してされた所有権の移転の登記を「抹消せよ」との判決が確定したが，その訴訟における最終の口頭弁論終結後に，B（登記義務者）はXに当該不動産を売り渡し，BからXに所有権の移転の登記がされてしまった場合

㋐ AB間の所有権の移転の登記の抹消の原因が，AB間の売買の不存在等，所有権の移転の無効を第三者に対抗することができるような場合は，AはXに対して承継執行文の付与を受け，①BからXへの所有権の移転の登記を抹消し，さらに②AからBへの所有権の移転の登記を抹消する

ことができる（先例昭32.5.6－738）。

∵　Aは，所有権の移転の無効をXに対抗できる（Xは，所有権を取得したことをAに対抗できない）ので，Xに対して承継執行文の付与を受けることができる。

ケーススタディ

権　利　部（甲　区）　（所　有　権　に　関　す　る　事　項）			
順位番号	登記の目的	受付年月日・受付番号	権利者その他の事項
1	所有権移転	平成22年7月10日 第7000号	原因　平成22年7月10日売買 所有者　A
2	所有権移転	令和4年11月5日 第11000号	原因　令和4年11月5日売買 所有者　B

・　甲土地はこのような登記がされているが，AB間の売買契約はAの意思無能力により無効であった（民§3の2）。そして，意思能力を回復したAはBを被告として，所有権の移転の登記の抹消の手続を求める訴えを提起した。

↓

・　裁判所は「Bは甲区2番の登記を売買無効を原因として抹消する手続をせよ」との判決を出した。

↓

・　Aがこの判決に基づいて登記の抹消を申請する前に，Bは甲土地をXに売り渡し，その登記を完了した（往生際が悪い）。

権　利　部（甲　区）　（所　有　権　に　関　す　る　事　項）			
順位番号	登記の目的	受付年月日・受付番号	権利者その他の事項
1	所有権移転	平成22年7月10日 第7000号	原因　平成22年7月10日売買 所有者　A
2	所有権移転	令和4年11月5日 第11000号	原因　令和4年11月5日売買 所有者　B
3	所有権移転	令和5年6月7日 第6000号	原因　令和5年6月7日売買 所有者　X

➡　この場合，AはXに対する承継執行文の付与を受け，①B→Xへの移転の登記を抹消し，②A→Bへの移転の登記の抹消を申請することができる。

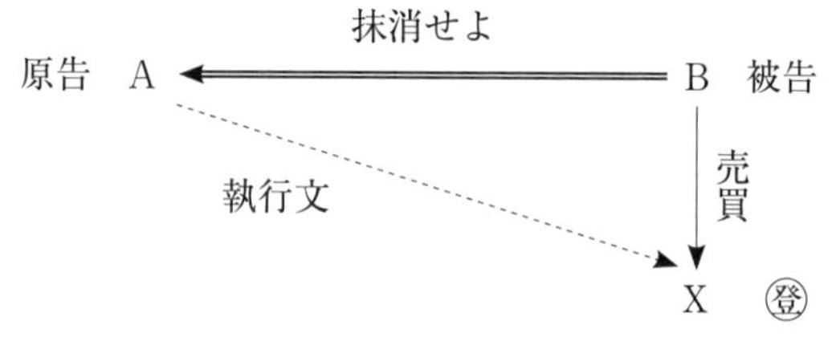

㋑　一方，ＡＢ間の所有権の移転の登記の抹消の原因が，虚偽表示による無効のような場合には，所有権の移転の無効につき善意のＸに対抗することができないので（民§94Ⅱ），ＡはＸに対する承継執行文の付与を受けて登記の抹消を申請することはできない（先例昭31.12.14－2831参照）。

∵　Ｘは，甲土地の所有権を取得した。

⑶　最終の口頭弁論終結後，登記権利者に一般承継が生じた場合

ＡからＢへの所有権の移転の登記の手続を命ずる判決が確定したが，その訴訟における最終の口頭弁論終結後にＢが死亡し，ＸがＢを相続したような場合。

R5-16　➡　Ｂの相続人Ｘは，申請情報と併せて相続を証する情報を提供して（不登令§７Ⅰ⑤イ），ＡからＢへの所有権の移転の登記を申請する（一般承継人からする登記，不登§62，先例昭32.5.6－738）。

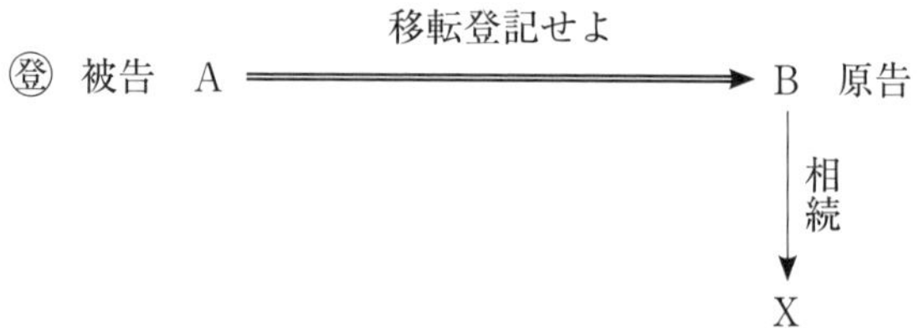

アルファ

H25-18
H10-18
原告であるＢの名義で登記を申請するものであり，相続人Ｘに対する承継執行ということではないため，Ｘに対する承継執行文の付与は要しない。

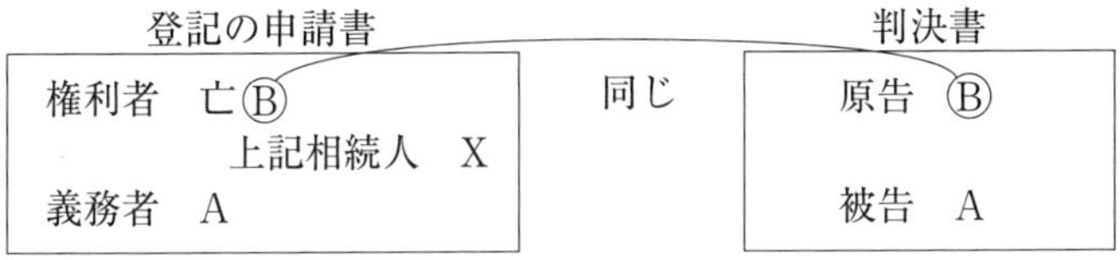

・　この場合に，Bの相続人Xが承継執行文の付与を受けて，Aから直接Xに対して所有権の移転の登記を申請することはできない（先例昭44.5.1－895）。

∵　被告（登記義務者）Aは，Bに対する所有権の移転の登記をすることについての意思表示を擬制されたにすぎず，Xに対する所有権の移転の登記についての意思表示を擬制されたものではない。

また，AからXに対する所有権の移転の登記を認めると，中間省略登記となってしまうので，このような登記は認められていない。

(4)　最終の口頭弁論終結後，登記権利者に特定承継が生じた場合

AからBへの所有権の移転の登記の手続を命ずる判決が確定したが，その訴訟における最終の口頭弁論終結後に，BがXに当該不動産を売り渡したような場合。

➡　原告B本人が，まずA→Bへの所有権の移転の登記を単独で申請し，次いでBとXの共同申請により，B→Xへの所有権の移転の登記を申請すべき。

しかし，B本人がA→Bへの所有権の移転の登記を申請しないこともあり得る。

➡　もうこの土地はXに売って代金も貰ったので，今さらAからBへの移転の登記を申請するのも面倒くさい……

この場合には，**XはBに代位して**，A→Bへの所有権の移転の登記を申請することができる（民§423の７）。

∵　XはBから土地を買ったのだから，Bに対して「私に所有権の移転の登記をしてくれ」と請求することができる（所有権移転登記請求権という債権をもっている，民§560）。だから，この登記請求権を保全するため，Xが債務者Bに代位して登記を申請できる。

アルファ

XがBに代位して申請する場合でも，原告であるBの名義で登記を申請するものであり，転得者Xに対する承継執行ということではないため，Xに対する**承継執行文の付与は要しない**。

　　　　　移転登記せよ　　　　売買
㊫ 被告　A ══════▶ B　原告 ══════▶ X

重要！

この場合に，転得者Xが承継執行文の付与を受け，Aから直接Xに対して所有権の移転の登記を申請することはできない（先例昭35.11.12−2731）。

∵　判決は“AからBへの”所有権の移転の登記の手続を命じている。また，この登記を認めると中間省略登記になってしまう。

(5)　最終の口頭弁論終結前に当事者に承継が生じた場合

最終の口頭弁論終結前に当事者に承継が生じた場合は，訴訟承継（民訴§50Ⅰ）等の問題であるため，承継執行の問題は生じない。

ケーススタディ

・　Aの所有する甲土地をBに売り渡したが，Aが登記に協力しないので，BはAを被告として所有権の移転の登記の手続を求める訴えを提起した。

↓

・　この裁判手続が続いている間（最終の口頭弁論が終結する前）にAが死亡した。相続人は子のX。

↓

・　Aの裁判をXが承継し，Xを被告として裁判手続を継続させる。

↓

・　その後，BとXの間の裁判の最終の口頭弁論が終結し，裁判所は「被告は，AからBへの所有権の移転の登記の手続をせよ」との判決を出し，確定した。

➡　Bは，判決に承継執行文の付与を受けずに，単独で所有権の移転の登記を申請することができる。

∵　Xが被告そのものなので，相続人（承継人）に対する執行とは関係ない。

6　判決による登記の手続

(1)　総　説

登記手続を命ずる判決が確定した場合は，判決を得た者が単独で登記を申請することができる（不登§63Ⅰ）。

プラスアルファ

単独で申請できるといっても，登記義務者の登記申請意思が判決によって擬制されているので，権利者と義務者の共同申請の原則（不登§60）から根本的に離れているとはいえない。そのため，申請情報の内容としては登記義務者の表示も提供することを要する（不登令§３⑪イ）。

(2)　登記原因及びその日付

判決の主文又は理由中において，当該権利変動の原因及びその日付が記載されているときは，その原因及びその日付を提供する。

【例】　判決主文で，「被告は原告に対し，甲土地について令和５年５月１日売買を原因とする所有権の移転の登記の手続をせよ」と命じられている場合は，申請情報の内容として「原因　令和５年５月１日売買」と提供する。

しかし，現実の判決においては権利変動の原因やその日付が記載されていないこともあり，その場合は以下のような扱いとなる。

①　判決書において登記原因が明らかとされていないときは，登記原因は原則として「判決」となる（先例昭29.5.8－938）。 H31-17
➡　登記原因を「判決」とするときは，原因日付は判決が確定した日（質疑登研129Ｐ48参照）。

②　判決書において原因日付が明らかとされていないときは，「年月日不詳売買」のように提供する（先例昭34.12.18－2842）。 R3-18 H5-23

(3)　登記原因証明情報（不登§61）

判決により単独で登記を申請するときは，申請情報と併せて，登記原因証明情報として判決書の正本を提供することを要する（不登令§７Ⅰ⑤ロ(1)）。
➡　判決によって債務者の登記申請の意思表示が擬制されたのだから（民執§177Ⅰ），当然提供することを要する。

H25-18
H元-22
さらに，判決が確定したことを証するため，確定証明書も提供することを要する（質疑登研170 P 101）。

➡　債務者の意思表示を求める裁判においては，判決が確定した時に債務者が意思表示をしたものとみなされるので（民執§177 I），判決の確定も証明する必要がある。

プラスアルファ

H25-18
H10-18
判決の送達証明書を提供することを要しない。

H28-16
・　判決に計算違い，誤記，その他これに類する明白な誤りがあり，判決の更正決定がされた場合は（民訴§257 I），更正決定についての確定証明書も提供することを要する（先例昭53.6.21決議）。

∵　更正決定に対しては即時抗告ができるので（民訴§257 II），確定証明書を提供しなければ更正決定につき確定的に効力が生じているか判明しない。

(4)　登記義務者の登記識別情報

H5-23
判決により単独で登記を申請する場合，申請情報と併せて，登記義務者の登記識別情報を提供することを要しない（不登§22参照）。

∵　登記識別情報は，登記権利者と登記義務者の共同申請による登記において提供すべきもの（不登§22）。単独申請の場合は原則として提供を要しない。

(5)　登記原因についての第三者の許可等を証する情報

H31-14
H18-21
登記原因について第三者の許可等が必要な登記を，判決に基づき単独で申請する場合，判決理由中において当該第三者の許可等が得られている旨が記載されているときは，申請情報と併せて当該第三者の許可等を証する情報を提供することを要しない（先例平6.1.17－373）。

∵　裁判の過程において，第三者の許可等を得たことを審査しているので，改めて登記官が審査する必要はない。

重要!

第三者の許可等を受けることを条件として登記の手続を命じている場合も，申請情報と併せて当該第三者の許可等を証する情報を提供することを要しない。

∵　当該第三者の許可等があったことを証する書面を提出して裁判所書記官から執行文の付与を受け，その執行文の付与された判決書を提供して登記を申請するから。

【例】「被告Aは原告Bに対し，農地法の許可を得たときは甲土地について所有権の移転の登記の手続をせよ」との判決が出た。

その後，農地法所定の許可書が到達した。Bは，農地法所定の許可書を持って裁判所に行き，裁判所書記官に執行文を付与してもらう。そして，この執行文が付与された判決書の正本を提供してBは登記を申請する（本章4(1)参照）。

➡ 執行文が付与された＝農地法所定の許可を得た，といえるので，執行文の付与された判決書の正本の他に農地法所定の許可書を提供することを要しない。

プラス アルファ

農地について判決に基づき所有権の移転の登記を申請する場合に，判決の主文又は理由中に農地法所定の許可を得た旨が記載されていないときは，申請情報と併せて農地法所定の許可を証する情報を提供することを要する（質疑登研586 P 189）。

(6) 住所を証する情報

判決に基づき登記権利者が単独で所有権の移転の登記を申請する場合，申請情報と併せて登記権利者の住所を証する情報を提供することを要する（不登令別表30添付情報欄ハ，先例昭37.7.28－2116）。

∵ 判決書において登記権利者の現在の住所が確認されているということはできないので，登記権利者の住所を証する情報を提供することを要する。

(7) 申請人に相続があったことを証する情報

登記権利者又は登記義務者等の相続人が登記を申請するときは，申請人に相続があったことを証する情報を提供することを要する（不登令§７Ⅰ⑤イ）。これは，判決による登記の場合でも同様。

重要！

相続があったことを証する情報は，通常は被相続人や相続人の戸籍事項の証明書等が該当するが，一定の場合には，判決書をもって相続を証する情報とすることができる。

①　登記権利者の相続人が訴えを提起し，判決を得た場合

登記権利者の相続人が判決を得て登記を申請するときは，判決書をもって相続を証する情報とすることができ，別途戸籍事項の証明書等を提供する必要はない。

【例】 Aの所有する不動産をBが買い受けたが，AからBへの所有権の移転の登記を申請する前にBが死亡し，Xが相続した。そして，XがAを被告として訴えを提起し，「Aは亡Bに対して所有権の移転の登記の手続をせよ」との判決を得て，XがAからBへの所有権の移転の登記を申請する場合。

➡　判決書をもって相続を証する情報とすることができ，別途BやXの戸籍事項の証明書等を提供することを要しない。

考え方　この訴訟において，裁判所は①ＡＢ間で売買契約がされたこと，②Bが死んでXがBを相続したこと（だから，XがAを相手に訴えを起こした），等を確認して，所有権の移転の登記の手続を命ずる判決を出している。

つまり，裁判の過程でXがBの相続人であることが確認されているので，その判決書をもって相続を証する情報としても不都合はない。

プラスアルファ

この場合に登記権利者の相続人が複数存する場合でも，相続人中の１人は保存行為（民§252Ｖ）として登記を申請することができるので，判決書において登記権利者の相続人全員が裁判に関与していることが明らかにされている必要はない。

プラスアルファ

判決書をもって相続を証する情報とすることができるのは，権利者の“相続人が”義務者を訴えた場合。

➡　本章５(3)とは違うので注意。

➡　本章５(3)は，登記権利者（買主）本人が訴訟を起こし，判決を得た後に相続が開始している。この場合は，裁判の過程で登記権利者の相続関係はまったく出てこないので，判決書をもって相続を証する情報とすることはあり得ない。

② 登記義務者の相続人を被告として訴えを起こし，判決がされた場合

登記権利者が登記義務者の相続人を被告として判決を得て，その判決に基づき登記権利者が単独で登記を申請する場合は，判決の理由中において被告が登記義務者の相続人全員である旨が確認されているときは，その判決書をもって相続を証する情報とすることができる（質疑登研382Ｐ80）。

しかし，判決の理由中で，被告が登記義務者の“相続人である”ことが確認されているだけでは，その判決書をもって相続を証する情報とすることはできず，別途戸籍事項の証明書等を提供することを要する（同質疑，質疑登研497Ｐ141）。 H13-26

∵ 登記義務者の相続人が登記を申請するときは，相続人全員が登記を申請しなければならないため（先例昭27.8.23－74），相続を証する情報においては被告が相続人の全員であることも証明しなければならない。

(8) 登記上の利害関係を有する第三者の承諾等を証する情報

登記の抹消を申請するときは，申請情報と併せて，登記上の利害関係を有する第三者が作成した承諾を証する情報又はその者に対抗することができる裁判があったことを証する情報を提供することを要する（不登令別表26添付情報欄ト）。

これは，判決によって登記の抹消を申請する場合も同様。

プラスアルファ

登記上の利害関係を有する第三者も被告にして訴えて，「承諾せよ」という判決を得たときは，この裁判があったことを証する情報を提供して登記の抹消を申請することができる（同）。

重要！

判決によって単独で登記を申請する場合，登記義務者が所有権の登記名義人であっても，その印鑑証明書を提供することを要しない。 H5-23

∵ 登記義務者は登記手続に関与しない，つまり申請書又は委任状に記名押印することがないので，印鑑証明書の添付も問題とならない。

添付情報のまとめ

○･･･提供を要する，×･･･提供を要しない

登記原因証明情報（判決書の正本と確定証明書）	○
登記義務者の登記識別情報	×
登記義務者の印鑑証明書	×
（所有権の移転の登記の場合）登記権利者の住所証明情報	○
登記原因についての第三者の許可等を証する情報	△　*
（登記の抹消の場合）登記上の利害関係を有する第三者の承諾等を証する情報	○

*　判決の主文又は理由中において許可を得ていることが明らかな場合等は不要。

・　申請情報の作成

権利部（甲区）（所有権に関する事項）			
順位番号	登記の目的	受付年月日・受付番号	権利者その他の事項
1	所有権移転	平成22年７月10日 第7000号	原因　平成22年７月10日売買 所有者　　A

令和４年11月10日，ＡとＢは，Ａの所有する甲土地を金3,000万円をもってＢに売り渡す契約をした。Ｂは同日中にＡに対して売買代金の全額を支払ったが，Ａは所有権の移転の登記の手続に協力しなかった。

そのため，ＢはＡを相手に訴えを提起し，令和５年５月10日に「被告は原告に対し，甲土地について令和４年11月10日売買を原因として所有権の移転の登記の手続をせよ」との判決が言い渡された。この判決は同月の27日に確定した。

【申請書】

登記の目的　所有権移転
原　　　因　令和４年11月10日売買
権　利　者　（申請人）Ｂ　　　　　　　　　　*１
義　務　者　Ａ　　　　　　　　　　　　　　　*２
添 付 情 報　登記原因証明情報（判決書正本及び確定証明書）
*３　　　　　代理権限証明情報（Ｂの委任状）
　　　　　　住所証明情報（Ｂの住民票の写し）

＊１　登記権利者が単独で申請するので，「(申請人)」と記載するものとされている。

＊２　登記権利者が単独で申請するが，申請情報の内容としては登記義務者の表示も記載する（不登令§３⑪イ)。

＊３　Ａの登記識別情報や印鑑証明書を提供することを要しない。

7　判決と中間省略登記

中間省略登記とは，ＡからＢ，ＢからＣへと不動産の所有権が移転したが，未だ登記名義がＡにあるような場合に，Ｂへの移転の登記を省略して，ＡからＣへの所有権の移転の登記をしてしまうこと。

重要！

現在の不動産登記法においては，このような中間省略登記を申請することは原則として認められていない。

➡　上記の場合に，ＡからＣへの所有権の移転の登記を申請したら，却下。

理由　不動産登記は，現在の権利関係を公示するのみならず，**権利変動の過程をも忠実に公示し，**もって不動産取引の安全と円滑に資することをその目的とするから。

➡「今現在の所有者はＣなんだから，Ｃが所有者であることが公示されればいいじゃないか（Ｂへの移転の登記は省略して一発でＡからＣへの移転の登記を申請してもいいじゃないか，そうすれば登録免許税も半分で済むし)」という考え方は×。

「この不動産はＡからＢ，ＢからＣへと２つの権利変動が生じているんだから，ちゃんと登記もこの２つの権利変動を表すべき」という考え方が○。

しかし，判例においては，一定の要件の下に中間省略登記に対抗力を認めていることから，登記手続においても，**判決によって中間省略登記が命じられている場合には，**一定の例外を除いて中間省略登記を申請することができる。

①　判決主文において中間省略登記を命じており，かつ主文に登記原因が明示されている場合

➡　判決で命じられたとおりの登記を申請できる。

H6-15

② 判決主文において中間省略登記の手続を命じているが，主文において登記原因が明示されていない場合
➡ 中間及び最終の登記原因に相続，遺贈，死因贈与が含まれておらず，かつ最終の登記原因及びその日付を申請情報として提供すれば，その申請は受理される。

① 判決主文において中間省略登記を命じており，かつ主文に登記原因が明示されている場合には，中間省略登記を申請することができる（先例昭35.7.12－1580）。

【例】 Aの所有する甲土地について，令和5年4月1日にBに売り渡す契約がされ，その登記をする前の6月1日に，Bがさらに甲土地をCに売り渡す契約をした。
そして，CがAを被告として訴えを起こし，裁判所は「AはCに対し，令和5年6月1日売買を原因として所有権の移転の登記の手続をせよ」との判決をした。
➡ Cは単独で，AからCへの所有権の移転の登記を申請することができる。
➡ A・C間で直接の売買契約はないので，「令和5年6月1日売買を原因として」というのもおかしいが，現実にはこういう判決もあり得る。

② 判決主文において中間省略登記の手続を命じているが，主文において登記原因が明示されていない場合は，中間及び最終の登記原因に相続，遺贈，死因贈与が含まれておらず，かつ最終の登記原因及びその日付を申請情報として提供して登記の申請がされた場合は，その申請は受理される（先例昭39.8.27－2885）。

【例】 Aの所有する甲土地について，令和5年4月1日にBに売り渡す契約がされ，その登記をする前の6月1日に，Bがさらに甲土地をCに売り渡す契約をした。そして，CがAを被告として訴えを起こし，裁判所は「AはCに対し，所有権の移転の登記の手続をせよ」との判決をした。
→ 判決主文に登記原因は明示されていないが，中間及び最終の登記原因がいずれも売買なので，Cはこの判決に基づいて単独でAからCへの所有権の移転の登記を申請することができる。

4.1売買　　　6.1売買

A ⟹ B ⟹ C

➡ 登記原因は，最終の原因である「令和５年６月１日売買」と提供する。

8　その他（過去の本試験で問われたもの）

① 農地法所定の許可を得ることを条件として所有権の移転の登記の手続を命ずる判決がされたが，登記記録上の地目が畑から宅地に変更されている。この場合でも，判決に基づいて単独で登記を申請するためには，判決に執行文の付与を受けることを要する（質疑登研562 P 133）。 H12-26

∵　この判決は，債務者の意思表示が一定の条件（農地法所定の許可）に係っているので，執行文の付与を受けないと債務者の登記申請の意思表示が擬制されない。

② 第三者Ｂが，所有権の保存の登記の名義人Ａを被告として，所有権の保存の登記の抹消の手続を命ずる確定判決を得たときは，Ｂが単独で所有権の保存の登記の抹消を申請することができる（先例昭28.10.14－1869）。 H22-24

∵　判決による登記は，共同申請によるべき登記に限られない。

③ ＢがＡを被告として，ＡからＢへの所有権の移転の登記の手続を命ずる確定判決を得た場合，その判決に基づいて**被告Ａが単独で**，ＡからＢへの所有権の移転の登記を**申請することはできない**。

∵　この判決で，被告Ａの登記申請意思は擬制されたが，原告Ｂの登記申請意思が擬制されたわけではないから。

④ 弁護士Ｘが原告Ａの訴訟代理人として裁判をし，登記手続を命ずる確定判決を得た。そして，ＸがＡを代理してその判決に基づいて登記を申請する場合，申請情報と併せて“登記申請についての”Ｘの権限を証する情報を提供することを要する。

∵　訴訟代理人（弁護士等）の代理権の範囲には，その訴訟に基づく登記を申請することの権限は含まれていない。だから，別途，登記申請についての代理権限を証する情報を提供する必要がある。

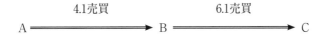

第21章
債権者代位による登記

Topics
- 登記の申請人（登記権利者）に対して債権を有する者は，自分の債権を保全するために，その申請人に代わって登記を申請することができる。
- 特有の申請情報の内容，添付情報がある。

1　意　義

債権者代位による登記とは，債権者が自己の債権を保全するために，民法423条の規定に基づいて，債務者の有している登記申請権を代位行使して，自己の名をもって債務者のために登記を申請すること。

ケーススタディ

Ａの所有する甲土地をＢに売り渡す契約がされたが，その登記をしないうちにＢは甲土地をＣに売り渡す契約をした。

➡　この場合は，甲土地についてＡからＢへの所有権の移転の登記を申請して，その後にＢからＣへの所有権の移転の登記を申請すべき。

しかし，Ｂは，ＡからＢへの所有権の移転の登記を申請しようとしなかった（Ｂは既に甲土地をＣに売り渡し，代金も貰ったので，今さらＡからＢへの所有権の移転の登記を申請するのが面倒になったのだろう）。

この場合，ＣはＢに代位して，Ａと共同して，ＡからＢへの所有権の移転の登記を申請することができる。

∵　ＣはＢから甲土地を買い受けたので，Ｂに対して所有権の移転の登記の請求権（債権）を有している。したがって，その債権を保全するため，Ｂに代位して登記を申請できる。

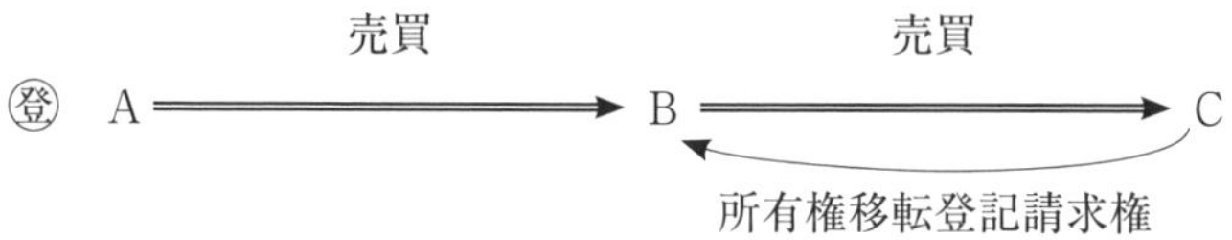

➡　ＡからＢへの所有権の移転の登記を，ＣとＡが申請する。

プラス アルファ

Cは，“Bが申請すべきであった登記”を，Bに代位して申請する。つまり，AからBへの所有権の移転の登記をBに代わって申請する。

➡ AからCに対して所有権の移転の登記を申請することはできない（中間省略登記はダメ）。

【例】 甲土地の所有者Aが死亡し，Bが相続した。そして，BがXのために甲土地に抵当権を設定した。

➡ XはBに代位して，相続によるAからBへの所有権の移転の登記を申請することができる。

2 代位の対象

債権者代位による登記における代位の対象は，債務者の有する登記申請権。

➡ 表示に関する登記であると権利に関する登記であるとを問わない。

また，代位権をさらに代位することも認められる。

【例】 甲土地の所有権がA→B→C→Dと順次移転したが，登記名義は未だAに残っている場合，Dは，CがBに代位してAからBへの所有権の移転の登記を申請することができる権利をさらに代位して，AとともにAからBへの所有権の移転の登記を申請することができる。

3 債権保全の必要性

債権者代位による登記は，債権者の債務者に対する債権を保全するために認められるもの。そのため，保全の範囲を超えてしまうような代位申請，つまり債権者の満足に至る代位申請は認められない。

用語説明

保全→ 保護して安全であるようにすること。（権利を）確保しておくこと。

① 登記権利者が登記義務者に代位して，単独で登記を申請することはできない。

∵　当たり前である。これを認めたら，共同申請主義という大原則（不登§60）が一瞬で無意味になる。

H30-15
H24-15
【例】　抵当権の債務者の住所が変わった場合，抵当権者が設定者に代位して，単独で債務者の変更の登記を申請することはできない（先例昭36.8.30－717）。

プラスアルファ

登記義務者が登記に協力しないときは，登記義務者を被告として登記手続を命ずる確定判決を得れば，登記権利者が単独で登記を申請することができる。

プラスアルファ

登記義務者が登記権利者に代位して，単独で登記を申請できる場合がある。

R2-14
【例】　A所有の不動産をBが買い受けたが，買主Bが所有権の移転の登記の申請に協力しない場合，Aが当該売買代金債権とは別にBに対して債権を有しているときは，その債権を保全するため，Bに代位してAからBへの所有権の移転の登記の申請をすることができる（先例昭24.2.25－389）。

∵　Bからすると，AからBへの所有権の移転の登記をしても，債権者Aが自分の買った不動産を差し押さえ，競売されてしまうおそれがあるので，登記権利者の立場なのに所有権の移転の登記を申請しない，ということもあり得る。

R5-17
H24-15
②　表題登記のみがされた敷地権付きの区分建物を，表題部所有者AからBが買い受け，同時にAのBに対する売買代金債権を担保するため，当該区分建物に抵当権の設定契約をした場合，**AはBに代位して，区分建物につきBの名義で所有権の保存の登記（不登§74Ⅱ）を申請することはできない**（先例昭63.1.19－325）。

∵　これも，債権の保全の範囲を超え，満足の次元であると考えることができる。

➡　AのBに対する抵当権の設定の登記の請求権を保全するには，Aの名義で所有権の保存の登記を申請し（不登§74Ⅰ①），AからBに対して所有権の移転の登記を申請すればよい。だから，直接Bの名義で所有権の保存の登記の申請を認める必要はないといえる。

→　区分建物の所有権の保存の登記については，第26章。

4　債権者代位による登記の手続

債権者代位による登記とは，債権者が債務者（本来の登記の申請人）に代わって，債務者が申請すべき登記を申請することであるが，その申請手続は，一般的な規定に従う。

➡　債務者（本来の登記の申請人）が単独で申請することができる登記（不登§63，64等）については，債権者が代位して単独で申請することができるが，そうでない場合には，手続上の登記義務者と共同して申請することを要する。

【例】　AからBへの相続による所有権の移転の登記を，Bの債権者XがBに代位して申請する場合は，債権者Xが単独で申請することができる。
∵　相続による移転の登記は，相続人が単独で申請することができる（不登§63Ⅱ）。

【例】　AからBへの売買による所有権の移転の登記を，Bの債権者XがBに代位して申請する場合は，債権者Xと義務者Aが共同して申請することを要する。
∵　売買による移転の登記は，権利者と義務者の共同申請（不登§60）。

5　申請情報の内容

債権者代位により登記を申請するときは，

- 登記を申請する債権者の氏名や住所
- 代位される債務者（本来の申請人）の氏名や住所
- 代位原因

を提供することを要する（不登令§３①④）。

【例】　AからBへの売買による所有権の移転の登記を，XがBに代位して申請する場合

権 利 者	（被代位者）　B
代 位 者	X
代位原因	年月日売買の所有権移転登記請求権
義 務 者	A

・　代位原因

代位原因とは，債権者代位権の発生原因，すなわち保全されるべき基本債権の発生原因をいう。

【例】　A→B，B→Cへと売買により所有権が移転したが，いまだ登記名義がAにある場合に，CがBに代位してA→Bへの所有権の移転の登記を申請するときは，代位原因は「年月日売買の所有権移転登記請求権」と提供する。

代位原因の具体例

・　年月日金銭消費貸借の強制執行
・　年月日設定の抵当権設定登記請求権
・　年月日仮差押命令による仮差押登記請求権
H19記述 ・　年月日設定の抵当権の実行による競売　　等々

6　代位原因を証する情報

H14記述 債権者代位により登記を申請するときは，申請情報と併せて代位原因を証する情報を提供することを要する（不登令§７Ⅰ③）。

∵　債務者（本来の申請人）に対して債権を有すること，つまり債権者として登記申請の権限を有することを証明するため。

プラス アルファ

この情報は，登記官が当事者間における基本債権の存在を確認することができるものであれば足り，必ずしも公務員が職務上作成した情報である必要はなく，私人間で作成された情報でも差し支えない（先例昭23.9.21－3010）。

・　代位原因となる基本債権の存在が登記記録上から推認できるときは，代位原因を証する情報を提供することを要しない（先例昭35.9.30－2480）。

具体例

①　売買による所有権移転登記請求権を保全する場合は売買契約書
②　金銭消費貸借による強制執行をするために代位する場合は金銭消費貸借契約書

③　仮差押命令による仮差押登記請求権を保全する場合は仮差押命令の正本（先例昭26.11.26－2267）

➡　当事者間の借用書等を提供する必要はない。

④　抵当権の実行に基づく競売をするために，所有者に代位して相続の登記を申請する場合は，裁判所の競売申立受理証明書（先例昭62.3.10－1024） R2-14 H19記述

7　その他

①　建物の登記記録の表題部にAが所有者として記録されている場合，Aの債権者Xは，Aに代位して所有権の保存の登記を申請することができる。 H元-19

②　共同相続人の１人に対する債権者は，その相続人に代位して，共同相続人全員のために相続による所有権の移転の登記を申請することができる（先例昭49.2.12－1018）。

∵　相続人の１人は，共有物の保存行為（民§252Ⅴ）として，相続人全員のために相続の登記を申請することができる（質疑登研157Ｐ45）。

③　根抵当権の元本が確定した後，債務者に代わって被担保債権を弁済した保証人は，根抵当権者に代位して，設定者とともに根抵当権の元本確定の登記を申請することができる（先例昭54.11.8－5731）。 H12-15

∵　代位弁済をした者は，根抵当権者に対して根抵当権の移転の登記の請求権を有する。だから，元本確定の登記の登記義務者である根抵当権者に代位して，元本確定の登記を申請することができる。

➡　債権者が登記義務者に代位する，という珍しいケース。

④　不動産の所有権がＡ→Ｂ→Ｃと移転したが，まだ登記名義がＡにある場合，Ｂの債権者ＸはＢに代位して，Ａと共同してＡからＢへの所有権の移転の登記を申請することができる。 H元-19

∵　不動産の所有権は既にＢからＣに移転しているが，ＢはＡに対する所有権の移転の登記の請求権を失わないので，Ｂの債権者がＢに代位して登記をすることは問題ない。 H14-19

⑤　債権者は，債務者の相続人が法定代理人のいない未成年者であっても，これに代位して相続の登記を申請することができる（先例昭14.12.11－1359）。 H21-12

∵　代わって登記を申請するだけなので，未成年者に特に不利益が及ぶこと

はない。

・　申請情報の作成

権　利　部（甲　区）	（所　有　権　に　関　す　る　事　項）		
順位番号	登記の目的	受付年月日・受付番号	権利者その他の事項
1	所有権移転	平成22年7月10日 第7000号	原因　平成22年7月10日売買 所有者　　A

令和5年3月1日，AとBは，Aの所有する甲土地をBに売り渡す契約をした。そして，その登記をする前の令和5年6月10日，BとCは，Bが買い受けた甲土地をCに売り渡す契約をした。しかし，Bは，AからBへの所有権の移転の登記を申請してくれなかった。

【AからBへの所有権の移転の登記の申請書】

登記の目的　所有権移転
原　　　因　令和5年3月1日売買
権　利　者　（被代位者）　B
代　位　者　C
代 位 原 因　令和5年6月10日売買の所有権移転登記請求権
義　務　者　A
添 付 情 報　登記識別情報（Aの甲区1番の登記識別情報）
　　　　　　登記原因証明情報
　　　　　　代理権限証明情報（C及びAから司法書士への委任状）
　　　　　　印鑑証明情報（Aの印鑑証明書）
　　　　　　代位原因証明情報（BC間の売買契約書）
　　　　　　住所証明情報（Bの住民票の写し）

＊　B→Cへの所有権の移転の登記の申請書は省略

（完了後の登記記録）

権　利　部（甲　区）	（所　有　権　に　関　す　る　事　項）		
順位番号	登記の目的	受付年月日・受付番号	権利者その他の事項
1	所有権移転	平成22年7月10日 第7000号	原因　平成22年7月10日売買 所有者　　A

2	所有権移転	令和５年８月10日 第8000号	原因　令和５年３月１日売買 所有者　　B 代位者　　C 代位原因　令和５年６月10日売買の所有権移転登記請求権
3	所有権移転	令和５年８月10日 第8001号	原因　令和５年６月10日売買 所有者　　C

8　債権者代位による登記がされた場合の登記官の処理

債権者代位によって登記がされたときは，登記官は実際に登記を申請した債権者に対して，登記が完了した旨を通知する（不登規§181Ⅰ）。

そして，代位された者（債務者）に対しても登記が完了した旨を通知する（不登規§183Ⅰ②）。 R3-13 H24-25

プラス アルファ

代位された者に対する通知は，その通知を受けるべき者が数人いる場合でも，そのうちの１人に対して通知をすれば足りる（不登規§183Ⅱ）。

重要!

代位された者（債務者）が登記名義人となる登記が完了した場合でも，登記識別情報は通知されない。 H17-13

∵　登記識別情報は，“申請人自らが”登記名義人となる登記が完了した場合に通知されるもの（不登§21）。

債権者代位による登記の場合は，登記名義人となった者は申請人となっていないから。

9　詐害行為取消判決に基づく場合

(1)　詐害行為取消権（債権者取消権）の意義

詐害行為取消権とは，債務者の責任財産を保全するため，これを不当に減少させる債務者の行為（詐害行為）の効力を否認して，債務者の責任財産から逸出した財産を責任財産に取り戻すことを裁判所に請求できる権利（民§424）。

(2)　詐害行為取消権の行使

詐害行為取消権を行使するためには，必ず裁判所に請求しなければならない（民§424Ⅰ）。

詐害行為取消権に基づく訴訟の内容は，通常，債務者と受益者の間の法律行為（詐害行為）の取消しと，債務者から受益者への所有権の移転の登記の抹消の請求である。

➡　受益者（転得者）から債務者への所有権の移転の登記を請求することもできる（最判昭40.9.17）。

(3)　登記の手続

①　申請人

R5-16

判決を得た債権者が，債務者（登記権利者）に代位して，判決によって命じられた登記を単独で申請することができる（不登§63Ⅰ）。

【例】　Aの所有する甲土地につきBに対して贈与による所有権の移転の登記がされたが，Aの債権者Xが当該贈与契約を詐害行為として取り消し，かつAからBへの所有権の移転の登記の抹消の手続を命ずる確定判決を得た。

➡　XはAに代位して，AからBへの所有権の移転の登記の抹消を単独で申請することができる（先例昭38.3.14－726）。

考え方　AからBへの所有権の移転の登記の抹消であるので，前所有権の登記名義人Aが登記権利者となり，XがAに代位する形になる。

➡　Xを登記権利者として申請することはできない。

H30-15
H24-15

・　抵当権の設定を詐害行為とした抵当権の登記の抹消を請求する訴訟において，共同原告のうちの1人Xについてのみ勝訴の判決が確定し，他の共同原告については訴訟が続いている場合でも，Xは当該判決に基づいて単独で，設定者に代位して抵当権の登記の抹消を申請することができる（先例昭35.5.18－1118）。

②　登記原因及びその日付→　判決が確定した日をもって，「年月日詐害行為取消判決」

➡　詐害行為取消は，判決が確定して取消しの効力が生ずる。

③　添付情報

詐害行為取消判決に基づいて，債権者が債務者に代位して登記を申請するときは，登記原因を証する情報兼代位原因を証する情報として，当該判決書の正本及び確定証明書を提供する。

【申請書】

登記の目的	○番所有権抹消
原　　　因	年月日詐害行為取消判決
権　利　者	（被代位者）　A
代　位　者	（申請人）X
代位原因	年月日金銭消費貸借の強制執行
義　務　者	B
添付情報	登記原因証明情報（判決書正本及び確定証明書） 代理権限証明情報（Xから司法書士への委任状） 代位原因証明情報（判決書正本及び確定証明書）
登録免許税	金1,000円

第22章
仮登記

Topics ・一定の理由により，正式な登記を申請できない場合には，仮登記をして順位を保全しておくことができる。
・論点は多い。択一では頻出。

第1節　仮登記

1　総　説

仮登記とは，登記をするための手続法上又は実体法上の一定の要件が満たされていない場合に，将来されるべき登記（本登記）の順位を保全するためにされる登記。

➡　訳があってちゃんとした登記ができない場合に，仮の登記をしておくというニュアンス。

仮登記はまさに仮の登記なので，民法177条の対抗力は認められていないが，仮登記に基づく本登記がされることにより，仮登記において保全された順位が本登記の順位となる（不登§106）。

2　順位を保全する，とは

ケーススタディ

Aの所有する甲不動産にXのための抵当権の設定契約がされたが，抵当権の設定の登記を申請するために必要な一定の添付情報を提供することができないときは，とりあえずXの抵当権の設定の仮登記をすることができる。

権　利　部（甲　区）　（所　有　権　に　関　す　る　事　項）			
順位番号	登記の目的	受付年月日・受付番号	権利者その他の事項
1	所有権移転	平成22年７月10日 第7000号	原因　平成22年７月10日売買 所有者　　A

権　利　部（乙　区）　（所有権以外の権利に関する事項）			
順位番号	登記の目的	受付年月日・受付番号	権利者その他の事項
1	抵当権設定仮登記	令和4年7月8日 第7000号	原因　令和4年7月8日金銭消費貸借同日設定 （登記事項省略） 権利者　X
	余　白	余　白	余　白

＊　仮登記がされたときは，将来，きちんとした登記（正式な抵当権の設定の登記）を記録するための余白を設けておく。

↓

その後，Aの所有する甲不動産に，Yのための抵当権の設定契約がされた。この抵当権については，登記を申請するために必要な添付情報がすべて揃っているので，抵当権の設定の登記がされた。

権　利　部（乙　区）　（所有権以外の権利に関する事項）			
順位番号	登記の目的	受付年月日・受付番号	権利者その他の事項
1	抵当権設定仮登記	令和4年7月8日 第7000号	原因　令和4年7月8日金銭消費貸借同日設定 （登記事項省略） 権利者　X
	余　白	余　白	余　白
2	抵当権設定	令和5年1月17日 第100号	原因　令和5年1月17日金銭消費貸借同日設定 （登記事項省略） 抵当権者　Y

↓

こういった登記がされた後に，Xの抵当権について設定の登記を申請するために必要な添付情報がすべて揃った。そのため，**抵当権の設定の仮登記に基づく本登記**（ちゃんとした抵当権の設定の登記）をする。

➡　本登記は，仮登記の際に設けられた余白に記録される。

権　利　部（乙　区）　（所有権以外の権利に関する事項）			
順位番号	登記の目的	受付年月日・受付番号	権利者その他の事項
1	抵当権設定仮登記	令和４年７月８日 第7000号	原因　令和４年７月８日金銭消費貸借同日設定 （登記事項省略） 権利者　X
	抵当権設定	令和５年８月５日 第8000号	原因　令和４年７月８日金銭消費貸借同日設定 （登記事項省略） 抵当権者　X
2	抵当権設定	令和５年１月17日 第100号	原因　令和５年１月17日金銭消費貸借同日設定 （登記事項省略） 抵当権者　Y

この仮登記に基づく本登記がされると，Xは，順位１番で抵当権の設定の登記を受けたことになる。

➡　仮登記がされた後に抵当権の設定の登記をしたYよりも先順位として抵当権を取得することになる。

重要!

まさに，仮登記は，「将来されるべき本登記の順位を保全するために」されるもの。

➡　仮登記のままでは対抗力を有しないが，仮登記に基づく本登記がされたら，その本登記は仮登記の順位による。

ケーススタディ

令和４年９月９日，Aの所有する甲不動産をBに売り渡す契約がされたが，所有権の移転の登記を申請するために必要な一定の添付情報が提供できないため，仕方なく所有権の移転の仮登記をした。

権利部（甲区）	（所有権に関する事項）		
順位番号	登記の目的	受付年月日・受付番号	権利者その他の事項
1	所有権移転	平成22年7月10日 第7000号	原因　平成22年7月10日売買 所有者　A
2	所有権移転仮登記	令和4年9月9日 第9000号	原因　令和4年9月9日売買 権利者　B
	余白	余白	余白

↓

その後の令和4年10月1日，AはCに対し，甲不動産を売り渡す契約をした（つまり二重譲渡）。この売買については，登記を申請するための要件が満たされているので，所有権の移転の登記がされた。

権利部（甲区）	（所有権に関する事項）		
順位番号	登記の目的	受付年月日・受付番号	権利者その他の事項
1	所有権移転	平成22年7月10日 第7000号	原因　平成22年7月10日売買 所有者　A
2	所有権移転仮登記	令和4年9月9日 第9000号	原因　令和4年9月9日売買 権利者　B
	余白	余白	余白
3	所有権移転	令和4年10月1日 第10000号	原因　令和4年10月1日売買 所有者　C

↓

こういった登記がされた後に，AからBへの所有権の移転の登記を申請するために必要な添付情報がすべて揃った。そのため，**所有権の移転の仮登記に基づく本登記**（ちゃんとした所有権の移転の登記）を申請することになる（本登記は，仮登記の際に設けられた余白に記録される）。

権利部（甲区）	（所有権に関する事項）		
順位番号	登記の目的	受付年月日・受付番号	権利者その他の事項
1	所有権移転	平成22年7月10日 第7000号	原因　平成22年7月10日売買 所有者　A
2	所有権移転仮登記	令和4年9月9日 第9000号	原因　令和4年9月9日売買 権利者　B
	所有権移転	令和5年8月5日 第8000号	原因　令和4年9月9日売買 所有者　B
3	所有権移転	令和4年10月1日 第10000号	原因　令和4年10月1日売買 所有者　C

この仮登記に基づく本登記がされると，**Bは，甲区２番で所有権の移転の登記を受けたことになる**。つまり，Bは，Cよりも先順位で所有権の移転の登記を受けたことになるので，Bの勝ち，Cの負けとなる。

➡ まさに，仮登記は，「将来されるべき本登記の順位を保全するために」されるものである。

＋アルファ

甲不動産の所有者は１人しか存在し得ないから，Bの仮登記に基づく本登記（ちゃんとした所有権の移転の登記）がされたときは，登記官が職権でCの所有権の登記を抹消する（不登§109Ⅱ，詳しくは後述）。

3　仮登記の種類

仮登記には，２つの種類がある。

① **１号仮登記**

登記すべき物権変動の効力は生じているが，登記申請に必要な一定の添付情報を提供することができない場合に，将来されるべき登記の順位を保全するためにすることができる（不登§105①）。

② **２号仮登記**

当事者間で物権変動はまだ生じていないが，将来において物権変動を生じさせる請求権等が発生している場合に，将来物権変動の効力が生じたときになすべき登記の順位を保全するためにすることができる（不登§105②）。

＋アルファ

法105条１号に規定されているから１号仮登記，同２号に規定されているから２号仮登記と呼ばれている。

4　1号仮登記

(1)　意　義

当事者間で，登記すべき物権変動は既に生じているが，登記申請に必要な一定の添付情報を提供することができない場合は，仮登記をすることができる。

【例】　当事者間で農地の売買契約がされ，農地法所定の許可も得て，買主に所有権が移転した。しかし，農地法所定の許可書を紛失してしまった。つまり，許可書を添付できないので，所有権の移転の登記を申請することができない。

➡　この場合は，所有権の移転の仮登記をして，順位を保全することができる。

➡　そして，買主は一所懸命に許可書を探して，見つかったらきちんとした所有権の移転の登記（仮登記に基づく本登記）を申請する。

(2)　1号仮登記をするための要件

登記を申請するために申請情報と併せて提供すべき情報（添付情報）のうち，法務省令で定めるものを提供することができない場合には，仮登記をすることができるとされている（不登§105①）。

「法務省令で定めるもの」とは，以下のとおり（不登規§178）。

①　登記識別情報 ②　第三者の許可，同意又は承諾を証する情報

①　登記識別情報

申請情報と併せて提供すべき登記識別情報を提供できないときは，仮登記をすることができる。 H13-21

プラスアルファ

登記識別情報を提供できない場合は，事前通知の方法等（不登§23 I）で登記を申請することができるので，実際のところは仮登記をする実益はないといえる。

②　第三者の許可，同意又は承諾を証する情報

これには，2つある。

㋐　登記原因について第三者の許可等が必要な場合において，その許可等を得たことを証する情報を提供できないときは，仮登記をすることができる。

H13-21　【例】　農地法所定の許可を証する書面を紛失した。

注意！　1号仮登記をするためには，第三者の許可等は既に得られている必要がある。まだ許可等が得られていない場合には，物権変動が生じていないので，1号仮登記をすることはできない。

➡　まだ許可等が得られていない場合には，後述の2号仮登記（物権変動が条件に係っている場合の仮登記）をすることができる。

㋑　登記の抹消又は抹消された登記の回復を申請する場合に，登記上の利害関係を有する第三者の承諾等を証する情報を提供できないときは，仮登記をすることができる。

➡　登記上の利害関係を有する第三者の承諾等を証する情報を提供できないと登記の抹消の申請は却下されるので（不登令別表26添付情報欄ト），仮登記をして順位を保全する実益がある。

プラスアルファ

書面申請の場合に，申請情報と併せて印鑑証明書を提供することができないときは，仮登記をすることはできない（先例昭29.10.5－2022）。

➡　印鑑証明書は仮登記においても提供しなければならないので，印鑑証明書が提供できないときは仮登記すらできない。

5　2号仮登記

当事者間で登記すべき物権変動は生じていないが，

(1)　将来その物権変動を生じさせる請求権が発生しているとき
(2)　その請求権が始期付き又は停止条件付きのとき
(3)　物権変動そのものが始期付き又は停止条件付きであるとき

は，将来物権変動の効力が生じたときになすべき登記の順位を保全するため，仮登記をすることができる。

(1)　将来その物権変動を生じさせる請求権が発生している場合

Ａの所有する不動産について，将来Ｂに売り渡す旨の売買予約が成立した。

➡　この段階では，不動産の所有権はＢに移転しない。ＢはＡに対して所有権移転請求権という債権を取得するにすぎない。

この場合は，将来売買の本契約がされて所有権がＢに移転した際に申請すべき所有権の移転の登記の順位を保全するため，仮登記（所有権の移転請求権の仮登記）をすることができる。

➡　この後にＡＢ間で売買の本契約がされたときは，所有権の移転請求権の仮登記の本登記（＝所有権の移転の登記）を申請することができる。

(2)　将来の物権変動を生じさせる請求権が始期付き又は停止条件付きである場合

(3)　物権変動が始期付き又は停止条件付きである場合

物権変動が始期付きである，あるいは停止条件に係っているときは，将来物権変動の効力が生じたときに申請すべき登記の順位を保全するため，仮登記をすることができる。

【例】　Ａの所有する農地をＢに売り渡す契約がされたが，まだ農地法所定の許可を得ていない。この場合は，まだ農地の所有権はＢに移転していないが，所有権の移転（物権変動）が農地法所定の許可という条件に係っているということができる。

➡　この後に農地法所定の許可が到達したら，当然に所有権がＢに移転する。

この場合は，農地法所定の許可が到達して所有権が移転した際に申請すべき所有権の移転の登記の順位を保全するため，仮登記（条件付き所有権移転仮登記）をすることができる。 H13-21

➡　この後に農地法所定の許可が到達して農地の所有権がＢに移転したときは，条件付き所有権移転の仮登記の本登記（＝所有権の移転の登記）を申請する。

・　物権変動が始期付きである場合とは，死因贈与の契約がされた場合。 H29-24

【例】　ＡＢ間で，「Ａの所有する甲土地をＢに贈与する，ただし，Ａが死亡した時に贈与の効力が生ずるものとする」という契約がされたときは，Bのために始期付きの所有権の移転の仮登記をすることができる。

6　仮登記の手続

(1)　申請人

仮登記の申請も，登記権利者と登記義務者が共同してするのが原則である（不登§60）。

ただし，仮登記は対抗力を有しない予備的な登記であるので，**簡易な取扱い**が認められている。

以下の場合は，仮登記の登記権利者が**単独で**仮登記を申請することができる（不登§107 I ①）。

> ①　申請情報と併せて，仮登記の登記義務者の承諾を証する情報を提供したとき
> ②　申請情報と併せて，仮登記を命ずる処分（不登§108 I ）の決定書正本を提供したとき

H29-24 ①　**申請情報と併せて仮登記の登記義務者の承諾を証する情報を提供したとき**

【例】　AB間で，Aの所有する甲土地を将来Bに売り渡す旨の売買予約がされた。そして，AはBに対し，Bが仮登記をすることについての承諾書を交付した。

➡　Bが単独でAからBへの所有権の移転請求権の仮登記を申請することができる。

・　この承諾を証する情報が書面で作成された場合には，作成者が記名押印し（不登令§19 I ），その印鑑証明書を提供することを要する（同Ⅱ）。

∵　書面の真正を担保するため。

H25-26 ・　仮登記の登記義務者の承諾書が公正証書で作成されているときは，作成者の印鑑証明書を提供することを要しない。

∵　公正証書なので，書面の真正は担保されている。

② 申請情報と併せて，仮登記を命ずる処分（不登§108Ⅰ）の決定書正本を提供したとき

【例】 AとBは，Aの所有する甲土地を将来Bに売り渡す旨の売買予約をしたが，Aが仮登記の手続に協力しない。そのため，Bが裁判所に仮登記を命ずる処分の申立てをして，裁判所は仮登記を命ずる処分を出した。

➡ Bが単独で所有権の移転請求権の仮登記を申請することができる。

プラス アルファ

仮登記を命ずる処分の申立ては，不動産の所在地を管轄する地方裁判所に対してすることを要し（不登§108Ⅲ），そこで仮登記の原因を疎明することによって（同Ⅱ），裁判所は仮登記を命ずる処分をすることができる。 H25-26

(2) 添付情報

① 総　説

共同申請による場合も，仮登記の登記権利者からの単独申請による場合も，仮登記を申請するときは，その**申請情報と併せて以下の情報を提供することを要しない**（先例昭39.3.3－291）。

㋐ 登記義務者の登記識別情報（不登§107Ⅱ）
㋑ 登記原因についての第三者の許可等を証する情報 H29-25
㋒ 抹消（回復）の仮登記をする場合の登記上の利害関係を有する第三者の承諾等を証する情報
㋓ 登記権利者の住所を証する情報 R2-16 H5-24

考え方 ㋐㋑㋒については，これらの情報の提供不能を理由として1号仮登記の申請を認めているので，提供は不要とされている。

㋓については，仮登記に基づく本登記の際に提供させれば足りるから。

【例】 AからBへの売買による所有権の移転の仮登記を申請する場合，申請情報と併せてAの登記識別情報を提供することを要しない。

【例】 農地について売買による所有権の移転の仮登記を申請する場合，申請情報と併せて農地法所定の許可を証する情報を提供することを H元-28

要しない。

② 権利の変更の仮登記を申請する場合において，申請情報と併せて登記上の利害関係を有する第三者の承諾等を証する情報を提供したときは，その変更の仮登記は付記登記でされ，提供しないときは変更の仮登記は主登記でされる（不登§66）。

プラス アルファ

権利の変更の仮登記が付記登記でされているときは，仮登記に基づく本登記の申請において，申請情報と併せて登記上の利害関係を有する第三者の承諾等を証する情報を提供することを要しないとされている。

プラス アルファ

R4-25
H23-22
根抵当権の極度額の変更予約がされ，根抵当権の変更請求権の仮登記を申請するときは，申請情報と併せて必ず利害関係人の承諾を証する情報を提供することを要する（先例解説329 P 44）。

利害関係を有する第三者の承諾等を証する情報について

抹消（回復）の仮登記	提供不要
権利の変更の仮登記（一般的な場合）	提供すれば付記登記，提供しないと主登記
根抵当権の極度額の変更請求権の仮登記	提供を要する

③ 印鑑証明書

書面により申請する場合で，所有権の登記名義人が登記義務者となり，共同申請の形で仮登記を申請するときは，申請情報と併せて登記義務者の印鑑証明書を提供することを要する（不登令§16Ⅱ，18Ⅱ）。

プラス アルファ

では，単独申請の場合は？

仮登記の登記権利者が単独で申請する場合は，仮登記の登記義務者が申請書又は委任状に押印することはあり得ないので，印鑑証明書の提供も問題とはならない。

ただし，仮登記の登記義務者の承諾書を提供して仮登記の登記権利者が単独で申請する場合は，承諾書に押した仮登記の登記義務者の印鑑についての印鑑証明書を提供することを要する（不登令§19Ⅱ）。

➡　この印鑑証明書は，承諾書の一部という扱い。

(3)　登録免許税

①　売買等を登記原因とした所有権の移転（請求権）の仮登記
課税標準→　不動産の価額
税　　率→　1000分の10（登税別表第1.1⑿ロ(3)）
➡　通常の所有権の移転の登記の半分。

②　地上権，採石権，永小作権，賃借権の設定（請求権）の仮登記
課税標準→　不動産の価額
税　　率→　1000分の５（登税別表第1.1⑿ハ(1)）

③　抵当権等の担保権の仮登記
定額課税。不動産１個につき金1,000円（登税別表第1.1⑿へ）。

7　仮登記の実行

仮登記を実行する場合，事項欄に仮登記をし，その次に，本登記をすることができる余白をあけておく（不登規§179Ⅰ）。

➡　そして，その余白の部分に仮登記に基づく本登記を記録する。

・　申請情報の作成

権利部（甲区）　（所有権に関する事項）			
順位番号	登記の目的	受付年月日・受付番号	権利者その他の事項
1	所有権移転	平成22年７月10日 第7000号	原因　平成22年７月10日売買 所有者　　A

令和５年６月１日，ＡとＢは，Ａの所有する甲土地を将来Ｂに金2,000万円で売り渡す旨の売買予約をした。

【申請書～登記権利者と登記義務者が共同で申請する場合】

登記の目的　所有権移転請求権仮登記
原　　　因　令和５年６月１日売買予約

権　利　者　B
義　務　者　A
添 付 情 報　登記原因証明情報
　　　　　　代理権限証明情報（B及びAから司法書士への委任状）
　　　　　　印鑑証明情報（Aの印鑑証明書）
課 税 価 額　金1,000万円
登録免許税　金10万円

（完了後の登記記録）

権　利　部（甲　区）　（所　有　権　に　関　す　る　事　項）			
順位番号	登記の目的	受付年月日・受付番号	権利者その他の事項
1	所有権移転	平成22年7月10日 第7000号	原因　平成22年7月10日売買 所有者　A
2	所有権移転請求権仮登記	令和5年6月1日 第6000号	原因　令和5年6月1日売買予約 権利者　B
	余　白	余　白	余　白

【参考　申請書～仮登記の登記義務者の承諾を証する情報を提供して仮登記の登記権利者が単独で申請する場合】

登記の目的　所有権移転請求権仮登記
原　　　因　令和5年6月1日売買予約
権　利　者　（申請人）B
義　務　者　A　　　＊
添 付 情 報　登記原因証明情報
　　　　　　代理権限証明情報（Bから司法書士への委任状）
　　　　　　承諾証明情報（Aの承諾書）

＊　Bが単独で申請するが，申請情報の内容としては登記義務者も提供する（不登令§3⑪イ）。

8　各種の仮登記における登記の目的と登記原因

(1)　1号仮登記

売買による所有権の移転の仮登記

登記の目的　所有権移転仮登記
原　　　因　年月日売買

(2)　2号仮登記

① 不動産の売買がされたが，所有権の移転時期を売買代金完済の時と定めた場合 H27-24 H4-15

登記の目的　条件付所有権移転仮登記
原　　　因　年月日売買（条件　売買代金完済）

② 農地の売買がされたが，まだ農地法所定の許可を得ていない場合

登記の目的　条件付所有権移転仮登記
原　　　因　年月日売買（条件　農地法第3条の許可）

③ 死因贈与の契約がされた場合

登記の目的　始期付所有権移転仮登記
原　　　因　年月日贈与（始期　甲野太郎死亡）

④ 売買予約がされた場合

登記の目的　所有権移転請求権仮登記
原　　　因　年月日売買予約

9　仮登記の可否の具体例

(1)　所有権の保存の仮登記

H19-23　所有権の登記のない不動産について，申請情報と併せて仮登記を命ずる処分の決定書正本を提供したときは，所有権の保存の仮登記をすることができる（先例大13.6.13回答）。

(2)　所有権の移転（請求権）の仮登記

H7-19　① 相続による所有権の移転の仮登記（1号仮登記）をすることはできない。

∵　相続による所有権の移転の登記は相続人からの単独申請であり（不登§63Ⅱ），登記識別情報を提供することを要しないので，登記識別情報の提供不能はあり得ない。また，相続の登記において登記原因についての第三者の許可等を証する情報を提供することもないので，その提供不能もあり得ない。結局，要件不備の仮登記ということはあり得ない。

H5-12　② 相続（予約）による所有権の移転請求権の仮登記（2号仮登記）をすることはできない（先例昭57.2.12－1295，昭32.3.27－596）。

∵　被相続人の生存中は，（推定）相続人は被相続人の財産に対して何の請求権も取得しない。保全すべき請求権が存在しないので，仮登記をすることもできない。

③ 認知の裁判の確定前に，認知の訴えを提起した者を仮登記の登記権利者として，相続による所有権の移転請求権を保全する仮登記を申請することはできない（先例昭32.3.27－596）。

H26-21
H14-12　④ 遺贈予約による所有権の移転請求権の仮登記（2号仮登記）を申請することはできない（質疑登研352 P104）。

∵　遺言者の生存中は，受遺者は所有権移転の請求権を取得しない。請求権がないのだから，「請求権仮登記」もあり得ない。

⑤ 遺贈を登記原因として，相続人以外の第三者に対して所有権の移転の仮登記（1号仮登記）を申請することができる。

∵　相続人以外の第三者に対して遺贈による所有権の移転の登記を申請するときは，申請情報と併せて登記義務者の登記識別情報を提供することを要する（不登§22）。また，農地の特定遺贈の場合は，農地法所定の許可を証する情報を提供することを要する。そのため，これらの情報を提供できないときは，仮登記を申請して，順位を保全する実益がある。

重要!

遺贈の効力が生ずる前に請求権の仮登記をすることはできないが，遺贈の効力が生じた後に移転の仮登記をすることはできる。

⑥　会社分割の予約を原因とする所有権の移転請求権の仮登記（2号仮登記）を申請することはできない（登研647 P 137）。 H14-12

∵　会社分割の効力が生ずる前は，まったく権利の移転は生じず，移転の請求権も発生しないと解されている。

プラスアルファ

会社分割の効力が生じたが，所有権の移転の登記を申請するための登記識別情報を提供することができない場合には，会社分割を登記原因として所有権の移転の仮登記（1号仮登記）を申請することができる。 H15-16

⑦　離婚前に財産分与の協議がされても，財産分与の予約を原因として，所有権の移転請求権の仮登記（2号仮登記）を申請することはできない（先例昭57.1.16－251）。 R2-23 H27-24 H14-12

∵　離婚前に財産分与の協議がされても，何の効力も生じないとされている。つまり，請求権すら発生しないので，仮登記をすることはできない。

プラスアルファ

離婚が成立して財産分与により所有権が移転したが，登記識別情報等を提供できないときは，財産分与を登記原因として所有権の移転の仮登記（1号仮登記）を申請することはできる。

⑧　信託を登記原因として，所有権の移転請求権の仮登記及び信託の仮登記（2号仮登記）を申請することはできない（質疑登研508 P 172）。 H5-12

∵　信託の契約がされると，所有権は委託者から受託者に移転するので，所有権移転の“請求権”ということはあり得ないから。

プラスアルファ

信託がされたが，登記の申請に必要な登記識別情報等を提供することができない場合には，所有権の移転の仮登記及び信託の仮登記（1号仮登記）を申請することができる。 H12-25

H元-26　⑨　譲渡担保を登記原因として，所有権の移転請求権の仮登記（２号仮登記）を申請することはできない（先例昭32.1.14－76）。

∵　⑧と同じ理由。譲渡担保の契約がされると，所有権は債務者から債権者に移転するので，所有権移転の“請求権”ということはない。

プラスアルファ

譲渡担保がされたが，所有権の移転の登記の申請に必要な登記識別情報等を提供することができない場合には，所有権の移転の仮登記（１号仮登記）を申請することができる。

R2-23
H19-23　⑩　真正な登記名義の回復を登記原因として所有権の移転請求権の仮登記（２号仮登記）を申請することはできない（質疑登研574Ｐ109）。

∵　甲土地についてＡの名義で登記がされているが，真実の所有者はＢであった，という場合，甲土地の所有権はＢにあるのだから，“ＢのＡに対する所有権の移転請求権”ということはあり得ない。だから，２号仮登記をすることはできない。

H22-12　➡　真正な登記名義の回復を原因とする場合は，所有権の移転の仮登記（１号仮登記）を申請すべき。

⑶　抹消の仮登記

H元-26　登記の抹消をしなければ登記された権利の消滅を第三者に対抗することができない場合は，仮登記をする実益があるので，抹消の仮登記を申請することができる。

➡　権利の消滅を第三者に対抗することができる場合は，仮登記をする実益がないので（わざわざ順位を保全しなくても，権利の消滅を第三者に対抗することができるのだから），抹消の仮登記をすることはできないと解されている。

⑷　その他

H29-25
H24-22　①　**共同根抵当権の設定（請求権）仮登記を申請することはできない**（先例昭47.11.25－4945）。

∵　共同根抵当権は，設定と同時に共同担保の旨の登記（民§398の16）をすることが効力要件。つまり，登記（＝本登記）が効力要件であるので，仮登記の段階で“共同根抵当権”ということはあり得ない。だから，共同根抵当権の設定の仮登記もあり得ない。

プラスアルファ

共同担保の関係とする根抵当権の設定契約をしたが，その登記を申請するために必要な登記識別情報等を提供できないときは，累積の根抵当（民§398の18）として設定の仮登記をする。 R4-25

そして，**仮登記に基づく本登記の際に，共同根抵当権設定本登記として申請する**（質疑登研424 P222）。 H15-26

② 担保権の順位変更の仮登記を申請することはできない（質疑登研313 P64）。 H19-23

∵ 上記①と同様，順位変更も登記（＝本登記）が効力要件（民§374 II）。

③ 根抵当権の元本確定の仮登記を申請することはできない。

∵ 根抵当権の元本の確定は登記が対抗要件というわけではないので，仮登記をして順位を保全するという実益がないといえる。

第2節　仮登記された権利の処分の登記

仮登記された権利を処分した場合，その仮登記を起点として新たな登記をすることができる。

仮登記された権利の処分は，以下のような態様がある。

① 仮登記された所有権（１号仮登記された権利）を第三者に譲渡した。
② 仮登記された所有権（１号仮登記された権利）を第三者に譲渡する予約がされた。
③ 仮登記された所有権の移転請求権（２号仮登記された権利）を第三者に譲渡した。
④ 仮登記された所有権の移転請求権（２号仮登記された権利）を第三者に譲渡する予約がされた。
⑤ 仮登記された権利を目的として，第三者のために権利を設定した。

1　仮登記された所有権を第三者に譲渡した場合

(1) 意　義

ＡからＢに対して所有権の移転の仮登記がされた後，Ｂが，その仮登記された所有権をＣに売り渡したときは，ＢからＣに対して「売買」を登記原因として仮登記所有権の移転の登記を申請することができる。

H27-19
・ 物権としての所有権がＢからＣに移転したので，この登記は独立の順位番号を付した主登記でされる。

・ 売主Ｂの登記が仮登記であるので，Ｃの登記も仮登記となる（先例昭36.12.27－1600）。
∵ Ｂは所有権の仮登記を有するに過ぎない。自分が持っている以上のものを，第三者に移転させることはできない。

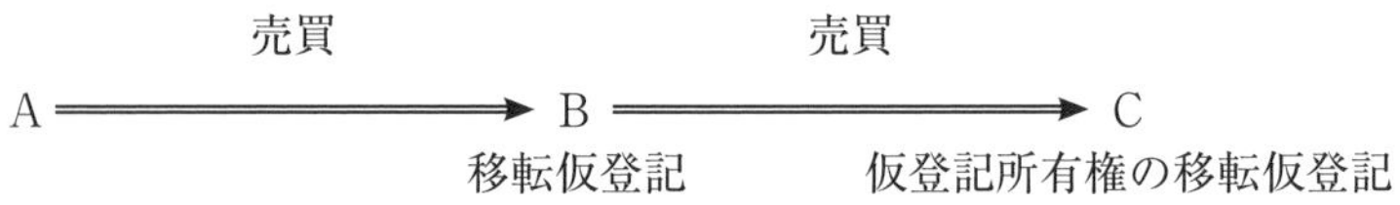

権利部（甲区）（所有権に関する事項）			
順位番号	登記の目的	受付年月日・受付番号	権利者その他の事項
1	所有権移転	平成22年7月10日 第7000号	原因　平成22年7月10日売買 所有者　A
2	所有権移転仮登記	令和5年6月1日 第6000号	原因　令和5年6月1日売買 権利者　B
	余　白	余　白	余　白
3	2番仮登記所有権移転の仮登記	令和5年7月1日 第7000号	原因　令和5年7月1日売買 権利者　C
	余　白	余　白	余　白

(2)　登記の手続

BからCへの登記は仮登記なので，通常の仮登記の手続に関する規定が適用される。

・　Bの承諾又は仮登記を命ずる裁判所の処分があった場合には，登記権利者Cが単独で申請することができる（不登§107Ⅰ）。

・　登記識別情報，登記原因についての第三者の許可等を証する情報を提供することを要しない（不登§107Ⅱ）。 H22-27

・　登録免許税は，不動産の価額を課税標準として，それに1000分の10を乗じた額（登税別表第1.1(12)ロ(3)）。

(3)　Cが本登記を取得する方法

この場合，不動産の所有権はAからB，BからCへと2段階で移転しているので，仮登記に基づく本登記は，まずAからBへの所有権の移転の仮登記についてBを登記権利者として本登記を申請し，次いでBからCへの移転の仮登記についてCを登記権利者として本登記を申請する。

2　仮登記された所有権を，第三者に譲渡する予約がされた場合

(1)　意　義

AからBに対して所有権の移転の仮登記がされた後，BC間で，その不動産についての売買予約がされたときは，BからCに対し，「売買予約」を登記原因として仮登記所有権の移転請求権を保全する登記を申請することがで

きる。

・　物権としての所有権についての移転請求権なので，この登記は独立の順位番号を付した主登記でされる。

・　Cが取得したのは所有権の移転請求権なので，Cの登記は当然に仮登記となる。

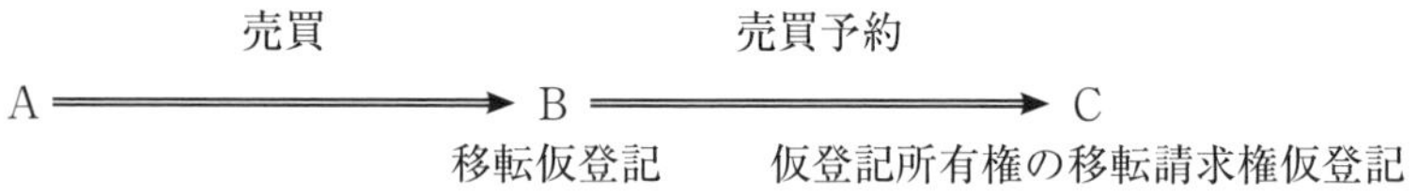

⑵　登記の手続

Bから C への登記は仮登記なので，通常の仮登記の手続に関する規定が適用される。

⑶　Cが本登記を取得する方法

この仮登記がされた後，CがBに対して所有権の移転請求権を行使（売買予約の完結権を行使）したときは，所有権はBからCに移転する。

この不動産については，AからB，BからCへと２段階で移転しているので，仮登記に基づく本登記は，まずAからBへの所有権の移転の仮登記についてBを登記権利者として本登記を申請し，次いでBからCへの移転請求権の仮登記についてCを登記権利者として本登記を申請する。

3　仮登記された所有権の移転請求権（条件付の所有権）を第三者に譲渡した場合

⑴　意　義

AからBに対して所有権の移転請求権の仮登記がされた後，Bが，その所有権の移転請求権をCに売り渡したときは，BからCに対して「売買」を登記原因として所有権の移転請求権の移転の登記を申請することができる。

注意！　ＢＣ間で売買がされたのは，所有権の移転請求権という債権。**所有権そのものについての契約ではない**（そもそもBは所有権を持っていない)。

H24-24　・　物権としての所有権ではなく，所有権の移転請求権という債権がBから

Ｃに移転している。つまり，所有権以外の権利の移転の登記として付記登記でされる（不登規§３⑤）。

・　所有権の移転請求権が確定的にＢからＣに移転したので（以後，Ｂは所有権の移転請求権を行使できない），この登記は本登記でされる（先例昭36.12.27－1600）。 H31-23

考え方　１号仮登記された所有権がＣに移転した場合，Ｃは仮登記しか取得できないのに（１⑴参照），２号仮登記された所有権の移転請求権がＣに移転した場合，Ｃは本登記を取得できることに疑問を感じるかもしれない。

しかし，これは話の次元が異なる。確かにこの場合のＣは本登記の形で登記を受けるが，これによってＣは仮登記の名義人となる。

「移転請求権の移転の登記（本登記）を受け，すなわちＣは甲区２番の所有権移転請求権仮登記の名義人になった」，ということができる。

➡　所有権移転請求権の仮登記の登記名義人がＢからＣに入れ替わった，ということ。

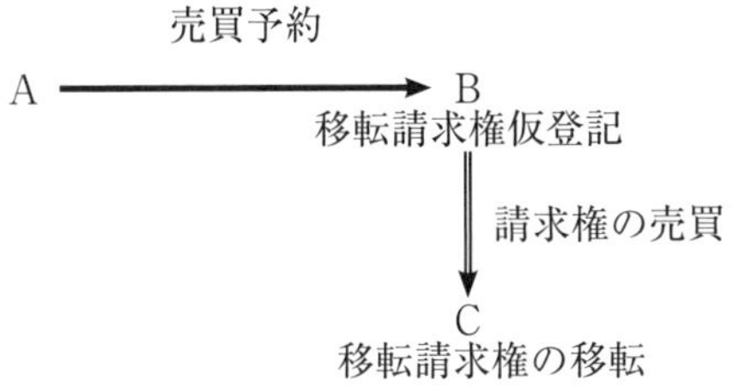

⑵　登記の手続

ＢからＣへの所有権の移転請求権の移転の登記は通常の登記（本登記）なので，登記手続も通常の登記申請手続の規定に従う。

①　登記権利者Ｃと登記義務者Ｂが共同で申請する（不登§60）。 H10-16

➡　仮にＢが承諾しても，Ｃが単独で申請することはできない。

②　申請情報と併せて，Ｂの登記識別情報を提供する（不登§22）。 H31-23 H24-16

③　付記登記でされるので，登録免許税は不動産１個につき金1,000円（登税別表第1.1⒁）。 R3-26

➡　あくまで所有権の移転請求権という債権に関する登記。物権としての所有権が移転したわけではない。

権　利　部（甲　区）　（所　有　権　に　関　す　る　事　項）			
順位番号	登記の目的	受付年月日・受付番号	権利者その他の事項
1	所有権移転	平成22年７月10日 第7000号	原因　平成22年７月10日売買 所有者　　A
2	所有権移転請求権仮登記	令和５年６月１日 第6000号	原因　令和５年６月１日売買予約 権利者　　B
	余　白	余　白	余　白
付記１号	２番所有権移転請求権の移転	令和５年７月１日 第7000号	原因　令和５年７月１日売買 権利者　　C

＊　Cの登記は本登記なので，余白は設けない。

(3)　Cが（所有権の）本登記を取得する方法

CがAに対して所有権の移転請求権（売買予約の完結権）を行使したときは，所有権はAからCに移転する。

➡　Bには経由しない。当初はBが所有権の移転請求権を有していたが，これをCに譲渡したので，Bはまったく関係なくなった。

H25-16
H7-19
だから，**直接Cを登記権利者として**，甲区２番の所有権の移転請求権の仮登記に基づく本登記を申請することができる。

考え方　甲区２番の所有権の移転請求権の仮登記には，権利者としてBが記録されているが，付記１号でB→Cへの移転の登記がされているので，つまりCが現在の仮登記の名義人といえる。だから，Cを登記権利者として本登記を申請しても何もおかしくはない。

権　利　部（甲　区）　（所　有　権　に　関　す　る　事　項）			
順位番号	登記の目的	受付年月日・受付番号	権利者その他の事項
1	所有権移転	平成22年７月10日 第7000号	原因　平成22年７月10日売買 所有者　　A
2	所有権移転請求権仮登記	令和５年６月１日 第6000号	原因　令和５年６月１日売買予約 権利者　　B
	所有権移転	令和５年８月１日 第8000号	原因　令和５年８月１日売買 所有者　　C
付記１号	２番所有権移転請求権の移転	令和５年７月１日 第7000号	原因　令和５年７月１日売買 権利者　　C

プラスアルファ

当該不動産はAからCに所有権が移転した。つまり，所有権の移転は１回だけ。だから，**順位番号も甲区２番という１個だけ。**

➡ ちなみに，「１」の場合は，所有権がAからB，BからCへと２回移転しているので，甲区２番（B名義），甲区３番（C名義）という２つの順位番号が付けられることになる。

重要！

前記「1」もこの「3」も，登場人物はＡＢＣの３人であるが，登記はまったく異なる。所有権が誰から誰に移転したのかという権利変動を正確に見極める必要がある。

4　仮登記された所有権移転請求権を，第三者に譲渡する予約がされた場合

⑴　意　義

ＡＢ間で売買予約がされたので，ＡからＢに対して所有権の移転請求権の仮登記がされた。そして，ＢＣ間で，Ｂの有する所有権の移転請求権についての売買予約がされた。これにより，Ｂの有する所有権の移転請求権についてさらにＣが移転請求権を取得したので，「売買予約」を登記原因として所有権の移転請求権の移転請求権を保全する登記を申請することができる。

注意！　Ｃが取得したのは“所有権の移転請求権”ではない。“所有権の移転請求権の移転請求権”。

・　物権としての所有権ではなく，所有権の移転請求権という債権についての移転請求権の登記。つまり，所有権以外の権利の移転に関する登記として付記登記でされる（不登規§３⑤）。 H31-23

・　所有権の移転請求権について移転請求権を取得したにすぎないので，この登記は仮登記でされる（先例昭36.12.27－1600）。

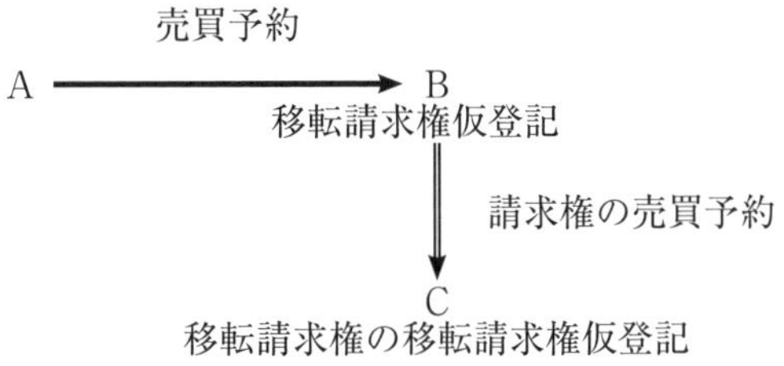

(2) 登記の手続

Ｂから Ｃへの登記は仮登記なので，通常の仮登記の手続に関する規定が適用される。

H31-23 ➡ 登記義務者の登記識別情報は不要であるが，登記義務者の印鑑証明書は必要である。

権利部（甲区）（所有権に関する事項）			
順位番号	登記の目的	受付年月日・受付番号	権利者その他の事項
1	所有権移転	平成22年７月10日 第7000号	原因　平成22年７月10日売買 所有者　　A
2	所有権移転請求権仮登記	令和５年６月１日 第6000号	原因　令和５年６月１日売買予約 権利者　　B
	余　白	余　白	余　白
付記１号	２番所有権移転請求権の移転請求権仮登記	令和５年７月１日 第7000号	原因　令和５年７月１日売買予約 権利者　　C
	余　白	余　白	余　白

(3) Ｃが本登記を取得する方法

① Ｃが所有権を取得する方法

㋐ ＣがＢに対して，所有権の移転請求権についての移転請求権（売買予約の完結権）を行使する。

➡ これにより，Ｂの有していた所有権の移転請求権は確定的にＣに移転する（３(1)の状態になる）。

㋑ ＣがＡに対して，所有権の移転請求権（売買予約の完結権）を行使する。

➡ これにより，不動産の所有権がＡからＣに移転する。

② その登記の流れ

㋐ 甲区２番付記１号の所有権の移転請求権の移転請求権仮登記に基づく本登記をする。

㋑ 甲区２番の所有権の移転請求権の仮登記に基づく本登記をする。

5　仮登記された所有権を目的として，第三者のために権利を設定した場合

仮登記された所有権も所有権であることに変わりはないので，その仮登記された所有権を目的として第三者のために権利を設定することができる。 H30-26

【例】 AからBへの所有権の移転の仮登記がされた後，BとXの間で，Xのために抵当権を設定したときは，Xの抵当権の設定の登記を申請することができる。ただし，Bの所有権の登記が仮登記であるので，**Xの抵当権も仮登記**となる。

6　仮登記された条件付の所有権につき，その条件の成就を停止条件として第三者のために権利を設定した場合

AからBに対し条件付の所有権の移転の仮登記がされた後，BとXの間で，その条件の成就を停止条件としてXのために抵当権を設定した場合，Xのために条件付の抵当権の設定の登記を申請することができる。 R4-25 H9-20

➡ 条件付の権利であるので，抵当権設定の登記は仮登記される（先例昭39.2.27－204）。

∵ 条件付の権利は，一般の規定に従い担保に供することができる（民§129）。

・ 所有権の移転請求権（つまり債権）を目的として制限物権を設定することはできないので，所有権の移転請求権を目的とした抵当権の設定の仮登記を申請することはできない。

第3節　仮登記の変更，更正

仮登記された権利に変更が生じたり，また仮登記された当初より登記された内容に錯誤等が存するときは，仮登記の変更（更正）の登記をすることができる。

注意！　“変更の仮登記”と“仮登記の変更”を区別すること。

1　申請人

H元-26　仮登記の変更の登記は，共同申請（不登§60）による他，不動産登記法107条１項の規定に基づき，仮登記の登記義務者の承諾を証する情報等を提供して仮登記の登記名義人が単独で申請することもできる（先例昭42.8.23－2437）。

2　更正の可否

H24-18　不動産登記法105条１号の仮登記をすべきであったのに，誤って２号の仮登記をしてしまった場合は，これを１号の仮登記に更正する登記を申請することができる。

反対に，105条１号の仮登記を２号の仮登記に更正する登記を申請することもできる（質疑登研130Ｐ42）。

第4節　仮登記に基づく本登記

1　意　義

仮登記に基づく本登記とは，ある添付情報を提供できないから仮登記をした，あるいはまだ物権変動が生じていないから仮登記をして順位を保全した後に，きちんとした登記をするための要件が整った場合にする登記。

【例】　登記識別情報が記載された書面が見当たらなかったので，ＡからＢへの所有権の移転の仮登記をした後，登記識別情報が発見されて，きちんとした所有権の移転の登記ができるようになった場合には，所有権の移転の仮登記に基づく本登記を申請する。

【例】　ＡＢ間で売買予約がされたので，ＡからＢへの所有権の移転請求権の仮登記をした後，ＡＢ間で売買の本契約（売買予約の完結権の行使）がされて所有権が移転した場合，所有権の移転請求権の仮登記に基づく本登記を申請する。

2　仮登記に基づく本登記の効果

仮登記に基づく本登記をしたときは，その本登記の順位は仮登記の順位による（不登§106）。

➡　仮登記に基づく本登記は，仮登記の際に設けられた余白に記録される（不登規§179Ⅱ）。

権　利　部（甲　区）　（所　有　権　に　関　す　る　事　項）			
順位番号	登記の目的	受付年月日・受付番号	権利者その他の事項
1	所有権移転	平成22年７月10日 第7000号	原因　平成22年７月10日売買 所有者　　Ａ
2	所有権移転仮登記	令和５年６月１日 第6000号	原因　令和５年６月１日売買 権利者　　Ｂ
	余　白	余　白	余　白

↓　この仮登記に基づく本登記がされると

権　利　部（甲　区）　（所　有　権　に　関　す　る　事　項）			
順位番号	登記の目的	受付年月日・受付番号	権利者その他の事項
1	所有権移転	平成22年7月10日 第7000号	原因　平成22年7月10日売買 所有者　　A
2	所有権移転仮登記	令和5年6月1日 第6000号	原因　令和5年6月1日売買 権利者　　B
	所有権移転	令和5年8月1日 第8000号	原因　令和5年6月1日売買 所有者　　B

➡　Bは，甲区2番で所有権の移転の登記を受けたことになる。

3　申請人

仮登記に基づく本登記の申請は，通常の登記申請の規定に従う。

➡　登記権利者と登記義務者が共同で申請する（不登§60）。

考え方　「所有権の移転の仮登記に基づく本登記」とは，つまり普通の所有権の移転の登記なので，当然，登記権利者と登記義務者の共同申請による。

(1)　問題となる場合

①　所有権に関する仮登記がされた後，第三者に対し特定承継による所有権の移転の登記がされている場合でも，本登記の登記義務者は，仮登記の登記義務者である従前の所有権の登記名義人となる。

プラスアルファ

登記義務者は"現在の登記名義人"であるのが大原則であるが，これはその例外。

ケーススタディ

①　甲土地についてA・B間で売買契約がされ，AからBへの所有権の移転の仮登記がされた。

↓

②　その後，AとXは，甲土地をさらにXに売り渡す（二重譲渡の）契約をした。そして，AからXへの所有権の移転の登記がされた。

権　利　部（甲　区）　（所　有　権　に　関　す　る　事　項）			
順位番号	登記の目的	受付年月日・受付番号	権利者その他の事項
1	所有権移転	平成22年7月10日 第7000号	原因　平成22年7月10日売買 所有者　A
2	所有権移転仮登記	令和5年6月1日 第6000号	原因　令和5年6月1日売買 権利者　B
	余　白	余　白	余　白
3	所有権移転	令和5年7月10日 第7000号	原因　令和5年7月10日売買 所有者　X

↓

③　この後，AからBへの所有権の移転の登記を申請するための添付情報がすべて揃ったので，2番仮登記に基づく本登記を申請する場合，登記義務者は仮登記の登記義務者である「A」となる。Xが登記義務者となるのではない。

重要！

この場合，仮登記がされた後に所有権の移転の登記を受けたXは，仮登記に基づく本登記における登記上の利害関係を有する第三者（不登§109Ⅰ参照，後述）となり，本登記がされたときは，Xへの所有権の移転の登記は登記官の職権により抹消される（同Ⅱ）。

②　所有権に関する仮登記がされた後，**一般承継（相続）による所有権の移転の登記がされている場合，本登記の登記義務者は，現在の所有権の登記名義人である相続人**となる（質疑登研458Ｐ96）。

【例】　AからBへの所有権の移転の仮登記がされた後，AからXに相続による所有権の移転の登記がされているときは，Bの仮登記に基づく本登記は，Xを登記義務者として申請することができる。

∵　本来ならば，仮登記をした際の登記義務者であるAを本登記の登記義務者とすべきであるが，相続人XはAの地位を包括的に承継しているので，便宜的にこのような扱いが認められた。

③　AからBに対し所有権の移転請求権の仮登記がされた後，その所有権の移転請求権の一部をCに譲渡し，所有権の移転請求権をBとCが共有している場合，この仮登記に基づく本登記は，B・Cが登記権利者となって同 H30-26 H25-26 H元-26

時に申請することを要する（先例昭35.5.10－328）。

H30-26
H7-19
④　所有権以外の権利に関する仮登記（抵当権の設定の仮登記）がされた後，第三者に所有権の移転の登記がされた場合，仮登記に基づく本登記の登記義務者は，仮登記の登記義務者である従前の所有権の登記名義人でも，現在の所有権の登記名義人でもどちらでも差し支えない（先例昭37.2.13－75）。

【例】　Aの所有する不動産にXの抵当権の設定の仮登記がされた後，AからBに所有権の移転の登記がされているときは，Xの抵当権の設定の仮登記に基づく本登記は，Aを登記義務者としても，Bを登記義務者としてもどちらでもよい。

考え方　「Aが抵当権を設定し，設定の仮登記をしたのだから，Aが最後まで責任を果たせ（Aが義務者になって申請するべし）」と考えることもできるし，「いや，今現在の所有権の登記名義人はBなのだから，やっぱりBを登記義務者として申請するべし」，と考えることもできる。
で，結論としては「どっちでもいい」とされた。

重要❗・・・・・・・・・・・・・・・・・・・・・・・・・・・・・・
所有権の本登記と所有権以外の権利の本登記では扱いが違うので注意。

H25-26
H15-17
⑤　Xの抵当権の設定の登記について，「放棄」を登記原因として抹消の仮登記がされた後，「債権譲渡」を登記原因としてXからYに抵当権の移転の登記がされているときは，抵当権の抹消の仮登記に基づく本登記の登記義務者は，XでもYでも差し支えない（先例昭37.10.11－2810）。

➕アルファ
Xの抵当権は放棄によって消滅しているはずだから，その後に債権譲渡によってXからYへの移転の登記ができるわけがないと思うかもしれないが，それ自体は可能（まだ抹消の登記（本登記）がされていないので，抵当権の消滅を対抗できない）。

➕アルファ
H22-12
この場合，Xを登記義務者とするときは，不動産登記法68条の規定に準じ，Yの承諾等を証する情報を提供することを要する。

4　添付情報

仮登記に基づく本登記の添付情報も，通常の登記申請の規定に従う。

➡ 「所有権の移転の仮登記に基づく本登記」は，つまり普通の所有権の移転の登記であるので，添付情報も普通の所有権の移転の登記と同様。

ただし，**所有権に関する仮登記に基づく本登記の場合は**，本登記によって登記上不利益を受ける第三者（登記上の利害関係を有する第三者）が存在するときは，申請情報と併せてその者が作成した承諾を証する情報又はその者に対抗することができる裁判があったことを証する情報を提供することを要する（不登令別表69添付情報欄イ）。

理由　所有権に関する仮登記がされた後に新たな権利の登記がされた場合，仮登記に基づく本登記がされたときは，その第三者の登記は登記官の職権によって抹消される（不登§109Ⅱ）。その人の意思を問わずに勝手に抹消するわけにはいかないので，その承諾等が必要とされた。

アルファ

登記上の利害関係を有する第三者が，抵当証券の所持人又は裏書人であるときは，当該抵当証券も提供することを要する（不登令別表69添付情報欄ロ）。 H元-22

ケーススタディ

① 甲土地についてA・B間で売買契約がされ，AからBへの所有権の移転の仮登記がされた。

↓

② この後，Aは甲土地を目的としてXのために抵当権を設定し，抵当権の設定の登記がされた。

➡ Aは既に甲土地をBに売り渡しているが，きちんとした(対抗力ある)所有権の移転の登記はされていないので，まだAが所有権の登記名義人であり，Aを登記義務者として新たな登記を申請することができる。

権　利　部（甲　区）　（所　有　権　に　関　す　る　事　項）			
順位番号	登記の目的	受付年月日・受付番号	権利者その他の事項
1	所有権移転	平成22年７月10日 第7000号	原因　平成22年７月10日売買 所有者　A
2	所有権移転仮登記	令和５年６月１日 第6000号	原因　令和５年６月１日売買 権利者　B
	余　白	余　白	余　白

権　利　部（乙　区）　（所有権以外の権利に関する事項）			
順位番号	登記の目的	受付年月日・受付番号	権利者その他の事項
1	抵当権設定	令和５年７月８日 第7000号	原因　令和５年７月８日金銭消費貸借同日設定 （登記事項省略） 抵当権者　X

↓

③　この後，AからBへの所有権の移転の登記を申請するための要件が整ったので，甲区２番の仮登記に基づく本登記がされたものとする。

権　利　部（甲　区）　（所　有　権　に　関　す　る　事　項）			
順位番号	登記の目的	受付年月日・受付番号	権利者その他の事項
1	所有権移転	平成22年７月10日 第7000号	原因　平成22年７月10日売買 所有者　A
2	所有権移転仮登記	令和５年６月１日 第6000号	原因　令和５年６月１日売買 権利者　B
	所有権移転	令和５年８月１日 第8000号	原因　令和５年６月１日売買 所有者　B

権　利　部（乙　区）　（所有権以外の権利に関する事項）			
順位番号	登記の目的	受付年月日・受付番号	権利者その他の事項
1	抵当権設定	令和５年７月８日 第7000号	原因　令和５年７月８日金銭消費貸借同日設定 （登記事項省略） 抵当権者　X

そうすると，（本登記がされたら，その本登記の順位は仮登記の順位によるので），Bは甲区２番で所有権の移転の登記を受けたことになる。

➡ ということは，甲区２番より後に登記された乙区１番の抵当権はＢに対抗できないことになるので，本登記がされたときは，**乙区１番の抵当権の登記は登記官の職権によって抹消される。**

権　利　部（乙　区）　（所 有 権 以 外 の 権 利 に 関 す る 事 項）			
順位番号	登記の目的	受付年月日・受付番号	権 利 者 そ の 他 の 事 項
1	抵当権設定	令和５年７月８日 第7000号	原因　令和５年７月８日金銭消費貸借同日設定 （登記事項省略） 抵当権者　　Ｘ
2	１番抵当権抹消	余　白	甲区２番の仮登記の本登記により令和５年８月１日登記

Ｘに無断で勝手に抹消するわけにはいかないので，本登記を申請するときは，登記上の利害関係を有する第三者であるＸの承諾を証する情報を提供することを要する。

⑴　登記上の利害関係を有する第三者に該当する者

この登記上の利害関係を有する第三者とは，所有権に関する仮登記がされた後に登記をした権利に関する登記の名義人であって，仮登記に基づく本登記がされることによりその権利が否定される者。

つまり，**所有権の仮登記がされた後に以下のような登記を受けた者。** H28-15 H17-21

- 所有権の移転の登記を受けた者
- 所有権の移転（請求権）の仮登記を受けた者
- 抵当権や地上権等の設定の登記を受けた者
- 差押え，仮差押え，仮処分の登記を受けた者

【例】

権　利　部（甲　区）　（所　有　権　に　関　す　る　事　項）			
順位番号	登記の目的	受付年月日・受付番号	権利者その他の事項
1	所有権移転	平成22年7月10日 第7000号	原因　平成22年7月10日売買 所有者　A
2	所有権移転仮登記	令和5年6月1日 第6000号	原因　令和5年6月1日売買 権利者　B
	余　白	余　白	余　白
3	所有権移転	令和5年7月10日 第7000号	原因　令和5年7月10日売買 所有者　C

この後に，２番仮登記に基づく本登記を申請するときは，**仮登記がされた後に所有権の移転の登記を受けたC**が登記上の利害関係を有する第三者に該当し，申請情報と併せてCの承諾を証する情報を提供する。

∵　本登記がされたら，Bは甲区２番で所有権の移転の登記を受けたことになり，甲区３番のCはBに対抗できない。そのため，甲区３番のCの登記は登記官の職権によって抹消されるから。

プラスアルファ

H17-21　仮に，Cが相続を登記原因として所有権の移転の登記を受けている場合には，Cは仮登記に基づく本登記の申請人（登記義務者）なので，登記上の利害関係を有する第三者には該当しない。

H23-22　①　所有権に関する仮登記がされた後，**数次にわたって**所有権の移転の登記がされている場合，仮登記に基づく本登記を申請するときは，現在の所有権の登記名義人のみが登記上の利害関係を有する第三者に該当する（先例昭37.7.30－2117）。

H29-14
H21-17　②　AからBへの所有権の移転の仮登記がされた後，当該不動産について**Bの**抵当権の設定の登記がされている場合，仮登記に基づく本登記において抵当権者Bは登記上の利害関係を有する第三者には該当しない（先例昭46.12.11－532）。

∵　登記上の利害関係を有する第三者とは，**申請人以外の第三者**をいうから。Bは本登記の申請人（登記権利者）なので，第三者ではない。

プラスアルファ

というか，BがAから不動産を買って，その不動産にBがAから抵当権を設定してもらう，というのはメチャクチャな話である。普通に考えれば，Aには抵当権を設定する権限がないし，また仮にBの抵当権が成立しても，それは瞬時に混同となるのではないかと考えるのが妥当。

しかし，Bは所有権の移転の仮登記を受けただけなので，まだ所有権の登記名義人はAであり，Aが義務者となってBのために抵当権の設定の登記をするというのもあり得なくはない。また，実体法上，混同の例外に当てはまるのであれば，抵当権は消滅しないということもできる。だから，こんな珍妙な登記がされることもないわけではない（かもしれない）。

③　AからBへの所有権の移転の仮登記がされた後，**Bの仮登記所有権を目的として**Xの抵当権の設定の仮登記がされた場合，Bの仮登記に基づく本登記を申請するときは，Xは登記上の利害関係を有する第三者に該当しない。 H30-26

∵　確かに，XはBの仮登記がされた後に新たに権利を取得した第三者であるが，Xは“Bの仮登記された権利”を目的として権利を取得している。つまり，Bの仮登記に基づく本登記がされると逆に利益を受ける立場であり（Xの抵当権についても本登記ができるようになる），登記上の利害関係を有する第三者とはならない。

④　**所有権以外の権利**に関する仮登記に基づく本登記を申請するときは，申請情報と併せて登記上の利害関係を有する第三者の承諾等を証する情報を**提供することを要しない**（不登§109Ⅰ参照）。 H29-24 H8-27

∵　条文上，提供を要求されていない。

【例】

権　利　部（乙　区）　（所有権以外の権利に関する事項）			
順位番号	登記の目的	受付年月日・受付番号	権利者その他の事項
1	抵当権設定仮登記	令和5年7月8日 第7000号	原因　令和5年7月8日金銭消費貸借同日設定 （登記事項省略） 権利者　X
	余　白	余　白	余　白

2	抵当権設定	令和５年８月10日 第8000号	原因　令和５年８月10日金銭消費貸借 同日設定 （登記事項省略） 抵当権者　　Y

この後に，乙区１番の仮登記に基づく本登記を申請する場合，申請情報と併せてＹの承諾等を証する情報を提供することを要しない。

考え方　抵当権は，同一の不動産に２個存在することは問題ない。だから，敢えて後順位の抵当権を抹消する必要はない。

Ｘとしても，順位１番の抵当権者となればそれで満足であり，Ｙの抵当権を否定する理由はない。

5　登録免許税

R3-26　売買等を登記原因として，所有権の移転（請求権）の仮登記に基づく本登記を申請する場合，登録免許税の税率は，本来の税率から1000分の10を控除した割合となる（登税§17Ⅰ）。

∵　仮登記の際に1000分の10を乗じた額を納付しているから。

【例】　売買を登記原因とする所有権の移転の仮登記に基づく本登記を申請するときは，税率は1000分の20（登税別表第1.1⑵ハ）から1000分の10を引いた1000分の10となる。

【申請書】

登記の目的	○番仮登記の所有権移転本登記	＊1
原　　因	年月日売買	
権 利 者	Ｂ	
義 務 者	Ａ	
添付情報	登記識別情報（Ａの登記識別情報） 登記原因証明情報 代理権限証明情報（Ｂ及びＡから司法書士への委任状） 印鑑証明情報（Ａの印鑑証明書） 承諾証明情報（登記上の利害関係を有する第三者の承諾書） 住所証明情報（Ｂの住民票の写し）	
課税価額	金1,000万円	

登録免許税　金10万円（登録免許税法第17条第１項）　＊２

＊１　「所有権移転（○番仮登記の本登記）」のように提供しても差し支えない。
＊２　減税措置の根拠条文をかっこ書で提供する（不登規§189Ⅲ）。

6　本登記の可否

①　仮登記に基づく本登記の登記原因は，仮登記の登記原因と同一（１号仮登記の場合）か，又はそれと関連性（２号仮登記の場合）を有していなければならない。

∵　仮登記は，将来されるべき本登記の順位を保全するためのものだから。

【例】　所有権の移転請求権の仮登記の登記原因が「代物弁済予約」であるならば，その本登記の登記原因は「代物弁済」とすべき

➡　「売買」を本登記の登記原因とすることはできない。

考え方　当然といえば当然。代物弁済予約がされて，その後に代物弁済の本契約がされたから本登記を申請する。当然，本登記の登記原因は「代物弁済」でなければならない。

②　仮登記に基づく本登記の登記権利者は，登記記録上の仮登記の登記名義人と同一人（氏名，住所が同一）であることを要する。

∵　仮登記は，将来されるべき本登記の順位を保全するものであるから，当然，本登記の権利者は仮登記の登記名義人と同じであるはず。

【例】　仮登記がされた後，仮登記の登記名義人の住所が移転しているような場合は，本登記の前提として，仮登記の登記名義人の住所の変更の登記をして，本登記の登記権利者の住所と仮登記の登記名義人の登記記録上の住所を一致させる必要がある（先例昭38.12.27－3315）。 H29-25 H22-12

③　Ａの所有する農地について，農地法所定の許可を得ることを条件として，Ａから Ｂへの条件付きの所有権の移転の仮登記がされた。その後，許可が得られる前にＡが死亡し，その後に農地法所定の許可が得られた。 H26-20

この場合，Ａについての相続の登記をすることなく，Ｂの仮登記に基づく本登記を申請することができる（先例昭35.5.10－328）。

☆　本登記の可否とはちょっと違うが･･･。

H21記述　所有権の移転の仮登記の本登記を申請すべきところ，誤って別個の順位番号をもって所有権の移転の登記がされた場合，これを仮登記に基づく本登記と更正することはできない（先例昭36.3.31－773）。

∵　所有権の移転の登記の登記事項に錯誤があるわけではないから。

ケーススタディ

権　利　部（甲　区）　（所　有　権　に　関　す　る　事　項）			
順位番号	登記の目的	受付年月日・受付番号	権利者その他の事項
1	所有権移転	平成22年７月10日 第7000号	原因　平成22年７月10日売買 所有者　A
2	所有権移転仮登記	令和５年６月１日 第6000号	原因　令和５年６月１日売買 権利者　B
	余　白	余　白	余　白

上記のとおり仮登記がされた後，本登記を申請するための要件が整ったので，本登記を申請しようと思ったが，間違って登記の目的を「所有権移転」として登記を申請してしまったので，甲区３番で普通の所有権の移転の登記がされてしまった。

権　利　部（甲　区）　（所　有　権　に　関　す　る　事　項）			
順位番号	登記の目的	受付年月日・受付番号	権利者その他の事項
1	所有権移転	平成22年７月10日 第7000号	原因　平成22年７月10日売買 所有者　A
2	所有権移転仮登記	令和５年６月１日 第6000号	原因　令和５年６月１日売買 権利者　B
	余　白	余　白	余　白
3	所有権移転	令和５年８月１日 第8000号	原因　令和５年６月１日売買 所有者　B

完了した後に，「うおっ，間違えた。登記の目的は『２番仮登記に基づく所有権移転本登記』とすべきだった」と気付いた。

この場合に「３番の所有権の移転の登記を，２番仮登記に基づく本登記にしてくれ」という更正の登記を申請することはできない。

第5節　仮登記の抹消

1　意　義

仮登記がされたが，その仮登記の原因である契約が解除された，又は当初から不存在であったような場合には，仮登記の抹消を申請することができる。

2　申請人

仮登記の抹消も，登記権利者と登記義務者が共同で申請するのが原則であるが（不登§60），仮登記は対抗力を有しない予備的な登記であるため，**簡易な方法も認められている。**

> ①　仮登記の登記名義人は，申請情報と併せて**仮登記を受けた際の登記識別情報を提供して**，単独で仮登記の抹消を申請することができる（不登§110，不登令§８Ⅰ⑨）。 R4-26 H26-12 H25-16 H7-19
>
> ②　当該仮登記の登記上の利害関係人は，申請情報と併せて**仮登記の登記名義人の承諾を証する情報を提供したときは**，単独で仮登記の抹消を申請することができる（不登§110）。 R2-24 H22-12

(1)　①について

仮登記の登記名義人は，申請情報と併せて仮登記を受けた際の登記識別情報を提供して，単独で仮登記の抹消を申請することができる。

【例】　甲土地について，甲区２番でＡからＢへの売買による所有権の移転の仮登記がされた。

この場合，Ｂは，申請情報と併せて甲区２番の登記識別情報を提供して，単独で，甲区２番の仮登記の抹消を申請することができる。

(2)　②について

当該仮登記の登記上の利害関係人は，申請情報と併せて仮登記の登記名義人の承諾を証する情報を提供して，単独で仮登記の抹消を申請することができる。

・　登記上の利害関係人とは，その仮登記に基づく本登記をした際に，自己の権利が否定されるか又は不利益を受ける者をいう。

【例】

権　利　部（甲　区）　（所　有　権　に　関　す　る　事　項）			
順位番号	登記の目的	受付年月日・受付番号	権利者その他の事項
1	所有権移転	平成22年7月10日 第7000号	原因　平成22年7月10日売買 所有者　A
2	所有権移転仮登記	令和5年6月1日 第6000号	原因　令和5年6月1日売買 権利者　B
	余　白	余　白	余　白

権　利　部（乙　区）　（所有権以外の権利に関する事項）			
順位番号	登記の目的	受付年月日・受付番号	権利者その他の事項
1	抵当権設定	令和5年7月8日 第7000号	原因　令和5年7月8日金銭消費貸借同日設定 （登記事項省略） 抵当権者　X

➡　Xは，申請情報と併せてBの承諾を証する情報を提供して，単独で2番仮登記の抹消を申請することができる。

・　**仮登記の登記義務者も**，ここにいう登記上の利害関係人に該当するとされている。

【例】　上記の事例で，Aは，申請情報と併せてBの承諾を証する情報を提供して，単独で2番仮登記の抹消を申請することができる。

3　登記上の利害関係を有する第三者の承諾等を証する情報

仮登記の抹消について登記上の利害関係を有する第三者が存在するときは，申請情報と併せてその者が作成した承諾を証する情報又はその者に対抗することができる裁判があったことを証する情報を提供することを要する（不登§68，不登令別表26添付情報欄ト）。

理由　仮登記を抹消することによって登記上不利益を受ける第三者がいる場合，その者の意思を問わずに勝手に不利益を与えるわけにはいかないから。

ケーススタディ

権利部（甲区）（所有権に関する事項）			
順位番号	登記の目的	受付年月日・受付番号	権利者その他の事項
1	所有権移転	平成22年７月10日 第7000号	原因　平成22年７月10日売買 所有者　A
2	所有権移転仮登記	令和５年６月１日 第6000号	原因　令和５年６月１日売買 権利者　B
	余　白	余　白	余　白

権利部（乙区）（所有権以外の権利に関する事項）			
順位番号	登記の目的	受付年月日・受付番号	権利者その他の事項
1	甲区２番仮登記所有権の抵当権設定仮登記	令和５年７月８日 第7000号	原因　令和５年７月８日金銭消費貸借同日設定 （登記事項省略） 権利者　X
	余　白	余　白	余　白

このような登記がされたが，実は甲区２番の仮登記の原因が無効であったので，２番仮登記の抹消を申請することになった。

➡ 甲区２番の仮登記が抹消されると，その甲区２番の仮登記所有権を目的とした乙区１番の抵当権も，当然，登記記録上存続することができなくなるので（目的である権利がなかったことになるから），**甲区２番の仮登記が抹消されたときは，登記官が職権で乙区１番の抵当権の仮登記を抹消する。**

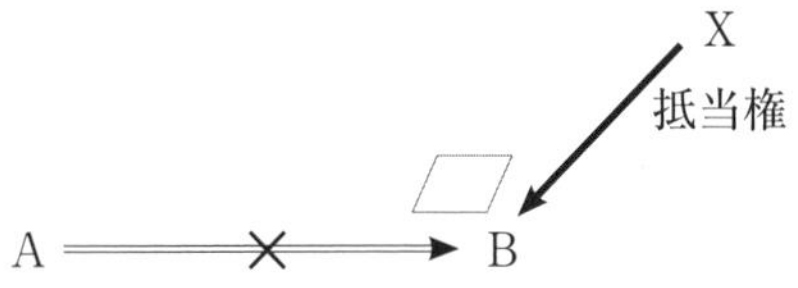

Bの所有権がなくてXの抵当権は存続できない。

まさに，甲区２番の仮登記の抹消をすることについてXは不利益を受ける立場（登記上の利害関係を有する第三者）であるので，仮登記の抹消の申請情報と併せてXの承諾等を証する情報を提供することを要する。

・　**登記上の利害関係を有する第三者に該当する者**

①　仮登記された所有権を目的として抵当権の設定等の仮登記を受けた者 ②　所有権の移転の仮登記がされた後，その者から移転請求権の仮登記を受けた者 H25-16 ③　所有権の移転請求権の仮登記がされた後，その移転請求権の移転請求権の仮登記を受けた者

プラスアルファ

ＡからＢへの所有権の移転の仮登記がされた後，ＢからＣへの仮登記所有権の移転の仮登記がされている場合，Ｃの承諾を証する情報を提供していきなりＡからＢへの所有権の移転の仮登記を抹消することはできない。

∵　Ｃは，Ｂの仮登記所有権を目的として権利を有しているわけではないから。

➡　この場合は，まずＢからＣへの仮登記所有権の移転の仮登記を抹消し，仮登記の名義をＢに戻した上で，ＡからＢへの所有権の移転の仮登記を抹消する。

4　印鑑証明書

所有権に関する仮登記の抹消を，書面によって申請する場合，登記義務者は申請書又は委任状に記名押印することを要し，その作成後３か月以内の**印鑑証明書を提供することを要する**（不登令§16Ⅱ，18Ⅱ，不登規§47③イ⑸参照）。

5　可　否

R4-26 H20-16 ①　所有権の移転の仮登記及び当該仮登記に基づく本登記がされた後に，その登記の原因である売買契約が解除された場合には，１つの申請情報をもって仮登記と本登記の抹消を申請することができる（先例昭36.5.8－1053）。

H14-18 ➡　この抹消を申請するときは，申請情報と併せて本登記を受けた際の登記識別情報を提供すれば足りる（質疑登研391Ｐ109）。

➡　仮登記と本登記の計２個の抹消であるが，**不動産は１個なので，登録免許税は金1,000円**（登税別表第1.1⒂，先例昭36.5.8－1053）。

②　仮登記の抹消を命ずる裁判所の処分（不登§108Ⅰ）を得ても，登記権利者が単独で仮登記の抹消を申請することはできない（先例昭47.12.8－996）。

➡　登記義務者（仮登記の登記名義人）が仮登記の抹消の手続に協力しない場合には，仮登記の抹消の手続を命ずる執行力ある確定判決を得る必要がある（不登§63 Ⅰ）。

第6節　担保仮登記

1　担保仮登記とは

金銭債務に不履行があるときは，その債権者に対し，債務者又は第三者の所有する不動産を移転する旨の代物弁済の予約，停止条件付き代物弁済契約その他の契約で，その契約によりされた仮登記を担保仮登記という（仮担§１）。

【例】「代物弁済予約」を登記原因とした所有権の移転請求権の仮登記，「年月日代物弁済（条件　年月日金銭消費貸借の債務不履行)」を原因とした停止条件付き所有権の移転の仮登記等をいう。

これらの場合は，所有権の移転（請求権）の仮登記ではあるが，実質は金銭債務を担保するものであるので，通常の仮登記とは異なる扱いがされている。

プラス アルファ

仮登記担保法が適用される場合

H25-26 仮登記担保法が適用されるのは，金銭債務を担保する場合に限られる。たとえ代物弁済予約による所有権の移転請求権の仮登記等がされていても，それが非金銭債務を担保している場合には，その仮登記は担保仮登記ではない。

2　所有権の移転時期

代物弁済の予約がされた場合，通常であれば，代物弁済の予約完結の意思表示をした時に代物弁済が成立し，債権者に所有権が移転する。しかし，仮登記担保法が適用される場合にはその規定が排除され，所有権の移転時期について特則が設けられている。

仮登記担保法が適用される場合は，契約において所有権が移転するものとされている日以降に，債権者が債務者等に対し清算金の見積額を通知し，その通知が債務者等に到達した日から２か月を経過した時に所有権が移転する（仮担§２）。

➡ つまり，担保仮登記に基づく本登記を申請する場合，本登記の登記原因の日付（所有権が移転した日）は，仮登記の原因日付よりも少なくとも２か月を経過した後の日付でなければならない（先例昭54.4.21－2592)。

3　担保仮登記に基づく本登記

担保仮登記に基づく本登記も，通常の仮登記に基づく本登記と基本的には同じ。

➡　登記権利者と登記義務者が共同して申請することを要し，申請情報と併せて登記上の利害関係を有する第三者の承諾等を証する情報を提供することを要する（不登§109Ⅰ）。

しかし，いくつかの特則が設けられている。

⑴　登記原因の日付

上記のとおり，本登記の原因日付は，債権者が債務者等に対し清算金の見積額を通知して，それが債務者等に到達してから２か月を経過した後の日付（清算期間の満了日の翌日）であることを要する（仮担§２Ⅰ）。 H3-21

⑵　登記上の利害関係を有する第三者の承諾等を証する情報

所有権に関する仮登記に基づく本登記を申請するときは，申請情報と併せて登記上の利害関係を有する第三者の承諾等を証する情報を提供することを要するが（不登§109Ⅰ，不登令別表69添付情報欄イ），担保仮登記に基づく本登記においては，一定の場合にこれに代わる情報を提供することができる。

➡　これについては，まず担保仮登記に後れる担保権者の地位を理解する必要がある。

4　担保仮登記に後れる担保権者の地位

⑴　物上代位

担保仮登記がされた後に当該不動産に抵当権の設定の登記等を受けた債権者がいるときは，その抵当権者は，債務者等が受け取るべき清算金に物上代位することができる（仮担§４Ⅰ）。

権　利　部（甲　区）　（所　有　権　に　関　す　る　事　項）			
順位番号	登記の目的	受付年月日・受付番号	権利者その他の事項
1	所有権移転	平成22年７月10日 第7000号	原因　平成22年７月10日売買 所有者　A

2	条件付所有権移転仮登記	令和１年６月１日 第6000号	原因　令和１年６月１日代物弁済（条件　令和１年６月１日金銭消費貸借の債務不履行） 権利者　　X
	余　白	余　白	余　白

権　利　部（乙　区）　（所有権以外の権利に関する事項）			
順位番号	登記の目的	受付年月日・受付番号	権利者その他の事項
1	抵当権設定	令和３年７月８日 第7000号	原因　令和３年７月８日金銭消費貸借同日設定 （登記事項省略） 抵当権者　　Y

➡　XがAに対して支払うべき清算金が金400万円である場合，Yは，AのXに対する清算金支払債権に物上代位できる。

(2)　清算金の供託

清算金の支払いを目的とする債権に対して物上代位による差押えがされたときは，仮登記担保権者は，清算期間が満了した後に清算金を供託することができる（仮担§７Ⅰ）。

【例】　上記(1)の例でいうと，債務者Aの債権者Xに対する清算金支払債権に対して抵当権者Yが物上代位による差押えをしたときは，清算期間が経過した後に，Xは清算金400万円を供託することができる。

H6-26　(3)　仮登記に基づく本登記における承諾を証する情報

担保仮登記に後れる抵当権者が，物上代位をするために清算金を差し押さえ，仮登記担保権者が清算金を供託した場合において，その供託から１か月を経過した後に担保仮登記に基づく本登記を申請するときは，**抵当権者が清算金を差し押さえたこと及び仮登記担保権者が清算金を供託したことを証する情報をもって，登記上の利害関係を有する第三者の承諾等を証する情報に代えることができる**（仮担§18）。

理由　後順位抵当権者が清算金を差し押さえた（そして担保仮登記の権利者がきちんと清算金を供託した）ということは，抵当権者が「仮登記に基づく本登記をすることを認めた」ということができるから。

【例】　上記(1)の例でいうと，Ｘが(清算金を供託して１か月を経過した後に)甲区２番の仮登記に基づく本登記を申請するときは，登記上の利害関係を有する第三者である「Ｙが作成した承諾を証する情報」を提供してもいいし，これに代えて，「Ｙが清算金を差し押さえたこと及びＸが清算金を供託したことを証する情報」を提供してもよい。

5　受戻し

(1)　意義，効果

仮登記担保の債務者等は，債権者から清算金の支払いを受けるまでは，債権等の額（債権が消滅しなかったとすれば債務者が支払うべき額）に相当する金銭を債権者に提供して，不動産の所有権の**受戻しを請求することができる**（仮担§11）。

➡　受戻権は形成権であり，受戻権が行使されたときは，不動産所有権は債権者から債務者等に復帰する。

・　ただし，清算期間が経過した時から５年を経過したとき，又は第三者が所有権を取得したときは，受戻しの請求をすることができない（同ただし書）。

(2)　申請すべき登記

①　担保仮登記の本登記がされていない場合

「受戻しによる失効」を登記原因として，所有権の移転（請求権）の仮登記の抹消を申請する（先例昭54.4.21－2592）。

②　担保仮登記の本登記がされている場合

「受戻し」を登記原因として，債権者から債務者等への所有権の移転の登記を申請する（同先例）。

第23章
登記名義人の氏名，名称又は住所の変更の登記

Topics
・登記名義人が引っ越したり，あるいは結婚したりして，氏名や住所に変更が生じた場合には，氏名や住所の変更の登記をすることができる。
・最近，記述式の試験でよく出題される。

1　意　義

登記名義人の氏名，名称又は住所の変更の登記（以下，「登記名義人の氏名等の変更の登記」という）とは，**権利の主体に変更はないが，登記名義人の氏名（名称）又は住所に変更が生じた場合に**，登記記録上の氏名・住所を現在の氏名・住所に一致させるためにする登記。

ケーススタディ

権　利　部（甲　区）　（所　有　権　に　関　す　る　事　項）			
順位番号	登記の目的	受付年月日・受付番号	権利者その他の事項
1	所有権移転	平成22年7月10日 第7000号	原因　平成22年7月10日売買 所有者　東京都新宿区赤坂一丁目3番10号　A

甲土地について上記のような登記がされた後，Aが引っ越して，現在の住所が港区光が丘二丁目10番20号になったときは，所有権の登記名義人の住所の変更の登記をすることができる。

2　登記名義人

登記名義人の氏名等の変更の登記における「登記名義人」とは，**権利に関する登記の現在の名義人**をいう。

➡　第三者に対して移転の登記をした場合の前の登記名義人や，抹消されてしまった登記のその名義人は，ここにいう登記名義人には含まれない。

【例】　甲土地についてAからBへの所有権の移転の登記がされた後，Aの住所が変わった場合でも，Aは現在の所有権の登記名義人ではないので，所有権の登記名義人の住所の変更の登記をすることはできない。

・　ＡからＢへの所有権の移転の登記がされた後に，その所有権の移転の登記を抹消する場合において，Ａの現在の住所が登記記録上の住所と異なっていても，Ａは現在の所有権の登記名義人ではないから，登記名義人の住所の変更の登記をすることはできない（質疑登研346Ｐ91）。 R2-17

➡　この場合は，登記権利者であるＡが登記記録上のＡと同一人物であることを証するために，申請情報と併せてＡの住所の変更を証する情報を提供することを要する。

3　登記名義人の氏名等の変更の登記の要否

不動産登記法25条７号は，申請情報の内容として提供された登記義務者（一定の場合は登記名義人）の氏名や住所が，登記記録上の登記名義人の氏名や住所と符合しないときは，その申請は却下される旨を規定している。

つまり，**登記名義人の氏名や住所に変更が生じた後に，その者が登記義務者となって新たな登記を申請するときは，その前提として，登記名義人の氏名等の変更の登記をすることを要する。** R5記述 H26記述 H25記述

考え方　登記記録上の登記名義人の氏名や住所と登記義務者の氏名や住所を一致させることによって，登記の連続性が形式的に保たれることになる。

ケーススタディ

権利部（甲区）		（所有権に関する事項）	
順位番号	登記の目的	受付年月日・受付番号	権利者その他の事項
1	所有権移転	平成22年７月10日 第7000号	原因　平成22年７月10日売買 所有者　東京都新宿区高円寺一丁目３番４号　Ａ

①　このような登記がされた後，Ａは引っ越して，住所が「東京都中野区新井五丁目２番１号」に変わった。しかし，住所の変更の登記はしていない。

↓

②　令和５年７月20日，ＡとＢは，Ａの所有する甲土地をＢに売り渡す契約をした。

甲土地の所有権がＢに移転したので，ＡからＢへの所有権の移転の登記を申請することになるが，このままの状態で，直ちに所有権の移転の登記を申請することはできない（申請したら却下される）。

∵　Aの現在の住所は中野区新井･･･なので，所有権の移転の登記の申請情報の内容としては，Aの住所として中野区新井･･･を提供する。

権利者	（住所省略）　B
義務者	東京都中野区新井五丁目2番1号　A

一方，登記記録上のAの住所は「新宿区高円寺…」であり，申請情報の内容と異なっている。つまり，法25条7号の却下事由に該当する。

この場合は，まずAについての住所の変更の登記を申請して，現在の住所と登記記録上の住所を一致させる必要がある。

そして，この後にAからBへの所有権の移転の登記を申請する。

権利部（甲区）（所有権に関する事項）			
順位番号	登記の目的	受付年月日・受付番号	権利者その他の事項
1	所有権移転	平成22年7月10日 第7000号	原因　平成22年7月10日売買 所有者　東京都新宿区高円寺一丁目3番4号　A
付記1号	1番登記名義人住所変更	令和5年8月1日 第8000号	原因　令和3年7月13日住所移転 住所　東京都中野区新井五丁目2番1号

H26記述

・　登記名義人であるA（住所は甲市乙町123番地5）が，丙市丁町235番地3に引っ越したが，後にまた甲市乙町123番地5に戻ってきたときは，Aを登記義務者として新たな登記を申請する前提として，登記名義人の住所の変更の登記をすることを要しない（質疑登研379 P91）。

➡　登記義務者の現在の住所と，登記記録上の住所は一致しているから。

4　不動産登記法25条7号の例外

上記「3」のとおり，登記名義人の氏名等に変更が生じているときは，その者が登記義務者となって新たな登記を申請する前提として，登記名義人の氏名等の変更の登記をすることを要するが，一定の場合には氏名等の変更の登記を省略して，直ちに新たな登記を申請することができる。

R2-13
H26-19
H19-24

①　所有権以外の権利の登記（買戻権の登記を含む）を抹消する場合において，抹消される登記の名義人（登記義務者）の現在の氏名等と登記記録上の氏名

等が符合しないときは，登記の抹消の申請情報と併せて氏名等の変更を証する情報を提供すれば，登記の抹消の前提として登記名義人の氏名等の変更の登記をすることを要しない（先例昭28.12.17－2407，昭31.10.17－2370）。

考え方　登記の抹消の前提として氏名等の変更の登記をしたとしても，どうせすぐに登記の抹消によって消されてしまうのだから，省略を認めてもいいか，ということ。

【例】 抵当権の登記の抹消を申請する場合において，抵当権者の現在の住所と登記記録上の住所が一致しない場合でも，登記の抹消の申請情報と併せて住所の変更を証する情報（住民票の写し等）を提供すれば，登記の抹消の前提として抵当権の登記名義人の住所の変更の登記をすることを要しない。 H25記述

プラスアルファ

登記名義人の氏名等の変更の登記を省略できるのは，“所有権以外の”権利の登記の抹消の場合。所有権の登記の抹消の場合は，省略できない。 H4-24

プラスアルファ

登記名義人の氏名等の変更の登記を省略できるのは，所有権以外の権利の登記の抹消の“**登記義務者の**”氏名等に変更が生じている場合。登記権利者の氏名等に変更が生じているときは，省略できない。 H21-27 H21記述

プラスアルファ

登記名義人の氏名等の変更の登記を省略できるのは，所有権以外の権利の登記の“**抹消の**”場合。所有権以外の権利の移転の登記を申請する場合は，省略できない。

② **所有権に関する仮登記の抹消**を申請する場合において，抹消される仮登記の登記名義人（登記義務者）の現在の氏名等と登記記録上の氏名等が符合しないときは，登記の抹消の申請情報と併せて氏名等の変更を証する情報を提供すれば，登記の抹消の前提として仮登記名義人の氏名等の変更の登記をすることを要しない（先例昭32.6.28－1249）。 R4-26

③ これは直接の例外とはいえないが，相続による所有権の移転の登記を申請する場合において，被相続人の死亡時の住所が登記記録上の住所と符合しな H25記述

いときでも，相続の登記の前提として，登記名義人の住所の変更の登記をすることを要しない（先例昭33.4.28－414参照）。

➡　この場合は，申請情報と併せて被相続人の同一性を証する情報を提供する。

∵　相続の登記は相続人からの単独申請であり（不登§63Ⅱ），登記権利者と登記義務者の共同申請による登記ではないので，不動産登記法25条７号が適用される場面ではない。

5　登記名義人の氏名等の変更の登記の手続

⑴　申請人

登記名義人の氏名等の変更の登記は，登記名義人が単独で申請することができる（不登§64Ⅰ）。

考え方　氏名等の変更の登記において，誰が利益を受ける，誰が不利益を受けるということはない。つまり権利者・義務者という対立構造が成り立たない。

⑵　申請情報の内容

①　登記の目的→「○番所有権登記名義人氏名変更」

➡　変更する登記を順位番号をもって特定する。

プラスアルファ

・　会社の商号が変わった場合は，「…名称変更」（記録例623）。

・　自然人の住所や会社の本店が移転した場合は，「…住所変更」（記録例618，623）。

②　登記原因及びその日付

H4-24

・	自然人が住所を移転した	「年月日住所移転」	
・	会社が本店を移転した	「年月日本店移転」	＊1
・	住居表示の実施がされた	「年月日住居表示実施」	
・	自然人の氏名が変わった	「年月日氏名変更」	＊2
・	会社の商号が変わった	「年月日商号変更」	＊3

＊1　登記の目的は「･･･住所変更」と提供するが，登記原因は「本店移転」。

＊2　婚姻，離婚，養子縁組等の具体的な原因を明らかにすることを要しない（記録例617(注)。相続人不存在を除く）。 H21-27

∵　プライバシーの問題があるから。

＊3　登記の目的は「･･･名称変更」と提供するが，登記原因は「商号変更」。

③　変更後の登記事項→　変更後の氏名等を提供する（不登令別表23申請情報欄）。

⑶　添付情報

①　登記原因証明情報

登記名義人の氏名等の変更の登記を申請するときは，登記原因証明情報として，**氏名等の変更を証する市区町村長，登記官その他の公務員が職務上作成した情報を提供することを要する**（不登令別表23添付情報欄）。 H26記述

理由　登記名義人の氏名等の変更の登記は，登記名義人が単独で申請することができるので，登記の正確性を確保するために，公務員が職務上作成した情報の提供が必要とされた。

・　当事者（一般人）が作成した情報を提供することはできない。

➡　商号変更の決議をした株主総会議事録などを提供することはできない。 R2-15

・　自然人の住所移転	**住民票の写し**，戸籍の附票の証明書
・　会社の本店移転	会社の登記事項証明書（**会社法人等番号**）
・　住居表示の実施	住居表示実施の通知，住居表示実施証明書，住居表示実施の記載のある住民票の写し
・　氏名の変更	戸籍事項の証明書及び住民票の写し
・　商号の変更	会社の登記事項証明書（会社法人等番号）

・　登記名義人の住所の変更の登記を申請する場合で，申請情報の内容として住民基本台帳法に規定する住民票コードを提供したときは，登記原因証明情報の提供を要しない（不登令§9，不登規§36Ⅳ）。 H23-24

・　だいぶ昔に会社が本店を移転したり，商号を変更した場合（会社法人等番号をたどって本店の移転等を確認できない場合）は，本店の移転等を証する閉鎖登記簿の謄本を提供することを要する（不登規§36Ⅳ参照）。

②　代理権限証明情報（委任状，不登令§７Ⅰ②）

⑷　登録免許税

定額課税。不動産１個につき金1,000円（登税別表第1.1⒁）。

∵　新たに権利を取得する登記ではないので，定額課税。

・　住居表示の実施による登記名義人の住所の変更の登記の場合は，申請情報と併せて住居表示の実施を証する市区町村長の書面を提供したときは，非課税（登税§５④）。

∵　登記名義人の行為による変更ではないから。

・　申請情報の作成

権　利　部（甲　区）　（所　有　権　に　関　す　る　事　項）			
順位番号	登記の目的	受付年月日・受付番号	権利者その他の事項
1	所有権移転	平成22年７月10日 第7000号	原因　平成22年７月10日売買 所有者　東京都新宿区南新宿一丁目３番４号　A

令和５年６月１日，Aは，その住所を東京都新宿区南新宿一丁目３番４号から東京都豊島区高田三丁目７番３号に移転した。

【申請書】

登記の目的　１番所有権登記名義人住所変更
原　　　因　令和５年６月１日住所移転
変更後の事項　住所　東京都豊島区高田三丁目７番３号
申　請　人　東京都豊島区高田三丁目７番３号　A
添 付 情 報　登記原因証明情報（Aの住民票の写し）
　　　　　　代理権限証明情報（Aから司法書士への委任状）
登録免許税　金1,000円

6　1つの申請情報で申請することの可否

同一の登記所の管轄区域内にある1個又は数個の不動産について申請する2以上の登記が，いずれも同一の登記名義人の氏名等の変更の登記であるときは，それらの登記は1つの申請情報で申請することができる（不登令§4ただし書，不登規§35⑧）。

これは，以下のことを意味する。

① 1個又は数個の不動産の登記名義人である者（同一人物）について，氏名及び住所に変更が生じたときは，その氏名及び住所の変更の登記は，1つの申請情報で申請することができる。 H26記述 H25-13

➡ 2つの事項の変更の登記

② 1個又は数個の不動産の登記名義人である者（同一人物）について，数回にわたって氏名等の変更が生じたときは，これらの変更の登記は，1つの申請情報で申請することができる。

➡ 数回にわたる変更の登記

7　前記6①について（2つの事項の変更の登記）

1個又は数個の不動産の登記名義人である者（同一人物）について，**氏名及び住所**に変更が生じたときは，その氏名及び住所の変更の登記は，**1つの申請情報で申請することができる。**

考え方　氏名の変更と住所の移転では登記原因が異なるが，登記名義人の氏名等の変更の登記は現在の氏名等と登記記録上の氏名等を一致させるための登記であるので，便宜的にこのような場合も1つの申請情報で申請することが認められている。

【例】 登記名義人であるAさんが結婚して氏が変わり，新居に引っ越した場合，氏名と住所についての変更の登記は，1つの申請情報で申請することができる。

(1) 申請情報の内容

① 登記の目的→「○番所有権登記名義人住所，氏名変更」

② 登記原因及びその日付→「年月日氏名変更，年月日住所移転」

➡ 氏名と住所の変更の原因を併記する。

(2) 登記原因証明情報

氏名の変更と住所の変更を証する情報を併せて提供する。

(3) 登録免許税

不動産１個につき金1,000円（先例昭42.7.22－2121参照）。

∵　数個の変更の登記であっても，不動産が１個であることに変わりはない。

R3-26
H9-18
①　氏名の更正と住所の変更のように，**変更と更正の登記を１つの申請情報で申請するときは**，更正の登記と変更の登記では登記の区分が異なると解されるので，不動産１個につき**金2,000円**（先例昭42.7.26－794）。

➡　変更の登記について1,000円，更正の登記について1,000円という計算。

②　氏名の更正と住居表示実施による住所の変更の登記を１つの申請情報で申請する場合は，不動産１個につき金1,000円。

➡　変更と更正の登記であるが，変更については非課税（登税§５④）となり，更正について1,000円となる。

8　前記６②について（数回にわたる変更の登記）

H21-27
１個又は数個の不動産の登記名義人である者（同一人物）について，数回にわたって氏名等の変更が生じたときは，これらの変更の登記は，１つの申請情報で申請することができる。

【例】　登記名義人の住所が数回にわたって移転している場合，又は住所を移転した後に住居表示の実施がされた場合のように，数回にわたって変更が生じているときは，１個の申請により，直ちに現在の住所とする変更の登記を申請することができる。

・　登記の当初から住所に間違いがあり，さらにその後に引っ越して住所に変更が生じた場合，住所の更正と変更の登記を１つの申請情報で申請することができる。

(1) 登記原因及びその日付

すべての変更の原因を提供するのが原則。

【例】「平成29年５月23日住所移転，平成30年６月１日住居表示実施」

【例】「錯誤，平成30年６月１日住所移転」

ただし，数回にわたる住所の移転のように，変更の原因が同種であるような場合は，登記原因として最終の変更の事由及びその日付を提供すれば足りる（先例昭54.3.31－2112）。 H24-17

【例】 登記名義人であるAが，平成30年３月28日に住所を移転し，さらに令和５年６月１日に住所を移転したような場合は，登記原因として「令和５年６月１日住所移転」と提供すれば足りる。

(2) 登記原因証明情報

数回にわたるすべての変更を証する情報を提供することを要する。

(3) 登録免許税

不動産１個につき金1,000円。

① 住所の錯誤による更正の登記と住所移転による変更の登記を１つの申請情報で申請する場合，登録免許税は不動産１個につき金1,000円（先例昭42.7.26－794）。 H4-30

➡ 「氏名の更正＋氏名の変更」の登記，あるいは「住所の更正＋住所の変更」の登記を１つの申請情報で申請する場合は，金1,000円となる。

プラス アルファ

前記「７(3)①」のとおり，「氏名の更正＋住所の変更」のような登記を１つの申請情報で申請する場合は，金2,000円。

② 住所を移転し，その後に住居表示実施がされたことによる変更の登記を１つの申請情報で申請する場合，最終の登記原因が住居表示実施であるので，非課税（先例昭42.12.14－3447）。 H28-27

➡ 住所を移転し，その後に行政区画の変更が生じたことによる変更の登記を１つの申請情報で申請する場合も，非課税（先例平22.11.1－2759）。

③ 住居表示実施がされ，その後に住所を移転したことによる変更の登記を１つの申請情報で申請する場合，最終の登記原因が住所移転であるので，非課税とはならず，不動産１個につき金1,000円。

9　登記名義人の氏名等の変更の登記に関する先例

記述R3
記述H21
①　特例有限会社が商号を変更して通常の株式会社へ移行したときは（会社整備§45Ⅰ），「商号変更」を登記原因として，登記名義人の名称の変更の登記を申請する（質疑登研700 P199）。

R2-17
H24-17
②　登記手続を命ずる確定判決に基づいて登記権利者が単独で所有権の移転の登記を申請する場合において，登記義務者である被告の現在の住所が登記記録上の住所と異なるときは，判決書正本に被告の現在の住所と登記記録上の住所が併記されていても，前提として，所有権の登記名義人の住所の変更の登記をすることを要する（質疑登研476 P140）。

R2-17
③　行政区画又はその名称の変更があった場合は，登記記録に記録された行政区画又はその名称について変更の登記があったものとみなされる（不登規§92Ⅰ）。そのため，登記名義人が住所の変更の登記を申請することを要しない。

【例】　Aの住所として「甲市乙町110番地」と登記されている場合に，行政区画の名称の変更により，住所が「甲市丙町110番地」に変わった。
　この場合は，A自身が，住所の変更の登記を申請することを要しない。

R2-17
H20-16
④　甲土地をAとBが共有している場合において（住所は同一），AとBが，同時に，同一の場所に住所を移転したときは，AとBについての住所の変更の登記は，１つの申請情報で申請することができる（質疑登研455 P91）。

➡　AとBの住所移転の日が異なる場合は，１つの申請情報で申請することができない。

第24章
抹消された登記の回復

Topics ・間違って登記を抹消してしまったような場合には，その登記を回復し，抹消されなかったものとすることができる。

1　抹消された登記の回復の意義

抹消された登記の回復とは，既にされた登記が不適法に抹消された場合に，その登記を回復し，抹消されなかったのと同様の効果を生じさせる登記（不登§72）。

【例】 抵当権は消滅していないのに，間違って抵当権の登記を抹消してしまった。この場合には当該抵当権について抹消された登記の回復を申請し，登記記録上に当該抵当権を復活させることができる。

2　抹消された登記の回復をすることができる場合

所有権の移転の登記が不適法に抹消された場合のように，その1個の登記すべてが抹消された場合に限られず，地上権の設定の登記の地代の定めのみが不適法に抹消された場合（つまり，不適法な変更の登記がされた場合）にも，その登記事項の回復をすることができる。

プラスアルファ

1個の登記すべてを回復する登記は主登記でされるが，登記事項の一部を回復する登記は付記登記でされる（不登規§3③）。 H31-22 H21-23

・ 仮登記が不適法に抹消された場合，その回復を申請することができる（最判昭43.12.4）。 H14-26

3　手　続

(1)　申請人

抹消された登記の回復は，回復すべき登記の名義人であった者を登記権利者，回復によって登記上直接に不利益を受ける者を登記義務者として申請する。 H22-21 H9-14

・　Aの所有する甲土地を目的として設定の登記のされていたXの抵当権が，不適法に抹消された。その後，甲土地についてAからBへの所有権の移転の登記がされた。この場合に，Xの抵当権の登記の回復を申請するときは，Xを登記権利者，現在の所有権の登記名義人であるBを登記義務者として申請する（先例昭57.5.7－3291）。

∵　抵当権の登記が回復されることによって登記上直接に不利益を受けるのは，現在の所有権の登記名義人。

⑵　申請情報の内容

H31-22　抹消された登記の回復を申請するときは，申請情報の内容として，回復すべき登記の登記事項を提供することを要する（不登令別表27申請情報欄）。

【例】　賃借権の設定の登記が不適法に抹消されたため，その回復の登記を申請するときは，申請情報の内容として，当該賃借権の設定の登記の登記事項（賃料等）を提供することを要する。

⑶　添付情報（承諾等を証する情報）

H25-20　抹消された登記の回復を申請する場合に，登記の回復によって登記上不利益を受ける第三者（登記上の利害関係を有する第三者）が存するときは，申請情報と併せて**その者が作成した承諾を証する情報又はその者に対抗することができる裁判があったことを証する情報を提供することを要する**（不登令別表27添付情報欄ロ）。

H31-22
H16-27　①　甲土地にXの１番抵当権とYの２番抵当権の設定の登記がされており，Xの１番抵当権が不適法に抹消された場合に，Xの１番抵当権の回復を申請するときは，申請情報と併せてYの承諾等を証する情報を提供することを要する（先例昭52.6.16－2932）。

∵　Xの１番抵当権が抹消されて，Yは自分が第１順位の抵当権者となったと喜んだのに，Xの抵当権が回復されたら，Yはまた第２順位に逆戻りすることになってしまうから。

H11-26　②　甲土地について，A→Bへの所有権の移転請求権の仮登記が甲区２番でされ，その後にA→Cへの所有権の移転請求権の仮登記が甲区３番でされた。そして，不適法に２番仮登記の抹消がされた。この場合，２番仮登記の回復を申請するときは，申請情報と併せてCの承諾等を証する情報を提供することを要する。

⑷ 添付情報（その他）

抹消された登記の回復を申請する場合において，所有権の登記名義人が登記義務者となるときは，原則どおり，登記義務者（所有権の登記名義人）の印鑑証明書を提供することを要する（不登令§16Ⅱ，18Ⅱ）。 H31-22 H25-20

⑸ 登録免許税

定額課税。不動産1個につき金1,000円（登税別表第1.1⒁）。 H31-22 H25-20

4 登記の実行

抹消された登記の回復の申請がされたときは，登記官は抹消されてしまった登記と同一の登記をすることを要する（不登規§155）。

➡ 抹消される前の登記と同順位で，登記が回復される。 H25-20

・ 登記識別情報は通知されない。 R3-17

第25章
処分の制限の登記

Topics
- 差押え，仮差押え，処分禁止仮処分に関する登記。試験的には，処分禁止仮処分が重要。
- 一見，面倒な論点もあるが，考え方を整理すれば難しくない。

処分の制限とは，行政庁や裁判所がする処分であり，登記名義人に対する債権者の債権の満足を得るため，債務者（登記名義人）の財産を確保し，債務者がその財産を処分してもこれを無視するものとする制度。

プラスアルファ

債務者が債権者に対して債務を弁済しない場合，債権者は債務者の財産を差し押さえ，これを競売して，その売却代金から債権の回収を図ることができる。

➡ 裁判所の決定によって債務者の財産が差し押さえられたら，債務者はもうその財産を処分することができない（一応できるけれど，無視される）。その意味で，差押え等の登記は“処分の制限の登記”と呼ばれる。

処分の制限とは，具体的には，

①　差押え
②　仮差押え
③　処分禁止の仮処分

等をいう。

差押え，仮差押え，処分禁止の仮処分は，すべて裁判所がするものであるので，**その登記は裁判所書記官が嘱託する**。

➡ 当事者が差押え等の登記を申請するわけではない。

第1節　競売に関する登記

1　競売手続開始の決定による差押えの登記

債権者（担保権者）から競売の申立てがされ，執行裁判所が競売手続開始の決定をしたときは，執行裁判所の裁判所書記官は直ちに当該不動産に差押えの登記を嘱託する（民執§48Ⅰ）。

権利部（甲区）（所有権に関する事項）			
順位番号	登記の目的	受付年月日・受付番号	権利者その他の事項
1	所有権移転	平成22年7月10日 第7000号	原因　平成22年7月10日売買 所有者　A
2	差押	令和5年8月3日 第8000号	原因　令和5年8月2日某地方裁判所 担保不動産競売開始決定 債権者　X

権利部（乙区）（所有権以外の権利に関する事項）			
順位番号	登記の目的	受付年月日・受付番号	権利者その他の事項
1	抵当権設定	令和1年7月8日 第7000号	原因　令和1年7月8日金銭消費貸借 同日設定 （登記事項省略） 抵当権者　X

差押えの効力が生じたとき（民執§46Ⅰ）は，その後に債務者が差し押さえられた財産を第三者に処分した場合でも，その処分は競売手続上無視される。

2　競売による売却の効果

(1)　買受人の所有権の取得

競売手続が進行し，売却許可決定が確定し，買受人が代金を納付したときは，その時に買受人は不動産を取得する（民執§79）。

(2)　売却に伴う権利の消滅等

競売による売却がされたときは，当該不動産の上に存する先取特権，使用及び収益をしない旨の定めのある質権並びに抵当権は消滅する（民執§59Ⅰ）。差押債権者に対抗できない用益権も同様（同Ⅱ参照）。

また，差押え，仮差押えや一定の仮処分の執行は，売却によってその効力を失う（同Ⅲ）。

3　売却がされた場合の登記

R3-14
H27-18
H8-25

競売による売却がされたときは，**執行裁判所の裁判所書記官は，以下の登記を嘱託する**（民執§82Ⅰ）。

① **買受人が取得した権利の移転の登記**
② 売却により消滅した権利等の登記の抹消
③ 差押え又は仮差押えの登記の抹消

➡ これらの登記は，１つの嘱託情報で嘱託する。

プラスアルファ

一定の事由に該当する場合は，嘱託情報を司法書士等が登記所に提出する形で登記をすることもできる（民執§82Ⅱ）。

第2節　処分禁止の仮処分の登記

1　困った事態

不動産を買い受けたが，登記義務者が所有権の移転の登記の申請に協力しない場合，登記権利者は登記義務者を被告として所有権の移転の登記の手続を命ずる確定判決を得て，単独で登記を申請することができる（不登§63Ⅰ）。

【例】　ＡＢ間で，Ａの所有する甲土地をＢに売り渡す契約がされたが，Ａが所有権の移転の登記に協力しない場合，ＢはＡを被告として所有権の移転の登記の手続を命ずる確定判決を得て，Ｂが単独で登記を申請することができる。

しかし，実際に判決を得るまでには相当の日数を要し，登記権利者が判決を得る前に登記義務者である不動産の売主が第三者に対して所有権の移転の登記をしてしまった場合，買主はたとえ売主に対する勝訴判決を得ても，この判決に基づいて登記を申請することはできない。

➡　登記を得た第三者に対抗できない（民§177）。

【例】　ＢとＡの間で裁判をやっている途中で，Ａが甲土地をさらにＣに譲渡し，ＡからＣへの所有権の移転の登記がされてしまった。そうすると，ＢはＣに対抗できなくなってしまうので，**その後にＢが勝訴の判決を得ても，Ｂは自己名義とする登記を申請することができない。**

➡　かなり困った事態である。

2　その対策

上記のとおり，通常の訴訟（本案の訴訟）をもって権利を実現するためには相当の日数を要し，その間に自己の権利を失うなどの危険がある。そのため，そういった危険を防止するための応急的（暫定的）な権利保全の措置が必要となってくる。これが処分禁止の仮処分の制度。

これは，簡単に言ってしまえば，**その不動産について現状維持を命ずる裁判所の処分。**

【例】　上記１の例でいうと，Ｂの申立てに基づいて，裁判所が売主Ａに対し，甲土地の処分を禁ずること。

重要❗

処分禁止の仮処分の登記がされた後に（裁判所の命令を無視して）Aが甲土地を第三者Cに売り渡し，その登記をしても，Bはその処分を否定することができる。

➡　これにより，Bは安心して（じっくりと）Aとの間で裁判（登記手続を求める裁判）をすることができる。

3　不動産の登記請求権を保全するための処分禁止の仮処分の執行方法

(1)　処分禁止の仮処分の登記

不動産の権利に関する登記（仮登記を除く）を請求する権利（登記請求権）を保全するための処分禁止の仮処分の執行は，処分禁止の仮処分の登記をする方法により行う（民保§53Ⅰ）。

重要❗

不動産の処分を禁止する仮処分命令がされた場合は，その不動産に「処分禁止仮処分」の登記がされる。

【例】　BのAに対する所有権の移転の登記の請求権を保全するため，裁判所がAに対し，甲土地の処分を禁ずる仮処分命令を出した。

➡　裁判所書記官は，甲土地について「処分禁止仮処分」の登記を嘱託する。

権利部（甲区）	（所有権に関する事項）		
順位番号	登記の目的	受付年月日・受付番号	権利者その他の事項
1	所有権移転	平成22年7月10日 第7000号	原因　平成22年7月10日売買 所有者　A
2	処分禁止仮処分	令和5年8月3日 第8000号	原因　令和5年8月2日某地方裁判所仮処分命令 債権者　B

(2)　保全仮登記もされる場合

不動産に関する所有権以外の権利の保存，設定又は変更についての登記請求権を保全するための処分禁止の仮処分の執行は，処分禁止の仮処分の登記とともに，仮処分による仮登記（保全仮登記）をする方法により行う（民保§53Ⅱ）。

【例】　Aの所有する甲土地を目的としてXのために抵当権の設定契約をしたが，Aが登記の手続に協力しなかった。そこで，抵当権の設定の登記の請求権を保全するために，Xの申立てによって裁判所はAに対して甲土地の処分を禁ずる仮処分命令を出した。

➡ 甲土地について，処分禁止仮処分の登記のほか，抵当権の設定の保全仮登記がされる。

権　利　部（甲　区）　（所　有　権　に　関　す　る　事　項）			
順位番号	登記の目的	受付年月日・受付番号	権利者その他の事項
1	所有権移転	平成22年7月10日 第7000号	原因　平成22年7月10日売買 所有者　A
2	処分禁止仮処分（乙区1番保全仮登記）	令和5年8月3日 第8000号	原因　令和5年8月2日某地方裁判所仮処分命令 債権者　X

権　利　部（乙　区）　（所有権以外の権利に関する事項）			
順位番号	登記の目的	受付年月日・受付番号	権利者その他の事項
1	抵当権設定保全仮登記（甲区2番仮処分）	令和5年8月3日 第8000号	原因　令和5年7月10日金銭消費貸借同日設定 （登記事項省略） 権利者　X
	余　白	余　白	余　白

重要！

処分禁止の仮処分命令がされた場合は，①処分禁止仮処分の登記だけがされる場合と，②処分禁止仮処分の登記とともに保全仮登記がされる場合の２つがある。

① 処分禁止仮処分の登記のみがされる場合
- 所有権に関する登記請求権を保全する場合
- 所有権以外の権利の移転又は抹消の登記請求権を保全する場合

② 処分禁止仮処分の登記とともに保全仮登記がされる場合
- 所有権以外の権利の保存，設定又は変更の登記請求権を保全する場合

4　登記の手続

(1)　登記の手続

処分禁止仮処分の登記及び保全仮登記は，**裁判所書記官からの嘱託**によってされる（民保§53Ⅲ，47Ⅲ）。

∵　仮処分命令は裁判所が出すので，その登記は裁判所書記官が嘱託する。

H24-13

・　処分禁止の登記において登記名義人となる者（債権者）が２人以上であるときでも，嘱託情報の内容として，持分を提供することを要しない（先例昭35.8.20－842）。

∵　処分を制限することについて，持分という概念はない。

(2)　登録免許税

処分禁止仮処分の登記の登録免許税は，課税標準の額に1000分の４を乗じた額（登税別表第1.1(5)）。

➡　課税標準は，どういう権利を保全する仮処分かで異なる。

課税標準

・　所有権の移転の登記の請求権を保全する場合→　不動産の価額

・　地上権（賃借権）の設定の登記の請求権を保全する場合

➡　不動産の価額に２分の１を乗じた額（質疑登研663 P 179）

・　抵当権（根抵当権）の設定の登記の請求権を保全する場合

➡　債権金額（極度額）

①　処分禁止仮処分の登記とともに保全仮登記がされる場合は，１個の仮処分の登記として登録免許税が課され，別途，保全仮登記の分としての登録免許税を納付する必要はない（先例平2.11.8－5000）。

②　共同抵当の設定の登記の請求権を保全するための処分禁止仮処分の登記をする場合は，登録免許税法13条が適用される（先例平2.11.8－5000）。

③　同一の債権を担保するため，数個の不動産を目的として設定された根抵当権の設定の登記の請求権を保全するための処分禁止仮処分の登記をする場合，登録免許税法13条の適用はない（先例平3.10.21－5466）。

∵　共同根抵当権は，共同担保である旨の登記が効力要件とされているので（民§398の16），保全仮登記の段階では共同根抵当権とは認められないから。

5　処分禁止仮処分の登記を嘱託することの可否

①　不動産の所有権の一部について，処分禁止仮処分の登記を嘱託することができる（先例昭30.4.20－695）。 H30-12

【例】　A所有の不動産の所有権の一部をBが買い受けた場合は，Aの所有権の一部について処分禁止仮処分の登記をすることができる。

②　不動産の一部について，処分禁止仮処分の登記を嘱託することはできない（先例昭27.9.19－308）。

➡　一筆の土地の一部について処分禁止仮処分の登記をすることはできず，前提として分筆の登記をしなければならない。

注意！　所有権の一部と不動産の一部を区別すること。

③　A所有の不動産をBに売却したが，AからBへの所有権の移転の登記をする前にAが死亡した場合，買主Bが，Aの相続人Cに対して処分禁止の仮処分命令を得たときは，債務者の表示及び仮処分の登記の登記義務者の表示が「被相続人Aの相続人C」となっていれば，処分禁止仮処分の登記の前提として，相続の登記をすることを要しない（先例昭62.6.30－3412）。 R2-14 H6-14

➡　この場合は，不動産の所有権はAからBに移転しているので，相続の登記をすると逆に実体法上の権利変動の過程に符合しないことになる。

④　被相続人の名義で登記がされているが，その相続人の1人に対して処分禁止の仮処分命令を得たときは，処分禁止仮処分の登記をする前提として，相続の登記をすることを要する（先例昭39.5.14－1759）。 H6-14

⑤　仮登記に基づく本登記の手続を禁止する旨の仮処分の登記をすることはできない（先例昭30.8.25－1721）。 H6-14

6　保全仮登記がされた権利を処分することの可否

保全仮登記は，処分禁止仮処分の登記と一体となった登記。

➡　通常の仮登記とは異なる。

そのため，保全仮登記がされた権利についての処分，処分制限の登記をすることはできない（先例平2.11.8－5000）。 H20-25

R2-22 H29-24 H12-19 ・　保全仮登記に錯誤（間違い）がある場合，仮処分債権者と仮処分債務者が共同して，保全仮登記の更正の登記を申請することはできない（先例平2.11.8－5000）。

∵　保全仮登記は裁判所書記官が嘱託したのだから，当事者が勝手にいじることはできない。

プラスアルファ

仮処分債権者が保全執行裁判所に申し立てて，裁判所書記官が更正の登記を嘱託する（民保§60ⅠⅢ）。

7　保全していた登記請求権を実現する登記

仮処分債権者が本案訴訟で勝訴したときは，その判決に基づき単独で登記をすることができる（不登§63Ⅰ）。

H12-19 ➡　仮処分債務者が素直に登記申請に協力することになった場合は，仮処分債権者と仮処分債務者が共同して登記を申請することもできる（先例平2.11.8－5000）。

ケーススタディ

①　Aの所有する甲土地をBに売り渡す契約がされたが，Aが登記手続に協力しないので，Bの申立てによって裁判所はAに対して甲土地の処分を禁ずる仮処分命令を出した（処分禁止仮処分の登記がされた）。

↓

②　BはAを被告として，甲土地の所有権の移転の登記の手続を求める訴え（本案の訴訟）を提起した。

↓

③　裁判所は，「AはBに対し，甲土地について売買による所有権の移転の登記の手続をせよ」との判決を出した。

↓

④　Bは，単独で売買による所有権の移転の登記を申請することができる。

・　処分禁止仮処分の登記とともに保全仮登記がされている場合，その登記請求権を実現する登記は，**保全仮登記に基づく本登記をする**方法による（先例平2.11.8－5000）。

第3節　仮処分の登記に後れる登記の抹消

1　処分禁止仮処分の登記に後れる登記の効力

確認　登記請求権を保全するための処分禁止の仮処分は，仮処分債権者が本案訴訟で勝訴することを前提として，仮処分債務者（登記義務者）による不動産の処分を禁止する効力を有する。

とはいっても，仮処分債務者は処分禁止の仮処分によって一切の処分をすることができなくなるわけではなく，処分禁止仮処分の登記がされた後でも，その不動産を処分して新たな登記をすることができる（最判昭37.6.8，相対的効力）。

ケーススタディ

①　Aの所有する甲土地をBに売り渡す契約がされたが，Aが登記手続に協力しないので，Bの申立てによって裁判所はAに対して甲土地の処分を禁ずる仮処分命令を出した。

権利部（甲区）（所有権に関する事項）			
順位番号	登記の目的	受付年月日・受付番号	権利者その他の事項
1	所有権移転	平成22年7月10日 第7000号	原因　平成22年7月10日売買 所有者　A
2	処分禁止仮処分	令和5年3月3日 第3000号	原因　令和5年3月2日某地方裁判所仮処分命令 債権者　B

↓

②　裁判所の命令など気に留めないAは，さらに甲土地をCに売り渡し（二重譲渡），AからCへの所有権の移転の登記をした。

権　利　部（甲　区）　（所　有　権　に　関　す　る　事　項）			
順位番号	登記の目的	受付年月日・受付番号	権利者その他の事項
1	所有権移転	平成22年7月10日 第7000号	原因　平成22年7月10日売買 所有者　A
2	処分禁止仮処分	令和5年3月3日 第3000号	原因　令和5年3月2日某地方裁判所仮処分命令 債権者　B
3	所有権移転	令和5年4月20日 第4000号	原因　令和5年4月20日売買 所有者　C

➡　このような登記をすることができる。

しかし，処分禁止仮処分の登記に後れて登記された第三者の権利の取得や処分の制限は，仮処分債権者が本案訴訟で勝訴した等により目的の登記を実現した場合，その登記に係る権利の取得又は消滅に抵触する限度で，仮処分債権者に対抗することができない（民保§58Ⅰ）。

重要！

処分禁止の仮処分は，現状維持を命ずる裁判所の処分。だから，それに違反してその現状が変更されても，変更はないものとして扱うことができる。

【例】　上記のとおり登記がされた後，ＢＡ間の裁判について「ＡはＢに対して甲土地について所有権の移転の登記の手続をせよ」という判決が確定した。

➡　仮処分の登記がされた後に甲土地を取得したＣは，甲土地を取得したことをＢに対抗することができない。

➡　仮処分債権者Ｂは，甲土地の所有者がＡのままであるとして，判決に基づいてＡからＢへの所有権の移転の登記を申請することができる。

ただし，登記記録の上では，Ｃが現在の所有権の登記名義人として登記されているので，このままではやはりマズい。

だから，仮処分債権者Ｂが，Ｃの登記を抹消することができる（詳しくは次の「２」）。

2　仮処分の登記に後れる登記の抹消

仮処分債権者は，保全していた登記請求権を実現する登記の申請と同時に申請する場合に限り，仮処分の登記に後れる第三者の登記を単独で抹消することができる（民保§58Ⅱ，不登§111ⅠⅡ）。

ケーススタディ

①　ＢのＡに対する所有権の移転の登記の請求権を保全するために，処分禁止仮処分の登記がされた（甲区２番）。

↓

②　処分禁止の仮処分がされたにもかかわらず，Ａは甲土地をＣに売り渡し，その所有権の移転の登記をした（甲区３番）。

権利部（甲区）（所有権に関する事項）			
順位番号	登記の目的	受付年月日・受付番号	権利者その他の事項
1	所有権移転	平成22年７月10日 第7000号	原因　平成22年７月10日売買 所有者　　Ａ
2	処分禁止仮処分	令和５年３月３日 第3000号	原因　令和５年３月２日某地方裁判所仮処分命令 債権者　　Ｂ
3	所有権移転	令和５年４月20日 第4000号	原因　令和５年４月20日売買 所有者　　Ｃ

↓

③　ＢＡ間の裁判について，Ｂの請求を認容する判決が確定した。

➡　Ｂは，判決に基づいてＡからＢへの所有権の移転の登記を申請することができ，それと同時に，仮処分の登記に後れるＣの登記を単独で抹消することができる。

（この登記がされたら）

権利部（甲区）（所有権に関する事項）			
順位番号	登記の目的	受付年月日・受付番号	権利者その他の事項
1	所有権移転	平成22年７月10日 第7000号	原因　平成22年７月10日売買 所有者　　Ａ
2	処分禁止仮処分	令和５年３月３日 第3000号	原因　令和５年３月２日某地方裁判所仮処分命令 債権者　　Ｂ
<u>3</u>	<u>所有権移転</u>	<u>令和５年４月20日</u> <u>第4000号</u>	<u>原因　令和５年４月20日売買</u> <u>所有者　　Ｃ</u>
4	**３番所有権抹消**	令和５年９月１日 第9000号	原因　仮処分による失効
5	所有権移転	令和５年９月１日 第9000号	原因　令和５年２月８日売買 所有者　　Ｂ

＊　仮処分の登記の抹消については後述。

重要！

処分禁止仮処分の登記をしておけば，その後に第三者への所有権の移転の登記がされても，Bは自分の名義とする登記をすることができる。

プラスアルファ

H26-24
H12-19
仮処分債権者が保全していた登記請求権を実現する登記の申請は，判決に基づく単独申請（不登§63Ⅰ）だけでなく，仮処分債権者と仮処分債務者との共同申請（不登§60）でもよい（先例平2.11.8－5000）。

【例】　上記の事例で，訴えられたAが観念して，BとAが共同で所有権の移転の登記を申請することになった場合，その登記の申請と同時に，Bが単独でCの登記を抹消することができる。

3　処分禁止仮処分の登記とともに保全仮登記もされている場合

処分禁止仮処分の登記とともに保全仮登記がされており，その保全仮登記に基づく本登記を申請する場合，仮処分の登記に後れる第三者の登記を単独で抹消できる場合とできない場合がある。

(1)　保全している登記請求権が，所有権以外の不動産の使用又は収益を目的とする権利に関するものである場合

H31-18
H30-23
H16-14
➡　保全仮登記に基づく本登記と同時に申請する場合に限り，仮処分債権者は単独で，仮処分の登記に後れる所有権以外の不動産の使用もしくは収益をする権利又はその権利を目的とする権利に関する登記を抹消することができる（民保§58Ⅳ，不登§113）。

プラスアルファ

所有権以外の不動産の使用又は収益を目的とする権利とは

・　地上権
・　賃借権
・　（使用収益しない旨の定めのない）質権，等

ケーススタディ

権利部（甲区）（所有権に関する事項）			
順位番号	登記の目的	受付年月日・受付番号	権利者その他の事項
1	所有権移転	平成22年７月10日 第7000号	原因　平成22年７月10日売買 所有者　A
2	処分禁止仮処分（乙区１番保全仮登記）	令和５年２月３日 第2000号	原因　令和５年２月２日某地方裁判所仮処分命令 債権者　X

権利部（乙区）（所有権以外の権利に関する事項）			
順位番号	登記の目的	受付年月日・受付番号	権利者その他の事項
1	地上権設定保全仮登記（甲区２番仮処分）	令和５年２月３日 第2000号	原因　令和５年１月10日設定 （登記事項省略） 権利者　X
	余白	余白	余白
2	賃借権設定	令和５年３月10日 第3000号	原因　令和５年３月10日設定 （登記事項省略） 賃借権者　Y
3	抵当権設定	令和５年４月17日 第4000号	原因　令和５年４月17日金銭消費貸借同日設定 （登記事項省略） 抵当権者　Z

このような登記がされた後，Xが１番地上権設定保全仮登記に基づく本登記を申請するときは，それと同時に，Xは単独でYの２番賃借権の登記の抹消をすることができる。

∵　使用収益をする権利は，不動産に１つしか設定することができないので（Xの地上権とYの賃借権は併存できない），単独抹消が認められる。

・　上記の登記がされた後，Xが１番地上権設定保全仮登記に基づく本登記を申請するにあたり，それと同時にZの３番抵当権を単独で抹消することはできない。

∵　同一の不動産に地上権と抵当権が併存することはまったく問題ない。そして，Xは順位１番という順位を確保できるので，敢えて後順位の抵当権を抹消する必要はない。

R5-22 H11-24 **注意！**　仮処分の登記に後れる**質権の登記**については，仮処分債権者が単独で抹消することはできない（先例平2.11.8－5000）。

考え方　質権は，確かに不動産を使用･収益することができるが（民§356），質権の本質は債権担保であり，その債権担保という目的に関しては仮処分債権者の権利（地上権）と抵触することはない。そのため，質権については単独抹消を認めず，不動産を使用･収益することができるという部分についてのみ仮処分債権者に対抗することができないとすれば足りるから。

【例】　上記の登記記録の乙区２番が賃借権ではなくて質権である場合，Xが保全仮登記に基づく本登記を申請するにあたり，単独でYの質権の登記を抹消することはできない。

(2)　(1)以外の場合

H16-14 ➡　保全仮登記に基づく本登記の申請と同時に，仮処分の登記に後れる第三者の登記を**単独で抹消することはできない。**

ケーススタディ

権利部（甲区）（所有権に関する事項）			
順位番号	登記の目的	受付年月日・受付番号	権利者その他の事項
1	所有権移転	平成22年７月10日 第7000号	原因　平成22年７月10日売買 所有者　　A
2	処分禁止仮処分（乙区１番保全仮登記）	令和５年２月３日 第2000号	原因　令和５年２月２日某地方裁判所仮処分命令 債権者　　X

権利部（乙区）（所有権以外の権利に関する事項）			
順位番号	登記の目的	受付年月日・受付番号	権利者その他の事項
1	抵当権設定保全仮登記（甲区２番仮処分）	令和５年２月３日 第2000号	原因　令和５年１月10日金銭消費貸借同日設定 （登記事項省略） 権利者　　X
	余　白	余　白	余　白

2	抵当権設定	令和５年３月10日 第3000号	原因　令和５年３月10日金銭消費貸借同日設定 （登記事項省略） 抵当権者　　Y

このような登記がされた後，Xが１番抵当権設定保全仮登記に基づく本登記を申請する場合，それと同時に，Xは単独でYの２番抵当権の登記を抹消することはできない。

∵　仮処分債権者Xは，順位１番で抵当権を取得できれば満足だから。
同一の不動産に数個の抵当権が存在することはまったく問題ないので，仮処分の登記に後れる第三者の抵当権を抹消する必要はない。

4　単独抹消についてその他

①　抵当権の移転の登記の請求権を保全するために処分禁止仮処分の登記がされている場合

➡　つまり，**所有権以外の権利に関する登記の請求権を保全しているが，保全仮登記はされていない場合。**

➡　仮処分債権者は，自己のためにする抵当権の移転の登記の申請と同時に，仮処分の登記に後れる第三者の抵当権の移転の登記を**単独で抹消することができる**（不登§111Ⅱ）。 H16-14

ケーススタディ

・　XはYに対し，１番抵当権の被担保債権を譲渡した。しかし，Xは１番抵当権の移転の登記の手続に協力しないので，Yは１番抵当権について処分禁止仮処分の登記を受けた。

↓

・　その後，Xは，Yに譲渡したはずの債権をさらにZに譲渡し，XからZへの１番抵当権の移転の登記がされた。

権利部（乙区）　（所有権以外の権利に関する事項）			
順位番号	登記の目的	受付年月日・受付番号	権利者その他の事項
1	抵当権設定	令和１年３月10日 第3000号	原因　令和１年３月10日金銭消費貸借同日設定 （登記事項省略） 抵当権者　　X

付記1号	1番抵当権処分禁止仮処分	令和5年3月10日 第3000号	原因　令和5年3月9日某地方裁判所仮処分命令 債権者　Y
付記2号	1番抵当権移転	令和5年5月28日 第5000号	原因　令和5年5月28日債権譲渡 抵当権者　Z

↓

・ YはXを被告として「Xは債権譲渡を原因としてYに対して1番抵当権の移転の登記の手続をせよ」との確定判決を得た。

➡ Yは，当該判決に基づいて単独でXからYへの1番抵当権の移転の登記を申請することができるが，その申請と同時に，仮処分の登記に後れるXからZへの1番抵当権の移転の登記を抹消することができる。

考え方　1番抵当権についてYとZの2人が同時に持っているということはあり得ない。だから，Yの名義とする移転の登記をするためには，同時にZの移転の登記を抹消する必要がある。

注意！　所有権以外の権利でも，保全仮登記がされる事例とされない事例で扱いはぜんぜん違うので，しっかり区別すること。

R2-22 H29-23 H17記述 H16-14

② 仮処分の登記に後れる第三者の権利の登記が，仮処分債権者が保全している権利と一部抵触する場合は，仮処分債権者は，自己のためにする登記と同時に，当該第三者の登記の更正の登記を単独で申請することができる（先例昭41.2.16－386）。

➡ 一部が抵触するので，一部の登記の抹消すなわち更正の登記を申請する。

H26-24

③ 仮処分の登記がされる前に既に抵当権の設定の登記がされており，仮処分の登記がされた後に当該抵当権の実行としての差押えの登記がされている場合，仮処分債権者は，自己のためにする登記と同時に，当該差押えの登記を単独で抹消することはできない（先例昭58.6.22－3672，平2.11.8－5000参照）。

∵ 差押えの登記だけを見ると，確かに仮処分の登記に後れて登記されているが，これは仮処分債権者に対抗できる抵当権の実行に基づくものなので，全体として見て仮処分債権者に対抗できるといえるから。

④　仮処分の登記に後れる第三者の登記であっても，仮処分債権者が申請する登記の妨げとならないものであれば，仮処分債権者は，自己のためにする登記と同時にその第三者の登記を抹消しなくても差し支えない（先例平2.11.8－5000）。

理由　仮処分債権者が気にしないのであれば，別に抹消しなくてもいい。

【例】　Bの所有権の移転の登記の請求権を保全するために処分禁止仮処分の登記がされた後，第三者Xのための抵当権の設定の登記がされた。この後に，仮処分債務者AからBへの所有権の移転の登記を申請するにあたって，同時にXの抵当権の登記の抹消を申請しなくても差し支えない。 H26-24

5　単独抹消の登記の手続

仮処分の登記に後れる第三者の登記の単独抹消は，仮処分債権者が，自己が保全していた登記請求権を実現する登記と同時に申請することを要する（先例平2.11.8－5000）。

(1)　登記原因及びその日付→「仮処分による失効」

➡ 原因日付を提供することを要しない（先例平2.11.8－5000，昭37.6.18－1562）。 H30-13

∵　原因日付と呼べるような日付はない。

(2)　添付情報

①　通知をしたことを証する情報

仮処分債権者が単独で仮処分の登記に後れる第三者の登記を抹消するときは，抹消される登記の名義人に対し，その登記を抹消する旨を通知することを要する（民保§59Ⅰ）。

∵　さすがに何の予告もなしに抹消するのは適当でない。

そして，登記の抹消の申請情報と併せて，その通知をしたことを証する情報を提供することを要する（不登令別表71添付情報欄）。 R2-22 H26-24 H17記述

プラス アルファ

通知に関する要点

・　通知は，内容証明郵便ですることを要する（先例平2.11.8－5000）。

➡ 通知には，登記がされた物件の表示，登記の目的，申請情報の受付の年月日及び受付番号の他，その登記を抹消する旨を記載する。

・ 通知の宛先は，登記記録に記録された住所又は事務所で足りる（民保§59Ⅱ）。

∵ 抹消される登記の名義人の現在の正確な住所を調査させるのは，債権者にとって酷だから。

・ 登記記録上の住所又は事務所に宛てて通知を発した場合には，遅くともこれを発した日から1週間を経過した時に通知が到達したものとみなされる（みなし到達，民保§59Ⅱ）。

➡ そのため，登記記録上の住所に宛てて通知を発し，通知を発した日から1週間を経過した後に登記の抹消を申請する場合には，申請情報と併せて内容証明郵便で通知を発したことを証する情報を提供すれば足りる（先例平2.11.8－5000）。通知の到達を証する情報を提供する必要はない。

② 代理権限証明情報（委任状，不登令§7Ⅰ②）

重要!

H28-16 H26-24 **単独でする登記の抹消の申請情報と併せて，登記原因証明情報を提供することを要しない（不登令§7Ⅲ）。**

∵ 登記原因というべき法律行為等が存在しないから。また，処分禁止仮処分の登記がされているので，申請人がその第三者の登記を単独で抹消できる権利を有することが登記記録上から明らかとなる。

【申請書】

登記の目的	○番所有権抹消
原　　因	仮処分による失効
義 務 者	A
申 請 人	X
添 付 情 報	通知をしたことを証する情報（内容証明郵便）
	代理権限証明情報（Xから司法書士への委任状）
登録免許税	金1,000円

第4節　仮処分の登記の抹消

処分禁止仮処分の登記がされた後，仮処分債権者が，自己が保全していた登記請求権を実現する登記をしたときは（そして，仮処分の登記に後れる第三者の登記を抹消したときは），その時点で処分禁止仮処分の登記は不要となる。

そのため，処分禁止仮処分の登記を抹消する必要があるが，この抹消は

①　登記官が職権で抹消する場合 ②　裁判所書記官の嘱託によって抹消する場合

H12-19

がある。

1　登記官が職権で抹消する場合

①　処分禁止仮処分の登記のみがされている場合（つまり保全仮登記がされていない場合）で，仮処分債権者が自己が保全していた登記請求権を実現する登記をし，同時に仮処分の登記に後れる第三者の登記を単独で抹消したとき（不登§111Ⅲ）。 H29-23 H25-19

②　処分禁止仮処分の登記と保全仮登記がされている場合で，保全仮登記に基づく本登記がされたとき（不登§114）。 H25-19

考え方　このような場合は，仮処分の効力が用いられ，それによって仮処分の登記が不要となったことが登記官にとっても明らかとなるから。

プラスアルファ

・　処分禁止仮処分の登記のみがされている場合は，仮処分の登記に後れる第三者の登記を単独で抹消した場合に限られる。

➡　仮処分債権者が，自己が保全していた登記請求権を実現する登記をしたが，仮処分の登記に後れる第三者の登記を抹消しなかったときは，登記官は職権で処分禁止仮処分の登記を抹消することはできない。

・　保全仮登記がされている場合で，保全仮登記に基づく本登記がされたときは，仮処分の登記に後れる第三者の登記を単独で抹消したか否かに関わらず，登記官が職権で処分禁止仮処分の登記を抹消する。

∵　保全仮登記の本登記がされた時点で，仮処分の効力が用いられたことが登記官にとっても明らかだから。

2　裁判所書記官の嘱託によって抹消する場合

処分禁止仮処分の登記のみがされている場合（つまり保全仮登記がされていない場合）で，仮処分債権者が自己が保全していた登記請求権を実現する登記をしたが，**仮処分の登記に後れる第三者の登記の単独抹消をしなかったとき**

➡　この場合は登記官が職権で処分禁止仮処分の登記の抹消をすることができず，裁判所書記官が処分禁止仮処分の登記の抹消を嘱託する（不登§111Ⅲ反対解釈）。

考え方　確かに，仮処分債権者が保全していた登記請求権を実現する登記はされたが，（第三者の登記を単独で抹消していないので）仮処分の効力が用いられたかどうかが登記官にとって明らかではないから。

プラスアルファ

「仮処分の登記に後れる第三者の登記の単独抹消をしなかったとき」とは

①　仮処分の登記に後れる第三者の登記がそもそも存在しなかった場合。

②　仮処分の登記に後れる第三者の登記はあったが，（仮処分債権者が当該第三者の登記を許容し）単独抹消をしなかった場合。

第26章
区分建物に関する登記

第1節　区分建物，敷地権

Topics
・区分建物とは，簡単に言えばマンションのこと。
・マンションには大勢の人が住んでおり，普通の不動産とは違った問題が出てくるので，処分の方法や登記手続について特別の規定が設けられている。
・試験的にもかなり重要。

1　区分建物の意義

物理的に一棟の建物が，構造上・利用上の独立性を備えた数個の部分に分かれていると認めることができる場合は，その各部分を独立の所有権（区分所有権）の対象とすることができる（区分§１）。

すなわち，個々の部分が「構造上区分された」ものであり（構造上の独立性），それぞれが「独立して住居，店舗，事務所，又は倉庫その他建物としての用途に供することができる」ものである場合（利用上の独立性）には，**その各部分を独立の所有権の対象とすることができ，これを区分建物という。**

プラスアルファ

１番分かりやすいのが，マンション。
マンションは，外から見たら１個のでっかい建物であるが，その中はいくつもの部屋に区分されており，各部屋は独立して住居として使用し得る。
➡　この場合の「部屋」とは，６畳の和室とか，12畳のリビングという意味ではなく，102号室，204号室という意味。

このように，見た目１個の建物の中が構造上区分されており，それぞれの部屋が利用上の独立性を備えている場合には，各部屋が法律上**１個の建物（不動産）として扱われる。**

【例】　甲マンションの101号室はAさんの所有，201号室はBさんの所有。

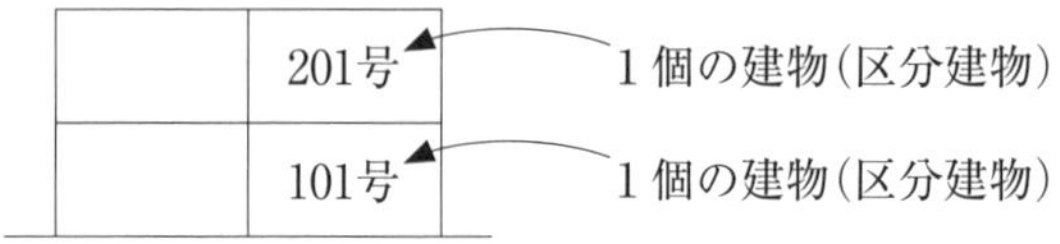

2　専有部分と共用部分

(1)　専有部分と共用部分

専有部分→　区分所有権の目的となる建物の部分（区分§２Ⅲ)。つまり，マンションの一室。

➡　“専有”だから，**個人が所有する部分**と考えて差し支えない。

共用部分→　専有部分以外の建物の部分等（同Ⅳ)。

【例】　廊下，階段，玄関，エレベータ室等

➡　“共用”だから，みんなで利用する部分。

(2)　共用部分の権利関係

共用部分は，区分所有者全員（又は一部）の共有に属する（区分§11Ⅰ)。

➡　共用部分に関する各共有者の持分は，規約に別段の定め(区分§14Ⅳ)がある場合を除き，その有する専有部分の床面積の割合による（同Ⅰ)。

(3)　共用部分の処分の可否

共用部分の各共有者は，原則として，専有部分と分離して共用部分の持分を処分することはできない（区分§15Ⅱ)。

∵　マンションの一室を持っているけれど，そこに至る廊下を通行する権利は持っていない，というのは変。

プラスアルファ

区分所有者が専有部分を処分したときは，共用部分の持分も当然にそれに従う（区分§15Ⅰ)。

・　専有部分の登記記録に権利変動の登記がされたときは，当然に共用部分の（持分の）権利変動についても対抗力が備わる。

H8-21　➡　すなわち，共用部分について権利変動の登記をすることはできない。

3　区分建物の登記記録

区分建物は法律上１つの建物（不動産）であるので，**区分建物ごとに登記記録が作成される。**

【例】 101号室について１つの登記記録，201号室について１つの登記記録が作成される。

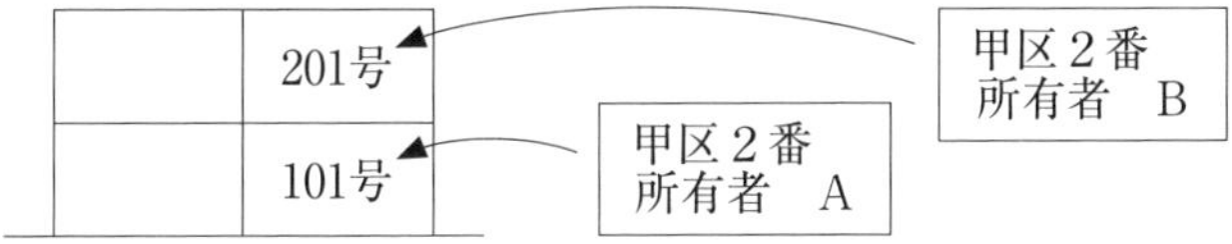

しかし，区分建物は通常の建物とは異なり，見た目１個の大きな建物（「**1棟の建物**」という）の中に，各区分建物が存在する，という構造。

だから，登記記録は区分建物ごとに作成されるが，その表題部の中には，区分建物についての表示に関する事項だけでなく，**１棟の建物全体についての表示に関する事項も記録される**（不登§44）。

理由　当該区分建物が一棟の建物の中で占める位置関係や，他の区分建物との関係を明瞭にするために，一棟の建物の表示に関する事項も記録される。

➡　具体的にどのように記録されるかは，後記「７」の登記記録参照。

4　敷地利用権

区分建物の専有部分を所有するための建物の敷地に関する権利を，**敷地利用権**という（区分§２Ⅵ）。

➡　具体的には，土地の所有権，地上権，賃借権，使用借権。

プラスアルファ

難しく考える必要はない。建物を建ててそこに住むための土地の利用権のこと。言うまでもなく，土地について権原を持っていなければ，建物を所有することはできない。

まず，区分建物ではない普通の建物について見る。

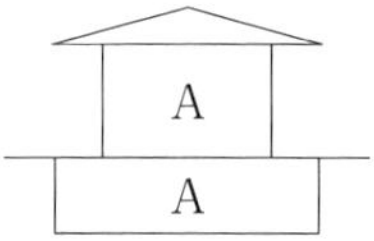

Aの所有する土地に，Aが建物を建てた。
➡　建物を所有するための土地の利用権は所有権。

あるいは，

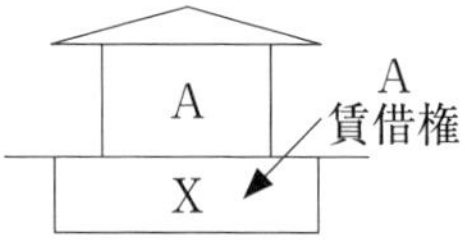

Xの所有する土地についてAのために賃借権を設定し，その土地にAが建物を建てた。
➡　建物を所有するための土地の利用権は賃借権。

普通の建物の場合は，建物の所有者（＝土地の利用権を有する者）が１人であることが多いので，特に面倒ではない。

しかし，マンションの場合は，一棟の建物の中に沢山の区分建物があり，つまり建物の所有者が沢山いるので，土地の利用権（敷地利用権）を有する者も沢山ということになる。

だから，普通の建物の場合とはちょっと違った形態となる。

・　敷地利用権の形態は，①共有，②分有，がある。

①　**共有→**　１個（あるいは数個）の土地を各区分所有者が共有する形態。

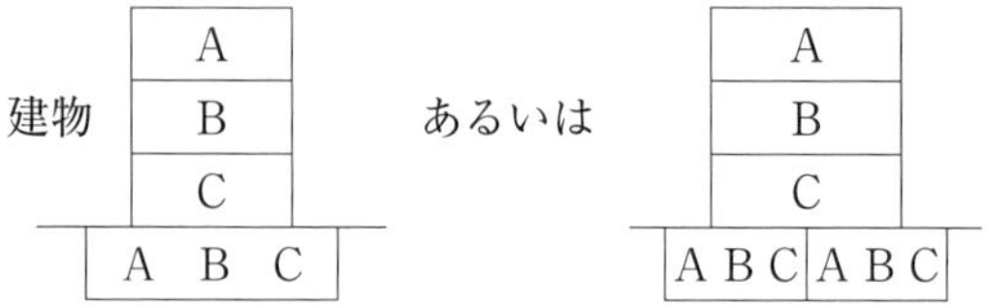

②　**分有→**　区分建物の数に応じて土地を分割（分筆）し，各区分所有者がそれぞれの土地を単独で所有する形態。

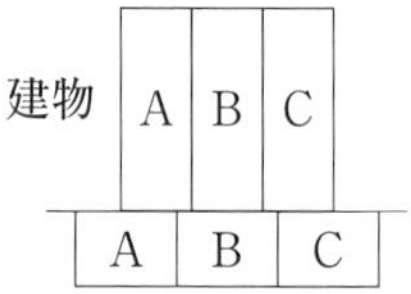

プラス アルファ

敷地利用権の形態が「分有」であることはめったにない。

司法書士の試験でも，「分有」の形で出題されることは考えにくい。

5　分離処分禁止の原則（一体性の原則）

専有部分を所有するための敷地利用権が，数人で有する所有権その他の権利である場合（つまり①の共有の場合）には，規約に別段の定め（分離処分可能規約）がある場合を除いて，区分所有者は**その有する専有部分とこれにかかる敷地利用権を分離して処分することができない**（区分§22Ⅰ）。

➡　これを**「分離処分禁止の原則」**という。

重要！

この「分離処分禁止の原則」は，区分建物を理解するにあたって1番重要な原則だと考えていい。

【例】　前記の図①でいえば，Aがマンションを X に売る場合は，専有部分だけでなくその敷地利用権（土地の共有持分）も一体として X に売らなければならない。

考え方　建物は X が持っていて，土地持分はAが持っているとなると，権利関係が複雑になってしまうから。部屋が3つくらいのマンションならばまだいいが，100部屋とかなると収拾がつかなくなってしまう。

だから，敷地利用権が共有である（かつ規約に別段の定めがない）場合には，**建物と土地（持分）をセットで処分せよ**，とされた。

プラス アルファ

普通の建物（一戸建て）の場合は，所有者は，土地と建物を別々に処分して構わない（土地と建物はそれぞれ別個独立の物だから）。

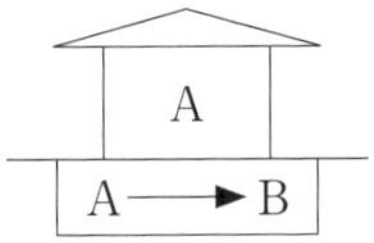

土地と建物を所有するAが，土地のみをBに譲渡することは構わない。

➡　これにより，Aは建物を所有するための土地利用権がない状態になるが，それはAとBの間で決着をつけてくれ，という話で済む。

しかし，マンションの場合は，建物の所有者，つまり敷地利用権を有する者の数が多い。だから，好き勝手に土地と建物をバラバラに処分されると，訳が分からなくなる。そういった混乱を未然に防止するためにも，分離処分禁止の原則というものが採用された。

(1)　分離処分禁止の原則が働くのは，敷地利用権が共有の場合

プラスアルファ

前記②の分有の場合には，分離処分禁止の原則は適用されず，Ａは自由に専有部分のみをＸに譲渡することができる。

プラスアルファ

専有部分の全部を所有する者が土地利用権を単独で有している場合も，分離処分禁止の原則が適用される（区分§22Ⅲ）。

【例】　分譲業者であるＡ会社が土地を買い，そこにマンションを建設した。つまり，マンションが建った時点では，マンションの全室(全専有部分)をＡ会社が所有しており，敷地利用権もＡ会社が単独で有している状態。

➡　この場合も，分離処分禁止の原則が適用される。

∵　この後にＡ会社はマンションを分譲（専有部分と敷地利用権の一部を売り渡す）して，結果として敷地利用権は共有となる。だから，最初の段階から分離処分禁止の原則を適用させることとした。

(2)　規約に別段の定め

「規約に別段の定め」とは，分離処分可能規約のこと。

➡　敷地利用権が共有であっても，そのマンションの規約で，「専有部分と敷地利用権を分離して処分していいですよ」という特別の定めがある場合には，Ａは専有部分のみをＸに譲渡することができる。

理由　部屋数が少なくて，仮に分離処分をしたとしてもそんなに権利関係が複雑にはならないであろう，という場合には，分離処分可能規約を設けることがある。

重要！

分離処分禁止の原則が働く場合

①　敷地利用権が共有である。 ②　分離処分可能規約がない。

➡　この２つの要件を満たすと，分離処分が禁止される。

6　敷地権

(1)　意　義

土地の登記記録に登記された所有権等（敷地利用権）であって，かつ専有部分と分離して処分することができないものを敷地権という（不登§44Ⅰ⑨）。

プラスアルファ

敷地権というのは，正直，ちょっと理解しづらい概念といえる。

➡　一体として処分すべき（分離して処分できない）専有部分と敷地利用権については，登記手続の上で特殊な扱いをしたいので（不登§73，後記第２節参照），新たに敷地権という概念を作った。

➡　だから，「敷地権」は区分所有法ではなくて不動産登記法で規定されている。

プラスアルファ

敷地権というのは独立した物権ではなく，単なる「呼び名」。

敷地利用権（土地の所有権等）について土地の登記記録に登記されていて，その敷地利用権が専有部分と分離して処分できないものである場合には，その敷地利用権のことを「敷地権」という言葉で呼んでいる。

(2)　具体的に

（マンション名）
ハイツ新宿

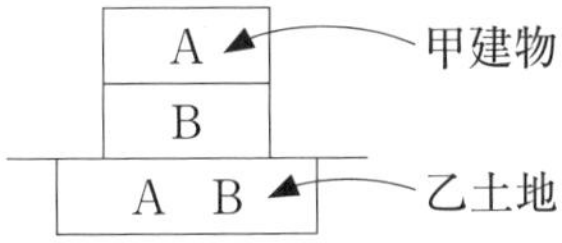

＊　甲建物を所有するための乙土地の利用権は，所有権（A・Bが共有している）。
＊　乙土地の登記記録には，所有権の登記がされている。
＊　ハイツ新宿については分離処分可能規約がない。

この場合，

> ①　敷地利用権について登記がされている
> ➡　乙土地には所有権の登記がある。
> かつ，
> ②　専有部分と敷地利用権は分離して処分できない
> ➡　乙土地は共有で分離処分可能規約もない。

こういう場合，乙土地のことを**「甲建物の敷地権になっている」**と言う。
➡　甲建物の側から見ると，「甲建物には敷地権がある」「甲建物は敷地権付き区分建物だ」と表現する。

(3)　敷地権となる要件をもう少し詳しく

①　敷地利用権について登記がされていること

土地の登記記録に所有権，あるいは地上権等の登記がされていること。
➡　普通は登記されているので，問題となることはまずない。

・　登記をすることができる権利であることが前提なので，敷地権となり得るのは所有権，地上権，賃借権。
➡　使用借権は専有部分を所有するための土地の利用権（敷地利用権）とはなり得るが，登記をすることができないので（不登§３参照），敷地権とはなり得ない。

②　敷地利用権が，専有部分と分離して処分することができないものであること

㋐　敷地利用権が共有であること

敷地利用権が分有の場合は，分離処分禁止の原則が適用されないので，敷地権とはなり得ない。

㋑　分離処分可能規約が設定されていないこと

敷地利用権が共有であっても，分離処分可能規約があれば，所有者は専有部分と敷地利用権を分離して処分することができる。だから，この場合は，敷地利用権は敷地権ではない。

重要❗

マンションが建っている土地について登記がされていない，ということはまずあり得ないので，「専有部分と敷地利用権を分離して処分できない」＝「区分建物に敷地権がある」「この土地は敷地権の目的となっている」と考えていい。

確認

敷地利用権と敷地権の差異

敷地利用権→　専有部分を所有するための建物の敷地に関する権利。

これは，実体法上の権利を指す（所有権･地上権･賃借権･使用借権）。

➡　敷地利用権は，専有部分と一体化している場合もあり，また一体化していない場合もある。

敷地権→　登記された敷地利用権でありかつ専有部分と一体化しているもの（敷地利用権に一定の要件を加えたもの）。

➡　敷地権は，必ず専有部分と一体化している。

敷地利用権	≒	土地の利用権
敷　地　権	≒	専有部分と一体化している敷地利用権

7　敷地権の表示の登記

区分建物に敷地権があるときは，区分建物の登記記録中の表題部に敷地権の表示を登記することを要する（不登§44 I ⑨）。

理由　この区分建物に敷地権がある，つまり専有部分と敷地利用権を分離して処分できないということをアピールするため。

プラス アルファ

具体的には，敷地権が発生した日付，敷地権の目的である土地の所在事項，敷地権の種類，敷地権の割合等を登記する（不登規§118）。

(1)　敷地権が発生した日付

- 土地については既に所有権等の登記がされていて，マンションについて分離処分可能規約を設定しなかった場合には，区分建物が新築された日。
- マンションを建てた当時は分離処分可能規約があったが，後にその分離処分可能規約が廃止された場合は，規約が廃止された日。

(2)　敷地権の種類

その専有部分を所有するための土地の利用権の種類。所有権，地上権，賃借権がある。

(3)　敷地権の割合

その専有部分の所有者が有する土地の持分割合。

・　敷地権のある区分建物の登記記録の表題部（一部省略）

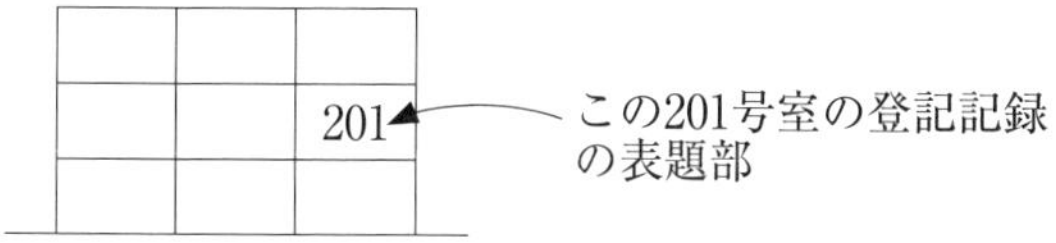

専有部分の家屋番号	3－3－101～103，3－3－201～203, 3－3－301～303　＊1			
表題部（一棟の建物の表示）　＊2				
所　　在	新宿区百人町一丁目３番地３			
建物の名称	ハイツ新宿　＊3			
①　構造	②　床面積　㎡　＊4		原因及びその日付〔登記の日付〕	
鉄筋コンクリート造陸屋根３階建	1階　300:00 2階　300:00 3階　300:00		〔平成18年３月１日〕	
表題部（敷地権の目的である土地の表示）　＊5				
①土地の符号	②所在及び地番	③地目	④地積　㎡	登記の日付
1	新宿区百人町一丁目3番3	宅地	450:00	平成18年３月１日

表題部（専有部分の建物の表示）　＊6		不動産番号	1234567890129
家屋番号	百人町一丁目３番３の201		
建物の名称	201　＊7		
①種類	②構造　＊8	③床面積　㎡	④原因及びその日付〔登記の日付〕
居　宅	鉄筋コンクリート造１階建	2階部分　65:00	平成18年２月10日新築 〔平成18年３月１日〕
表題部（敷地権の表示）　＊5			
①土地の符号	②敷地権の種類 ＊9	③敷地権の割合 ＊10	原因及びその日付 〔登記の日付〕
1	所有権	12分の１	平成18年２月10日敷地権 〔平成18年３月１日〕
所有者	東京都新宿区新宿二丁目３番４号　株式会社山岸ハウジング		

＊１　この一棟の建物の中に存在する専有部分を表す。

＊２　前述「３」のとおり，区分建物の登記記録の表題部には，その区分建物

の表示に関する事項だけでなく，一棟の建物全体の表示に関する事項も記録される。

＊3　そのマンションの名前。

＊4　一棟の建物全体の床面積が記録される。

＊5　区分建物に敷地権があるときは，区分建物の登記記録の表題部に，敷地権の表示が登記される。この事例では，当該区分建物の専有部分とその敷地利用権（新宿区百人町一丁目３番３の土地）を分離して処分できない，ということが分かる。

＊6　一棟の建物の表示の後に，当該区分建物（専有部分）の表示に関する事項が記録される。

＊7　201号室ということ。

＊8　当該区分建物の構造や床面積が記録される。

＊9　専有部分を所有するための土地の利用権は所有権だ，ということが分かる。

＊10　当該専有部分の所有者の有する土地持分の割合。この201号室の所有者は，敷地権の目的である土地（新宿区百人町一丁目３番３の土地）の所有権の一部12分の１を有する，ということが分かる。

8　敷地権である旨の登記

区分建物の登記記録の表題部に敷地権の表示が登記されたときは，登記官は職権で，敷地権の目的である土地の登記記録に，その土地の権利が敷地権の目的となった旨（敷地権である旨）を登記する（不登§46）。

【例】　土地所有権が敷地権になったときは甲区に敷地権である旨の登記がされ，地上権もしくは賃借権が敷地権になったときは，乙区に敷地権である旨の登記がされる。

R2-12
H24-24
・　この登記は，敷地権の目的である権利の種類を問わず，主登記でされる。

【敷地権である旨の登記】

権利部（甲区）　（所有権に関する事項）			
順位番号	登記の目的	受付年月日・受付番号	権利者その他の事項
1	所有権移転	平成12年７月10日 第7000号	原因　平成12年７月10日売買 所有者　　A
2	所有権移転	平成14年５月20日 第5000号	原因　平成14年５月20日売買 所有者　株式会社山岸ハウジング

3	所有権敷地権	余　白	建物の表示　新宿区百人町一丁目３番地３ 一棟の建物の名称　ハイツ新宿 平成18年３月１日登記

➡　この土地の登記記録を見ると，甲区３番で敷地権である旨の登記がされているので，「あっ，この土地は区分建物の敷地権になっている。つまり，ハイツ新宿の専有部分と分離して処分できないんだな。注意しなきゃ」ということを知ることができる。

ケーススタディ

マンションの分譲業者が土地を取得し，区分建物を新築し，敷地権である旨の登記がされるまでの簡単な流れ（かなり単純化して説明する）。

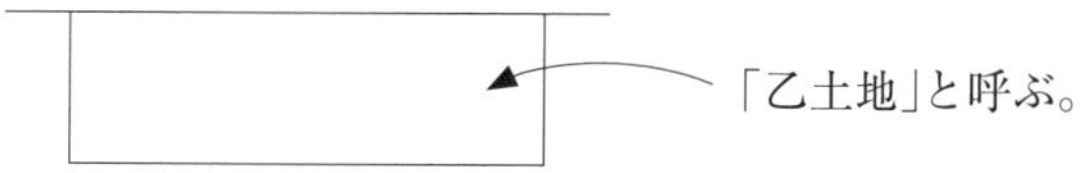

（乙土地の登記記録）

権　利　部（甲　区）　（所　有　権　に　関　す　る　事　項）			
順位番号	登記の目的	受付年月日・受付番号	権利者その他の事項
1	所有権移転	平成12年７月10日 第7000号	原因　平成12年７月10日売買 所有者　　K

①　乙土地上にマンションを建てようと考えているＡ建設が，Ｋから乙土地を取得した。

（乙土地の登記記録）

権　利　部（甲　区）　（所　有　権　に　関　す　る　事　項）			
順位番号	登記の目的	受付年月日・受付番号	権利者その他の事項
1	所有権移転	平成12年７月10日 第7000号	原因　平成12年７月10日売買 所有者　　K
2	所有権移転	令和４年10月５日 第10000号	原因　令和４年10月５日売買 所有者　　株式会社Ａ建設

②　Ａ建設は，乙土地上にマンションを建築する工事を始めた。そして，完成した。

マンションの名前は「ハイツ新宿」にした。ハイツ新宿の管理規約には，分離処分可能規約は設定されていない。

➡　A建設が新築したので，現時点では，全専有部分をA建設が所有している状態（土地もA建設が所有している）。

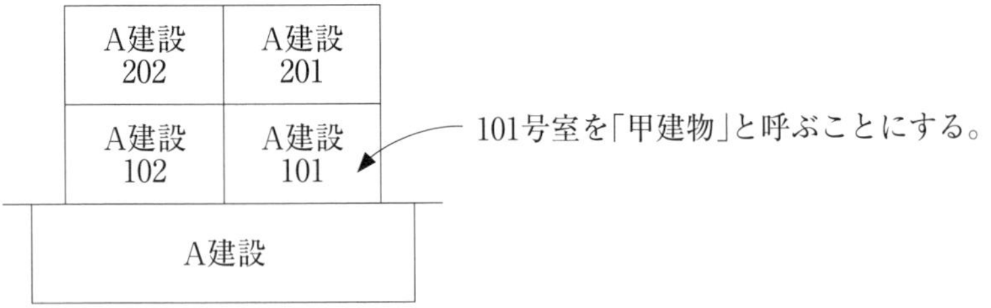

＊　専有部分の全部を所有する者が敷地利用権（乙土地の所有権）を単独で有しているので，この場合も分離処分禁止の原則が適用される（前記「５」(1)のプラスアルファ参照）。

＊　敷地利用権（乙土地の所有権）について登記がされており，かつ専有部分と分離して処分することができないので，**乙土地の所有権は「敷地権」となった。**

③　建物が新築されたので，所有者（A建設）は建物について表題登記（表示に関する登記）を申請する必要がある。

➡　ハイツ新宿には敷地権があるので，**敷地権の表示も登記する必要がある。**

（甲建物の登記記録（簡略化して記載する））

表題部（一棟の建物の表示）
　所在等　省略
　建物の名称　ハイツ新宿
表題部（敷地権の目的である土地の表示）
　所在及び地番　乙土地の表示
表題部（専有部分の建物の表示）
　家屋番号　○○の101
表題部（敷地権の表示）
　敷地権の種類　所有権　　敷地権の割合　４分の１
所有者　A建設

➡　きちんと甲建物の登記記録の表題部には敷地権の表示（乙土地の所有権）が登記された。

④　区分建物の登記記録の表題部に敷地権の表示が登記されたので，今度は登記官が職権で，敷地権の目的となった乙土地の登記記録に敷地権である旨の登記をする。

（乙土地の登記記録）

権利部（甲区）（所有権に関する事項）			
順位番号	登記の目的	受付年月日・受付番号	権利者その他の事項
1	所有権移転	平成12年7月10日 第7000号	原因　平成12年7月10日売買 所有者　　K
2	所有権移転	令和4年10月5日 第10000号	原因　令和4年10月5日売買 所有者　　株式会社A建設
3	所有権敷地権	余　白	建物の表示　新宿区○○町一丁目○番地○ 一棟の建物の名称　ハイツ新宿 令和5年8月1日登記

こんな感じである。

第2節　登記の一体性

第2節の1　区分建物の登記記録の表題部に敷地権の表示が登記されている場合の登記の効果

1　原　則

区分建物に敷地権があるときは，所有者は，その有する専有部分と敷地利用権を一体として処分しなければならない（分離処分禁止の原則，区分§22Ⅰ）。

そのため，専有部分と敷地利用権が一体として処分された場合には，登記手続的にも，専有部分と敷地利用権について一体として登記がされる。

具体的には，区分建物の登記記録の表題部に敷地権の表示が登記された後は，専有部分と敷地利用権について一体としてされた権利変動は，区分建物の登記記録にのみ登記がされる。

➡　土地の登記記録には何も登記されない。

そして，区分建物の登記記録に権利変動の登記がされたときは，その登記は，一定の例外を除き，敷地権についても同様の登記がされた旨の効力を有する（不登§73Ⅰ）。

ケーススタディ

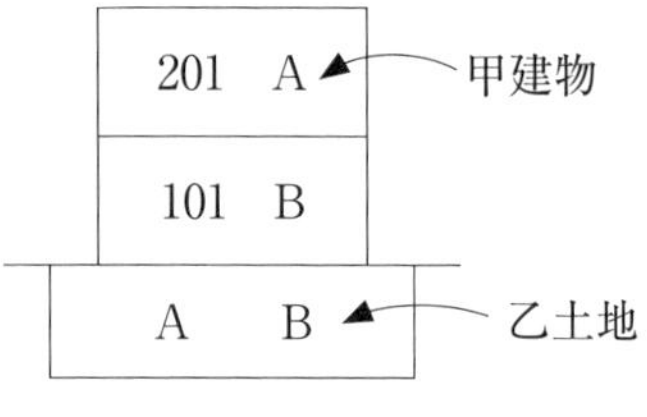

（甲建物の登記記録（簡略化して記載する））

表題部（一棟の建物の表示）
　建物の名称　ハイツ新宿
表題部（敷地権の目的である土地の表示）
　乙土地の表示（省略）
表題部（専有部分の建物の表示）
　家屋番号　○○の201
表題部（敷地権の表示）
　敷地権の種類　所有権
　敷地権の割合　２分の１
権利部
　甲区１番　所有権保存　所有者　A

(乙土地の登記記録)

権利部（甲区）	（所有権に関する事項）		
順位番号	登記の目的	受付年月日・受付番号	権利者その他の事項
1	所有権移転	平成12年7月10日 第7000号	原因　平成12年7月10日売買 所有者　　A
2	所有権一部移転	令和3年10月5日 第10000号	原因　令和3年10月5日売買 共有者　持分2分の1　B
3	共有者全員持分全部敷地権	余白	建物の表示　新宿区○○町一丁目○番地○ 一棟の建物の名称　ハイツ新宿 令和4年8月1日登記

このマンションは分離処分可能規約もなく，一体化している。

➡　区分建物の登記記録の表題部には敷地権の表示が登記され，土地の登記記録には敷地権である旨の登記がされている。

そして，令和5年6月1日，Aは，専有部分（甲建物）とその敷地権（乙土地の持分）を一体としてXに売った。

➡　この場合は，甲建物の所有権の移転の登記と乙土地の持分の移転の登記を申請するが，甲建物と乙土地の持分は一体として売買されたので，**一体として移転の登記を申請する。**

そして，この申請がされたときは，甲建物の登記記録にのみ所有権の移転の登記が記録される。**乙土地の登記記録には何も登記されない。**

(甲建物の登記記録)

権利部（甲区）	（所有権に関する事項）		
順位番号	登記の目的	受付年月日・受付番号	権利者その他の事項
1	所有権保存	令和4年9月1日 第9000号	所有者　　A
2	所有権移転	令和5年6月1日 第6000号	原因　令和5年6月1日売買 所有者　　X

➡　これだけ。乙土地の登記記録には何も登記されない。

重要！

甲建物の登記記録の甲区２番の所有権の移転の登記がされたときは，乙土地についても「令和５年６月１日売買を原因としてＡ持分の全部の移転の登記がされた」旨の効力を有する。

➡　つまり，甲建物の登記記録の甲区２番の所有権の移転の登記は，専有部分の所有権の移転の登記と敷地権の持分の移転の登記の２つの登記としての効力を有する。

考え方　敷地権がある場合は，専有部分と敷地利用権は一体として処分されるのだから，登記も一体としてした方が便利であろう，ということ。

２　例外（敷地権の表示が登記された区分建物にされている登記で，敷地権に効力の及ばないもの）

①　区分建物の登記記録の表題部に敷地権の表示が登記される前に，その区分建物の登記記録にされた登記（不登§73Ⅰ①）。

【例】　そのマンションに分離処分可能規約があった時に専有部分のみを目的として抵当権を設定し，区分建物の登記記録に抵当権の設定の登記がされた。その後に分離処分可能規約が廃止され，敷地権が発生したので，区分建物の表題部に敷地権の表示が登記された，といった事例が典型。

➡　この場合は，（建物と土地の）登記が一体化する前に建物のみを目的として登記がされたので，まさに建物（専有部分）のみを目的とした抵当権の登記といえる。

②　区分建物の登記記録の表題部に敷地権の表示が登記された後にされた所有権に関する仮登記であって，その登記原因日付が敷地権が発生する前の日付であるもの（不登§73Ⅰ②）。

③　区分建物の登記記録の表題部に敷地権の表示が登記された後にされた質権又は抵当権に関する登記であって，その登記原因日付が敷地権が発生する前の日付であるもの（不登§73Ⅰ③）。

④　区分建物の登記記録の表題部に敷地権の表示が登記された後にされた所有権，質権又は抵当権に関する登記であって，その登記原因日付が敷地権が発生した後の日付であるもの（分離処分禁止の場合を除く，不登§73Ⅰ④）。

アルファ

②③④については，次の「第２節の２」を読んでからもう一度見ていただくと分かりやすいかと思う。

第2節の2　敷地権の表示が登記された区分建物又は敷地権である旨の登記がされた土地についての登記の制限

第２節の１のとおり，区分建物の登記記録の表題部に敷地権の表示が登記された後は，専有部分と敷地利用権について一体的に生じた権利変動は，区分建物の登記記録において登記がされる。そして，その登記の効力は，敷地権に対しても及ぶ。

これは，２つのことを意味する。

① 敷地権である旨の登記がされた後は，**土地の登記記録に権利変動の登記をすることができない**（不登§73Ⅱ）。 R3-23 H11-14

・ 敷地利用権（所有権，地上権，賃借権）の移転の登記をすることはできない。 H28-20

・ 抵当権の設定の登記をすることはできない。

② 敷地権の表示が登記された後は，**区分建物のみを目的とする権利変動の登記をすることができない**（同Ⅲ）。 H15-19

・ 区分建物のみの所有権の移転の登記はできない。

・ 区分建物のみの抵当権の設定の登記はできない。

☆ ただし，一定の要件を満たした場合においては，区分建物のみを目的とした登記，また土地の登記記録に登記をすることができる（不登§73Ⅱ Ⅲ）。

➡ 以下，所有権，担保権，用益権等に分けて説明する。

1　所有権について

(1) **区分建物に敷地権が生じた後であっても，分離処分に該当しない形で区分建物のみ（又は土地のみ）の所有権が移転した場合には，区分建物のみを目的とした所有権の移転の登記（又は土地の所有権の移転の登記）をすることができる（不登§73Ⅱ Ⅲただし書）。**

＋アルファ

　　現行の不動産登記法になって新しくこの規定が設けられたが，具体的にど
ういう場合が該当するかはまだ分からない（今後の先例等を待つ必要がある）。

R3-23
H24-19
(2)　区分建物に敷地権が発生する前に，区分建物のみ（又は土地のみ）の所有
権が移転していた場合には，区分建物のみを目的とした所有権の移転の仮登
記（又は土地の所有権の移転の仮登記）をすることができる（不登§73ⅡⅢ
ただし書）。

　　ケーススタディ
・　甲マンションには，分離処分可能規約がある。だから，所有者Aは，区
　分建物のみをBに売り渡した（これは適法）。
　　　　　　　　　　　　　　↓
・　しかし，その所有権の移転の登記をする前に分離処分可能規約が廃止さ
　れ，敷地権が発生した。そして，区分建物の登記記録の表題部に敷地権の
　表示が登記されてしまった。
　　　　　　　　　　　　　　↓
・　この後に，区分建物のみを目的とした所有権の移転の仮登記を申請する
　ことができる。

重要！　●●●●●●●●●●●●●●●●●●●●●●●●●●●●●●●●
　　できるのは，所有権の移転の"仮登記"。

H23-15　➡　通常の所有権の移転の登記をすることはできない。所有権の移転の登記をし
たければ，前提として敷地権の表示を抹消する必要がある。

＋アルファ

　　これは，区分建物のみを目的とした所有権の移転の仮登記なので，この登
記がされたときは，登記官が職権で「当該登記は建物のみに関する」旨の付
記登記をする（不登規§156）。

　　理由　本来ならば，敷地権の表示が登記された区分建物の登記記録に権
　　利変動の登記がされたときは，その登記は区分建物の登記＋敷地権
　　についての登記の効力を有する。しかし，この事例の仮登記は，区
　　分建物のみの仮登記。だから，建物のみの登記ですよ！ということ
　　をアピールするためにこのような付記をする。

権利部（甲区）	（所有権に関する事項）		
順位番号	登記の目的	受付年月日・受付番号	権利者その他の事項
1	所有権保存	令和4年9月1日 第9000号	所有者　A
2	所有権移転仮登記	令和5年6月1日 第6000号	原因　令和4年10月1日売買 権利者　B
	余白	余白	余白
付記1号	2番登記は建物のみに関する	余白	令和5年6月1日付記

プラス アルファ

敷地権が地上権（賃借権）の場合

敷地権が地上権である場合には，専有部分との分離処分が禁止されているのは地上権であり，土地所有権は自由に処分することができる。

➡ 土地の所有権が売買されたときは，まったく問題なく土地の登記記録に所有権の移転の登記をすることができる。 H9-19

2　担保権について

(1)　**区分建物に敷地権が生じた後であっても，分離処分に該当しない形で区分建物のみ（又は土地のみ）を目的として担保権が発生した場合には，区分建物のみを目的とした担保権の登記（又は土地を目的とした担保権の登記）をすることができる（不登§73ⅡⅢただし書）。**

①　不動産保存，不動産工事の先取特権

不動産保存，不動産工事の先取特権に関しては，原因日付を問わず，区分建物のみを目的とした保存の登記（又は土地を目的とした保存の登記）をすることができる（不登§73ⅡⅢただし書）。 H27-21 H11-14

∵　不動産保存，工事の先取特権は，一定の事由がある場合に，その対象物のみを目的として法律上当然に発生するものだから。つまり，禁止されている分離処分には該当しない。

プラス アルファ

不動産売買の先取特権に関しては，「売買」について分離処分禁止の対象となるので，話は違ってくる。

R5-21
H28-20
H2-18

② 土地を目的として抵当権の設定の登記がされた後，当該土地を敷地権の目的として区分建物を新築し，区分建物の登記記録の表題部に敷地権の表示が登記され，土地の登記記録に敷地権である旨の登記がされた場合において，当該土地に設定の登記のされている抵当権と同一の債権を担保するため，**区分建物のみを目的として抵当権の追加設定の登記を申請することができる**（不登§73Ⅲただし書，先例昭59.9.1－4676）。

考え方　これは，敷地権が発生した後に区分建物のみを目的として抵当権を設定しているので，一見すると禁じられた分離処分に該当するように見える。

しかし，この場合は，既に土地に設定の登記がされている抵当権の追加担保として区分建物のみに設定するものである。つまり，結果として見ると，敷地権と区分建物が一体として抵当権の目的となる形であるので，許される。

H22-20 ➡ この抵当権の設定の登記がされたときは，区分建物のみを目的とした抵当権であることを公示するため，「建物のみに関する」旨の付記がされる（不登規§156）。

H19-20 ③ **敷地権が賃借権である場合**，賃借権を目的として抵当権を設定することはできないから（民§369Ⅱ参照），この敷地権付き区分建物を目的として抵当権の設定契約がされたときは，結果として区分建物のみを目的とした抵当権となる。したがって，区分建物のみを目的とした形で抵当権の設定の登記を申請することができる。

考え方　分離処分の形で区分建物のみに抵当権を設定したのではない。敷地権が賃借権だから，土地にも一体として抵当権を設定しようと思ってもできないから。

＋(プラス)アルファ

H22-20 この場合は，敷地権が賃借権であり，敷地権に抵当権の登記の効力が及んでいないことは区分建物の登記記録から明らかであるので，この抵当権の登記には「建物のみに関する」旨の付記はされない（先例昭58.11.10－6400）。

(2)　区分建物に敷地権が発生する前に，区分建物のみ（又は土地のみ）を目的として抵当権又は質権が設定された場合には，区分建物のみを目的とした抵当権等の設定の登記（又は土地を目的とした抵当権等の設定の登記）をすることができる（不登§73ⅡⅢただし書）。 H28-20 H24-19

ケーススタディ

・　甲マンションには，分離処分可能規約がある。だから，所有者Aは，区分建物のみを目的としてXのために抵当権を設定した（これは適法）。

↓

・　しかし，その抵当権の設定の登記をする前に分離処分可能規約が廃止され，敷地権が発生した。そして，区分建物の登記記録の表題部に敷地権の表示が登記されてしまった。

↓

・　この後に，区分建物のみを目的とした抵当権の設定の登記を申請することができる。

プラス アルファ

所有権に関しては“仮登記”しかできなかったが（前記「1(2)」），抵当権等については本登記をすることができる。

プラス アルファ

これは，区分建物のみを目的とした抵当権の設定の登記なので，この登記がされたときは，登記官が職権で「当該登記は建物のみに関する」旨の付記登記をする（不登規§156）。 H22-20

・　一般の先取特権は，債務者の総財産を目的として成立するので（民§306），原因日付を問わず，区分建物のみ，又は土地のみを目的としてその保存の登記を申請することはできない（先例昭58.11.10－6400，質疑登研442P84）。 R3-22

(3)　差押えについて

①　区分建物に敷地権が発生する前に登記原因（競売開始決定）が生じている場合には，区分建物のみを目的とした差押え（又は土地を目的とした差押え）の登記をすることができる。

②　区分建物のみを目的とした抵当権の設定の登記がされている，又は土地 H28-20 H11-14

の登記記録に抵当権の設定の登記がされているときは，敷地権が発生した後にその抵当権の実行による差押えがされた場合でも，区分建物のみ又は土地を目的として差押えの登記をすることができる（先例昭58.11.10－6400）。

3　用益権について

R5-21
H24-19
区分建物の登記記録の表題部に敷地権の表示が登記され，土地の登記記録に敷地権である旨の登記がされた後であっても，**その原因日付を問わず，区分建物のみ又は土地を目的とした区分地上権，賃借権の設定の登記をすることができる**（先例昭58.11.10－6400）。

考え方　用益権は本来，土地のみ又は建物のみを目的として設定されるもの。だから，敷地権のある区分建物であっても，その**区分建物のみを目的として賃借権を設定することができる。**

プラス アルファ

不動産登記法においても，所有権以外の権利としては，担保権の登記については制限が設けられているが（不登§73Ⅱ Ⅲ参照），用益権の登記については制限の規定は置かれていない。

プラス アルファ

H22-20
区分建物のみを目的とした賃借権の登記がされた場合，その賃借権は区分建物のみを目的としたことが明らかであるので，「建物のみに関する」旨の付記はされない（先例昭58.11.10－6400）。

4　処分禁止の仮処分について

R5-21
H19-20
その原因日付を問わず，区分建物のみ又は土地を目的として登記することができる（先例昭58.11.10－6400）。

第3節　登記の申請手続

1　敷地権の表示が登記された区分建物についての登記の手続

敷地権の表示が登記された区分建物について登記がされた場合，その登記は，原則として専有部分の他，敷地権についても同様の登記がされた旨の効力を有する（不登§73Ⅰ）。

つまり，登記を申請する場合には，専有部分と敷地権について一体として登記を申請することを要する。

すなわち，

> ①　申請情報の内容として，不動産の表示に関して建物の他に敷地権の表示も提供することを要する（不登令§３⑪へ）。
>
> ②　建物と敷地権の双方の分についての登録免許税を納付することを要する。

・　区分建物について権利の登記を申請する場合，申請情報の内容として，その区分建物を特定するための事項（所在，家屋番号，種類，構造，床面積，一棟の建物の構造，床面積等）を提供することを要するが（不登令§３⑧，不動産番号がある場合を除く），申請情報の内容として**一棟の建物の名称を提供したときは，一棟の建物の構造及び床面積の提供を省略することができる**（不登令§３⑧へかっこ書）。 H27-14 H5-25
∵　一棟の建物の構造と床面積を全部書くのは相当面倒。

2　登録免許税の計算

敷地権の表示が登記された区分建物について登記を申請する場合，その登記が敷地権についても同様の登記としての効力を有するときは，申請人は敷地権についても同様の登記を受けるものであるから，区分建物と敷地権の双方に対して登録免許税が課される。

この場合の登録免許税の算定については，以下のようになる。

(1)　登記が，不動産の価額を課税標準とするものであるときは，区分建物の価額と，敷地権の目的である土地の価額に敷地権の割合を乗じて計算した金額との合算額（ただし，建物と敷地権の目的である土地についての登録免許税に関する税率が異なるときは，各々の価額）が課税標準金額となる。

H23-15　**(2)　登記が，不動産の個数を課税標準とするものであるときは，敷地権の表示を登記した区分建物の個数及び敷地権の目的である土地の個数による。**

①　敷地権の目的である土地が1筆である区分建物の所有者Aが，住所を移転したことによる変更の登記を申請する場合，登録免許税は金2,000円。

H14-18　②　敷地権の目的である土地が1筆である区分建物の専有部分を2個所有しているAが，住所を移転したことによる変更の登記を1つの申請情報で申請する場合，登録免許税は金3,000円。

➡　不動産の個数は，専有部分2個と土地1筆の計3個という計算になる。

H25-27
H14-18　③　敷地権の目的である土地が1筆である区分建物の登記記録に登記された1番抵当権と2番抵当権の順位の変更の登記を申請する場合，登録免許税は金4,000円。

➡　順位の変更の登記の登録免許税は，抵当権1件について金1,000円（登税別表第1.1(8)）。この事例では，1番抵当権は専有部分と土地1筆を目的としており，また2番抵当権も専有部分と土地1筆を目的としているので，**抵当権の件数は計4件**となる。

第4節　その他（過去の本試験で問われた論点）

① 土地の登記記録に根抵当権の設定の登記がされた後，その土地の上に区分建物を新築し，土地の登記記録に敷地権である旨の登記がされた。

㋐ 土地に登記された根抵当権について，敷地権が発生した後の日を原因日付として，極度額増額による変更の登記を申請することはできない（質疑登研444 P 106）。 H10-13

∵ 極度額を増額するということは，新たな根抵当権を設定するのと同視できるので，分離処分に該当し無効。

㋑ 土地に登記された根抵当権について，敷地権が発生した後の日を原因日付として，債権の範囲の変更の登記を申請することができる。 H10-13

∵ 債権の範囲の変更は，既に適法に成立した根抵当権の内容を一部変更するものであり，新たな処分ではないので，いわゆる分離処分(区分§22 Ⅰ)には該当しない。

② 地上権（又は賃借権）を敷地権として区分建物を新築し，土地の登記記録の乙区に敷地権である旨の登記がされた。そして，この後に（敷地権である旨の登記を抹消することなく）地上権（賃借権）の登記の抹消を申請することができる。 H9-19

③ 敷地権の表示が登記された区分建物の所有者Aが死亡し，相続人がB・Cである場合，「専有部分はBが単独で取得し，その敷地権はCが単独で取得する」とする遺産分割協議をして，その登記を申請することはできない。 H19-20

∵ 分離処分に該当するので，このような協議は無効であり，登記できない。

④ 登記記録上の存続期間が満了している地上権を敷地権とする区分建物の所有権の移転の登記の申請がされたときは，当該登記の申請情報および添付情報から当該区分建物の敷地権が消滅していることが明らかな場合を除き，当該所有権の移転の登記をすることができる（先例平30.10.16－490）。 R2-20

第5節　区分建物についての所有権の保存の登記

1　総　説

所有権の保存の登記は，不動産について最初にする権利に関する登記。

所有権の保存の登記は，不動産登記法74条に規定された申請適格者が申請することができるが，区分建物については特則が設けられている（不登§74Ⅱ）。

（所有権の保存の登記）

第74条　所有権の保存の登記は，次に掲げる者以外の者は，申請することができない。

（中略）

2　区分建物にあっては，表題部所有者から所有権を取得した者も，前項の登記（所有権の保存の登記）を申請することができる。この場合において，当該建物が敷地権付き区分建物であるときは，当該敷地権の登記名義人の承諾を得なければならない。

H3-26　つまり，区分建物について表題部所有者から所有権を取得した者の名義で所有権の保存の登記を申請することができる。

確認　区分建物以外の不動産については，（一定の要件を満たした場合を除き）表題部所有者から所有権を取得した者の名義で所有権の保存の登記を申請することはできない（不登§74Ⅰ参照）。

プラスアルファ

H7-21　区分建物においても，表題部所有者が自己の名義で所有権の保存の登記を申請することは差し支えない。

【例】　区分建物の登記記録の表題部に所有者として記録されたAが，Bに対して当該区分建物を売り渡した場合，Aは法74条1項1号の規定に基づいて自己の名義で所有権の保存の登記を申請することができる。また，Bは法74条2項の規定に基づいて自己の名義で所有権の保存の登記を申請することもできる。

➡　どちらの名義で所有権の保存の登記を申請しても差し支えない。

2 可　否

① 転得者の名義とする所有権の保存の登記は，敷地権の表示の登記の有無にかかわらず認められる。

・ ただし，敷地権付き区分建物について転得者の名義で所有権の保存の登記を申請するためには，**敷地権の登記名義人の承諾を得ることを要する**（不登§74Ⅱ）。

∵ この場合の所有権の保存の登記は，敷地権の移転の登記の実質を有するから（不登§73Ⅰ柱書）。

② 自己の名義で所有権の保存の登記を申請することができるのは，表題部所有者から**直接所有権を取得した者**に限られる。

➡ 転得者からさらに所有権を取得した者の名義で所有権の保存の登記を申請することはできない。

【例】 区分建物の登記記録の表題部にＡが所有者として記録されている場合に，Ａが当該区分建物をＢに売り渡した。そして，所有権の保存の登記を申請する前に，Ｂは当該区分建物をＣに売り渡した場合，当該区分建物についてＣの名義で所有権の保存の登記を申請することはできない。 H26-17

➡ Ｂの名義で所有権の保存の登記を申請し，その後にＢからＣに対して所有権の移転の登記を申請する。

・ 転得者が所有権の保存の登記を申請する前に死亡し，相続が開始した場合，相続人の名義で所有権の保存の登記を申請することはできない。 H11-18

・ 表題部所有者の相続人から所有権を取得した者は，自己の名義で所有権の保存の登記を申請することはできない。 H19-26

∵ 表題部所有者から直接所有権を取得した者ではないから。

③ 区分建物の登記記録の表題部にＡが所有者として記録されている場合に，Ａが当該区分建物の所有権の一部（持分２分の１）をＢに売り渡した場合，Ａ・Ｂの共有の名義で所有権の保存の登記を申請することはできない（質疑登研571Ｐ72参照）。 H15-22

∵ Ａは法74条１項１号により，Ｂは法74条２項により所有権の保存の登記の申請適格を有するものであり，それぞれ申請適格が異なるから。

3　敷地権がない区分建物についての所有権の保存の登記の手続

敷地権がない区分建物について，転得者の名義で所有権の保存の登記をする場合，その登記は区分建物の所有権の保存の登記としての効力のみを有する。

➡　敷地利用権と一体化していないので，建物の敷地の移転の登記の効力を有するものではない。

そのため，登記の手続も，法74条1項に基づく所有権の保存の登記と基本的に変わりはない。

(1)　申請人

所有権の保存の登記であるので，所有者（転得者）が単独で申請することができる。

(2)　申請情報の内容

①　登記の目的→「所有権保存」

②　登記原因及びその日付→　提供することを要しない（不登令§3⑥かっこ書参照）。

確認　所有権の保存の登記については，原則として登記原因及びその日付はない。

③　適用法令→　不動産登記法74条2項の申請適格に基づき申請する旨を提供する（不登令別表29申請情報欄）。

(3)　添付情報

①　申請人が表題部所有者から当該区分建物の所有権を取得したことを証する情報（不登令別表29添付情報欄イ）

理由　表題部所有者以外の者の名義で所有権の保存の登記を申請するので，その申請適格を証する必要があるから。

・　この情報が書面によって作成されたときは，作成者は記名押印し，その印鑑証明書を提供することを要する（先例昭58.11.10－6400）。

∵　書面の真正を担保するため。

② 代理権限証明情報（委任状，不登令§７Ⅰ②）
③ 住所を証する情報（不登令別表29添付情報欄ハ）

⑷ 登録免許税

課税標準→ 区分建物の価額
税　　率→ 1000分の４（登税別表第1.1⑴）。

【申請書】

登記の目的	所有権保存
所　有　者	Ｂ
適 用 法 令	不動産登記法第74条第２項
添 付 情 報	代理権限証明情報（Ｂから司法書士への委任状） 申請適格を証する情報（ＢがＡから区分建物の所有権を取得したことを証する情報） 住所証明情報（Ｂの住民票の写し）
課 税 価 額	金1,000万円
登録免許税	金４万円

4　敷地権付き区分建物についての所有権の保存の登記の手続

敷地権付きの区分建物について，転得者の名義で所有権の保存の登記をする場合，これは区分建物についての所有権の保存の登記と，敷地権についての移転の登記としての効力を有する（不登§73Ⅰ柱書）。

ケーススタディ

（甲建物の登記記録（簡略化して記載する））

表題部（一棟の建物の表示）
　所在等　省略
　建物の名称　ハイツ新宿
表題部（敷地権の目的である土地の表示）
　所在及び地番　乙土地の表示
表題部（専有部分の建物の表示）
　家屋番号　○○の301
表題部（敷地権の表示）
　敷地権の種類　所有権
　敷地権の割合　3分の1
所有者　A
＊　まだ権利の登記はされていない。

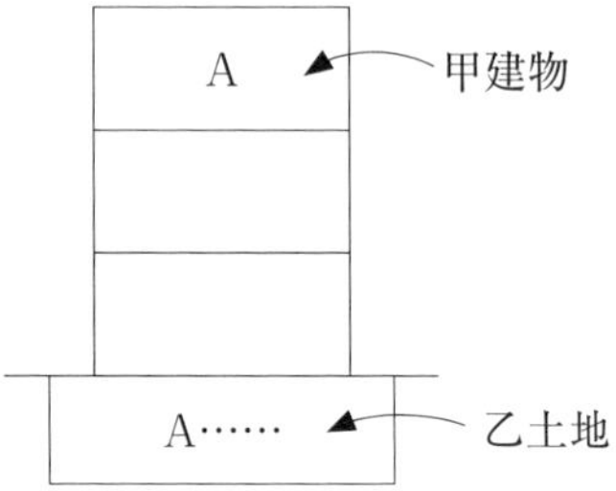

（乙土地の登記記録）

権利部（甲区）（所有権に関する事項）			
順位番号	登記の目的	受付年月日・受付番号	権利者その他の事項
1	所有権移転	平成12年7月10日 第7000号	原因　平成12年7月10日売買 所有者　K
2	所有権移転	令和4年10月5日 第10000号	原因　令和4年10月5日売買 所有者　A
3	所有権敷地権	余　白	建物の表示（省略） 一棟の建物の名称　ハイツ新宿 令和5年8月1日登記

AとBは，Aの所有する甲建物及びその敷地権（乙土地のA持分）について，一括して金1,000万円でBに売り渡す契約をした。そして，敷地権の登記名義人（乙土地の登記名義人）であるAは，甲建物についてBの名義で所有権の保存の登記をすることを承諾した。

➡　甲建物についてBの名義で所有権の保存の登記を申請する。

考え方　本来的には，甲建物についてBの名義とする所有権の保存の登記と，乙土地のA持分について売買によるBへの移転の登記を申請すべきであるが，甲建物と乙土地は一体化し，敷地権の表示が登記されているので，**登記の目的を「所有権保存」として一体での登記を申請する。**

（上記の所有権の保存の登記がされた後の甲建物の登記記録）

権　利　部（甲　区）　（所　有　権　に　関　す　る　事　項）			
順位番号	登記の目的	受付年月日・受付番号	権利者その他の事項
1	所有権保存	令和５年９月10日 第9000号	原因　令和５年９月10日売買 所有者　　B

この所有権の保存の登記は，甲建物についてのBの名義の所有権の保存の登記と，その敷地権（乙土地のA持分）のBへの移転の登記としての効力を有する。

➡　乙土地の登記記録には何も登記されない。

重要！

このように，敷地権付き区分建物について転得者の名義で所有権の保存の登記を申請するということは，区分建物についての所有権の保存の登記と敷地権の移転の登記をすることであるので，その登記の手続もかなり特殊。

(1)　申請人

所有者（転得者）が**単独で申請することができる。** H9-14

➡　上記の事例では，Bが単独で申請することができる。Aは申請人とならない。

考え方　敷地権（乙土地のA持分）の移転の登記の効力を有するが，あくまで登記の形式は所有権の保存の登記だから。

(2)　申請情報の内容

①　登記の目的→「所有権保存」

➡　この登記は，所有権の保存の登記と持分の移転の登記の効力を有するが，あくまで登記の形式は所有権の保存の登記。

②　登記原因及びその日付→　**敷地権の移転についての登記原因及びその日付を提供する**（不登§76Ⅰただし書参照，不登令§３⑥かっこ書，先例昭58.11.10－6400）。 R4-15

∵　土地の権利の登記名義人との間で契約がされているから。

H16-21　➡　同時に，区分建物の所有権の譲渡の原因でもある。

アルファ

所有権の保存の登記においては，敷地権付き区分建物について転得者の名義で申請する場合にのみ，申請情報の内容として登記原因及びその日付を提供する。それ以外の場合には提供しない。

③　申請人→「所有者」として，登記名義人となる転得者の氏名，住所を提供する。

④　適用法令→　不動産登記法74条２項の申請適格に基づいて申請する旨を提供する（不登令別表29申請情報欄）。

(3)　添付情報

H23-24　①　**登記原因証明情報**（不登令別表29添付情報欄ロ）

∵　この所有権の保存の登記においては登記原因及びその日付が存在するので，その登記原因を証明する必要がある。

➡　区分建物と敷地権について売買等がされたことを証する情報。

②　**敷地権の登記名義人の承諾を証する情報**（不登令別表29添付情報欄ロ）

∵　この所有権の保存の登記は，区分建物の所有権の保存の登記の他，敷地権の移転の登記の効力を有する。しかし，あくまで所有権の保存の登記の形式なので，転得者が単独で申請することができる（敷地権の登記名義人が登記義務者となるわけではない）。そのため，敷地権の移転の登記をすることについての敷地権登記名義人の意思を確認するため，その承諾を証する情報を提供することを要する。

・　この承諾を証する情報が書面によって作成されたときは，作成者は記名押印し，その印鑑証明書を提供することを要する（不登令§19）。

∵　書面の真正を担保するため。

・　この承諾は，転得者が所有権の保存の登記を申請することについての承諾であり，実体法上要求されるものではないので，売買契約日以降に承諾を証する情報が作成されても，登記原因日付に影響を与えることはない。

・　敷地権の登記名義人の登記識別情報を提供することを要しない（先例昭58.11.10－6400）。

∵　所有者（転得者）からの単独申請なので，形式上登記義務者は存在せず，法22条の適用はない。

➡　代わりに承諾書を提供する。

③　代理権限証明情報（委任状，不登令§７Ⅰ②）

④　住所を証する情報（不登令別表29添付情報欄ハ）

・　敷地権が賃借権である場合に，賃借権の登記に「譲渡することができる」旨の特約の登記がないときは，申請情報と併せて賃貸人の承諾を証する情報を提供することを要する（不登令別表40添付情報欄ロ）。 H5-25

∵　賃借人は，賃貸人の承諾を得なければ賃借権を譲渡することができない（民§612）。

(4)　登録免許税

転得者からする敷地権付き区分建物の所有権の保存の登記は，区分建物の所有権の保存の登記と敷地権の移転の登記の実質を有するので，その両者の登記についての登録免許税を納付することを要する。

・　区分建物の所有権の保存の登記について

課税標準→　区分建物の価額

税　　率→　1000分の４（登税別表第1.1(1)）

・　敷地権（所有権とする）の移転の登記について

課税標準→　敷地権の目的である土地の持分の価額

税　　率→　1000分の20（登税別表第1.1(2)ハ）

➡　この両者を合算した額を納付する。

【申請書】

・　登録免許税を計算する際の区分建物の価額は金800万円。敷地権の目的である土地の価額は金5,000万円。敷地権の割合は10000分の20とする。

登記の目的	所有権保存
原　　　因	年月日売買
所　有　者	Ｂ
適 用 法 令	不動産登記法第74条第２項
添 付 情 報	登記原因証明情報
	代理権限証明情報（Ｂから司法書士への委任状）
	承諾証明情報（敷地権の登記名義人の承諾書）
	住所証明情報（Ｂの住民票の写し）
課 税 価 額	建　物　金800万円
	敷地権　金10万円
登録免許税	建　物　金３万2,000円
	敷地権　金2,000円
	合　計　金３万4,000円

＊　敷地権の課税価額については，敷地権の目的である土地の価額が金5,000万円で，当該区分建物に対応する敷地権の割合が10000分の20であるので，5,000万円×10000分の20＝金10万円となる。

第27章
信託に関する登記

Topics・信託とは，簡単にいえば，自分の財産を第三者に預けて，それを管理・運用してもらうこと。

第1節　信託の設定に関して

1　信託の意義

(1)　信託の意義

信託とは，法で定める方法により，特定の者が一定の目的に従い財産の管理又は処分等の行為をすべきものとすること（信託§２Ⅰ）。

もう少し詳しく説明すると，ある人が財産権の移転その他の処分をし，他人にその財産権を帰属させて，一定の目的に従ってその管理又は処分をさせること。

プラス アルファ

一言でいうと，自分の財産を第三者に預けて，その財産を管理・運用してもらうこと。

【例】 甲建物を所有しているAは，この甲建物を運用（賃貸等）して利益を上げたいと思っているが，不動産運用の素人なので，自分ですることができない。だから，その道のプロであるXに預けて運用してもらい，利益を享受したい。これが信託。

(2)　委託者，受託者，受益者

> 委託者→　財産権の移転その他の処分をし，その管理又は処分を依頼する者
>
> 受託者→　その管理又は処分を引き受ける者
>
> 受益者→　信託によって生ずる利益を享受する者

・　委託者と受益者は同一人であってもいいし，異なる人でもいい。

【例】 委託者をA，受託者をX，受益者をBとして，Aの所有する甲建物を信託財産として信託をした。この場合，Xが甲建物を運用して，その運用によって生じた利益をBに渡すことになる。

H27-27 H12-25 ・　権利能力のない社団を受益者とすることはできない（先例昭59.3.2－1131）。

(3) 実務の傾向

近年，実務の世界において，信託の案件が増えている。

➡ 信託会社が業として受託する信託（商事信託）ではなく，親族間で細々と行われる信託（**民事信託**）。

具体的には，高齢になった親を委託者兼受益者，子を受託者とする信託である。

理由 親が認知症となり，意思能力がなくなると，財産の処分行為をすることができなくなる（民§３の２参照）。そうすると，高齢者施設に入所する費用に充てるため，自宅（土地・建物）を売却しようと思っても，自ら売買契約ができないことになる。

➡ 後見開始の審判（民§７）を受け，成年後見人が成年被後見人に代わって売却することができるが，相当な時間と手間がかかり，不便である。

こういった不都合を避けるため，親に意思能力があるうちに，親の財産（不動産等）を子に信託する方法が利用されている。

➡ 受託者（子）に，信託財産の処分の権限を与えておけば，将来，必要に応じて，受託者（子）が信託財産（親がもっていた不動産等）を売却することができる。

2　信託の設定

信託は，**委託者と受託者の間の契約（信託契約）**によって成立する（信託§３①）。また，遺言によって信託をすることもできる（同②）。

➡ 信託の設定を目的とする法律行為を「信託行為」という（信託§２Ⅱ）。

信託行為は，①財産権を委託者から受託者に移転させる（あるいは抵当権等を設定する）物権的行為と，②受託者に当該財産を管理・処分等してもらうという債権的行為から構成されている。

➡　不動産が信託された場合，**その不動産の所有権は委託者から受託者に移転する。**

プラスアルファ

上記１の例でいうと，甲建物の所有権は委託者Ａから受託者Ｘに移転する。ただし，信託財産の所有権が移転するといっても，実際には“財産を預けた”といった感じ。

(1)　自己信託

委託者が自ら受託者となる信託を設定することができる（信託§３③）。

考え方　自分が自分に財産を譲渡して，それを管理，処分等して，そこから得た利益を第三者に享受させる，というのも変な話であるが，このような信託も認められている。

【例】　Ａさんは，自分の財産をＢさんに贈与したいと思っているが，そのＢさんは財産の管理等の能力が乏しい人だった。このような場合に，Ａさんが（Ｂさんに贈与しようと思っていた）自分の財産を自分を受託者として信託し，自ら管理，処分し，Ｂに受益させるということが考えられる。

∵　自己信託をすれば，委託者（＝受託者）の破産等による財産の流出の危険を避けつつ，Ｂに受益させることが可能となる。

(2)　セキュリティトラスト（抵当権の設定による信託）

セキュリティトラストとは，抵当権と被担保債権を切り離して，抵当権を H30-25
信託財産とする信託。

具体的には，委託者が自己の不動産に受託者のために抵当権を設定し，その被担保債権の債権者を受益者に指定するもの。

➡　つまり，抵当権者と被担保債権の債権者が異なることとなる。

理由　抵当権の設定による信託の方法を使えば，第三者（受託者）に抵当権者となってもらって，抵当権の管理，実行等を任せることができる。

プラス アルファ

受託者は，信託事務として，当該抵当権の実行の申立てをし，売却代金の配当又は弁済金の交付を受けることができる。

・　抵当権の設定による信託においては，複数の債権者が有する別個独立の複数の債権のために1つの抵当権を設定することも可能とされている。

➡　抵当権の設定による信託においては，抵当権者と被担保債権の債権者が異なるものである。つまり，複数の債権者の有する債権について，受託者が一元的に抵当権を管理することが可能となる。

3　信託行為がされた場合に申請すべき登記

(1)　通常の場合

不動産を信託財産として信託がされた場合，当該不動産の所有権は委託者から受託者に移転するので，所有権の移転を第三者に対抗するために委託者から受託者への**所有権の移転の登記**を申請する。

そして，当該不動産が信託財産であることを第三者に対抗するために，**信託の登記**をする。

理由　この不動産は登記名義人（受託者）の固有財産ではなく，信託の目的に従って管理・処分されるべきものである，ということを対抗するためには，信託の登記が必要（信託§14）。

【例】　委託者Aと受託者Bは，Aの所有する甲土地を信託財産，Cを受益者として信託契約をした。

➡　甲土地についてAからBへの所有権の移転の登記及び信託の登記を申請する。

H27-27
H12-25
①　AB共有の不動産のA持分につき，Xを受託者として信託による持分の移転の登記及び信託の登記がされている場合に，Bが共有持分を放棄したときは，BからXに対し，持分放棄による持分の移転の登記及び信託の登記を申請する（先例昭33.4.11－765）。

②　信託の目的に従って受託者が建物を建築した場合，所有権の保存の登記と信託の登記を申請することができる（質疑登研469 P142）。

(2) 自己信託がされた場合

不動産を信託財産として自己信託がされた場合は，その不動産について**所有権の変更の登記と信託の登記**を申請する。 H26-26

考え方　自己信託がされた場合，委託者と受託者が同一人であるので，信託財産が委託者から受託者に移転するわけではない（所有者は変わらない）。一方，自己信託がされることで，当該不動産は委託者固有の財産から信託財産となるので，所有権（の性質）に変更が生じたということができる

4　1つの申請情報による申請

信託の登記と，信託による権利の保存，設定，移転又は変更の登記は，**1つの申請情報で申請することを要する**（不登§98Ⅰ，不登令§５Ⅱ）。

理由　不動産について信託がされたら，その不動産の所有権が移転し，同時にその不動産は信託財産としての拘束を受けることになるのだから，１つの申請情報で申請することが要求された。

【例】　Ａの所有する甲土地を信託財産として，Ｂを受託者として信託がされた場合は，ＡからＢへの所有権の移転の登記と信託の登記を，１つの申請情報で申請する。

・　委託者Ａの所有する甲土地及び委託者Ｂの所有する乙土地を信託財産として，受託者をＸとする信託が同時に設定された場合，甲土地と乙土地の信託による登記は，１つの申請情報で申請することはできない。

∵　甲土地はＡＸ間の契約，乙土地はＢＸ間の契約であり，それぞれ契約が異なる。つまり，登記原因が同一とはいえないので，１つの申請情報で申請するための要件（不登令§４ただし書）を満たさない。

5　登記の手続

(1) 申請人

信託による所有権の移転の登記（抵当権の設定の登記等） H23-21

→　受託者を登記権利者，委託者を登記義務者として共同で申請する（不登§60）。

H26-26
H23-21

信託の登記→　受託者が単独で申請することができる（不登§98Ⅱ）。

H21-20
・　不動産について自己信託がされた場合の，信託による所有権の変更の登記は，受託者が単独で申請することができる（不登§98Ⅲ）。
∵　自己信託がされた場合は，受託者と委託者が同一人なので，その者が単独で申請できる。

(2)　**申請情報の内容**

①　登記の目的→　「所有権移転及び信託」

②　登記原因及びその日付→　「年月日信託」

③　申請人→　「権利者（信託登記申請人）」として受託者の氏名，住所を提供し，義務者として委託者の氏名，住所を提供する。

R4-13
H29-26
H24-13
・　受託者が数名いる場合でも，登記権利者の表示に受託者の持分を提供する必要はない（不登令§３⑨）。
∵　信託財産は合有なので，普通の共有とは異なる。

(3)　**添付情報**

信託の登記を申請する場合，申請情報と併せて，信託目録に記録すべき情報を提供することを要する（不登令別表65添付情報欄ハ）。

H30-25
➡　要は，信託の内容を明らかにした情報。具体的には，委託者，受託者，受益者，信託の目的，信託財産の管理方法，信託終了の事由等を明らかにした情報。

プラスアルファ

H29-26
H21-20
信託目録に記録すべき情報の一部として，原則として受益者の氏名及び住所を提供することを要するが，受益者の定めのない信託であったり，信託管理人や受益者代理人があったり，受益証券発行信託であったりするときは，受益者の氏名及び住所を提供することを要しない（不登§97Ⅱ）。

H26-26
・　不動産について自己信託がされたことによる所有権の変更の登記を申請するときは，申請情報と併せて登記名義人（委託者でありかつ受託者）の登記識別情報を提供することを要する（不登令§８Ⅰ⑧）。

∵　自己信託がされた場合の所有権の変更の登記は単独申請であるが，委託者が登記義務者的な立場であるので，その登記識別情報が必要とされた。

⑷　登録免許税

不動産を信託したことによる所有権の移転の登記及び信託の登記の登録免許税は，**所有権の移転の登記の分については非課税**であり（登税§７Ⅰ①），信託の登記の分として不動産価額に1000分の４を乗じた額を納付する（登税別表第1.1⑽イ）。 H24-27

理由　不動産が信託されると，法律上は所有権が受託者に移転するが，実際は預けるようなものであり，実質的な所有者は変わらないと考えることができるので，所有権の移転の登記は非課税とされた。

6　信託目録

信託の登記がされたときは，登記官が職権で，委託者，受託者，受益者，信託の目的，信託財産の管理方法，信託終了の事由等を明らかにした**信託目録**を作成することができる（不登§97Ⅲ）。

∵　信託の内容をすべて登記記録に記録するものとすると，登記記録がゴチャゴチャになってしまうので，信託の内容については信託目録にまとめるものとされた。

7　登記の実行

信託による所有権の移転の登記及び信託の登記の申請がされたときは，登記官は，それらを１つの順位番号をもって登記する（不登規§175Ⅰ）。

そして，信託目録の番号を記録する（不登規§176Ⅰ）。

・　不動産について自己信託がされたことによる所有権の変更の登記は，**主登記**でされる（先例平19.9.28－2048）。 H25-12

【申請書】

登記の目的	所有権移転及び信託
原　　　因	令和５年７月１日信託
権　利　者	（信託登記申請人）Ｂ
義　務　者	Ａ
添 付 情 報	登記識別情報（Ａの登記識別情報） 登記原因証明情報 代理権限証明情報（Ｂ及びＡから司法書士への委任状） 印鑑証明情報（Ａの印鑑証明書） 信託目録に記録すべき情報 住所証明情報（Ｂの住民票の写し）
課 税 価 額	金1,000万円
登録免許税	信託分　金４万円 移転分　登録免許税法第７条第１項第１号

（完了後の登記記録）

権　利　部（甲　区）　（所　有　権　に　関　す　る　事　項）			
順位番号	登記の目的	受付年月日・受付番号	権利者その他の事項
1	所有権移転	平成25年９月10日 第9000号	原因　平成25年９月10日売買 所有者　　Ａ
2	所有権移転	令和５年７月１日 第7000号	原因　令和５年７月１日信託 受託者　　Ｂ
	信託	余　白	信託目録第110号

第2節　信託財産の処分，原状回復

1　信託財産の処分

受託者が信託財産を管理，処分等して得た財産は，信託財産となる（信託§16①）。

【例】 Aを委託者，Xを受託者，金銭を信託財産として信託が設定されていた。そして，Xはこの信託財産である金銭をもって，Bから甲土地を買い受けた。この場合，金銭は信託財産でなくなり，代わりに甲土地が信託財産となる。

➡ 甲土地の所有権がBからXに移転し，この甲土地が信託財産という関係になる。

2　信託財産の原状回復

受託者がその任務を怠ったことによって信託財産に変更が生じたときは，受益者は，一定の例外を除き，その原状の回復を請求することができる（信託§40Ⅰ②）。

3　信託財産の処分（原状回復）による登記

(1)　申請すべき登記

受託者が信託財産である金銭をもって不動産を買い受けた場合，その不動産は信託財産となるが，この場合には以下の2つの登記を申請する。

① （売買による）所有権の移転の登記
② （信託財産の処分による）信託の登記

➡ これにより，不動産を取得したことと当該不動産が信託財産となったことを対抗できる。

(2)　申請人

所有権の移転の登記→　買主である受託者が登記権利者，売主が登記義務者となって共同で申請する。

信託の登記→　受託者が単独で申請することができる（不登§98Ⅱ）。 H16-15

(3) 登録免許税

所有権の移転の登記については，通常の所有権の移転の登記と同様の登録免許税を納付する。

➡ 受託者が不動産を買い受けた場合には，不動産の価額に1000分の20を乗じた額（登税別表第1.1(2)ハ）。

信託財産の処分（原状回復）による信託の登記については，不動産の価額に1000分の４を乗じた額（登税別表第1.1(10)イ）。

4　委託者又は受益者の代位申請

(1) 意　義

不動産が信託財産となった場合，その不動産が信託財産であることを対抗するために信託の登記をすることを要するが（信託§14），受託者がその不動産について所有権の移転の登記のみを申請し，信託の登記を申請しない，ということも考えられる。

【例】 受託者Ｘが，信託財産である金銭をもってＫから甲土地を買い受けたが，ＫからＸへの売買による所有権の移転の登記のみを申請し，甲土地について信託の登記を申請しない，ということがあり得る。

H30-15
H24-15
そうすると，当該不動産が信託財産であることを第三者に対抗することができなくなるので，このような場合は，**委託者又は受益者は受託者に代位して，単独で信託の登記を申請することができる**（不登§99）。

【例】 上記の例で，委託者Ａ又は受益者Ｂが受託者Ｘに代位して，単独で甲土地について信託の登記を申請することができる。

(2) 登記の手続

代位によって信託の登記を申請するときは，申請情報と併せて，信託目録に記録すべき情報，代位原因を証する情報を提供することを要する（不登令§７Ⅰ③）。

第3節　受託者の任務が終了した場合

1　受託者の任務の終了

受託者の任務は，信託の清算が終了した場合のほか，以下の事由によって終了する（信託§56）。

① 受託者である個人の死亡
② 受託者である個人が後見開始又は保佐開始の審判を受けたこと
③ 受託者が破産手続開始の決定を受けたこと
④ 受託者である法人が合併以外の理由により解散したこと
⑤ 受託者の辞任
⑥ 受託者の解任
⑦ 信託行為において定めた事由の発生

このように受託者の任務が終了しても，それをもって当然に信託の効力が消滅することはない（信託§163参照）。

➡ 新たな受託者又は残存する受託者の下で信託は存続する。

【例】 委託者をA，受託者をXとして信託が設定された後，Xが死んでしまった。この場合，信託が終了するのではなくて，新たに受託者としてYを選任して，信託は存続する。

【例】 委託者をA，受託者をX・Y・Zとして信託が設定された後，Xが死んでしまった。この場合は，残存する受託者Y・Zのもとで信託が存続する。

2　受託者に変更が生じた場合の登記

受託者に変更が生じたときは，受託者変更又は任務の終了による登記を申請することになるが，その登記の手続は，受託者が1人であったか複数であったか，また，どのような事由で任務が終了したかによってそれぞれ異なる。

3　登記の形式

(1)　受託者が1人であり，その任務が終了した場合

受託者が1人である場合に，その任務が終了し，新受託者が就任したときは，新受託者は，（原則として）前受託者の任務が終了した時に，その時に存する信託に関する権利義務を前受託者から承継したものとみなされる（信

託§75Ⅰ)。

そのため，(原則として) 前受託者の任務が終了した日付をもって，新受託者に対し所有権の移転の登記を申請する。

【例】 受託者Xの名義で所有権の登記及び信託の登記がされている場合に，Xが死亡し，新たにYが受託者として選任された。
➡ XからYに対して所有権の移転の登記を申請する。

プラスアルファ

H14-25 受託者Xが死亡してその相続人がYである場合，信託財産である不動産について，相続を登記原因としてXからYへの所有権の移転の登記を申請することはできない。

∵ この不動産はあくまで信託財産であり，Xの固有の財産ではないから。つまり，Xが死んでもYが相続するわけではない。

(2) 受託者が複数で，そのうちの1人の任務が終了した場合

受託者が複数存する場合で，そのうちの1人の任務が終了したときは，その任務が終了した時に存する信託に関する権利義務は，(原則として) 他の受託者が当然に承継する (信託§86Ⅳ)。

H16-15 そのため，複数の受託者のうちの1人の任務が終了したときは，他の受託者のために権利の変更の登記を申請する。

【例】 受託者XYZの名義で所有権の登記及び信託の登記がされている場合に，Xが辞任してその任務が終了したときは，受託者がYとZになった旨の変更の登記を申請する。

4 申請人

(1) 受託者の任務が死亡，破産手続開始の決定，後見開始，保佐開始の審判，法人の合併以外の理由による解散，裁判所若しくは主務官庁による解任命令により終了した場合

H30-25
H20-12
➡ 受託者変更による権利の移転の登記，任務の終了による権利の変更の登記は，新受託者又は残存する受託者が単独で申請することができる (不登§100)。

理由　これらの事由により任務が終了したときは，登記の手続に旧受託者を関与させることは適当でないから。

⑵　⑴以外の事由で受託者の任務が終了した場合

➡　新（残存）受託者を登記権利者，旧受託者を登記義務者として，共同で権利の移転又は変更の登記を申請する（不登§60）。 H27-27 H23-21

・　受託者の解任の裁判があったときは，裁判所書記官が信託の変更の登記を嘱託する（不登§102 I）。 H29-26

5　添付情報

新受託者又は残存受託者が単独で権利の移転又は変更の登記を申請するときは，申請情報と併せて，不動産登記法100条1項に規定する事由によって受託者の任務が終了したことを証する市区町村長，登記官その他の公務員が職務上作成した情報を提供することを要する（不登令別表66添付情報欄，67添付情報欄）。

∵　単独で申請する登記なので，登記の正確性を確保するため，公務員が職務上作成した情報を提供する必要がある。

・　また，権利の移転の登記の場合は，新たな受託者が選任されたことを証する情報も提供する（不登令別表66添付情報欄）。

6　登録免許税

受託者の変更による権利の移転の登記については，登録免許税は課されない（登税§7 I③）。 R4-27 H11-25

∵　信託行為による所有権の移転の登記においても登録免許税は課されないので，受託者の変更による所有権の移転の登記においても非課税。

第4節　信託の変更

1　信託の変更の登記

H30-25
H29-26
H23-21

信託の登記がされた後，不動産登記法97条1項に掲げる事項について変更が生じたときは，**受託者は遅滞なく，その変更の登記を申請することを要する**（不登§103Ⅰ）。

H27-27
H23-21

【例】信託の受益権が譲渡され，受益者が変わったときは，受託者が信託の変更の登記を申請する。

・　受託者が申請しないときは，委託者又は受益者が受託者に代位して申請することもできる（不登§103Ⅱ，99）。

・　一定の場合には，登記官の職権，裁判所書記官の嘱託，主務官庁の嘱託により信託の変更の登記がされる（不登§101，102）。

【例】受託者の変更による移転の登記，1人の任務の終了による変更の登記がされたときは，登記官が職権で信託の変更の登記をする（不登§101）。

H29-26
H16-15

【例】裁判所が信託管理人を選任もしくは解任したときは，裁判所書記官は遅滞なく信託の変更の登記を嘱託することを要する（不登§102Ⅰ）。

第5節　信託の併合，分割

1　信託の併合の意義

信託の併合とは，受託者を同一とする２以上の信託の信託財産の全部を，１の新たな信託の信託財産とすることをいう（信託§２⑩）。

➡　これは，株式会社における新設合併と同様に，従前の各信託は終了することとなるが（信託§163⑤），その財産は信託の清算を経ずに新たな信託の信託財産を構成することとなる。

信託の併合は，各信託の委託者，受託者及び受益者の合意等によってすることができる（信託§151）。

➡　信託の併合に際しては，必要に応じて債権者保護手続をすることを要する（信託§152）。

2　信託の分割の意義

信託の分割とは，ある信託の信託財産の一部を受託者を同一とする他の信託の信託財産として移転すること（吸収信託分割）又はある信託の信託財産の一部を受託者を同一とする新たな信託の信託財産として移転すること（新規信託分割）をいう（信託§２⑪）。

➡　吸収信託分割は株式会社における吸収分割に，新規信託分割は株式会社における新設分割に相当するもの。

3　申請すべき登記

信託の併合がされたときは，信託財産である不動産について**以下の３つの登記を申請する**（不登§104の２Ⅰ）。

①　所有権等の変更の登記 ②　従前の信託についての信託登記の抹消 ③　新たな信託についての信託の登記

ケーススタディ

・　委託者Aと受託者Xは，Aの所有する1土地を信託財産として信託を設定した（便宜上，「甲信託」と呼ぶ）。また，委託者Bと受託者Xは，Bの所有する2土地を信託財産として信託を設定した（「乙信託」と呼ぶ）。

↓

・　そして，A，B，X及び各信託の受益者は，信託の併合をすることとした（新たな信託を「丙信託」と呼ぶ）。

➡　甲信託の信託財産であった1土地については，①信託の併合による所有権の変更の登記，②甲信託についての信託の登記の抹消，③丙信託についての信託の登記を申請する。

考え方　信託の併合がされても，信託財産の帰属に変更は生じない。信託の併合は，受託者を同一とする別の新たな信託の信託財産とするものだから。1土地については，甲信託の受託者はX，新たな丙信託の受託者もXであるので，**1土地の所有権が誰かに移転するということはない。**

ただし，1土地は甲信託の信託財産から丙信託の信託財産となったので，所有権に変更が生じたと解することができ，所有権の変更の登記を申請する。

プラスアルファ

甲信託については終了するので（信託§163⑤），甲信託に関する信託の登記の抹消を申請する。そして，新たに丙信託の信託財産となったので，丙信託についての信託の登記も申請する。

・　信託の分割がされた場合も，同様の登記を申請する。

4　1つの申請情報による申請

従前の信託についての信託の登記の抹消と新たな信託についての信託の登記は，信託の併合（分割）による所有権等の変更の登記と**1つの申請情報で申請する**（不登§104の2Ⅰ，不登令§5Ⅳ）。

5　申請人

・　信託の併合（分割）による所有権等の変更の登記
➡　新たな信託の受託者及び受益者を登記権利者，従前の信託の受託者及び受益者を登記義務者として，共同で申請する（不登§104の2Ⅱ③）。

・　信託の登記の抹消と新たな信託の登記
➡　受託者が単独で申請する（不登§98Ⅱ，104Ⅱ）。

6　添付情報

・　信託の併合（分割）による所有権等の変更の登記を申請する場合，登記義務者である従前の信託の**受益者については，登記識別情報を提供することを要しない**（不登§104の2Ⅱ後段）。
∵　受益者は所有権の登記名義人というわけではないので，そもそも登記識別情報が通知されていない。

プラスアルファ

登記義務者の1人である従前の信託の受託者については，原則どおり，登記識別情報を提供する（不登§22）。

・　債権者保護手続が適法に行われたこと等を証する情報を提供することを要する（不登令別表66の2添付情報欄ハ）。

第6節　信託の登記の抹消

1　信託の登記の抹消

H30-25
　信託財産である不動産が第三者に譲渡されたような場合は，当該不動産は信託財産でなくなるので，当該不動産にされた信託の登記の抹消をする必要がある。

　また，信託が終了し，残余財産である不動産が残余財産受益者等に引き継がれたときも（信託§182），当該不動産は信託財産でなくなるので，信託の登記の抹消をする。

【例】　受託者Xが，信託財産である甲土地を第三者Kに売り渡したときは，甲土地は信託財産でなくなり，代わりに取得した金銭が信託財産となる。
➡　甲土地についてXからKへの**所有権の移転の登記と信託の登記の抹消を申請する。**

2　1つの申請情報による申請

H26記述
H20-16
　信託の登記の抹消は，信託財産引継ぎによる所有権の移転の登記や，売買による所有権の移転の登記等と**1つの申請情報で申請することを要する**（不登§104 I II，不登令§5 III）。

3　申請人

信託財産である不動産についての売買等による所有権の移転の登記
➡　所有権を取得した者を登記権利者，所有権の登記名義人である受託者を登記義務者として共同で申請する（不登§60）。

信託の登記の抹消
H23-21
➡　**受託者が単独で申請する**（不登§104 II）。

【例】　受託者Xが，信託財産である甲土地を第三者Kに売り渡した場合，売買によるXからKへの所有権の移転の登記はKが登記権利者，Xが登記義務者となって共同で申請し，信託の登記の抹消はXが単独で申請することができる。

4　登録免許税

(1)　信託財産である不動産を第三者に売却し，所有権の移転の登記と信託の登記の抹消を申請する場合

①　所有権の移転の登記　→不動産価額に1000分の20

②　信託の登記の抹消　　→不動産1個につき金1,000円

(2)　信託の効力が生じた時から引き続き委託者のみが信託財産の元本の受益者である場合に，信託財産である不動産を当該受益者（＝委託者）に移転したことによる所有権の移転の登記と信託の登記の抹消を申請する場合

①　所有権の移転の登記　→**非課税**（登税§7Ⅰ②）　H17-18

②　信託の登記の抹消　　→不動産1個につき金1,000円

∵　受託者に預けた信託財産が委託者（元の所有者）に戻っただけであるので，登録免許税は課されない（そもそも，委託者から受託者への所有権の移転の登記も非課税だった（第1節5(4)参照））。

(3)　委託者と残余財産受益者等が異なる場合に，信託財産である不動産が残余財産受益者等に引き継がれたことによる所有権の移転の登記と信託の登記の抹消を申請する場合

①　所有権の移転の登記　→不動産価額に1000分の20

②　信託の登記の抹消　　→不動産1個につき金1,000円

∵　実質的に信託財産である不動産の所有権が第三者に移転しているので，登録免許税を納付することを要する。委託者に所有権が戻ったわけではないので，非課税とはならない。

5　信託財産を受託者の固有財産とする登記

(1)　信託財産を受託者の固有財産とすることの可否

受託者は，信託財産に属する財産を自己の固有財産としたり，これにつき権利を取得することはできない（利益相反行為の制限，信託§31Ⅰ①）。

ただし，①信託行為に，当該行為をすることを許容する旨の定めがあるとき，②受託者が当該行為について重要な事実を開示して，**受益者の承認を得たとき**等は，信託財産に属する財産を自己の固有財産とすることができる(同Ⅱ)。

(2)　申請すべき登記

R5-15
H25-13
H16-15

信託財産である不動産を受託者の固有財産としたときは，以下の２つの登記を１つの申請情報で申請する（不登§104Ⅰ，不登令§５Ⅲ)。

①　受託者の固有財産となった旨の**所有権の変更の登記** ②　信託の登記の抹消

理由　当該不動産については，既に受託者の名義で登記がされているので，その所有権が移転するというわけではない。ただし，その不動産は信託財産から受託者の固有財産に変わったので，所有権の変更の登記を申請する。

【例】　委託者をA，受託者をX，甲土地を信託財産として信託が設定され，その登記がされた。

その後，信託財産である甲土地を受託者Xの固有財産としたときは，甲土地について所有権の変更の登記と信託の登記の抹消を申請する。

(3)　登記の手続

受託者の固有財産となった旨の所有権の変更の登記

H28-13

➡　**権利が帰属した受託者を登記権利者，受益者を登記義務者として共同で申請する**（不登§104の２Ⅱ②)。

∵　信託財産が信託財産でなくなることについては，受益者がもっとも不利益を受けると考えられる。

プラスアルファ

受益者は所有権の登記名義人というわけではないので，申請情報と併せて登記識別情報を提供することを要しない（不登§104の２Ⅱ後段)。

信託の登記の抹消

➡　受託者が単独で申請する（不登§104Ⅱ)。

(4) 登録免許税

所有権の変更の登記　→不動産価額に1000分の20

信託の登記の抹消　　→不動産１個につき金1,000円

∵　この所有権の変更の登記は，実質的には委託者から受託者への所有権の移転の登記なので，移転の登記と同様の登録免許税を納付する（登税別表第1.1(2)ハ）

第28章
工場抵当に関する登記

Topics
・いよいよ最後。工場に属する不動産に抵当権を設定した場合と，工場財団を作ってそれを目的として抵当権を設定した場合のお話。
・択一式問題でごくたまに出題される。

1　工場についての抵当権

工場抵当法においては，工場についての抵当権として２つの種類を定めている。

> ①　工場に属する土地又は建物に抵当権を設定すること（**狭義の工場抵当**）
> ②　１個又は数個の工場につき工場財団を設定し，その工場財団を目的として抵当権を設定すること（**工場財団抵当**）

2　狭義の工場抵当

(1)　意　義

工場に属する土地又は建物につき抵当権を設定したときは，その抵当権の効力は，土地又は建物に付加してこれと一体となった物，及び備え付けた機械，器具その他工場の用に供する物に対しても及ぶ（工抵§２Ⅰ）。

【例】　缶詰の加工工場になっている建物に抵当権を設定した場合は，その抵当権の効力は缶詰を作る機械に対しても及ぶ。

＋アルファ

民法370条よりも，抵当権の効力が及ぶ範囲は広い。

ただし，設定行為において別段の定めをしたとき等は，この限りでない（同Ⅰただし書）。

(2)　登記の手続

工場に属する土地又は建物を目的として抵当権の設定の登記を申請すると

きは，その土地又は建物に備え付けた機械，器具その他工場の用途に供する物で，抵当権の目的となる物を明らかにする必要がある。

したがって，抵当権の設定の登記の申請情報と併せて，抵当権の効力が及ぶ物（機械器具目録に記録すべき事項）を明らかにした情報を提供することを要する（工抵§３Ⅲ）。

⑶　機械器具目録

工場に属する土地又は建物について抵当権の設定の登記がされたときは，登記官は職権で抵当権の効力が及ぶ物を記録した目録（機械器具目録）を作成することができる（工抵§３Ⅱ）。

⑷　変更の登記

①　工場抵当の目的となっている建物に，工場の所有者が所有する機械を新たに備え付けたときは，機械器具目録の記録の変更の登記を申請する（工抵§３Ⅳ，38Ⅰ）。

➡　この登記を申請するときは，変更後の表示を機械器具目録に記録する H31-27
ための情報を提供することを要する（工抵§３Ⅳ，40）。

②　上記①の機械器具目録の記録の変更の登記は，土地又は建物の所有者が H26-27
単独で申請する（工抵§３Ⅳ，38Ⅰ）。

③　工場に属する土地又は建物を目的として抵当権の設定の登記がされた H31-27
後，機械器具目録に記録された機械の一部が滅失したことにより，機械器具目録の記録の変更の登記を申請するときは，抵当権者の同意を証する情報またはこれに代わる裁判があったことを証する情報を提供することを要する（工抵§３Ⅳ，38Ⅱ）。

∵　抵当権の効力の及ぶ物が変わるので，抵当権者にとって利害の関係がある。

３　工場財団とは

⑴　工場財団の意義

工場の所有者は，抵当権の目的とするため，１個又は数個の工場につき工場財団を設定することができる（工抵§８Ⅰ）。

理由　１つの工場は，いくつもの不動産や機械等から構成されている。工場に対して抵当権を設定する場合，個々の不動産にそれぞれ抵当権を設定するのは面倒であり非効率である。工場全体を1つの不動産として抵当権を設定した方が効率的であり当事者にとっても有難い。

そのため，1個又は数個の工場を「工場財団」として1つの不動産とみなすこととして，これを目的として抵当権を設定できるとされた。

＊　工場に抵当権を設定する場合，必ず工場財団を設定しなければならないわけではない。工場に属する個々の不動産に各別に抵当権を設定することはまったく問題ない（上記2の「狭義の工場抵当」）。

プラスアルファ

数個の工場が各別の所有者に属するときも，1個の工場財団を設定することができる（同）。

・　工場財団は，1個の不動産とみなされる（工抵§14Ⅰ）。

・　工場財団は，工場財団登記簿に所有権の保存の登記をすることによって成立する（工抵§9）。

➡　土地や建物といった普通の不動産の登記記録ではなく，工場財団登記簿に登記をする。

(2)　工場財団の失効，消滅

工場財団は，抵当権の目的とするために設定するもの（工抵§8Ⅰ参照）。

そのため，“工場財団を設定したけれど抵当権を設定しない”というのは好ましい状態ではない。

したがって，工場財団の所有権の保存の登記をした後，6か月以内にその工場財団を目的とした抵当権の設定の登記がされなかった場合には，その所有権の保存の登記は効力を失う（工抵§10）。

H26-27　また，工場財団を目的として設定の登記のされていた抵当権がすべて抹消され，その後6か月以内に新たな抵当権の設定の登記がされなかった場合も，工場財団は消滅する（工抵§8Ⅲ）。

4　工場財団の設定

(1)　工場財団の組成物件

工場財団は，工場に属する土地，建物，地上権，賃貸人の承諾がある賃借権，機械，器具，電線等をもって組成する（工抵§11)。

① 他人の権利の目的となっているものや，差押え，仮差押え，仮処分の目的となっているものは，工場財団の組成物件とすることはできない（工抵§13Ⅰ)。
∵　権利関係がゴチャゴチャになってしまうおそれがある。

② 既に他の工場財団の組成物件となっているものを，工場財団の組成物件とすることはできない（工抵§８Ⅱ)。

(2)　前提としての不動産登記

工場に属する土地又は建物を組成物件として工場財団を設定する場合は，**その土地又は建物について所有権の保存の登記がされていることを要する**（工抵§12)。

理由　工場財団の所有権の保存の登記がされたときは，その組成物件である土地又は建物の登記記録に**「工場財団に属した旨」の登記がされる**ので（工抵§34Ⅰ)，その不動産につき既に所有権の登記がされている必要がある。

(3)　工場財団の所有権の保存の登記

① 申請人

工場財団の所有権の保存の登記は，工場の所有者が単独で申請することができる。

② 申請情報の内容，添付情報

所有権の保存の登記の申請情報の内容として，工場の名称及び位置，主である営業所，営業の種類，工場財団を組成するものを提供することを要する（工抵§21Ⅲ，工抵規§18Ⅱ)。

そして，申請情報と併せて，工場財団を組成するもの（工場財団目録に記録すべき事項）を明らかにした情報を提供することを要する（工抵§22)。

③　登録免許税

工場財団1個につき金3万円（登税別表第1.5(1)）。

(4)　工場財団目録

工場財団の所有権の保存の登記がされたときは，登記官は職権で，工場財団を組成するものを記録した**工場財団目録**を作成することができる（工抵§21Ⅱ）。

5　工場財団に属する個々の組成物件を処分することの可否

工場財団の組成物件となっているものを譲渡し，又は所有権以外の権利，差押え，仮差押え，仮処分の目的とすることはできない（工抵§13Ⅱ）。

理由　工場財団は1つの不動産とみなされ（工抵§14Ⅰ），それを一体として抵当権の目的とするもの。そのため，工場財団に属する個々の物件についての処分を禁止して，工場財団の単一性を維持する必要がある。

R5-12
H8-13

・　ただし，工場財団を目的とした抵当権者の同意を得たときは，**個々の組成物件につき賃貸をすることができる**（工抵§13Ⅱただし書）。

H26-27

➡　そして，不動産の登記記録に賃借権の設定の登記をすることができる（先例昭41.12.20－851）。

6　工場財団の権利の制限

工場財団は，所有権及び抵当権以外の権利の目的とすることはできない（工抵§14Ⅱ）。

∵　工場財団は，あくまで工場を一体として抵当権の目的とするために設定するもの（工抵§8Ⅰ）。

・　ただし，工場財団を目的とした抵当権者の同意を得たときは，工場財団を賃貸することができる（工抵§14Ⅱただし書）。

H30-12
H26-27

➡　なお，工場財団の登記記録には，所有権に関する登記と抵当権に関する登記しか登記することができないので（工抵§20Ⅲ），工場財団が賃貸されてもその登記をすることはできない（工場財団に属する不動産が賃貸された場合（前記5）と区別すること）。

・　工場財団を目的とした抵当権の設定の登記の登録免許税は，債権金額を課税標準として，それに1000分の2.5を乗じた額（登税別表第1.5(2)）。

7　工場財団及び組成物件の所有権の移転の登記

Ａの所有する土地・建物等を組成物件として工場財団を設定し，その所有権の保存の登記をした後，工場財団がＡからＢに売り渡されたときは，工場財団についてＡからＢへの所有権の移転の登記を申請することができる。

そして，この場合には，工場財団を組成する土地・建物もＡからＢに移転することになるので，不動産の登記記録（土地・建物の登記記録）についてもＡからＢへの所有権の移転の登記を申請することができる。 H14-12

8　工場財団目録の記録の変更

工場財団目録に掲げられた事項に変更があったときは，工場の所有者は遅滞なく，工場財団目録の記録の変更を申請することを要する（工抵§38Ⅰ）。

この登記においては，申請情報と併せて，工場財団を目的とした抵当権者の同意又はこれに代わる裁判があったことを証する情報を提供することを要する（同Ⅱ）。

∵　工場財団の組成物件が変わるということは，抵当権の効力の及ぶ物が変わることであるから，抵当権者にとって重大な影響が及ぶ。

・　この記録の変更は，工場の所有者が単独で申請する（工抵§38Ⅰ）。登記権利者と登記義務者の共同申請はないので，申請情報と併せて所有権の登記名義人の登記識別情報を提供することを要しない。 H31-27

・　工場財団目録に記録された土地を分筆した結果，工場財団に属する土地の地番，形状及び長さに変更が生じたことにより，工場財団目録の記録の変更の登記を申請するときは，変更後の工場図面を提供することを要する（質疑登研373Ｐ85，工抵規§34Ⅰ）。 H31-27

付 録

今後，改正される規定

1　令和8年2月2日に施行されるもの

所有不動産記録証明書の交付

(1)　概　要

所有権の登記名義人（またはその相続人）は，自らが所有権の登記名義人として記録されている不動産に係る登記記録の一定の事項を証明した書面の交付を請求することができる，という規定が新設される(新不登§119の２)。

➡　自分の名義で所有権の登記がされている不動産の一覧表のようなものを請求することができる。

(2)　趣　旨

たとえば相続の登記をする場合，被相続人がどういった不動産を所有していたのかを正確に把握する必要がある。今までは，被相続人が保管していた登記識別情報（登記済証）や，固定資産税の納税通知書などを頼りにして相続の登記を申請していたが，これだと漏れも多かった。

➡　被相続人が所有していた不動産を把握しきれないと，相続の登記に漏れが生じてしまう。そうすると，所有者不明不動産が発生しやすくなる。

このような不都合を軽減するため，ある者が所有権の登記名義人として登記されている不動産の一覧表のようなものを請求することができるとされた。

・　所有権の登記名義人本人だけでなく，その相続人も，「被相続人が所有権の登記名義人として登記されていた不動産の一覧表」の交付を請求することができる。

新設条文

（所有不動産記録証明書の交付等）

第119条の２　何人も，登記官に対し，手数料を納付して，自らが所有権の登記名義人（これに準ずる者として法務省令で定めるものを含む。）として記録されている不動産に係る登記記録に記録されている事項のうち法務省令で定めるもの（記録がないときは，その旨）を証明した書面（以下この条において「所有不動産記録証明書」という。）の交付を請求することができる。

2　相続人その他の一般承継人は，登記官に対し，手数料を納付して，被承継人に係る所有不動産記録証明書の交付を請求することができる。

3　前二項の交付の請求は，法務大臣の指定する登記所の登記官に対し，法務省令で定めるところにより，することができる。
4　前条第３項及び第４項の規定は，所有不動産記録証明書の手数料について準用する。

2　令和８年４月１日に施行されるもの

1　所有権の登記名義人についての符号の表示

登記官が，「所有権の登記名義人が権利能力を有しないこととなった」という情報を取得したときは，職権で，当該所有権の登記名義人についてその旨の符号を表示する，という規定が新設される（新不登§76の４）。

不動産について相続の登記や相続人である旨の申出がない場合でも，登記官が，住民基本台帳ネットワークシステムを通じて，所有権の登記名義人の死亡の情報を得たときは，一定の確認を経た上で，その登記名義人について「権利能力を有しないこととなった旨」の符号を表示する。

新設条文

（所有権の登記名義人についての符号の表示）
第76条の４　登記官は，所有権の登記名義人（法務省令で定めるものに限る。）が権利能力を有しないこととなったと認めるべき場合として法務省令で定める場合には，法務省令で定めるところにより，職権で，当該所有権の登記名義人についてその旨を示す符号を表示することができる。

2　所有権の登記名義人の氏名等の変更の登記の義務化

(1)　概　要

所有権の登記名義人の氏名若しくは名称又は住所について変更があったときは，当該所有権の登記名義人は，一定の期間内に，氏名等の変更の登記を申請することを要する，という規定が新設される（新不登§76の５）。

①　氏名等の変更の登記の申請義務が課されるのは，所有権の登記名義人に限られる。
➡　自然人か法人かを問わない。

② この申請を怠ったときは，５万円以下の過料に処せられる（新不登§164Ⅱ）。

⑵ 趣 旨

所有者不明土地の発生を未然に防ぐためである。

相続登記の未了と同じように，住所変更の登記をしていないために所有者の所在が分からない，という事態が増えている。

このような事態になるのを防ぐため，所有権の登記名義人の氏名等の変更の登記について，申請義務を課すこととされた。

新設条文

（所有権の登記名義人の氏名等の変更の登記の申請）
第76条の５ 所有権の登記名義人の氏名若しくは名称又は住所について変更があったときは，当該所有権の登記名義人は，その変更があった日から２年以内に，氏名若しくは名称又は住所についての変更の登記を申請しなければならない。

3 登記官の職権による氏名等の変更の登記

⑴ 概 要

登記官が，「所有権の登記名義人の氏名若しくは名称又は住所について変更があった」という情報を取得したときは，職権で，氏名等の変更の登記をすることができる，という規定が新設される（新不登§76の６）。

⑵ 趣 旨

本来であれば，所有権の登記名義人が氏名等の変更の登記を申請すべきであるが，実際のところ，登記名義人にとって，氏名等の変更の登記を申請するメリットはない。

➡ 新たに対抗力を取得する登記ではなく，単に氏名等に変更が生じた，ということを報告するだけの登記。だから，申請する意欲が湧きづらい。

そのため，所有権の登記名義人に申請義務を課しつつ，登記官が職権で変更の登記をすることができるとされた。

(3) 職権で登記をする場合

登記官が，住民基本台帳ネットワークシステムや商業・法人登記システムを通じて，氏名等の変更の情報を得た場合に，職権で氏名等の変更の登記をすることができる。

・ 所有権の登記名義人が自然人であるときは，その申出があるときに限り，職権で氏名等の変更の登記をすることができる（新不登§76の6ただし書）。

➡ 所有権の登記名義人がＤＶの被害者等である場合は，無条件で最新の住所が公示されてしまうのは，適切でない。

新設条文

（職権による氏名等の変更の登記）

第76条の6 登記官は，所有権の登記名義人の氏名若しくは名称又は住所について変更があったと認めるべき場合として法務省令で定める場合には，法務省令で定めるところにより，職権で，氏名若しくは名称又は住所についての変更の登記をすることができる。ただし，当該所有権の登記名義人が自然人であるときは，その申出があるときに限る。

用語索引

【あ】
委託者 …… 481
委託者又は受益者の代位 …… 490
１号仮登記 …… 367
一部譲渡 …… 42
一不動産一登記記録の原則 …… 171
一件一申請情報主義 …… 225
一定の種類の取引 …… 7
一般承継人からする登記 …… 193
一般的な申請情報の内容 …… 209
委任状 …… 258
違約金 …… 156
印鑑証明書 …… 64, 261, 283, 372, 404
印鑑証明書の提供を要しない場合 …… 262
印紙 …… 302
インターネット …… 206
インターネットバンキング …… 302
受付番号 …… 310
受戻し …… 409
乙区 …… 172
オンライン申請 …… 205
オンライン申請の特例方式 …… 295
オンライン登記情報提供サービス …… 177

【か】
外国人 …… 268
会社分割 …… 102
会社法人等番号 …… 255, 269, 285
書留郵便 …… 191
家事事件手続法による審判 …… 330
株主総会又は取締役会の承認を証する情報 …… 277
仮執行宣言付判決 …… 331
仮処分による失効 …… 441
仮処分の登記に後れる登記の抹消 …… 434
仮登記 …… 362
仮登記された権利の処分の登記 …… 380
仮登記に基づく本登記 …… 389
仮登記の手続 …… 370
仮登記の抹消 …… 401
仮登記を命ずる処分 …… 371
官公署 …… 198
元本確定後の根抵当権の移転の登記 …… 131
元本確定後の根抵当権の変更の登記 …… 135
元本確定の登記 …… 122
元本確定の登記の要否 …… 122
元本確定前の根抵当権の移転の登記 …… 32
元本の確定期日 …… 10
元本の確定期日の変更 …… 67
元本の確定事由 …… 110
元本の確定請求 …… 95, 98, 103, 107, 113
機械器具目録 …… 503
記名押印 …… 261, 283
却下事由 …… 314
給付判決 …… 328
休眠根抵当権の単独抹消 …… 144
狭義の工場抵当 …… 502
行政訴訟 …… 325
共同申請主義 …… 181
共同担保である旨の登記 …… 19
共同担保目録 …… 22
共同根抵当権 …… 17
共同根抵当権の移転の登記 …… 50
共同根抵当権の元本の確定 …… 121
共同根抵当権の追加設定 …… 25
共同根抵当権の変更 …… 69
共有者間の優先の定めの登記 …… 71
共有者の権利の譲渡 …… 46
共有者の権利の放棄 …… 49
共有者の１人についての債権の範囲の変更 …… 60
共有根抵当権 …… 15
共有根抵当権，共用根抵当権の元本の確定 …… 120
共用根抵当権 …… 106, 120, 138
共用部分 …… 446
極度額 …… 3, 6, 11
極度額の減額請求 …… 58

極度額の変更 …… 54
区分建物 …… 445
契印 …… 223
形式的確定力 …… 164
形式的審査主義 …… 183
競売等の申立て …… 116
競売に関する登記 …… 425
原本還付 …… 291
権利推定力 …… 164
権利の消滅に関する定め …… 216
権利部 …… 172
権利変動の過程を公示 …… 165
甲区 …… 172
工場財団 …… 503
工場財団目録 …… 506
公信力 …… 165
公正証書 …… 331
戸籍事項の証明書 …… 269
戸籍の附票の証明書 …… 284
国家賠償請求 …… 325

【さ】

債権質入れの登記 …… 77
債権者代位による登記 …… 352
債権譲渡 …… 133
債権の範囲 …… 6, 12
債権の範囲の変更 …… 59
債務引受 …… 136
再使用証明 …… 303
裁判所書記官 …… 263, 424
裁判所の許可を証する情報 …… 281
債務者 …… 9, 12
債務者更改 …… 136
債務者の変更 …… 63
詐害行為取消判決 …… 359
先取特権 …… 146
差押え …… 424
資格者代理人による本人確認情報 …… 242
敷地権 …… 451
敷地権である旨の登記 …… 456
敷地権の登記名義人の承諾を
　証する情報 …… 478
敷地権の表示の登記 …… 454
敷地利用権 …… 447
磁気ディスク …… 208
自己信託 …… 483
事前通知 …… 240
執行文の付与 …… 332
指定債務者の合意 …… 86
指定根抵当権者の合意 …… 80
私的自治の原則 …… 181
司法書士 …… 196
死亡又は解散による登記の抹消 …… 188
住居表示の実施 …… 414
住所を証する情報 …… 284
住民票の写し …… 284
受益者 …… 481
受託者 …… 481
受託者の任務が終了した場合 …… 493
主登記 …… 179
受領証 …… 310
純粋共同根抵当 …… 18
承継執行文の付与 …… 336
情報の提供の求め …… 313
嘱託による登記 …… 198
除権決定 …… 189
処分禁止の仮処分の登記 …… 427
処分の制限 …… 424
書面申請 …… 207
所有権の保存の登記 …… 472
親権者の同意を証する情報 …… 281
審査請求 …… 321
申請主義 …… 181
申請情報の内容 …… 209
申請人が一般承継人（相続人）である
　ことを証する情報 …… 269
申請の受付 …… 310
申請の内容が真実である旨の申出 …… 245
信託 …… 481
信託行為 …… 482
信託財産の処分，原状回復 …… 489

信託財産を受託者の
固有財産とする登記 499
信託の登記の抹消 498
信託の併合，分割 495
信託目録 487
随伴性の否定 5
ストーカー被害者 175
セキュリティトラスト 483
絶対的登記事項 11, 156
設定者からの元本の
確定請求 95, 98, 103, 107, 113
前登記の登記事項証明書 30
選任審判書 258
全部事項証明書 174
全部譲渡 33
専有部分 446
相続財産の管理人 281
相続関係説明図 293
相続人 193, 215, 269
存続期間が満了 190

【た】
代位原因 355
代位原因を証する情報 356
代位弁済 133
対抗力 164
代表者の資格を証する情報 255
代理権不消滅 196, 259
代理人からする登記 195
代理人の権限を証する情報 256
建物のみに関する旨の付記 464
単独で申請できる登記 186
担保仮登記 406
中間省略登記 166, 349
仲裁判断 329
調停調書 330
通知をしたことを証する情報 441
DV被害者 175
手形債権 9
電子記録債権 9
電子証明書 219, 295
電子署名 219, 295
電子申請 205
添付情報 229
添付情報の省略（援用） 289
添付書面 229
転付命令 331
登記官による本人確認 311
登記官の職権による登記 202
登記完了証 313
登記義務者 181
登記義務者の所在が知れない場合 189
登記記録 171
登記記録の公開 173
登記記録の滅失 177
登記原因及びその日付 212
登記原因証明情報 251
登記原因についての第三者の許可，
同意又は承諾を証する情報 270
登記識別情報 230
登記識別情報に関する証明 236
登記識別情報の失効の申出 237
登記識別情報の通知 233
登記識別情報を提供できない場合 240
登記事項証明書 173, 269, 285, 288
登記事項要約書 176
登記した権利の順位 178
登記所 205
登記上の利害関係を
有する第三者 141, 286, 395, 402
登記申請意思の擬制 327
登記申請能力 197
登記申請の却下 314
登記申請の取下げ 319
登記できる権利 162
登記できる権利変動 163
登記の効力 164
登記の順位 178
登記の申請人 185
登記の正確性 182
登記の目的 212
登記の有効要件とは 168

登記簿 171
登記簿の附属書類 176
登記名義人の氏名，名称又は
住所の変更の登記 410
登録免許税 13, 299
特殊な共同申請 182
特別代理人 256

【な】
内容証明郵便 441
２号仮登記 368
二重登記 172
任意代理人 196
任意的登記事項 11, 156
認諾調書 330
根抵当権 2
根抵当権者からの元本の確定請求 115
根抵当権者に会社分割が生じた場合 102
根抵当権者に合併が生じた場合 93
根抵当権者に相続が開始した場合 78
根抵当権の元本の確定 110
根抵当権の債務者に合併が生じた場合 97
根抵当権の債務者に
相続が開始した場合 85
根抵当権の消滅請求 145
根抵当権の設定 5
根抵当権の登記の抹消 140
根抵当権の変更の登記 54
農地法所定の許可を証する情報 271, 345

【は】
破産手続開始の決定 120
判決に準ずるもの，準じないもの 329
判決による登記 326
判決による登記の手続 343
判決の更正決定 344
反対給付 334
１つの申請情報による申請 225
表題部 172
付記登記 179
不在者の財産管理人 225
付従性の否定 3
不正登記防止申出 312
不動産工事の先取特権 149
不動産質権 155
不動産登記の意義 160
不動産登記の諸原則 181
不動産の権利に関する登記 160
不動産の表示に関する登記 160
不動産売買の先取特権 153
不動産番号 213
不動産保存の先取特権 148
不動産を使用収益できない 156
不特定の債権 3
分割譲渡 37
分離処分禁止の原則 449
法人の代表者の氏名 211
法定代理人 195
法務局 205
補正 317, 319
保全仮登記 428

【ま】
前の住所への通知 247
抹消された登記の回復 421
マンション 445
未成年者 197, 281
民法376条１項の根抵当権の
処分の登記 76
持分 213

【ら】
利益相反行為 256
利益相反取引 277
利害関係人の承諾を証する情報 56
留置権 162
累積根抵当 17

【わ】
和解調書 329

先例判例索引

先例明33.1.17回答……329
先例明33.8.21－1176……226
先例明33.9.24－1390……329
先例明35.7.1－637……331
先例明44.6.22－414……166
先例大13.6.13回答……376
先例昭14.12.11－1359……357
先例昭23.9.21－3010……356
先例昭23.10.4－3018……273
先例昭23.11.5－2135……257
先例昭23.11.9－3450……330
先例昭24.2.25－389……354
先例昭26.11.26－2267……357
先例昭27.8.23－74……193, 347
先例昭27.9.19－308……431
先例昭28.4.25－697……257
先例昭28.10.1－1333……279
先例昭28.10.14－1869……351
先例昭28.12.17－2407……413
先例昭29.5.8－938……343
先例昭29.9.21－1931……153
先例昭29.10.5－2022……368
先例昭29.12.25－2637……319
先例昭30.4.11－693……317
先例昭30.4.20－695……431
先例昭30.4.23－742……290, 292
先例昭30.5.16－929……155
先例昭30.8.25－1721……431
先例昭30.10.15－2216……227
先例昭31.6.13－1317……12
先例昭31.6.19－1247……276
先例昭31.10.17－2370……413
先例昭31.11.2－2530……199
先例昭31.12.14－2831……338, 340
先例昭32.1.14－76……378
先例昭32.3.27－596……376
先例昭32.3.27－615……285
先例昭32.5.6－738……339, 340
先例昭32.5.6－879……200
先例昭32.5.9－518……284
先例昭32.6.27－1220……290
先例昭32.6.28－1249……413
先例昭32.8.26－1610……282
先例昭33.2.13－206……330
先例昭33.4.11－765……484
先例昭33.4.28－414……414
先例昭33.5.1－893……199, 200, 239
先例昭33.8.27－1738……288
先例昭34.4.30－859……239
先例昭34.5.12－929……239
先例昭34.9.15－2067……194
先例昭34.11.24－2542……268
先例昭34.12.18－2842……343
先例昭35.4.2－787……268
先例昭35.5.10－328……392, 399
先例昭35.5.18－1118……360
先例昭35.6.21－1469……246
先例昭35.7.12－1580……167, 350
先例昭35.8.4－1929……279
先例昭35.8.20－842……430
先例昭35.9.30－2480……356
先例昭35.11.12－2731……342
先例昭35.12.27－3280……15
先例昭36.1.14－20……246
先例昭36.1.14－110……246
先例昭36.3.31－773……400
先例昭36.4.19－895……199, 284
先例昭36.4.22－954……138
先例昭36.5.8－1053……404
先例昭36.5.10－1042……257
先例昭36.8.30－717……354
先例昭36.12.27－1600……380, 383, 385
先例昭37.1.22－39……172
先例昭37.1.23－112……226
先例昭37.1.26－73……11
先例昭37.2.13－75……392
先例昭37.3.8－638……337
先例昭37.4.19－1173……226
先例昭37.5.4－1262……164
先例昭37.6.18－1562……441
先例昭37.6.26－1718……276
先例昭37.6.27－1657……278
先例昭37.7.28－2116……345
先例昭37.7.30－2117……396
先例昭37.10.9－2819……257
先例昭37.10.11－2810……392
先例昭37.12.18－3604……323
先例昭37.12.29－3422……238
先例昭38.1.11－15……319
先例昭38.3.14－726……360
先例昭38.5.6－1285……273
先例昭38.12.27－3315……399
先例昭39.2.17－125……167
先例昭39.2.21－384……172
先例昭39.2.27－204……387
先例昭39.3.3－291……371
先例昭39.4.6－1287……280
先例昭39.4.9－1505……167
先例昭39.5.14－1759……431
先例昭39.5.21－425……213
先例昭39.7.30－2702……239
先例昭39.8.27－2885……350
先例昭39.11.21－3749……293
先例昭40.6.18－1096……288
先例昭40.6.19－1120……330
先例昭40.10.2－2852……238
先例昭40.12.9－3435……274

先例昭40.12.17－3433……275
先例昭41.2.12－369……284
先例昭41.2.16－386……440
先例昭41.6.8－397……280
先例昭41.11.1－2979……272
先例昭41.12.20－851……506
先例昭42.7.6協議……309
先例昭42.7.22－2121……418
先例昭42.7.26－794
……309, 418, 419
先例昭42.8.23－2437……388
先例昭42.12.14－3447……419
先例昭43.1.8－3718……305
先例昭43.3.2－170……272
先例昭43.3.13－398……173
先例昭43.4.1－290……284
先例昭43.10.14－3152……53, 70
先例昭44.5.1－895……341
先例昭44.6.17－1214……276
先例昭45.4.11－1426……211
先例昭45.8.27－454……280
先例昭46.10.4－3230
……7, 8, 9, 12, 15, 20, 25, 26, 39, 43, 44, 46, 47, 48, 50, 57, 60, 71, 74, 83, 87, 89, 127, 216
先例昭46.12.11－532……396
先例昭46.12.24－3630
……11, 12, 16, 34, 40, 70, 72, 74, 75, 88
先例昭46.12.27－960
……39, 81, 88, 89, 122
先例昭47.4.13－1439……290
先例昭47.11.25－4945……378
先例昭47.12.8－996……404
先例昭48.1.11－272……9
先例昭48.10.31－8188……299
先例昭48.11.17－8525……268
先例昭49.2.12－1018……357
先例昭50.1.10－16……183
先例昭52.3.16－1620……279
先例昭52.6.16－2932……422
先例昭52.11.14－5691……279
先例昭53.6.21決議……344
先例昭54.3.31－2112……419
先例昭54.4.21－2592……406, 409
先例昭54.11.8－5731……124, 357
先例昭55.3.4－1196……125
先例昭55.12.24－7176……77
先例昭56.9.8－5483……329
先例昭57.1.16－251……377
先例昭57.2.12－1295……376
先例昭57.5.7－3291……422
先例昭58.5.11－2983……274
先例昭58.6.22－3672……440
先例昭58.11.10－6400
……180, 466, 467, 468, 474, 477, 479
先例昭59.3.2－1131……482
先例昭59.9.1－4676……466
先例昭62.3.10－1024……357
先例昭62.3.10－1083……91
先例昭62.6.30－3412……431
先例昭63.1.19－325……354
先例昭63.7.1－3499……144
先例平元.9.5－3486……26
先例平2.11.8－5000
……430, 431, 432, 436, 438, 440, 441, 442
先例平3.10.21－5466……430
先例平5.7.30－5320……259
先例平6.1.14－366……259
先例平6.1.17－373……344
先例平9.7.31－1301……119
先例平10.10.23－2069……126
先例平11.7.14－1414……227
先例平13.3.30－867
……103, 104, 108, 239
先例平15.12.25－3817……128
先例平17.2.25－457
……206, 288, 294, 310, 312
先例平17.8.8－1810……105
先例平18.2.28－523……234
先例平18.3.29－755……96
先例平19.9.28－2048……487
先例平20.1.11－57……235, 237
先例平22.11.1－2759……28, 419
先例平23.10.28－2572……231
先例平24.7.25－1906……274
先例平27.10.23－512……96
先例平30.10.16－490……471
先例令2.3.30－324……189
先例令5.3.28－538
……186, 191, 213

先例解説329 P 44……372

記録例304……180
記録例330……148
記録例331……151
記録例332……149
記録例333……153
記録例365……13
記録例422……180
記録例617（注）……415
記録例618……414
記録例623……414
記録例739……180

質疑登研129 P 48……343
質疑登研130 P 42……388
質疑登研157 P 45……357
質疑登研170 P 101……344
質疑登研233 P 72……272
質疑登研265 P 70……194
質疑登研304 P 73……87
質疑登研313 P 64……379
質疑登研315 P 75……20
質疑登研321 P 71……304
質疑登研325 P 72……28
質疑登研346 P 91……411

質疑登研352 P 104……376
質疑登研355 P 90……134
質疑登研373 P 85……507
質疑登研379 P 91……412
質疑登研382 P 80……347
質疑登研382 P 82……279
質疑登研391 P 109……404
質疑登研393 P 87……305
質疑登研405 P 91……63
質疑登研410 P 83……138
質疑登研417 P 104……275
質疑登研424 P 222……379
質疑登研442 P 84……467
質疑登研443 P 94……114
質疑登研444 P 106……471
質疑登研444 P 107……275
質疑登研448 P 132……276
質疑登研454 P 129……132
質疑登研455 P 91……420
質疑登研458 P 96……391
質疑登研460 P 105……55
質疑登研469 P 142……484
質疑登研476 P 140……420
質疑登研488 P 147……140
質疑登研497 P 141……347
質疑登研505 P 215……290
質疑登研508 P 172……377
質疑登研515 P 254……120
質疑登研517 P 195……257, 278
質疑登研523 P 138……273
質疑登研524 P 167……60
質疑登研526 P 192……257
質疑登研528 P 183……70
質疑登研539 P 154……279
質疑登研541 P 138……272
質疑登研543 P 150……141
質疑登研562 P 133……351
質疑登研571 P 72……473
質疑登研574 P 109……378
質疑登研586 P 189……345
質疑登研592 P 185……136
質疑登研606 P 199……239
質疑登研640 P 163……105
質疑登研648 P 197……272
質疑登研660 P 207……75
質疑登研663 P 179……430
質疑登研676 P 183……128
質疑登研682 P 161……138
質疑登研690 P 221……254
質疑登研700 P 199……420
質疑登研757 P 165……11, 74
質疑登研815 P 171……263

登研312 P 47……120
登研315 P 55……49
登研327 P 31……88
登研647 P 137……377
登研698 P 257……116

大判大5.4.11……167
大決大6.4.25……321
大決大9.10.13……321
大判大14.7.8……166
大判大15.12.25……164
東京高判昭34.3.30……277
最判昭36.4.21……325
最判昭37.6.8……433
最判昭37.10.2……257
最判昭38.2.19……322
最判昭40.9.17……360
最判昭42.8.25……272
最判昭43.12.4……421
最判昭45.12.18……257
東京高判昭46.7.14……277
最判平13.7.10……272

司法書士スタンダードシステム

司法書士　スタンダード合格テキスト5　不動産登記法Ⅱ　第6版

2013年9月20日　初　版　第1刷発行
2023年9月15日　第6版　第1刷発行

編著者　Wセミナー／司法書士講座
発行者　猪野　樹
発行所　株式会社　早稲田経営出版
〒101-0061
東京都千代田区神田三崎町3-1-5
神田三崎町ビル
電話 03(5276)9492(営業)
FAX 03(5276)9027
組　版　株式会社　エストール
印　刷　今家印刷株式会社
製　本　東京美術紙工協業組合

ISBN 978-4-8471-5054-8
N.D.C. 327

セミナーは目的別・レベル別に選べるコースを多数開講!

ナーでは目的別・レベル別に選べるコースを多数開講しています。受験生個々のニーズに合ったコースを選択すれば、合格力をアップすることができます。

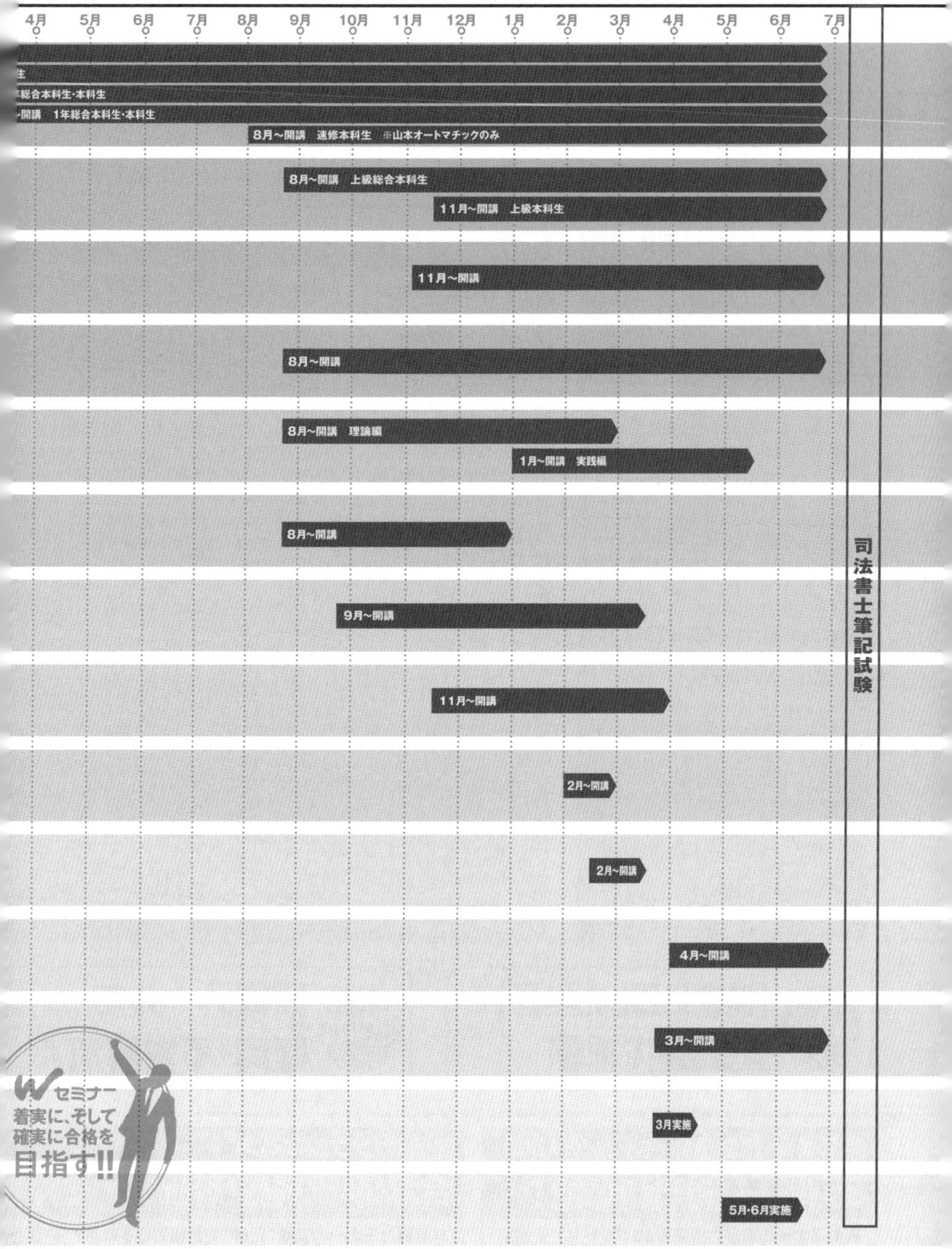

※開講コース・開講時期は年度により変わる場合があります。

全ての答練・模試をパッケージ化した「答練本科生」「答練本科生記述対策プラス」には、
「法改正対策講座（全2回）」もカリキュラムに加わります。

受験生を合格へと導く!
Wセミナー「太鼓判」
答練で磨く!答練で合格を勝ち取る!

[4月] [5月] [7月]

出題予想論点で本試験予行練習!

4月

全国実力Check模試

実戦形式で隙間を埋める!

4月 開講（全6回）

合格力完成答練

<出題数>
択一式 全210問（各回35問）
記述式 全12問（各回2問）

4月から5月の直前期においては、本試験と同じ問題数、同じ時間で本試験と同レベルの問題を解くことにより、繰り返し本試験の予行演習を行うことが合格には不可欠です。その予行演習を通して各自の足りない所を発見し、直前期の学習に役立てていただくことをコンセプトにした"合格する力を完成させる"タイムリーな答練を用意しました。直前期の勉強のペースメーカーとして威力を発揮する実戦的な答練です。

出題予想論点で本試験予行練習!

5〜6月

全国公開模試 第1〜3回

本試験と同じ問題数、同じ時間で実施されるタイムリーな本試験予行演習です。"今年の本試験での出題が予想される論点"を中心に本試験レベルの問題を出題します。今までの答練シリーズで学習し積み重ねた"成果"を試す絶好の機会であるといえます。「全国実力Check模試」は時期的に直前期に入る前に実施されるため、"今の自分にとって何が足りないか?"を確認できるよう、基本的な論点を中心に問題が構成されています。直前期の学習に役立ててください。「全国公開模試」は今までの答練シリーズの総 決算です。本番の試験のつもりで、ご自身の実力を試してみてください。

司法書士筆記試験

※開講コース・開講時期は年度により変わる場合があります。

Point 充実した割引制度で受験生をバックアップ!

Point 通信生も答練教室受講OK!

書籍の正誤に関するご確認とお問合せについて

書籍の記載内容に誤りではないかと思われる箇所がございましたら、以下の手順にてご確認とお問合せをしてくださいますよう、お願い申し上げます。
なお、正誤のお問合せ以外の**書籍内容に関する解説および受験指導などは、一切行っておりません。**
そのようなお問合せにつきましては、お答えいたしかねますので、あらかじめご了承ください。

1 「Cyber Book Store」にて正誤表を確認する

早稲田経営出版刊行書籍の販売代行を行っている
TAC出版書籍販売サイト「Cyber Book Store」の
トップページ内「正誤表」コーナーにて、正誤表をご確認ください。

CYBER BOOK STORE TAC出版書籍販売サイト

URL:https://bookstore.tac-school.co.jp/

2 1の正誤表がない、あるいは正誤表に該当箇所の記載がない ⇒ 下記①、②のどちらかの方法で文書にて問合せをする

★ご注意ください★

お電話でのお問合せは、お受けいたしません。
①、②のどちらの方法でも、お問合せの際には、「お名前」とともに、
「対象の書籍名(○級・第○回対策も含む)およびその版数(第○版・○○年度版など)」
「お問合せ該当箇所の頁数と行数」
「誤りと思われる記載」
「正しいとお考えになる記載とその根拠」
を明記してください。
なお、回答までに1週間前後を要する場合もございます。あらかじめご了承ください。

① ウェブページ「Cyber Book Store」内の「お問合せフォーム」より問合せをする

【お問合せフォームアドレス】

https://bookstore.tac-school.co.jp/inquiry/

② メールにより問合せをする

【メール宛先　早稲田経営出版】

sbook@wasedakeiei.co.jp

※土日祝日はお問合せ対応をおこなっておりません。
※正誤のお問合せ対応は、該当書籍の改訂版刊行月末日までといたします。

乱丁・落丁による交換は、該当書籍の改訂版刊行月末日までといたします。なお、書籍の在庫状況等により、お受けできない場合もございます。
また、各種本試験の実施の延期、中止を理由とした本書の返品はお受けいたしません。返金もいたしかねますので、あらかじめご了承くださいますようお願い申し上げます。

(2022年7月現在)